D1724961

Rot-Weiss Essen

Die 70er

KARSTEN KIEPERT

Rot-Weiss Essen

Die 70er

Mythen. Legenden. Bundesliga.

Eine unvergessliche Zeit ...

KARSTEN KIEPERT

Bildnachweis:

Horst Müller:	10 o., 10 u., 11 o., 11 m., 11 u., 12/13, 15, 16 o., 16 u., 23 o., 23 u., 39 o., 43 beide mittlere Fotos, 51 o., 51 m., 51 u., 55 o., 55 u., 56, 62, 63 m., 63 u., 65., 66 o., 66 u., 67 u., 78, 91 o., 91 m., 91 u., 97, 98, 108/109, 111, 121, 122, 124 l.o., 124 II.l.uo, 124 l.u., 124 II.r.u., 125 o., 125 u., 126 o., 126 l.u., 126 m.u., 126 r.u., 127 o., 127 m., 127 u., 128, 129 o., 129 u., 143, 147, 149, 150, 153 o., 153 m., 153 u., 154, 157, 159 o., 159 u., 166, 168, 169 o., 170 m., 171, 173, 175, 176, 179 o., 178, 179 u., 180/181, 182, 185, 186 o., 186 m., 186 u., 187 o., 187 m., 187 u., 200, 205, 305, 306/307 Erläuterung: 10o = Foto Seite 10 oben 11m = Foto Seite 11 mittig 11u = Foto Seite 11 unten 124 l.o. = Foto Seite 124 links oben 124 II.r.u. = Foto Seite 124 zweites rechts unten
Karsten Kiepert:	14, 31, 43 r., 75, 84, 100, 101, 138, 141, 145o., 163, 169 u., 170 o., 170 u., 193 o., 199, 201, alle aktuellen Porträtbilder der damaligen Spieler im Anhang
Archiv Rot-Weiss Essen:	24 r., 28, 29 u., 46, 47, 117, 118, 124 r.o., 124 II.r.o., 194 o., 195
Imago:	8/9
Achim Kassner:	54
Hans-Joachim Goertz:	Foto Rückseite: Westkurve
WAZ:	67 o., 69 o.,
Restliche Fotos:	Privat

Impressum
Satz: AGON Sportverlag
Coverentwurf: Yannick Dapprich
Druck: Westermann Druck, Zwickau
© 2011   by AGON Sportverlag
                    Frankfurter Straße 92a
                    D – 34121 Kassel
                    Telefon 05665-405 84 20 / Fax 05665-405 84 21
                    eMail info@agon-sportverlag.de
Alle Rechte vorbehalten

ISBN 978-3-89784-387-5

www.agon-sportverlag.de   www.fussballlegenden.eu

Inhalt

Eigentlich unbespielbar. Das „Schlammloch Hafenstraße" am 21. April 1970
beim Spiel RWE – Borussia Mönchengladbach, Endstand 1:0.

Die Westkurve im Sommer 1969 beim Aufstiegsrundenspiel RWE-KSC.

Typisch für die zweite Hälfte der 70er Jahre: Horst Hrubesch trifft und der Gegner liegt am Boden.

„Da kommt das Ding." Walter Hohnhausens Freistoßbombe fliegt auf
Sepp Maier zu. RWE – FC Bayern, 13.02.1971, Endstand 3:1.

Hohnhausens Freistoß hat
zum 3:1 eingeschlagen. Jubelarie in rot und weiss, Depression bei den Bayern.

Die neue Generation: v.l.n.r. Jürgen Kaminsky, Karl-Heinz „Charly"
Meininger, Urban Klausmann

Frank Mill jubelt über sein Tor zum 3:1 gegen den DSC Wanne-Eickel.
Die Aufstiegsspiele gegen den KSC sind somit in greifbarer Nähe.

Vorwort
Dieter Bast

Dieter Bast an seinem Arbeitsplatz

Die 70er Jahre waren zunächst einmal meine Anfangszeit als Profifußballer. Ich bin ja 1970 von Paul Nikelski aus Sterkrade zu RWE geholt worden und habe in meiner ersten Saison schon 22 Bundesligaspiele absolviert, die meisten zwar als Einwechselspieler, aber immerhin. Herbert Burdenski war damals unser Trainer und er hat mich behutsam an die Bundesliga herangeführt. Lehrgeld zahlen musste ich dennoch. Bei meinem dritten Einsatz im Heimspiel gegen den VfB Stuttgart kam ich in der 24. Minute für den verletzten Hermann Erlhoff ins Spiel, spielte unterirdisch schlecht und wurde in der 62. Minute gegen Diethelm Ferner ausgewechselt. Klar habe ich mir Gedanken gemacht, aber meiner Karriere geschadet hat diese Episode nicht. In der folgenden Regionalligasaison wurde ich dann Stammspieler und blieb es bis zu meinem Wechsel nach Bochum im Sommer 1977. Im Laufe dieser Jahre habe ich viel von den älteren Spielern wie Herbert Weinberg oder Willi Lippens gelernt. Überhaupt muss ich sagen, dass wir speziell in den vier Bundesligajahren von 1973-77 eine hervorragende Kameradschaft in der Mannschaft hatten. Wir haben uns alle gut verstanden und haben auch außerhalb des Platzes viel miteinander unternommen. Wenn wir am späten Samstagabend von den Auswärtsspielen wieder an der Hafenstraße eintrafen, dann sind wir vom Bus direkt in unsere Umkleidekabine, haben uns dort in „Schale" geworfen und sind dann in die Stadt gefahren. Bei „Kleinsimmlinghaus", im „Mississippi" oder auf der „Rü" haben wir dann den Tag bei einem oder mehreren Bierchen ausklingen lassen. Horst Hrubesch, Hans Günter Neues, Werner Lorant oder Harry de Vlugt waren Menschen, mit denen man immer viel Spaß bekommen hat. Der Mittelpunkt war allerdings Gert Wieczorkowski. Wir haben ihn immer „Wietsche" genannt, weil er so einen langen Nachnamen hatte. Der „Wietsche" war ein richtiger Typ. Er kam aus Hamburg, ist auf Sankt Pauli aufgewachsen und war früher Polizist. Wenn „Wietsche" mal anfing zu erzählen, dann konnte man zwei, drei Stunden zuhören und hat sich nur totgelacht. Das war schon toll und diese Abende haben mir immer sehr viel Spaß gemacht. Genauso viel Spaß hatten wir unter der Woche, wenn wir mit einigen Spielern zwischen den beiden Trainingseinheiten ins Café Overbeck auf der Kettwiger Straße gegangen sind. Da haben wir uns unterhalten, einen Kaffee getrunken, ein Stückchen Kuchen gegessen oder Augenpflege betrieben.

Die Leute haben uns schon erkannt, manchmal ist auch einer gekommen und hat sich ein Autogramm geholt, aber grundsätzlich wurden wir in Ruhe gelassen. Das war schon eine schöne Zeit.

Auch die Leute im direkten Umfeld der Mannschaft, Platzwart Jupp Breitbach und Masseur Hans Weinheimer, haben zu uns gepasst. Der Jupp war der „Vater der Nation", ohne ihn lief auf dem Stadiongelände an der Hafenstraße nicht viel. Er kam zwar manchmal ein wenig knurrig daher, aber wenn man sich gut mit ihm verstanden hat, dann hat man auch alles bekommen. Hans Weinheimer war Psychologe und Lehrer in einer Person. Auf der Massagebank liegend konnte man mit ihm über alles und jeden reden, ansonsten hat er darauf geachtet, dass wir „wilden Kerle" Ordnung gehalten haben. „Es geht hier keiner aus der Kabine, solange nicht aufgeräumt ist!" Dieser Satz hat sich bei mir eingeprägt und ich achte heute bei den Spielen mit der RWE-Traditionsmannschaft selbst mit Argusaugen darauf, dass die Umkleidekabinen sauber gehalten werden.

Leider hat bei all den positiven Dingen die Entwicklung des Vereins nicht mitgehalten. Gründe hierfür waren aus meiner Sicht die Fluktuation in der Vorstandsebene und der mangelnde Fußballsachverstand. Wir hatten ja Mitte der 70er Jahre eine relativ gute Mannschaft, die in der Bundesliga etabliert war, aber der Vorstand war nicht in der Lage, die Leistungsträger zu halten, geschweige denn Verstärkungen hinzuzuholen. Der größte Fehler wurde im Sommer '76 gemacht, als Lippens und Burgsmüller verkauft wurden. Einen von beiden hätte der Verein behalten müssen, dann wären wir

Bast im Zweikampf beim Pokalviertelfinalspiel 1977, SpVgg Bayreuth – RWE, Endstand 1:2.

bestimmt nicht abgestiegen. So aber ging es im Sommer '77 in die 2. Liga und der lange Abstieg des Vereins nahm seinen Lauf. Leider.

Insgesamt muss ich sagen, dass die 70er Jahre sehr gute und sehr schöne Jahre waren. Bei Rot-Weiss ging es noch sehr familiär zu und das ganze drum herum war noch lange nicht so vom Kommerz bestimmt wie es heute der Fall ist. Damals konnten wir uns noch auf den Fußball konzentrieren und mussten uns nicht immer Gedanken darüber machen, was man denn im nächsten Interview auf die Fragen der Journalisten antwortet. Für mich war das schöner.

Abstiegskampf in sechs Akten

Dezember 1969, Rot-Weiss Essen beendet die Hinrunde in der Fußball-Bundesliga auf einem respektablen 9. Platz. Spieler wie Egbert-Jan Ter Mors, Erich Beer und Willi Lippens wirbeln über die Plätze der Republik, dass es die reinste Freude ist. Seit nunmehr 41 Spielen gelingt es keinem Gästeteam mehr, mit einem doppelten Punktgewinn im Gepäck die Heimreise aus Essen anzutreten. Rosige Aussichten also für die anstehende Rückrunde.

Räumfahrzeug im Stadioneinsatz, Winter 1969/70.

„Platzpflege" zur Halbzeit des Spiels RWE – Borussia Dortmund.

Doch unmittelbar nach dem Jahreswechsel werden aus den rosigen nur noch weiße Aussichten …, Schneestürme brausen in solch einem Ausmaß über Nordrhein-Westfalen hinweg, dass Rot-Weiss bis Anfang März anstatt der vorgesehenen fünf nur ein Heimspiel an der Hafenstraße austragen kann. Auswärts dagegen wird gespielt …, und verloren. Aus den Spielen in Aachen, Stuttgart, Berlin und Köln wird ein mickriges Pünktchen gesammelt, und selbstverständlich mit 3:13 Toren aus diesen Spielen das bis dato gute Torverhältnis zunichte gemacht.

Im Monat März fällt zwar nur noch ein Spiel den absurden Wetterverhältnissen zum Opfer, werden sogar wertvolle Unentschieden gegen Borussia Dortmund (3:3) und Bayern München (1:1) geholt, aber aufgrund der weiterhin gezeigten Auswärtsschwäche bleibt Rot-Weiss im Tabellenkeller. Die notwendigen Punkte zum Klassenerhalt müssen nun im Monat April gesammelt werden. Die Zeit der großen Schneestürme ist vorbei und ganz Deutschland erfreut sich der wärmenden Frühlingssonne. Ganz Deutschland? Nein, an der Essener Hafenstraße blicken die verantwortlichen Leute weniger zum frühlingshaften, blaugefärbten Himmel hinauf, als vielmehr herab auf den einem großen Schlammloch gleichenden Fußballplatz. Das Pokalspiel Ende März gegen den 1. FC Köln findet im Grunde schon unter irregulären Bedingungen statt und sorgt dafür, dass sich der spärlich vorhandene Rasen endgültig nicht mehr erholen kann, nur vereinzelt sieht man Grashalme. Der Platz ist ein einziges Schlammloch, besteht aus Stellen mit dreckiger Pampe und aus Stellen mit großen Wasserflächen, kurz: Fußballspielen unmöglich. In der ersten Aprilwoche werden alle drei angesetzten Heimspiele abgesagt. So logisch und richtig die Absagen sind, so führen sie doch dazu, dass Rot-Weiss bis auf den vorletzten Tabellenplatz zurückfällt und sich gegenüber den meisten Abstiegskonkurrenten mit vier Spielen im Rückstand befindet.

Damit allerdings nicht genug der Probleme: Im Sommer 1970 findet die Fußballweltmeisterschaft in Mexiko statt und der DFB besteht darauf, dass die Bundesligasaison planmäßig am ersten Maiwochenende endet, um der Nationalmannschaft die notwendige Zeit zur Vorbereitung auf die Weltmeisterschaft zu ermöglichen. Walter Baresel, Spielleiter des DFB, hat nun ein Problem. Er muss in den verbleibenden drei Wochen, vom 11. April bis zum 2. Mai, alle vier Nachholspiele der Rot-Weissen terminieren. Ihm bleibt also gar keine andere Wahl, als den Essenern ein waghalsiges Programm aufzubrummen, das es wirklich in sich hat:

Neben den Auswärtsspielen in Oberhausen, Duisburg und bei 1860 – die Partie in München darf dankenswerterweise am Sonntag, den 3. Mai, stattfinden – kommt es zu dem Heimspiel gegen Braunschweig und den innerhalb von neun Tagen aufeinander folgenden Heimspielen gegen Mönchengladbach, Schalke, Bremen und Kaiserslautern. Insgesamt steht den Spielern nunmehr eine Höllentour von acht Spielen innerhalb von 22 Tagen bevor.

I. Akt

Samstag, 11. April

Nach 14 Tagen findet mal wieder ein Meisterschaftsspiel mit Essener Beteiligung statt. Ausgerechnet beim rot-weißen Nachbarn in Oberhausen soll der erste Auswärtssieg geholt werden. Dafür wird sogar die „Ente" (Willi Lippens) nach über zwei Monaten Verletzungspause aktiviert. Sein Mitwirken gestaltet das Essener Angriffsspiel tatsächlich variabler und ideenreicher, trotzdem diktiert RWO vor 22.000 Zuschauern das Spielgeschehen. Dass es jedoch lange Zeit nicht zu einem Torerfolg des Gastgebers

Spannender als jeder Durbridge
Oberhausen und Essen kämpften verbissen um die Punkte ... und teilten sie

langt, ist einzig und allein dem famos haltenden Essener Torhüter zu verdanken. Fred Bockholt bügelt ein ums andere Mal die Fehler in der Essener Hintermannschaft aus und bringt die RWO-Stürmer zur Verzweiflung. Kurz vor dem Halbzeitpfiff ist aber auch er machtlos: Krauthausen lupft einen Freistoß gegen die Latte und Dausmann schiebt den Abpraller ins Essener Tor. In Halbzeit 2 spielt RWE mutiger nach vorne und kommt nach einem schnellen Angriff über die Holländer Ter Mors und Lippens durch Erich Beer zum 1:1-Ausgleich. Anschließend entwickelt sich zur Freude der Zuschauer ein offener Schlagabtausch zwischen zwei gleichwertigen Mannschaften, der aber keinen Sieger hervorbringt. Essens Mittelfeldakteur Egbert-Jan Ter Mors gibt sich dennoch zuversichtlich: „Es war eines unserer besten Auswärtsspiele, wir werden den Existenzkampf bestehen." Die Tabelle spricht noch eine andere Sprache. RWE befindet sich nach diesem Spiel, mit einem Zwei-Punkte-Rückstand auf den rettenden 16. Platz, weiterhin auf einem Abstiegsplatz.

Tabelle		Sp.	Tore	Punkte
12.	Rot-Weiß Oberhausen	30	41-50	26:34
13.	Werder Bremen	28	27-37	24:32
14.	Eintracht Braunschweig	29	32-42	24:34
15.	1860 München	30	39-52	23:37
16.	Hannover 96	30	36-56	23:37
17.	RWE	27	33-49	21:33
18.	Alemannia Aachen	29	25-70	13:45

Sonntag, 12. April

Während einige RWE-Spieler im Trainingslager in der Sportschule Duisburg-Wedau in den frühen Abendstunden ihre Punktprämie beim Kartenspielen aufs Spiel setzen, äußert sich Trainer Burdenski zufrieden über das Gastspiel in Oberhausen: „Wir haben zeitweise gut gespielt und hervorragend gekämpft." DFB-Spielleiter Walter Baresel, der den Essenern dieses wahnwitzige Programm aufhalste, ist mittlerweile in Essen eine persona non grata und kommt auch an spielfreien Tagen nicht ungeschoren davon. So kursiert nach dem Spiel gegen Oberhausen das spöttische Gerücht, Herr Baresel habe vorgeschlagen, das Spiel der Essener gegen den 1. FC Kaiserslautern am 3. Mai nachholen zu lassen. Auf die erschreckte Entgegnung der Essener, dass sie an diesem Tag doch bei 1860 spielen müssten, soll Baresel geantwortet haben: „Wieso? Das ist doch erst nachmittags. Vormittags ist der Terminkalender doch noch frei. Schließlich muss die Saison doch sportlich beendet werden."

Montag, 13. April

Auf Paul Nikelski, Essens Geschäftsstellenleiter, wartet ein Berg von Arbeit. Die ersten Vertragsgespräche mit den Spielern laufen, Auswärtsfahrten müssen organisiert und Gespräche mit diversen Baufirmen bezüglich des Platzes an der Hafenstraße geführt werden. Doch so sehr sich die Arbeit türmt, so sehr ist er froh, diese für seinen Verein leisten zu dürfen. Seit Amtsbeginn, noch unter Georg Melches, ist er es gewohnt, in kritischen Zeiten eben die Schlagzahl zu erhöhen. Schließlich muss alles wieder ins Lot gebracht werden. Nicht anders ist es auch an diesem Aprilmontag, bis am späten Vormittag ein Brief des DFB auf seinen Schreibtisch flattert. Mit einem unguten Gefühl öffnet er die Depesche und glaubt seinen Augen nicht zu trauen. Kurz und knapp macht die „Befehlszentrale" des deutschen Fußballs den Essenern zur Auflage, im Falle der Unbespielbarkeit des Platzes an der Hafenstraße in das Grugastadion auszuweichen. Dass diese Auflage des DFB gegen dessen eigene Satzung verstößt, wonach nur auf Plätzen gespielt werden darf, die vom DFB abgenommen worden sind – für das Grugastadion als Spielstätte für Bundesligaspiele war das nicht der Fall –, scheint die hohen Herren in Frankfurt nicht im Geringsten zu interessieren. Paul Nikelski ist da anderer Ansicht und legt diesen Brief unverzüglich dem anwesenden Präsidenten, Ernst Ruhkamp, vor. In telefonischer Absprache mit den weiteren Vorstandsmitgliedern legt Rot-Weiss noch am Nachmittag per Eilbrief Widerspruch ein. Wörtlich heißt es hier: „Wir geben unseren Heimvorteil aus grundsätzlichen, sportlichen, wirtschaftlichen und finanziellen Gründen nicht auf."

Dienstag, 14. April

Obwohl Rot-Weiss Protest gegen die „Grugastadion-Auflage" des DFB eingereicht hat, wird Staffelleiter Hubert aus Herne zwecks Inspizierung des Grugastadions nach Essen beordert. Bereits nach wenigen Minuten wird diese Inspizierung von Herr Hubert abgebrochen, da die Flutlichtanlage des Grugastadions mit 30 Lux nicht im Ansatz an die vom DFB geforderten 200 Lux heranreicht. Damit ist die schriftliche Auflage des DFB vom Vortage in minutenschnelle ad acta gelegt. Das Spiel gegen Eintracht Braunschweig am nächsten Tag muss somit an der Hafenstraße stattfinden. Auf Grund der weiter anhaltenden Regenfälle und der schon vorhandenen Seenlandschaft auf dem Platz geht man bei RWE davon aus, dass die Partie vom angesetzten Schiedsrichter Fritz abgesagt wird.

Mittwoch, 15. April

Schiedsrichter Fritz erscheint schon um 10 Uhr in der Früh an der Hafenstraße, um sich ein genaues Bild von den Platzverhältnissen zu machen. Während er noch seine Schuhe schnürt, biegt der Braunschweiger Mannschaftsbus um die Ecke und die Spieler Gersdorff und Deppe betreten mitsamt Ball den einem Morastfeld gleichenden Platz. Der Braunschweiger Erich Maas sieht sich die erbärmlichen Versuche seiner Mitspieler von der Aschenbahn aus an und kommt sehr schnell zu dem Schluss, dass die Eintracht mit 22 Mann auflaufen müsse: 11 Mann zum Spielen und 11 Mann, die den jeweiligen Spieler nach jedem Schritt aus dem Morast ziehen. Während Gersdorff und Deppe nach einigen fehlgeschlagenen Passversuchen missmutig vom Platz schreiten, betritt Schiedsrichter Fritz den selbigen und watet langsam und bedächtig darüber. Er verweilt mal hier, mal dort und hat große Mühe aus dem Sumpf der Spielfeldmitte herauszukommen. Trotz aller Aussichtslosigkeit will er seine endgültige Entscheidung erst eine Stunde vor Spielbeginn treffen. Braunschweigs Trainer Johannsen bekommt daraufhin einen mittelschweren Wutanfall. Sein Torhüter Wolter prognostiziert dagegen „trocken", dass auf diesem Platz bis zum Saisonende nicht mehr gespielt werden könne. Die Verantwortlichen von Rot-Weiss setzen sich mit den ortsansässigen Baufirmen in Verbindung und ordern 72 Kubikmeter Sand und 35 Sack Torf, die am späten Nachmittag von freiwilligen Helfern auf die empfindlichsten Stellen des Platzes verteilt werden.

Schiedsrichter Fritz erklärt daraufhin um 18:30 Uhr den Platz für bespielbar, obwohl beide Vereinsärzte von einem „gewissenlosen Anschlag auf die Gesundheit der Spieler" sprechen.

II. Akt

Mittwochabend, 15. April

13.000 Zuschauer befinden sich bei strömendem Regen im Georg-Melches-Stadi-

Eine Wattwanderung

Zwei Elfmeter brachten Unentschieden nach hartem Kampf

Rot-Weiß Essen — Eintracht Braunschweig 1:1 (1:1)

on und staunen nicht schlecht. Bis auf einen wenige Meter breiten Rasenstreifen auf der Gegengeradenseite besteht der komplette Platz nur aus Matsch, Sand und Torf. „Hierauf soll gespielt werden?", ist die am meisten gestellte Frage im engen Rund. Beantwortet wird sie mit dem Einlaufen beider Mannschaften um 19:30 Uhr.

Die Rot-Weissen, schlammerprobt, setzen die Braunschweiger Defensive mit langen Bällen in die Spitze direkt unter Druck und bekommen nach einem Foulspiel an Herbert Weinberg in der 14. Minute einen Elfmeter zugesprochen. Egbert-Jan Ter Mors trifft im Nachschuss und Rot-Weiss führt mit 1:0. Die Zuschauer sorgen für eine tolle Atmosphäre, die sich aber nur vier Minuten später in Totenstille verwandelt. Schiedsrichter Fritz entscheidet nach einem harmlosen Rempler von Werner Kik an Erich Maas auf Elfmeter und Ulsaß markiert den Ausgleichstreffer für die Gäste. Danach neutralisieren sich beide Mannschaften und je länger das Spiel dauert und je mehr sich die Kondition dem Ende zuneigt, desto mehr Probleme bekommen die Spieler mit den Platzverhältnissen. Ein ums andere Mal versucht der noch agile Ter Mors das Leder mit explosiven Alleingängen nach vorne zu treiben. Als er aber zum dritten Mal hintereinander über seine eigenen Füße stolpert, da das Spielgerät plötzlich in einem Wasserloch liegen bleibt, gibt auch er auf und ist genauso wie die anderen 21 Akteure auf dem Platz mit dem Unentschieden zufrieden.

Tabelle		Spiele	Tore	Punkte
12.	RW Oberhausen	30	41-50	26:34
13.	Werder Bremen	29	29-39	25:33
14.	Eintracht Braunschweig	30	33-43	25:35
15.	1860 München	30	39-52	23:37
16.	Hannover 96	30	36-56	23:37
17.	RWE	28	34-50	22:34
18.	Alemannia Aachen	30	26-71	14:46

Donnerstag, 16. April

Während die rot-weissen Spieler noch selig in ihren Betten in der Sportschule Wedau schlummern, sind auf dem Morastfeld an der Hafenstraße Bauarbeiter und Gärtner damit beschäftigt, die schwersten Schäden auf dem Platz zu beseitigen. Trotz aller Anstrengungen der Arbeiter scheint dies ein aussichtloses Unterfangen zu sein; zum einen ist der Platz so ramponiert, dass es eigentlich nichts mehr zu retten gibt und zum anderen sind für die nächsten Tage im Raum Essen wieder starke Regenfälle vorhergesagt. Die RWE-Spieler befinden sich weiterhin mit ständigem Aufenthalt in der Sportschule Wedau und müssen zahlreiche Entbehrungen hinnehmen. Werner Kik etwa, neben dem Fußball als Vermessungsingenieur tätig, arbeitet von morgens bis mittags unter Tage, ist nachmittags im Büro, sagt im Anschluss kurz „Hallo" zu seiner Frau und fährt dann weiter in die

Wildschweine würden sich hier wohlfühlen –
Hafenstraße, Donnerstag, 12 Uhr.

Sportschule – aber zumindest kann er sich mit seinen Mannschaftskameraden auf einem gepflegten Rasen auf die folgenden Spiele vorbereiten.

Freitag, 17. April

Trainer Burdenski kann am anstehenden Spieltag seine beste Elf auf den Platz schicken. Einem Einsatz der leicht verletzten Littek und Jung steht nach Auskunft des Mannschaftsarztes nichts im Wege. Euphorisiert von dieser Tatsache und mit dem Wissen, dass in Essen mehrere tausend Karten für das Auswärtsspiel in Duisburg verkauft worden sind, hofft Burdenski auf den ersten Auswärtssieg der Saison.

III. Akt

Samstag, 18. April

Essens Fans lassen ihren Verein nicht hängen und stellen rund die Hälfte der 16.000 Zuschauer im Duisburger We-

1. Auswärtssieg in einem „Heimspiel"

MSV Duisburg — Rot-Weiß Essen 0:1 (0:1)

daustadion. Derart angespornt steht die RWE-Elf in der Abwehr sehr sicher. Kik schaltet Budde aus, Czernotzky hat den gefährlichen Wissmann jederzeit im Griff und man setzt den MSV von Beginn an unter Druck. Besonders die beiden Mittelfeldakteure Ter Mors und Beer treiben das Essener Spiel an und sind ständig unterwegs. Das offensive Spiel der im Grunde auswärtsschwachen Rot-Weissen sorgt für Verunsicherung in der Duisburger Abwehr und ermöglicht viele Essener Torchancen. Czernotzky, Littek und besonders Lippens haben mehrere Möglichkeiten, die aber ungenutzt bleiben. Erst in der 31. Minute gelingt den hoch überlegenen Essenern nach einer tollen Ballstafette über Littek und Beer die Führung durch Lippens. Mit diesem Ergebnis geht es in die Pause. In Halbzeit 2 bleibt RWE zunächst am Drücker und hat durch einen Bombenschuss von Erich Beer, der nur das Lattenkreuz trifft, die Riesenchance zur Entscheidung. Dann aber lässt die Kraft der Rot-Weissen allmählich nach und der MSV wird ein wenig stärker, ohne allerdings das von Fred Bockholt gehütete Essener Tor ernsthaft in Gefahr bringen zu können.

Als Schiedsrichter Dr. Siepe die Partie beendet, liegen sich die rot-weissen Spieler auf dem Platz und die rot-weissen Schlachtenbummler auf den Rängen in den Armen. Der erste Auswärtssieg der Saison ist unter Dach und Fach! Da gleichzeitig 1860 München mit 0:1 gegen Werder Bremen verliert, befindet sich Rot-Weiss nach langer Zeit mal wieder auf einem Nichtabstiegsplatz.

Tabelle		Spiele	Tore	Punkte
12.	RW Oberhausen	31	43-52	27:35
13.	MSV Duisburg	31	31-42	27:35
14.	Eintracht Braunschweig	31	34-44	26:36
15.	Hannover 96	31	37-56	25:37
16.	RWE	29	35-50	24:34
17.	1860 München	31	39-53	23:39
18.	Alemannia Aachen	31	27-72	15:47

Auch ein schönes Model kann die Qualität des Platzes nicht aufwerten.

Montag, 20. April

Nach dem Auswärtssieg in Duisburg herrscht rund um die Hafenstraße gute Stimmung. Das gute Wetter tut sein Übriges dazu. Trotzdem ist die Durchführung des Nachholspiels gegen den Tabellenführer Borussia Mönchengladbach am folgenden Tag noch nicht gesichert. Der Platz an der Hafenstraße gleicht weiterhin einem Morastfeld. Doch im Gegensatz zu den vorherigen Heimspielen möchte die Mannschaft auf jeden Fall auf diesem „Acker" spielen. Zum einen befinden sich die meisten Spieler in einer guten bis sehr guten Form und zum anderen scheint dieser bis dato verfluchte „Acker" nunmehr ein großer Verbündeter im Spiel gegen den technisch überlegenen Tabellenführer zu sein. Hätten die Gladbacher auf sattem Grün einen nicht abzustreitenden Vorteil, so sehen sich die schlammerprobten Essener nunmehr auf gleicher Höhe. Auch die Essener Presse sieht diesen Sumpf als großen Verbündeten und macht sich im Vorfeld der Partie mit einer gehörigen Portion Sarkasmus über den Spitzenreiter lustig: „Die Gladbacher in ihrer schneeweißen Kluft werden nett ausschauen, wenn sie sich in unserem Schlammloch neunzig Minuten gesuhlt haben."

IV. Akt

Dienstag, 21. April

Gladiatoren – dem Schlamm zum Fraß

Rot-Weiß Essen — Bor. Mönchengladbach 1:0 (0:0)

Ab den frühen Morgenstunden regnet es unaufhörlich, doch Schiedsrichter Siebert aus Mannheim scheint auf beiden Augen blind und dazu noch ziemlich dreist zu sein. Auf die Frage, warum er denn dieses Spiel anpfeifen werde, antwortet er: „Der Platz ist doch nicht vereist, wenn hier jemand hinfällt, dann fällt er doch weich." Die Essener Spieler haben für diese Aussage nur ein Lächeln übrig. Die Gladbacher scheinen den Ernst der Lage erst zu erkennen, als sie bei strömendem Regen um 19:25 Uhr in ihren noch strahlend weißen Trikots den „Platz" betreten und direkt zu Spielbeginn von den Rot-Weissen unter Druck gesetzt werden. Die sich sofort im Spiel befindlichen Ter Mors und Beer überbrücken mit langen Pässen das Mittelfeld und die Essener Stürmer Weinberg, Littek und Lippens lassen den Gladbacher Abwehrassen Vogts, Müller und Sieloff keine Luft zum Atmen. Besonders die Duelle Vogts gegen Lippens begeistern die Zuschauer. Nationalspieler Vogts suhlt sich geradezu im Schlamm, während sich Lippens, nachdem er mal wieder von Vogts gelegt wurde, in einer der zahllosen Pfützen seine Hände wäscht. Trotz drückender Überlegenheit der Rot-Weissen steht es zur Halbzeit 0:0. Unter den Zuschauern befindet sich auch Schalkes Schatzmeister Aldenhoven, und der ist von der Einstellung der RWE-Elf geradezu begeistert: „Junge, Junge, gehen die Essener auf diesem Platz zur Sache." In der zweiten Halb-

zeit erhöht Rot-Weiss den Druck weiter und drängt den Spitzenreiter ganz weit in seine Hälfte. Jetzt macht sich bemerkbar, dass Günter Netzer nach einer langfristigen Verletzung noch nicht im Vollbesitz seiner Kräfte ist und seinem Gegenspieler Erich Beer kaum mehr folgen kann. Beer pendelt mit einer läuferisch nicht zu überbietenden Leistung zwischen beiden Strafräumen, kurbelt ununterbrochen das Essener Angriffsspiel an und verurteilt so ganz nebenbei Netzer zur Bedeutungslosigkeit. Ihres besten Man-

Die Gladbacher in ihren schönen weißen Trikots …

nes im Mittelfeld beraubt, beschränken sich die Gäste auf das Verteidigen des Unentschiedens. Die RWE-Elf dagegen erkennt nun ihre große Chance, den geschwächten Spitzenreiter zu schlagen. Jeder einzelne Spieler wühlt sich in der letzten Viertelstunde durch den Morast und holt nochmals alles aus seinem geschundenen Körper heraus. Diese Anstrengung wird in der 82. Minute belohnt. Eine harte Flanke Weinbergs befördert Lippens per Kopf über den chancenlosen Kleff hinweg ins Tor. 1:0 Rot-Weiss, ein Jubelsturm sondergleichen rauscht über Bergeborbeck hinweg. In den letzten Minuten wird zwar noch ein wenig gezittert, aber dann ist es amtlich. Rot-Weiss bezwingt den Spitzenreiter Borussia Mönchengladbach mit 1:0. Unbeschreiblicher Jubel herrscht im Stadion und die Männer, die wie moderne Gladiatoren im Schlamm bis zur völligen Erschöpfung gekämpft haben, werden wie Meister gefeiert. Die Gladbacher Spieler, in ihren nunmehr völlig verdreckten Trikots, schleichen mit gesenkten Köpfen vom Platz. Nur Günter Netzer scheint nach dem Spiel seine Kondition wiedererlangt zu haben und betritt wut-

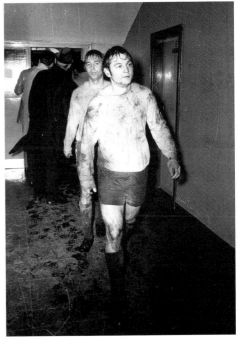

Lippens und Ter Mors nach dem Spiel.

schnaubend die Essener Kabine. Dort teilt er im lauten Ton den überraschten Essener Spielern seinen Unmut darüber mit, dass diese sich nicht an die Absprache eines Unentschiedens gehalten hätten. Doch diese Absprache war den meisten RWE-Spielern gar nicht bekannt und so gab es natürlich verwunderte Blicke für den sich empörenden Netzer – circa 40 Jahre später geben die beteiligten Essener Spieler Rausch und Kik zwar zu, dass es vereinzelt zu Gesprächen auf dem Platz gekommen sei, in denen klargestellt wurde, dass mit einem Unentschieden doch wohl jedem geholfen sei; aber eine richtige Absprache zwischen beiden Mannschaften habe es zu keiner Zeit gegeben.

RWE-Trainer Burdenski kann sein Glück über den unerwarteten Sieg nicht fassen und schwärmt mit leuchtenden Augen von seiner Mannschaft: „Alle Spieler haben alles gegeben. Das war das größte Pensum, das ich je von einer Fußballmannschaft gesehen habe. Sind wir komplett, dann brauchen wir keinen Gegner zu fürchten …, und im Moment sind wir komplett."

Tabelle		Spiele	Tore	Punkte
12.	RW Oberhausen	32	45-52	29:35
13.	Eintracht Braunschweig	32	39-44	28:36
14.	MSV Duisburg	32	31-44	27:37
15.	Hannover 96	32	42-56	27:37
16.	RWE	30	36-50	26:34
17.	1860 München	32	40-54	24:40
18.	Alemannia Aachen	32	27-77	15:49

Mittwoch, 22. April

Nach zwei Siegen in Folge herrscht gute Stimmung in der Mannschaft und auch das „große Schlammloch" an der Hafenstraße kann da nicht für Unruhe sorgen. Zwar freut sich keiner der Spieler darauf, in zwei Tagen gegen Schalke wieder auf diesem Platz aufzulaufen, aber jeder weiß, wie er mittlerweile mit den Tücken des Platzes umzugehen hat. Und das kann durchaus ein Vorteil gegenüber den auf diesem Untergrund unerfahrenen Schalkern sein.

Notdürftig wird der Platz hergerichtet.

Donnerstag, 23. April

Drei Punkte sind aus den verbleibenden vier Spielen notwendig, dann ist der Klassenerhalt für Rot-Weiss geschafft. Wenn es nach Willi Lippens geht, werden zwei von den drei Punkten schon am morgigen Abend gegen den nördlichen Nachbarn eingefahren. Diese Einstellung teilt die „Ente" den ebenfalls in der Sportschule Wedau anwesenden Schalker Spielern an jedem Tag mehrfach mit, was diese mit einem süffisanten Lächeln beantworten. Man kennt sich und jeder weiß die „Ente" zu nehmen. Freiwillig die Punkte in Essen zu lassen, kommt für die Schalker nicht in Frage. Absprachen treffen und Spiele verschieben, wird erst in der folgenden Saison Thema „auf Schalke", heuer soll noch anständig um Punkte gerungen werden.

V. Akt

Freitag, 24. April

Der in den letzten Tagen arg ramponierte „Platz" an der Hafenstraße befindet sich nun endgültig in einem Zu-

Keulenschlag vor Toresschluß

Rot-Weiß Essen — Schalke 04 1:1 (0:0)

stand, in dem auf ihm kein Bundesligaspiel mehr angepfiffen werden kann. Doch Schiedsrichter Kindervater, einer Absage zunächst nicht abgeneigt, lässt sich vom anwesenden Spielleiter Walter Baresel umstimmen und pfeift die Partie pünktlich an. 20.000 Zuschauer sehen in der ersten Halbzeit jedoch ein Spiel, das mit dem eigentlichen Begriff „Fußballspiel" nichts zu tun hat. Grund hierfür ist der mal wieder aufgeschüttete, tonnenschwere Sand, der sich in Verbindung mit dem nicht abfließenden Wasser auf dem Platz zu einer zähflüssigen, breiigen Masse vermischt und den Spielern bei jedem Schritt wie „Patex" an den Füßen klebt. Den Schalkern ist dieser Platz ganz recht, sie bleiben einfach hinten stehen und lassen die Rot-Weissen die Drecksarbeit, sprich das Spiel, machen. Da aber den meisten Essener Spielern noch die vergangenen schweren Spiele in den Beinen stecken, sehen die Zuschauer nicht viel mehr als unzählige, planlos Bälle in den Schalker

Strafraum geschlagene hohe Bälle, die sie ohne besondere Kraftanstrengung aus dem Ge-fahrenbereich befördern. Dementsprechend geht es mit einem 0:0-Unentschieden in die Pause In Halbzeit 2 nimmt das Spiel endlich Fahrt auf. Hochmotiviert und den widrigen Umständen trotzend, bestürmt die RWE-Elf das Schalker Gehäuse. Nachdem Schalkes Torhüter Nigbur mehrmals gegen Essens Kapitän Herbert Weinberg klärt und ein Kopf-ball von Ter Mors gegen den Pfosten klatscht, wird der durchstartende Erich Beer in der 65. Minute von Rolf Rüssmann im Sechzehnmeterraum gelegt. Ter Mors lässt sich die-se Chance nicht entgehen und Rot-Weiss führt mit 1:0. Während ganz Essen jubelt, ist Schalkes Trainer Gutendorf außer Rand und Band, läuft auf den Platz und beschwert sich wild gestikulierend beim Schiedsrichter über den Elfmeterpfiff. Dieses Gezeter führt dazu, dass Ordner Gutendorf mit sanftem Druck vom Platz holen müssen. Doch Guten-dorf beruhigt sich auch an der Seitenlinie nicht und sorgt mit seinem Verhalten dafür, dass die Atmosphäre im Stadion immer hektischer wird. Schalkes Spieler werden nun bei jedem Ballbesitz gnadenlos ausgepfiffen und Willi Lippens verpasst kurz vor Schluss die Entscheidung. In der 89. Minute kommt es wie so oft: Schalke marschiert ein letztes Mal nach vorne und ehe sich die Essener Abwehrspieler orientieren können, erzielt der einge-wechselte Wittkamp den Ausgleich. Während die RWE-Spieler vor Enttäuschung zu Bo-den sinken, springt Schalkes Trainer Gutendorf wie von der Tarantel gestochen von der Bank und klatscht mehrmals orgiastisch in die Hände. Mit dieser provozierenden Geste ist das Fass für den einen oder anderen Essener Zuschauer jedoch übergelaufen und eini-ge versuchen nach dem Schlusspfiff ihren Frust an Gutendorf abzureagieren. Den Ord-nern sei Dank, kommt Gutendorf ohne Feindberührung in die Kabinen, wird aber dort im ganzen Trubel vom Essener Werner Kik mit einem Tritt in den Allerwertesten verab-schiedet. In der Tabelle verbessern sich die Rot-Weissen auf Platz 14 und haben im folgen-den Heimspiel gegen Werder Bremen die große Chance, aus eigener Kraft frühzeitig den Klassenerhalt zu sichern.

Tabelle		Spiele	Tore	Punkte
12.	RW Oberhausen	32	45-52	29:35
13.	Eintracht Braunschweig	32	39-44	28:36
14.	RWE	31	37-51	27:35
15.	MSV Duisburg	32	31-44	27:37
16.	Hannover 96	32	42-56	27:37
17.	1860 München	32	40-54	24:40
18.	Alemannia Aachen	32	27-77	15:49

Samstag, 25. April

Gute Nachrichten für die Techniker in der RWE-Mannschaft. In Gesprächen zwischen den RWE-Vorsitzenden Ruhkamp und Jansen auf der einen und Vertretern des DFB auf der anderen Seite kommt man schlussendlich gemeinsam zu der Erkenntnis, dass ein re-guläres Fußballspiel auf dem Platz an der Hafenstraße nicht mehr durchzuführen ist. Un-geachtet der Bundesligastatuten, die eine Spielverlegung auf einen nicht vom DFB abge-nommen Platz untersagen, erteilt der DFB – jetzt auch mit Zustimmung des Essener Vorstandes – eine Ausnahmegenehmigung bis zum Saisonende. Diese erlaubt den Rot-Weissen die Austragung der letzten beiden Heimspiele gegen Werder Bremen und den 1. FC Kaiserslautern im Uhlenkrugstadion. Zwar sind dem Essener Vorstand die organisatorischen Probleme des Umzuges bewusst – das Uhlenkrugstadion hat keine Flutlichtanlage, deshalb muss das Spiel um 17:45 Uhr angepfiffen werden. Die Anmarschzeit der Zuschauer fällt mit dem Berufsverkehr zusammen und könnte damit für chaotische Zustände rund ums Stadion sorgen – nichtsdestotrotz hat RWE keine echte Alternative: Will der Verein seine Spiele in der kommenden Saison wieder an der Hafenstraße austragen, müssen die notwendigen Arbeiten an dem Platz möglichst zeitnah, also noch im April, begonnen werden. Ein Ausweichen auf einen anderen Platz ist also unabänderlich – und ganz nebenbei rechnet man sich auf saftigem Grün größere Chancen auf einen Sieg gegen die eher kampfstarken Bremer aus.

Rot-Weiß Essen kommt nicht zur Ruhe

Sonntag, 26. April

Noch einen Tag bangen und dann könnte eine dramatische Saison mit dem Klassenerhalt „gekrönt" werden. Offizielle Schätzungen gehen von mindestens 10.000 Zuschauern aus, was auf jeden Fall zu einem Verkehrschaos führen wird. Aus diesem Grund raten die Essener Verkehrsbetriebe, möglichst ohne Auto zum Uhlenkrug zu kommen und stattdessen die Sonderbusse ab Hauptbahnhof in Richtung Stadtwald zu nehmen.

VI. Akt

Montag, 27. April

Trotz aller Hinweise herrscht am frühen Montagnachmittag im Bereich Stadtwald das befürchtete Verkehrschaos. Zwar spielen auch die üblichen Berufspendler ihre vorgesehene Rolle, doch ent-

Essen jubelt: Gerettet!
89. Minute: Siegtor zum 3:2
Littek schoß im Spiel gegen Bremen „das" Tor

scheidend sind ganz eindeutig die unendlichen, nicht für möglich gehaltenen Menschenmassen, die sich per Bus, Bahn, Auto, Fahrrad oder zu Fuß aus dem Essener Norden, dem eigentlichen Einzugsgebiet der Rot-Weissen, in Richtung Uhlenkrugstadion quälen. Vor den Stadionkassen bilden sich lange Schlangen und während ein nicht unerheblicher Teil der Zuschauer noch das Eintrittsgeld zusammensucht, kocht im Inneren des Stadions die Stimmung über. Unglaubliche 22.000 Zuschauer sind es schließlich, die ihre Rot-Weissen zum notwendigen Sieg treiben wollen. Beflügelt von der Kulisse und motiviert vom saftigen Grün des Rasens gelingt den Gastgebern ein Traumstart. Erich Beer lässt in der 2.

Minute einen fulminanten Schuss in Richtung Werder-Tor los. Dem in den Winkel rauschenden Ball kann Torhüter Bernard nur noch staunend hinterher schauen. 1:0 für RWE, Hafenstraßenstimmung auf den Rängen. Trotz Rückstand bleiben die Bremer bei ihrer ausgegebenen Taktik: Neun Spieler verteidigen und Konter werden ausschließlich über den schnellen Görts eingeleitet. Mit Erfolg. Einer dieser wenigen Konter führt tatsächlich durch Görts zum 1:1-Ausgleichstreffer in der 24. Minute. Rot-Weiss drückt zwar weiter aufs Tempo und die Spieler lassen sich nicht entmutigen, aber bis zur Halbzeit bleibt es beim Unentschieden. In der zweiten Halbzeit entwickelt sich die Partie zu einer hoch-

dramatischen und rasanten Angelegenheit. Während Rot-Weiss mit aller Macht auf den Führungstreffer und damit auf den sicheren Klassenerhalt drängt, warten die listigen Bremer auf ihre Konterchance. Wieder mit Erfolg. Eine der Chancen zwingt Werner Kik zu einem eklatanten Abwehrfehler, den Lorenz in der 59. Minute zur 2:1-Führung der Gäste nutzt. Die daheim seit 47 Spielen unbesiegten Rot-Weissen geben sich jedoch noch lange nicht auf. Mit einem unheimlichen Siegeswillen ausgestattet drängen sie die Bremer nach dem Mittelanstoß in deren Hälfte und brennen ein wahres Feuerwerk vor dem Gästetor ab. Ganze vier Minuten nach der Gästeführung tanzt Georg Jung durch die grün-weißen Abwehrreihen und passt den Ball mustergültig zu dem am Fünfmeterraum wartenden Lippens. Dieser schiebt in altbekannter „Entenmanier" den Ball gekonnt und provokant langsam über die Linie, und es steht: 2:2. Anschließend spielt nur noch Rot-Weiss. Angetrieben von dem phantastischen Publikum wird das Spiel zur Einbahnstraße in Richtung Bremer Tor. Ter Mors und Jung treffen jedoch nur den Pfosten, weitere gute Chancen werden nicht genutzt und bald wird jedem klar, dass das folgende Heimspiel gegen den 1. FC Kaiserslautern erneut zu einer Nervenprobe wird. Es läuft die 89. Minute des Spiels als Herbert Weinberg einen verzweifelten letzten hohen Pass in den Strafraum der Bremer schlägt, und dann kommt Littek. Helmut Littek, der oftmals verletzte Mittelstürmer, befördert im dicksten Durcheinander den Ball mit einer schnellen Drehung ins Tor und sorgt für einen infernalischen Torjubel auf den Rängen und bei den Mitspielern. 3:2! Der Klassenerhalt ist perfekt!

Als Schiedsrichter Tschenscher die Partie wenig später oberpünktlich abpfeift, befindet sich das komplette Stadion in einem emotionalen Ausnahmezustand. Wo normalerweise wenige tausend Zuschauer die Spiele des Lokalrivalen ETB sehen, tanzt nun der gesamte Essener Norden eine gigantische Nichtabstiegsparty. Und diese Party hat jeder, der ein rot-weisses Herz hat, verdient.

Die Spieler, weil sie sich den Allerwertesten aufgerissen haben. Die Zuschauer, weil sie bedingungslos hinter der Mannschaft standen, und der Trainer, weil er immer an die Mannschaft geglaubt hat. Das Schlusswort der Saison von Herbert Burdenski nach dem Bremen-Spiel ist eine Hommage an seine Truppe: „Eine Mannschaft in der so viel Energie und ein so großer Behauptungswille stecken, habe ich vor Rot-Weiss Essen noch nicht kennengelernt. Ich habe in den letzten Tagen immer wieder gestaunt, wie sich jeder einzelne Spieler quälen konnte, zu welch außergewöhnlichen Leistungen unter extremen Bedingungen er fähig war, wo er angesichts der Strapazen die physische Kraft zu einer neuen Steigerung hernahm. Alle, von Torwart Fred Bockholt bis zu Willi Lippens, haben hundertprozentig ihre Pflicht erfüllt. Alle mobilisierten ihre letzten Reserven, verstanden es, sich immer wieder zu begeistern. Ich bin sehr stolz darauf, Trainer dieser Mannschaft zu sein. Bedanken möchte ich mich auch beim Essener Publikum, dass uns in dieser schwierigen Zeit phantastisch unterstützt hat.“

BILD, 28.04.1970

Tabelle		Spiele	Tore	Punkte
13.	RWE	32	40-53	29:35
14.	Eintracht Braunschweig	32	39-44	28:36
15.	MSV Duisburg	32	31-44	27:37
16.	Hannover 96	32	42-56	27:37
17.	1860 München	32	40-54	24:40
18.	Alemannia Aachen	32	27-77	15:49

Die letzten beiden Spiele der Saison gegen den 1. FC Kaiserslautern (Endstand 1:1, Werner Kik absolvierte seinen letzten von insgesamt 466 Einsätzen im rot-weissen Trikot) und beim Absteiger 1860 München (Endstand 0:0) waren somit nicht mehr entscheidend, wurden aber von der Mannschaft anständig über die Bühne gebracht.

Am Ende belegte Rot-Weiss den 12. Platz, blieb als einzige Mannschaft in allen Heimspielen ungeschlagen und konnte pro Heimspiel 18.091 Zuschauer begrüßen, was in der Gesamtzuschauerliste den 9. Platz und in der internen Revierzuschauerliste den 2. Platz bedeutete. Ganze 24 Zuschauer im Schnitt hinter Borussia Dortmund (18.115), aber vor Schalke (18.008), dem MSV (16.572) und RWO (11.880).

Insgesamt neun Spielausfälle musste der Verein in der Rückrunde verkraften, zwei Heimspiele mussten im auswärtigen Uhlenkrugstadion ausgetragen werden, min-

29

destens sechs Spiele an der Hafenstraße fanden unter irregulären Bedingungen statt; und im Grunde hätten auch die Auswärtsspiele in Berlin – auf einem vereisten Schneeboden – und in Aachen – bei Nebel – nicht angepfiffen werden dürfen.

Zählt man all die Dinge zusammen, haben die Spieler in den Farben rot-weiss eine fast schon unmenschliche Leistung erbracht, die so nur möglich war, weil sich alle Spieler und der Trainer immer gut verstanden haben und füreinander durch dick und dünn gegangen sind.

Wenn Jahrzehnte später noch vom Mythos RWE gesprochen wird, so ist die Grundlage dafür in diesen dramatischen Spielen im April 1970 gelegt worden. Und wenn mal wieder vom „Entenwetter" oder „Rot-Weiss-Wetter" die Rede ist, dann weiß auch der jüngste RWE-Fan, dass an diesem Tag, bei Regen und Sturm, der stärkste Gegner an der Hafenstraße nicht gefürchtet werden muss.

Die Rückrunde 1969/70

Samstag, 03.01.1970	Pokal: RWE – 1. FC Köln	SPIEL FÄLLT AUS	Schnee
Samstag, 10.01.	RWE – Bayern München	SPIEL FÄLLT AUS	Eisschicht unter Schnee
Samstag, 17.01.	Al. Aachen – RWE (0:0)	– Nebel, in der HBZ wurden Strohballen angezündet	
Samstag, 24.01.	RWE – Mönchengladbach	SPIEL FÄLLT AUS	Schnee
Samstag, 31.01.	Hertha BSC – RWE	SPIEL FÄLLT AUS	Spielfeld vereist
Samstag, 07.02.	RWE – Eintr. Frankfurt (1:1)		
Samstag, 14.02.	VFB Stuttgart – RWE (4:1)		
Samstag, 21.02.	RWE – 1. FC Kaiserslautern	SPIEL FÄLLT AUS	Tauwetter mit Regen nach Schneefall am Donnerstag
Mittwoch, 25.02.	Hertha BSC – RWE (4:0)		
Samstag, 28.02.	1. FC Köln – RWE (5:2)		
Samstag, 07.03.	RWE – Borussia Dortmund (3:3)		
Mittwoch, 11.03.	RWE – Bayern München (1:1)	– Fans schaufelten Platz vom Schnee frei	
Samstag, 14.03.	Hannover 96 – RWE (3:0)		
Samstag, 21.03.	RWE – E. Braunschweig	SPIEL FÄLLT AUS	Matsch
Dienstag, 24.03.	Pokal: RWE – 1. FC Köln (3:3 n.V.)		
Samstag, 28.03.	HSV – RWE (1:0)		
Mittwoch, 01.04.	RWE – Mönchengladbach	SPIEL FÄLLT AUS	große Wasserpfützen
Samstag, 04.04.	RWE – Bremen	SPIEL FÄLLT AUS	Platz ist ein Schlammloch
Mittwoch, 08.04.	RWE – 1. FC Kaiserslautern	SPIEL FÄLLT AUS	Platz ist ein Schlammloch
Samstag, 11.04.	RW Oberhausen – RWE (1:1)		
Mittwoch, 15.04.	RWE – E. Braunschweig (1:1)		
Samstag, 18.04.	MSV Duisburg – RWE (0:1)		
Dienstag, 21.04.	RWE – Mönchengladbach (1:0)		
Freitag, 24.04.	RWE – Schalke 04 (1:1)	im Uhlenkrugstadion	
Montag, 27.04.	RWE – Bremen (3:2)	im Uhlenkrugstadion	
Donnerstag, 30.04.	RWE – 1. FC Kaiserslautern (1:1)		
Sonntag, 03.05.	1860 – RWE (0:0)		

30

Interview mit Werner Kik, Egbert-Jan Ter Mors und Herbert Weinberg

Drei rot-weisse Fußballidole aus den 60er Jahren und der Autor des Buches trafen sich an einem kalten Novemberabend in der Gaststätte „Zum Kanonier" in Altenessen. Es wurde ein vierstündiger, anekdotenreicher Abend, der noch mal die zweite Hälfte der 60er Jahre lebendig werden ließ.

V.l.n.r.: Werner Kik, der Autor, Herbert Weinberg, Egbert-Jan Ter Mors.

Im Sommer '66 stand der Verein RWE in der Aufstiegsrunde zur Bundesliga. Wie kam es zu dieser tollen Entwicklung einer in den Jahren zuvor eher mittelmäßigen Mannschaft?

Kik: Wir haben als Mannschaft schon ein paar Jahre zusammen gespielt und mittlerweile kannte jeder die Stärken und Schwächen der Mitspieler. Dadurch automatisierte sich so langsam unsere Abstimmung. Ferner bekamen wir vor Saisonbeginn 65/66 drei neue Spieler, von denen zwei unsere Mannschaft grundsätzlich nach vorne brachten und einer zumindest eine gute Alternative war. Bei den Spielern handelte es sich um Willi Lippens, Willi Koslowski und Hansi Dörre. Willi Koslowski war der beste Mannschaftsspieler, mit dem ich je zusammen gespielt habe, Willi Lippens hat schon im ersten Jahr viele

Tore geschossen und der Hansi war zunächst ein guter Ersatzspieler. Wichtig war zudem, dass sich Hermann Roß, unser Torwart, im zweiten Jahr bei uns etabliert hatte.

Wie wurde der neue Trainer Fritz Pliska von der Mannschaft aufgenommen?

Weinberg: Der Pliska hat Ruhe in die Mannschaft gebracht und von Anfang an klargestellt, dass für ihn nur der erste oder zweite Platz in Frage käme. Er hat uns im Training gescheucht wie kein anderer, aber er hat uns Disziplin beigebracht. Sein Trainervorgänger Fred Harthaus war da wesentlich lockerer. Der Vorstand hat nach diesen langen entbehrungsreichen Jahren zum Fritz gesagt, dass der Verein Platz 5 anpeilen würde. Damit war Fritz aber nicht einverstanden und gab zu verstehen, dass für ihn nur die ersten beiden Plätze zählen würden. Dass wir dann tatsächlich eine so gute Saison spielten, lag auch daran, dass es von Beginn an, auch mit ein wenig Glück, sehr gut lief.

Willi Lippens hat in dieser, seiner ersten, Saison schon 15 Tore erzielt. Konnte man da bereits erkennen, dass aus ihm mal ein großer Spieler werden würde?

Kik: Nachdem Lippens bei uns im Probetraining war und da nicht viel zeigte, war ich zunächst schon überrascht, dass der Verein den Willi unter Vertrag nahm. Doch schlussendlich muss ich sagen, dass Fritz Pliska einen guten Blick hatte. Willi wurde ja schon in der Saison 65/66 schnell Stammspieler, erzielte viele Tore und war Publikumsliebling. Der wackelte mit dem Arsch und da waren alle hin und weg *(lacht)*. Aber so richtig hatte es keiner von uns vorausgesehen, dass der Willi mal so eine Karriere hinlegen würde. Oder Herbert?

Weinberg: Nein, nein. Der Willi ist ja im Grunde deshalb in die Mannschaft gekommen, weil ich mich in einem Freundschaftsspiel gegen Karnap 07 verletzt hatte und somit beim nächsten Spiel in Köln nicht mitspielen konnte. Da hat der Fritz den Willi gefragt, ob er auch Rechtsaußen spielen könnte. „Ich kann immer spielen", hat der Willi geantwortet und das stimmte dann auch. Willi hat ein gutes Spiel hingelegt und als ich im nächsten Spiel wieder fit war, da ist der Willi dann auf Linksaußen gewechselt.

Im Sommer '66 stand die Aufstiegsrunde zur Bundesliga an. Welche Erwartungen hatten Sie an diese Runde?

Weinberg: Für uns als Mannschaft war klar, dass wir aufsteigen werden. Unsere Mitkonkurrenten FC St. Pauli, 1. FC Saarbrücken und Schweinfurt 05 haben wir als schlagbare Gegner angesehen. Obwohl wir das erste Spiel in St. Pauli mit 0:1 verloren haben, waren wir trotzdem die bessere Mannschaft, und hätte der Manfred Frankowski den Elfmeter verwandelt, dann hätten wir hundertprozentig das Spiel gewonnen.

Kik: Ich war vor Beginn der Aufstiegsrunde ziemlich nervös, von Optimismus konnte bei mir keine Rede sein. Ich kann mich noch daran erinnern, wie wir vom Trainingslager in Quickborn nach St. Pauli gefahren sind. Der Hasebrink war kreideweiß, alle sind zur Toilette gelaufen …, also von Optimismus war zumindest unmittelbar vor Beginn des ersten Spiels nichts zu spüren. Den Manfred ziehen wir auch heute noch damit auf, dass er endlich mal den Ball von der Reeperbahn zurückholen soll *(lacht)*.

Herr Ter Mors, Sie haben zu dieser Zeit in Enschede, nahe der deutschen Grenze gewohnt. Haben Sie irgendetwas von dieser Aufstiegsrunde mitbekommen?

Ter M: Nein, die Aufstiegsrunden interessierten in Holland niemanden. Bei uns hat man sich zwar schon für die Bundesliga interessiert, aber alles andere war uninteressant.

Gab es trotz der Auftaktniederlage eine Euphoriewelle bei den Essener Zuschauern?

Weinberg: Ja, kann man so sagen. Die Auftaktniederlage nahm uns niemand übel. Alle Spiele waren bei uns ausverkauft und die Westkurve hat immer einen unheimlichen Rabatz gemacht. Das hat mich persönlich immer motiviert.

Ter M: Die Westkurve war gut, die Haupttribüne manchmal nicht. Vor der habe ich mal meine Hose gelüftet.

Weinberg: Da wolltest Du mal zeigen, was Du Schönes zu bieten hast *(lacht)*.

Trainingslager 1966.
Herbert Weinberg (Mitte) weiß, was er getan hat.

Am letzten Spieltag fand das entscheidende Spiel an der Hafenstraße gegen den FC St. Pauli statt. Waren Sie kurz vor dem Spiel, in der Kabine, aufgeregt? So von wegen „Heute können wir Geschichte schreiben"?

Kik: Vor dem Spiel war ich persönlich nicht nervös, erst nach dem schnellen 0:1, das ja schon nach 20 Minuten fiel. Als ich dann sah, wie stark die Paulianer spielten, da wurde auch ich nervös.

Weinberg: Ich nicht, ich hatte vielmehr den Eindruck, als ob die Paulianer mit fortschreitender Spieldauer immer mehr die Lust verloren.

Kik: Kann ich nicht sagen, glaube ich auch nicht.

Weinberg: Das kann sein, aber Euch ging hinten immer mehr die Muffe als uns vorne *(lacht)*.

Die Bundesligasaison 66/67 endete mit dem direkten Abstieg in die Regionalliga West.

Weinberg: Die Absteiger in den Jahren zuvor sind mit 22 oder 23 Punkten abgestiegen, wir aber hatten 25 Punkte und haben lange Zeit nicht damit gerechnet, dass wir trotzdem absteigen könnten. Das war schon ein harter Schlag – für uns alle.

Kik: Im Nachhinein betrachtet muss man sagen, dass wir mit Peter Dietrich und Heinz

Werner Kik

Herbert Weinberg

Simmet tolle Verstärkungen erhielten und im Grunde einen bundesligafähigen Kader hatten. Leider ging bei uns, trotz der vielen gutklassigen Spieler, zu viel über den Kampf. Und vom Kampf alleine kann man nicht eine komplette Saison leben bzw. überleben.

Weinberg: Wir standen ja in der Hinrunde relativ weit oben …

Kik: Genau, und da lag auch das Problem: Der Kräfteverschleiß war bei uns wohl zu hoch.

Weinberg: Problematisch war für uns auch, dass wenn sich von den ersten 12 oder 13 Spielern jemand verletzt hatte, er nicht mehr adäquat ersetzt werden konnte. Wir hatten einfach einen zu dünnen Kader.

Nach dem Abstieg '67 wurden ausgerechnet Sie, Herr Ter Mors, aus der holländischen Ehrendivision verpflichtet. Können Sie sich noch an den Wechsel erinnern?

Ter M: Ich hatte einen Freund in Holland, den Bernie Kraut, der hat mich nach Schalke vermittelt. In Schalke habe ich dann mit den zuständigen Leuten ein zwangloses Gespräch geführt und bin wieder zurück nach Holland gefahren. Kurz danach kam es dann zu dem Freundschaftsspiel zwischen dem FC Twente, bei dem ich spielte, und Rot-Weiss Essen. Bei diesem Spiel muss ich wohl ganz gut gewesen sein *(lacht)* und somit hatte Rot-Weiss Interesse und ich habe ziemlich schnell im Anschluss, in Gesprächen mit Paul Nikelski und dem zweiten Vorsitzenden van Almsick, einen Vertrag bei Rot-Weiss unterschrieben.

Sie haben ja erwähnt, dass Sie in der ersten holländischen Liga spielten. Nun wechselten Sie aber zum Zweitligisten RWE. War das ein Rückschritt für Sie?

Ter M: Nein, überhaupt nicht. Rot-Weiss war ja ein bekannter Verein, der immer gute Spieler hatte. Außerdem war es damals so, dass das Niveau der holländischen Vereine noch weit unter dem der deutschen lag, so dass man im Grunde sagen konnte, dass ein holländischer Erstligaverein das Niveau eines deutschen Zweitligisten hatte. Hinzu kam, dass ich in Essen gut bezahlt wurde. Bezahlung ist ja auch immer wichtig *(lacht)*.

Wie sind Sie denn in Essen aufgenommen worden?

Ter M: Toll. Ich hatte nie Schwierigkeiten. Wir haben von Beginn an Späße miteinander gemacht und ich durfte ja auch direkt im zentralen Mittelfeld spielen.

Warum hatte Ter Mors keine Anpassungsschwierigkeiten?

Weinberg: Der Egbert war und ist ein sympathischer Mensch und so kam er auch ganz am Anfang in meinen Augen rüber.

Kik: Wir waren ja dankbar über jeden guten Spieler ‚der zu uns kam und wenn er dann noch so ein Typ war wie der Käskopp *(lacht)* …, dann war das in Ordnung.

Ter M: Das haben die öfter zu mir gesagt: Käskopp *(lacht)*. Hat mir aber nie was ausgemacht. Ich stehe auch zu meinen Plattfüßen, die sind genauso platt wie die Füße vom Willi.

In der Saison 67/68 erzielte RWE 73 Tore. Die Stürmer trafen wie folgt: Lippens 25 Mal, Littek 14 Mal und Pröpper 13 Mal. Der Rechtsaußen Weinberg schaffte aber nur vier Treffer …

Weinberg: Weil ich die Tore immer vorbereitet habe. Ich war wirklich kein Goalgetter, sondern vielmehr ein Vorbereiter, der im entscheidenden Moment den Rückpass auf den Mitspieler spielte.

Kik: Der Herbert war kein Knipser, aber auf der Außenbahn kann man das auch schlecht sein.

Willi Lippens hat auch Außen gespielt und trotzdem viele Tore erzielt.

Weinberg: Der Willi war auch ein ganz anderer Typ.

Kik: Der Willi war nicht schnell, der ist nicht über die Flügel gekommen und hat dann von der Außenlinie geflankt, sondern er ist auf Grund seiner fehlenden Schnelligkeit oftmals nach innen gezogen und hat dann selbst die Angriffe abgeschlossen. Der Herbert wurde Ende der 60er Jahre auch mehr ins Mittelfeld zurückbeordert, wo er natürlich noch weniger Gelegenheiten bekam, selbst ein Tor zu machen. Aber trotz der fehlenden Tore war der Herbert für uns ein ganz wichtiger Mann – er ist nämlich immer auf Teufel komm raus für die Mannschaft gerannt und marschiert.

Herr Ter Mors, mussten Sie damals als zentraler Mittelfeldspieler nach hinten arbeiten?

(Alle drei lachen)

Egbert-Jan Ter Mors

Ter M: Nach hinten arbeiten war nicht meine Stär-

RWE-Mannschaft der Saison 1967/68.

ke. Ich war im Verteidigen nicht so gut *(lacht)*. Der Werner ist viel für mich mitgelaufen und hat nach hinten gearbeitet.

Kik: Das war für mich eine Selbstverständlichkeit.

Weinberg: Der Egbert hatte seine Stärke nach vorne, nach hinten haben wir anderen für ihn mitgearbeitet.

Kamen Sie in der Saison 67/68 mit dem jungen Trainer Ribbeck gut zurecht?

Ter M: Ja sicher.

Weinberg: Mit dem Ribbeck kamen wir alle gut aus, der war ein erstklassiger Trainer.

Kik: Unter Ribbeck haben wir immer sehr abwechslungsreich trainiert und er war der erste Trainer, der über sich gesagt hat, dass man nicht alles richtig machen kann, sondern auch mal etwas falsch. Beim Fritz Pliska gab es so was gar nicht. Der hat nie etwas falsch gemacht. Über den Pliska, der hat ja in den 40er und 50er Jahren gespielt, gab es folgenden Satz: „Das größte Schwein vom Niederrhein ist der Fritz Pliska vom Rheyter Spielverein."

Weinberg: Mit diesem Satz hat sich der Pliska immer gebrüstet.

Kik: Ich muss hier auch mal betonen, dass die ganze Mannschaft es wirklich bedauert hat, als Erich uns verlassen hat.

Mit Erich Ribbeck haben Sie '68 in der Aufstiegsrunde in Berlin gegen die Hertha gespielt …

Weinberg: Da haben wir 0:2 verloren.

Kik: Trotzdem war es ein Erlebnis.

Weinberg: Ja, da haben wir vor 86.000 Zuschauern gespielt. Den Schiedsrichterpfiff haben wir nicht gehört, so laut war es im Stadion.

Ter M: Stimmt, und wir hatten in diesem Spiel im Endeffekt kaum Chancen gehabt. Hertha hat verdient gewonnen und wir mussten einen neuen Anlauf in der Regionalliga nehmen.

Weinberg: Entscheidend in dieser Runde war aus meiner Sicht das erste Spiel in Essen gegen Hertha, als wir nach einer 2:0-Führung nur 2:2 gespielt haben. Dadurch haben wir einen Knacks bekommen und haben auch in den Spielen gegen Hof, Alsenborn und Göttingen unnötig Punkte liegen gelassen.

Kik: In Alsenborn haben wir 1:1 gespielt und in Göttingen sogar 0:1 verloren. Es war einfach nicht unsere Runde und so mussten wir uns noch ein Jahr gedulden.

Herr Weinberg, Herr Kik, hatten Sie bestimmte Kollegen, mit denen Sie in Ihrer Freizeit was unternommen haben?

Weinberg: Die Frauen hatten so einen Kaffeeklatsch, die trafen sich jede Woche Reih' um. Da waren die Frauen vom Weinheimer (unserem Masseur), Frankowski, Stauvermann, Fetting und Bockholt dabei. Wir Männer haben dann abends unsere Frauen abgeholt. Dieser Kreis hat fast 20 Jahre gehalten, ehe er sich dann so langsam aufgelöst hat. Ich persönlich habe immer noch Kontakt mit Hannes Weinheimer, dem damaligen Masseur.

Kik: Ich hatte privat nicht so viele Kontakte, wobei ich arbeitsbedingt natürlich auch weniger Zeit hatte. Einmal, kann ich mich erinnern, war ich ausgerechnet mit dem Herbert und dem Egbert in einer Bar.

Weinberg: Egbert war ja damals schon Vollprofi.

(Alle drei lachen).

Kik: Für mich waren die privaten Kontakte auch nicht so entscheidend, viel wichtiger war immer der Zusammenhalt und das Zusammenspiel auf dem Platz. Manchmal halte ich auch so Kaffeekränzchen für schädlich.

Ende der 60er Jahre wurde regelmäßig zweimal am Tag trainiert, das Profitum kam näher. Konnten Sie sich damit arrangieren?

TerM: Ja klar, ich hatte damit keine Probleme. Konditionell war ich stark und Fußball gespielt habe ich auch immer sehr gerne.

Kik: Bei mir war es schon schwieriger, da ich auch beruflich stark involviert war. Konditionell hatte ich nie Probleme, aber zeitlich wurde das jetzt alles komplizierter und stressiger für mich.

Gab es zu Ihrer Zeit Mitspieler, die im Training, wie später ein Werner Lorant, mehr als hart zur Sache gegangen sind?

Alle drei unisono: Nein, die gab es nicht.

Urlaub in Griechenland. Werner Kik mit Frau und Familie Weinberg

Weinberg: Der Hansi ist schon hart zur Sache gegangen, aber nie unfair, und wenn ich mich mal aufgeregt habe, dann hat er gesagt, dass ich doch zum Trainer gehen solle.

Kik: Dass der Hansi so frech zu Dir war, hätte ich nicht gedacht.

Weinberg: Doch, hundertprozentig *(lacht).*

Kik: Ja, der Hansi, vor ihm muss man Hochachtung haben. Er hat sich alles mühsam erarbeiten müssen, ihm ist nichts in den Schoß gefallen.

Wurden im Training auch Späße gemacht? Ich merke ja, dass Sie drei hier auch viel miteinander flachsen.

Ter M: Ja klar, wir haben immer viel Spaß gemacht, dass muss auch sein.

Kik: Wir drei spielen hier keine heile Welt, es war damals wirklich so, dass wir uns im Mannschaftsrahmen alle gut verstanden haben. Zusätzlich konnten wir uns auf dem Platz immer aufeinander verlassen.

Es wurde aber früher nach außen getragen, dass Weinberg und Kik nicht miteinander können.

Weinberg: Das hat man immer gesagt, warum, weiß ich aber auch nicht. Der Werner und ich hatten nie Probleme miteinander. Klar, Meinungsverschiedenheiten gab es immer, aber die wurden ausgeräumt und dann war alles wieder in Ordnung.

Kik: Dass wir jetzt sagen würden, wir waren damals oder heute befreundet – nein, das war und ist nicht so. Wir akzeptieren uns, geben uns die Hand …

Weinberg: … aber dass wir zusammen schlafen, ist noch nie passiert.

(alle drei lachen)

Oberhausen war am Ende der Saison 68/69 Tabellenerster mit zwei Punkten Vorsprung auf RWE und den VfL Bochum. Der VfL hatte das um drei Tore bessere Torverhältnis, was damals aber nicht ausschlaggebend war, denn zu der Zeit zählte der Torquotient und aufgrund der wenigen Gegentreffer sind sie Zweiter geworden und standen in der Aufstiegsrunde.

Kik: Die Abwehr hat euch immer rausgerissen, weil ihr da vorne ja keine Tore gemacht habt *(lacht)*.

Ter Mors guckt ein wenig ungläubig und bekommt Trost von Weinberg.

Weinberg: Egbert, Du warst spitze.

Herr Ter Mors, haben Sie noch Erinnerungen an die grandiosen Spiele in der Aufstiegsrunde? Gegen den KSC 5:0 gewonnen, in Osnabrück 3:3 …

Ter M: Ja, an das Spiel in Osnabrück kann ich mich noch erinnern. Wir führten zunächst mit 3:0, aber dann kam Osnabrück und hätte das Spiel fünf Minuten länger gedauert, hätten wir verloren.

Weinberg: Wir haben bis zum 3:0 knackig gespielt, aber dann fiel irgendwann das 3:1. Da haben wir noch gedacht: „Ach, 3:1, was soll das schon?", plötzlich steht es fünf Minuten später nur noch 3:2. Aber trotzdem haben wir da noch Torchancen zur Entscheidung gehabt. Kurz vor Schluss fiel dann der Ausgleich und da hingen wir total in den Seilen und die Osnabrücker bekamen so ein Oberwasser, dass sie tatsächlich, wie Egbert es schon gesagt hat, bei länger andauerndem Spiel noch das Siegtor gemacht hätten.

Kann man im Nachhinein sagen, dass, wenn dieses Spiel noch verloren gegangen wäre, es mit dem Aufstieg noch hätte eng werden können?

Weinberg: Ja, das kann man sagen. Wer weiß, wie wir dann die nächsten Spiele absolviert hätten.

Kik: Ich kann mich noch daran erinnern, dass die einen Stürmer namens Kanniber hatten, der im Norden viele Tore geschossen haben soll und über den es hieß, der sei brandgefährlich und RWE habe Glück gehabt, dass dieser Spieler bei dem 3:3 verletzungsbedingt nicht mitgespielt hat. Im Rückspiel spielte der Kanniber. Mein Gott, das war ja eine leichte Aufgabe für mich. Das Spiel haben wir dann mit 3:1 gewonnen und sind in die Bundesliga aufgestiegen.

Weinberg: Wir hatten zu diesem Zeitpunkt eine Bombentruppe.

Herbert Weinberg im obligatorischen Zweikampf auf Rechtsaußen.

Hat es Ihnen was ausgemacht, dass der Verein zur Aufstiegsrunde immer ins Trainingslager ging?

Ter M: Das war für mich kein Problem, obwohl man ja in Holland damals nie ins Trainingslager ging. Ich kann mich erinnern, dass wir für den Aufstieg 10.000 DM bekamen.

Kik: Wir haben viel Karten gespielt (lacht).

Weinberg: Wir haben auch schon mal Tennis gespielt, aber meistens haben wir gepokert. Es ging da auch um Geld.

Egbert-Jan Ter Mors auf dem Platz.

Herr Weinberg, zur damaligen Zeit bestand das RWE-Mittelfeld aus Jung, Ter Mors und Ferner. War das aus Ihrer Sicht ein gutes Mittelfeld?

Weinberg: Au, au, au …, das ist schwer zu sagen.

Ter M: Das waren drei sehr gute Verteidiger (lacht).

Weinberg: Didi Ferner war ein unheimlich cleverer Typ. Den hast Du das ganze Spiel über nicht gesehen und dann ist der an der Trainerbank vorbei und hat geschrien: „Spiel mich an, spiel mich an.".

Aber Ferner hat auf dem Platz auch geackert.

Weinberg: Geackert? Nö, habe ich nicht in Erinnerung. Haben Sie ihn spielen sehen?

Zweikampf Wolfgang Overath / Werner Kik in der Bundesligasaison 1966/67

In der Bundesligasaison 69/70 kommt es in der Rückrunde zu den denkwürdigen Schlammspielen an der Hafenstraße. Haben Sie noch Erinnerungen daran?

TerM: Nur an das Spiel gegen Mönchengladbach, das werde ich nie vergessen. Der Platz sah aus – furchtbar! Da hat man vor Spielbeginn noch Unmengen Sand draufgeschüttet. Für mich als Techniker war dieser Platz allerdings Gift, ich habe da lieber im Sommer auf schönem Rasen gespielt *(lacht)*.

Weinberg: Auf so einem Platz kann man normalerweise gar nicht spielen, da wäre es vernünftiger gewesen, das Spiel abzusagen.

Kamen Sie trotzdem gut mit dem Platz zurecht?

Weinberg: Keiner, sie konnten doch gar nicht spurten. Bei jeder Bewegung sind sie doch sofort in den Schlamm eingesackt. Sie konnten den Ball nur hoch und weit spielen, ansonsten war an Fußball nicht zu denken. Wenn der Ball auftickte, dann blieb er sofort in der Matsche liegen.

Kik: Trotzdem schwärmen die Leute noch heute von diesen Schlammspielen.

Weinberg: Genau, wir haben ja auch noch gegen Schalke und Braunschweig in der Meisterschaft und gegen Köln im Pokal auf diesem Platz gespielt.

Kik: Da gab es beim DFB den Spielleiter Walter Baresel, den hätte man auf Deutsch gesagt vor dem Spiel mal durch den Matsch ziehen sollen *(schüttelt den Kopf)*. Der hat acht Spiele von uns in 21 Tagen angesetzt – das ist doch nicht mehr normal. Wir waren damals alle so wütend.

Weinberg: Man kann sich das nicht vorstellen: Wir haben angefangen zu laufen, aber nach wenigen Metern warst du schon im Schlamm eingesackt und musstest Dich praktisch mit den eigenen Händen aus dem Schlamm ziehen.

Kik: Ich habe mal in einem Interview gesagt, dass es für uns ein Hauch von Heldentum war.

Nach dem Gladbach-Spiel soll Günter Netzer in Ihre Kabine gekommen sein.

Weinberg: Der meinte zu mir – ich war ja Mannschaftskapitän – dass ich mich nicht habe durchsetzen können.

Kik: Ich hab' den Laumen gefragt, warum denn der Günter so schimpfen würde. Da hat der nur entgeistert geguckt, der wusste auch von nix.

Weinberg: Irgendwie ist das bis zum Gladbacher Sturm nicht durchgedrungen. Wir vorne wussten Bescheid, der Günter hat ja mit mir gesprochen. Auch der Willi wusste Bescheid, aber dann ist ihm eine Flanke auf den Hinterkopf gefallen und das Ding war auf einmal drin- das wollte der Willi gar nicht.

Kik: Glaube mir, dass der Willi das wollte. Der hätte auf Vorhalt gesagt, dass die eben zu dämlich waren.

Da muss ich noch einmal nachhaken: Es waren damals 25.000 Zuschauer trotz strömenden Regens im Stadion. Hatten Sie kein schlechtes Gewissen bei der Absprache?

Kik: Nein, denn jeder RWE-Zuschauer wäre doch vor dem Spiel mit einem Unentschieden zufrieden gewesen. Außerdem gab es ja keine richtige Absprache, es wollten ja nur ein paar Spieler aus jeder Mannschaft auf Unentschieden gehen, die Mehrheit bekam nichts davon mit und spielte ganz normal weiter. Die Gladbacher hatten eine ziemlich junge Mannschaft und da hat der Günter Angst gehabt, dass sie bei einer Niederlage bei uns vielleicht noch das große Flattern bekämen und schlussendlich die Meisterschaft verspielen würden.

Weinberg: Ist ja dann nicht mehr passiert, Gladbach wurde Deutscher Meister.

Die Hinrunde der folgenden Bundesligasaison 70/71 verlief richtig gut, RWE befand sich im gesicherten Mittelfeld mit Kontakt nach oben. Warum sind Sie, Herr Ter Mors, in der Winterpause gewechselt?

Ter M: Meine Tochter war damals sechs Jahre alt und musste in die Schule, nur aus diesem Grund bin ich mit meiner Familie zurück nach Holland gegangen.

Weinberg: Ich glaube, dass der Verein froh war, den Egbert von der Lohnliste zu bekommen. Die haben nämlich nicht damit gerechnet, dass es so läuft wie es dann gelaufen ist.

Ter M: Nein Herbert, ich habe es anders empfunden: Der Verein hat mir aus menschlichen Gründen geholfen, dass ich wieder zurück nach Holland gehen konnte. Die haben überhaupt keine Ablösesumme bekommen. Der Verein hat zu mir gesagt: „Du hast dreieinhalb Jahre sehr gut bei uns gespielt, nun helfen wir dir."

Kik: Es gab zu dieser Zeit eine Aussage vom Präsidenten Roetger: „Was der Ter Mors kann, das kann der Fürhoff auch." Da hat er sich aber mal schön verrechnet.

Weinberg: Ja, der Nobby konnte den Egbert nicht ersetzen, obwohl ich ausdrücklich betonen möchte, dass der Nobby beileibe kein schlechter Mann war. Seine Zeit kam aber erst ein Jahr später.

Kann man sagen, dass mehrere Komponenten zum Abstieg aus der Bundesliga geführt haben?

Weinberg: Das kann man so sagen, aber ich denke mal, dass der Hauptgrund diese verschobenen Spiele waren. Denn erst durch die überraschenden Siege der Vereine, die unter uns standen, ist es dazu gekommen, dass wir immer tiefer in den Keller rutschten.

Kann es vielleicht auch sein, dass es innerhalb der Mannschaft nicht mehr gepasst hat?

Weinberg: *(lange Pause)* Das Gefühl hatte ich nie. Vielleicht lag es daran, dass wir im Grunde gar kein richtiges System mehr unter Trainer Burdenski hatten. Wir haben kurz vor Ende der Saison in Dortmund gespielt und 2:7 verloren. Da ist der Vorstand vor dem Spiel in die Kabine gekommen und der Janssen hat den Burdenski gefragt: „Wie wollen Sie denn spielen?" Burdenski antwortete: „So wie immer." Darauf Janssen: „Sie haben doch immer verloren." *(schüttelt den Kopf)*

Kik: Der Janssen war ein Typ, der hat immer ganz komisch geguckt, wenn der Klötzer den Namen Dörre erwähnt hat. Der wollte den Hansi nie haben.

Weinberg: Aber der Hansi war ganz wichtig für uns- *(sehr energisch)*

Turnhalle

Herr Weinberg, Sie haben noch bis zur Saison 72/73 bei RWE gespielt, dann kam es aber zu dem fatalen Unfall in der Sporthalle.

Weinberg: Ja, das ist in der Halle unterhalb der Tribüne bei Rot-Weiss passiert. Wir haben immer mit unserem jeweiligen Gegenspieler um 5 DM gespielt, damit auch so ein Trainingsspielchen einen gewissen Reiz hatte. Nun gut, an diesem Tag hatte ich diese Wette mit dem Torwart Fritz Steffens laufen. Ich bin dann im Spiel auf ihn zugelaufen, habe ihn ausgetrickst und bin um ihn rum, und da haut er mir die Beine weg und ich knall gegen die Wand. Ich habe noch versucht mich mit den Armen abzustützen, deshalb hatte ich auch zusätzlich zu meinen schweren Kopfverletzungen, schwere Verstauchungen an den Armen und an der Schulter. Ich bin dann direkt ins Krankenhaus gekommen und blieb dort vier Wochen, davon eine Woche auf der Intensivstation. Ich hatte nämlich einen Schädelbruch. Meine Karriere war anschließend beendet. Der Steffens hat mich nur einmal ganz kurz im Krankenhaus besucht, vom Verein kam, bis zu meinem Geburtstag, niemand zu mir. Das war dann natürlich der Grund, dass ich anschließend nie mehr etwas mit Rot-Weiss zu tun haben wollte *(sehr ärgerlich)*. Wie ich da behandelt wurde … *(schüttelt den Kopf)*. Ich habe auch heute nichts mehr mit dem Verein zu tun.

Wenn Sie, trotz des unrühmlichen Endes, an ihre Zeit bei Rot-Weiss zurückdenken, welches Fazit würden Sie ziehen?

Weinberg: Das war schon eine positive Zeit. Hätte ich damals kein Fußball gespielt, dann würde es mir finanziell heute nicht so gut gehen. Außerdem empfand ich es immer als positiv, mich mit den besten Spielern Deutschlands messen zu können. Hinzu kam, dass wir mit Rot-Weiss auch viele Auslandsreisen gemacht haben, das war sehr schön. Insgesamt überwiegen für mich die positiven Erfahrungen und das ist auch gut so.

Herr Ter Mors, welches Fazit ziehen Sie aus Ihren dreieinhalb Jahren bei Rot-Weiss?

Ter M: Am liebsten hätte ich weiter beim Verein gespielt, aber ich musste wegen meiner Kinder zurück nach Holland. Die Zeit in Essen hat mir wirklich sehr gut gefallen. Ich habe dort auch heute noch Freunde, aber alle außerhalb des Fußballs. Ich bekomme jede Woche Post aus Deutschland und darüber freue ich mich sehr. Da sehe ich, dass doch was von mir bei Euch hängen geblieben ist *(strahlt übers ganze Gesicht)*.

Herr Kik, welches Fazit ziehen Sie über ihrer Zeit bei RWE?

Für mich ging schon mit der Unterzeichnung meines ersten Vertrages bei Rot-Weiss ein Traum in Erfüllung. Ich hatte schwere Jahre aufgrund der Belastung durch Beruf, Studium und Fußball, aber es hat sich gelohnt. Mit dem Verein hatten wir bis 1965 schwere Jahre, aber die folgenden Jahre bis 1970 waren ganz toll und haben für alle Schwierigkeiten entschädigt.

Haben Sie als damalige Spieler noch Kontakt untereinander?

Kik: Die Initiative der ehemaligen Mitspieler ist unterschiedlich ausgeprägt. Ich habe gesehen, wie sich heute der Herbert und der Egbert gefreut haben. Das könnte man öfter, zumindest einmal im Jahr, haben. Leider legt unser Verein keinen Wert auf Traditionspflege. Schade.

Bilder von links nach rechts:
Ter Mors und Bockholt
Weinberg in Aktion
Kik mit Blumenstrauß
Wiedersehen macht Freude: v.l.n.r.: Ter Mors, Kik, Weinberg

Messerwurf

13. Februar 1971

Die Westkurve in Essen? Das war ein Fahnenmeer. Da herrschte eine Bombenstimmung. Und von dort wurde das Messer auf Sepp Maier geworfen.

Welcher Stadiongänger in Essen von „alten Zeiten" erzählt, über die Westkurve in den 70er Jahren, irgendwann, im dritten oder vierten Satz, kommt die Rede unweigerlich auf diesen Messerwurf. Und sofort kommen verblichene Erinnerungen hoch, an die überfüllte Westkurve, an ungezählte Bierflaschen hinter dem Westkurventor, an Beckenbauer und an die „Ente". Auch die Erinnerung an den entsetzten Sepp Maier, mit dem Messer in der Hand, geistert durch die Köpfe. Wobei jedoch nicht klar ist, ob dies eine Erinnerung an die tatsächlichen Ereignisse auf dem Platz oder ob nicht vielmehr die Schlagzeile der BILD vom 15. Februar 1971, mit dem Foto von Maier und dem Messer, diese Szene bis heute geprägt hat. Je mehr die Unterhaltung anschließend in die Tiefe geht, desto ungenauer werden die Angaben, das Gespräch verliert sich in unbedeutenden Fragmenten, die sich aus Erzählungen, Fotos und Legenden zusammensetzen. Dann ist der Zeitpunkt gekommen, an dem man sich die Fragen stellen muss: Wer hat eigentlich das Messer geworfen, wurde es überhaupt gezielt auf Sepp Maier geworfen, welches Motiv gab es, oder lag es am Ende nicht einfach „nur" im Strafraum vor der Westkurve?

Versuch der Wahrheitsfindung:

Am Samstag, dem 13. Februar 1971, empfängt Rot-Weiss als Tabellenzwölfter den Tabellenzweiten Bayern München. Knapp 30.000 Zuschauer quetschen sich ins Georg-Melches-Stadion. Schon lange vor dem Anpfiff hallen die Gesänge der Westkurve bis zum Stadthafen. Die Euphorie ist groß in Essen, Rot-Weiss spielt bis dato eine gute Saison und befindet sich im gesicherten Mittelfeld. Außerdem gab es in den bislang zwei Bundesligaheimspielen gegen die Bayern keine Niederlage und dies sollte nach dem Willen der Zuschauer und der Rot-Weiss-Spieler auch nach diesem Aufeinandertreffen so bleiben.

Bayerns „Bomber der Nation", Gerd Müller, scheint an diesem Tag aber so gar nicht gewillt zu sein, erneut ohne doppelten Punktgewinn von Essen nach München zurückzukehren und markiert schon in der 8. Minute die Führung der Gäste. Die ganz in weiß spielenden Münchner dominieren nach dem Führungstreffer das Spiel und lassen die übermotivierten Rot-Weissen ein ums andere Mal ins Leere laufen. Beckenbauer spielt wie ein Kaiser, der junge Uli Hoeneß wirbelt im Sturm. Das Geschehen spielt sich in der ersten Viertelstunde ausschließlich in der Hälfte der Essener ab, die in der ersten Halbzeit von der Ost- auf die Westkurve spielen. Nationaltorhüter Maier verlebt einen ruhigen Nachmittag. Bis zur 16. Spielminute. Ein erster zaghafter Angriff der Rot-Weissen endet mit einem Schuss neben das Münchner Tor, worauf der Maier Sepp hinter seinem Gehäuse verschwindet und sich den Ball angelt. Aus welchen Gründen auch immer – vielleicht war es die berüchtigte arrogante und provokante Spielweise der Bayern, die die Essener Fans in Rage brachte – kommt es zu einigen unüberlegten Handlungen der RWE-Fans aus der Westkurve.

Zurück auf dem Feld tritt Maier auf eine der vielen hinter seinem Tor liegenden Bierflaschen, danach begibt sich der Münchner Torhüter in seinen Torraum, nimmt sich den Ball und legt ihn sich zum Abstoß zurecht. Und ab diesem Moment wird es interessant. Maier hält nämlich wenige Sekunden später ein Messer in seiner rechten Hand und präsentiert das Corpus Delicti dem herbeieilenden Schiedsrichter Jan Redelfs. Dieser nimmt das Messer an sich und übergibt es seinem Linienrichter, anschließend läuft das Spiel weiter. So weit so gut. Doch was war wirklich geschehen? Hat es, wie die BILD-Zeitung später formulierte, ein „Messer-Attentat" mit einem „blitzenden Mordinstrument" gegeben, welches nur haarscharf an dem Nationaltorhüter vorbei flog? Oder fand Maier, wie im Schreiben des Vereins Rot-Weiss Essen an den DFB-Kontrollausschuss vermerkt, „dieses Tischmesser bei seiner Rückkehr in den Strafraum im Torraum auf dem Boden liegend"?

Zwei unterschiedliche Beschreibungen einer Situation, die das jeweilige Resultat einer großen Bandbreite von Interpretationen, Behauptungen und Vermutungen sind. Glaubwürdig die eine oder die andere? Wohl kaum. Denn sowohl die BILD-Zeitung, stets auf der Suche nach reißerischen Schlagzeilen, als auch der Verein Rot-Weiss Essen, der durch eine Verharmlosung des Vorfalls eine Geldstrafe durch den DFB verhindern wollte, verfolgten mit der unterschiedlichen Darstellung des Ablaufes ihre eigenen Interessen.

Eine Nachfrage bei den damals beteiligten Spielern führte vierzig Jahre später zu dem Ergebnis, dass sie während des Spiels nichts vom Messerwurf mitbekommen haben, sondern erst am Tag danach aus den Zeitungen davon erfuhren.

BILD, 15.02.1971

Die Darstellung einer unparteiischen Person könnte deshalb vielleicht mehr Aufschluss über den Tathergang geben. Wer würde sich da nicht besser anbieten, als der Schiedsrichter des Spiels? Herr Redelfs vermerkte in dem offiziellen Spielberichtsbogen Folgendes: „In der ersten Halbzeit wurde eine Bierflasche, kurz darauf ein Messer in den Münchner Strafraum geworfen, welches aber niemanden traf." Ob das Messer allerdings tatsächlich in Richtung Sepp Maier flog, geht aus der Aussage des Schiedsrichters ebenfalls nicht hervor. Bleibt also nur noch die Aussage vom betroffenen Sepp Maier, die natürlich am wenigsten objektiv ist: „Einen Meter von mir entfernt blieb das Messer im Rasen stecken", war sein Kommentar unmittelbar nach Spielende zu der Szene, die in ganz Deutschland Empörung auslöste. Vierzig Jahre später stellt Maier in einem Telefoninterview mit dem Autor klar, dass dieses Messer sehr wohl knapp an seinem Kopf vorbeigeflogen sei, bevor es im Rasen stecken blieb.

Augenscheinlich schien das Messer also gezielt auf den Münchener Torhüter geworfen worden zu sein. Zweifel bleiben. Maier ist schließlich das Opfer mit einer eigenen, ganz subjektiven Sichtweise, die von niemandem so bestätigt werden kann. Eine wirklich glaubwürdige Aussage hierzu könnte einzig und allein von dem Messerwerfer selbst erfolgen. Bei diesem handelte es sich um einen damals 17-jährigen Schüler, welcher in der Halbzeitpause vom RWE-Fan-Club festgehalten wurde und nach Spielschluss auf der Geschäftsstelle des Vereins erschien. Dort entschuldigte er sich in aller Form und gab als Motiv für den Wurf an, dass er sich über das Führungstor der Bayern geärgert habe und ferner angetrunken gewesen sei. Ob sein Wurf jedoch gezielt Sepp Maier gegolten habe, konnte in diesem Gespräch zwischen dem Messerwerfer und den Verantwortlichen des Vereins Rot-Weiss Essen nicht geklärt werden. Die weitere Entwicklung in dieser Angelegenheit steht zumindest zweifelsfrei fest: Der Verein nahm die Entschuldigung des Jugendlichen an,

Schiedsrichterspielbericht, 13.02.1971.
Rechts: Der FC Bayern teilt mit, in welchen Trikots er zu spielen gedenkt.

Anschrift: 8 München 90, Säbener Str. 51

Telefon 643005

FUSSBALL-CLUB BAYERN MÜNCHEN E.V.

DEUTSCHER MEISTER 1932/1969 · DEUTSCHER POKALSIEGER 1957/1966/1967/1969
EUROPAPOKALSIEGER 1967

BASKETBALL · HANDBALL · TISCHTENNIS

An

Rot-Weiß Essen e.V.

43 Essen-Bergeborbeck

Hafenstrasse 97 a

GESCHÄFTSSTELLE:

8 MÜNCHEN 15, LANDWEHRSTR. 23/II

TELEFON 59 40 64 UND 59 25 94

BANK: BANKHAUS H. AUFHÄUSER

8 MÜNCHEN 1, POSTFACH 169

POSTSCHECKKONTO: MÜNCHEN 19217

MÜNCHEN, DEN   8.2.1971

Betr.: Bundesligaspiel am Samstag, den 13.2.1971
        Rot-Weiß Essen - FC Bayern München

Sehr geehrte Herren,

wir teilen Ihnen mit, daß wir beim obenge-
nannten Spiel folgende Spielkleidung tragen:

        weisse Stutzen
        Weisse Hosen
        weisse Trikots.

Unsere Hotelunterkunft ist: Krummer Weg
                            Breitscheidt

F.C.BAYERN E.V.
8 MÜNCHEN 90
SÄBENER STRASSE 51
TELEFON 643005

stellte zunächst aber am folgenden Montag Strafantrag bei der Polizei, der allerdings, nachdem sich in der folgenden Woche auch die Eltern des Jungen in aller Form beim Verein entschuldigt hatten, wieder zurückgezogen wurde. Auf weitere Konsequenzen, wie etwa das heute beliebte Aussprechen von Stadionverboten, wurde ebenfalls verzichtet. Sogar der DFB sah von einer Geldstrafe für den Verein ab.

Nachdem sich der Jugendliche zudem noch öffentlichkeitswirksam im Beisein eines BILD-Reporters per Telefon bei Sepp Maiers Ehefrau für sein Verhalten entschuldigt hatte, verschwand das Thema endgültig von den Titelseiten. Die Akte „Messerwurf" wurde zugeklappt. Endgültig aufgeklärt wurde der Vorfall nie. Und auch der Versuch einer Analyse vierzig Jahre später führt an dem entscheidenden Punkt ins Nichts.

Dies ist vielleicht der entscheidende Grund, warum der Messerwurf bis heute nie ganz vergessen wurde. Er wurde zur Legende, genauso wie die Westkurve, die durch diesen Zwischenfall in ganz Deutschland berühmt, berüchtigt und gefürchtet wurde.

Bedauerlich an der Geschichte ist, dass das Sportliche – ein Fußballspiel zwischen RWE und Bayern München – in den Hintergrund rückte.

Denn nach einer guten ersten halben Stunde verlor das Spiel der Bayern nach Hoeneß' verletzungsbedingter Auswechslung an Schwung und Rot-Weiss kam mehr und mehr ins Spiel. Als dann RWE-Trainer Burdenski Diethelm Ferner zur Halbzeit aus der Mannschaft nahm, dafür den urwüchsigen Bayer Walter Hohnhausen in die Sturmmitte stellte und den jungen Dieter Bast ins Mittelfeld zurückzog, lief das Spiel in einer fortwährenden Einbahnstraße in Richtung Bayern-Tor. Lippens Kopfballtreffer in der 59. Minute läutete die Wende ein, die Walter Hohnhausen mit zwei weiteren Treffern in der 65. und 67. Minute vollendete. 3:1 hieß es am Ende für die Gastgeber. Thema in der Presse war allerdings ein Messer, aufgefunden im Strafraum der Bayern.

Rot-Weiss Essen – Kickers Offenbach 2 : 3

15. Mai 1971

„Das ist jetzt viel zu lange her, als das man jetzt irgendwelche Geschichten aufwärmen sollte, die 40 Jahre später vielleicht noch böses Blut geben könnten."
Wolfgang Rausch

Es war die Bundesligasaison 1970/71, an deren Ende Horst Gregoris Canellas, Präsident der abgestiegenen Offenbacher Kickers, mit dem Abspielen von Tonbändern auf seiner Geburtstagsfeier den Bundesligaskandal ans Licht brachte. Ungläubig hörten die Spitzen des DFB und der Bundesliga, was sich in den letzten Wochen vor dem Ende der Saison abseits des Platzes getan hatte. Spieler feilschten um Schmiergelder, als ob es sich hierbei um die normalste Sache der Welt gehandelt hätte. Intrigen wurden geschmiedet, Abstiegskonkurrenten mit immer höheren Geldsummen aus dem Spiel genommen und Zwischenhändler reisten mit dicken Geldkoffern quer durch die Republik. Canellas' Offenbacher befanden sich mittendrin im größten Schmiergelderskandal der Bundesliga, was sie aber nicht vor dem Abstieg in die Regionalliga rettete. Denn auch die Mitkonkurrenten im Abstiegskampf erkannten schnell die Notwendigkeit solcher Methoden und hatten schlussendlich wohl den entscheidenden Tausender mehr locker gemacht als die Kickers, was ihnen zu den notwendigen Punkten verhalf. Am Ende des Skandals stand dann fest, dass die halbe Bundesliga involviert war. Darunter alle Abstiegskandidaten – bis auf Rot-Weiss Essen. Verständlicherweise war das Geschrei an der Hafenstraße nach Bekanntwerden des Skandals groß und legte die Vermutung nahe, dass wenn alles mit rechten Dingen zugegangen wäre, der Verein am Ende niemals abgestiegen wäre. Es wurden sodann auch alle Register gezogen, Anträge auf Erhalt der Bundesliga gestellt oder zumindest auf eine Aufstockung derselbigen und es wurde zunächst nur unter Protest in der neuen Regionalligasaison gespielt. Das alles half aber nichts. Rot-Weiss musste in der Regionalliga spielen, ebenso wie die sich selbst anzeigenden Offenbacher Kickers. Arminia Bielefeld, der am tiefsten in den Skandal verstrickte Club, durfte in der Bundesliga bleiben. Erst in der folgenden Saison wurde deren sofortiger Abstieg beschlossen. Für Rot-Weiss kam diese Strafe zu spät und als man am Ende der Regionalligasaison 71/72 ausgerechnet in der Aufstiegsrunde an Kickers Offenbach scheiterte, nahm die Mär vom bösen DFB und der Ungerechtigkeit an sich in Essen ihren Lauf.

Wenn man an die ganze Sache jedoch weniger emotionslos herangeht, dann muss man zu dem Ergebnis kommen, dass weniger die verschobenen Spiele, sondern vielmehr der unerklärliche Leistungseinbruch der Rot-Weissen in der Rückrunde verantwortlich für den Bundesligaabstieg waren.

Obwohl das Georg-Melches-Stadion zu Saisonbeginn gesperrt war und die ersten drei Heimspiele im Grugastadion absolviert werden mussten, erwischten die Jungs um Kapitän Herbert Weinberg einen phänomenalen Start in die Saison. Nach Heimsiegen über Kaiserslautern und Hannover sowie Punktgewinnen in Bielefeld und bei den Bayern grüßte die Burdenski-Truppe nach dem 4. Spieltag vom Platz an der Sonne. Willi Lippens erdreistete sich nach dem 2:2-Unentschieden in München sogar, Franz Beckenbauer mitzuteilen, dass es keine Schande sei, gegen den Spitzenreiter Unentschieden zu spielen. Zwar ging es nach der 1:4-Niederlage im Skandalspiel auf Schalke wenig später abwärts in der Tabelle, doch noch nach dem 15. Spieltag, nach einem 2:0 gegen Eintracht Frankfurt, befand sich der Verein auf Platz 6. Auch der Beginn der Rückrunde verlief erstaunlich positiv, so dass nach dem 21. Spieltag, nach dem 3:1-Sieg über die Bayern im Messerwurfspiel, niemand mehr an den Abstieg dachte. Platz 11 mit fünf Punkten und 18 Toren Vorsprung auf die Abstiegsränge war ein gutes Polster. Danach allerdings ging es abwärts, obwohl die Mannschaft nie so richtig schlecht spielte. Doch vermeidbare knappe Niederlagen in Braunschweig und gegen Schalke und unnötige Punktverluste in den Heimspielen kurz vor Schluss sorgten für ein Abrutschen in der Tabelle. Als es dann Mitte April in Stuttgart eine 1:5-Niederlage setzte, eine 0:3-Heimniederlage gegen Hertha BSC Berlin folgte und schlussendlich in Dortmund mit 2:7 verloren wurde, befand sich der Verein vier Spieltage vor Saisonende als Tabellenfünfzehnter im tiefsten Abstiegsschlamassel. Jedoch immer noch mit einem Punkt und vier Toren Vorsprung auf den Tabellenvorletzten Eintracht Frankfurt und punktgleich mit dem Tabellensechzehnten Kickers Offenbach. Also eine Situation, in der nicht von Ausweglosigkeit gesprochen werden konnte. Auch, weil RWE alles in der eigenen Hand hatte. Schließlich mussten die Kickers noch an die Hafenstraße und RWE noch ins Frankfurter Waldstadion. Trotz dieser durchaus nicht schlechten Ausgangslage wurde vom RWE-Vorstand die Reißleine gezogen. Trainer Burdenski musste seinen Platz in der Woche vor dem Offenbach-Heimspiel räumen, für ihn übernahm Willi Vordenbäumen das Traineramt. Ferner wurde eine Siegprämie von 2.000 DM pro Mann für das Spiel gegen Offenbach und eine Nichtabstiegsprämie von weiteren 10.000 DM pro Mann ausgesetzt. Wahnsinnsbeträge für die damalige Zeit, mit denen das letzte Prozent Leistung aus den Spielern herausgekitzelt werden sollte.

Auf das Essener Publikum konnte man sich dagegen auch ohne die Ausschüttung einer Nichtabstiegsprämie verlassen. Zuschauerzahlen von weit über 20.000 waren der Regelfall in dieser Saison und so verwunderte es auch niemanden, dass zum vorentscheidenden Spiel gegen Kickers Offenbach an einem sonnigen Samstagnachmittag im Mai über 26.000 Zuschauer die Stadiontore passierten und schon lange vor Spielbeginn für eine faszinierende Atmosphäre sorgten. Während Offenbachs Trainer Kuno Klötzer auf seine Stammkräfte Weilbächer, Nerlinger und Schäfer verzichten musste, übernahm bei RWE Roland Peitsch den Liberoposten von Herbert Weinberg und brachte Trainer Vordenbäumen im Mittelfeld den offensivstärkeren, aber noch an einer Leistenzerrung laborierenden Erich Beer für Hermann Erlhoff. Wer nun aber dachte, dass RWE versuchen würde, die Gäste zu überrollen, der sah sich getäuscht. In einer Zeit, als jede Heimmannschaft der Bundesliga mit drei Stürmern auflief, agierte Vordenbäumen in diesem eminent wichtigen Spiel mit nur deren zwei: Lippens und Hohnhausen. Helmut Littek erhielt die Aufgabe, sich ins Mittelfeld zurückfallen zu lassen und dort auszuhelfen.

Dass die Mannschaft mit dieser Umstellung zunächst nicht zurecht kam, verdeutlichte die erste Halbzeit. Aufgrund der fehlenden Anspielstationen im Sturm wurde zu sehr in die Breite gespielt und gingen viele Bälle schon im Spielaufbau überhastet verloren. Zwar waren die Vordenbäumen-Jungs haushoch überlegen, aber zu unentschlossen vor des Gegners Tor. Besonders Lippens konnte in der ersten Halbzeit keineswegs seine unbestreitbare Klasse abrufen. Die Kickers, auf ein Unentschieden aus, kamen nur selten in die Essener Hälfte. Erst in der 33. Minute wurde es so richtig gefährlich, als Gecks am rechten Strafraumeck den Ball führte, Stauvermann und Jung nicht angriffen und Gecks einfach mal in Richtung Tor schoss. Der Schuss war zwar nicht schlecht, aber Fred Bockholt im RWE-Tor hätte keine Mühe gehabt, den Ball zu halten, wäre da nicht Georg Jung im Weg gewesen, der diesen Ball unhaltbar abfälschte, der demzufolge über den ausgestreckten linken Arm Bockholts in den rechten Winkel flog. 1:0 für die Gäste, jetzt konnte sich der OFC ausschließlich auf die Abwehrarbeit konzentrieren. Rot-Weiss, seit der 20. Minute mit Dieter Bast für den mit Verdacht auf Handgelenkbruch ausgeschiedenen Walter Hohnhausen im Spiel, agierte kurz vor der Halbzeit ein wenig zielstrebiger und kam nach einem dynamischen Flankenlauf und anschließender perfekter Flanke von Wolfgang Rausch zu einer Riesentorchance durch Dieter Bast, der jedoch aus fünf Metern über das Tor köpfte. Nur wenig später war es erneut Bast, der eine scharfe Hereingabe Beers um Zentimeter verpasste. So ging es mit einem 0:1-Rückstand gegen nicht unbedingt starke Offenbacher in die Kabinen. In Halbzeit zwei dann das gleiche Bild: Rot-Weiss stürmte und Offenbach verteidigte. Mit dem Unterschied, dass RWE nun flüssiger kombinierte, Lippens seine Trickkiste auspackte und Rausch und Ferner zum Motor des Essener Spiels wurden.

Schlägerei auf den Rängen, Essener attackieren Offenbacher Fans.

Sirenen-Willi, rechts im Bild, ist den (Abstiegs)-Tränen nahe.

Den Abstieg vor Augen verlassen Bockholt, Erlhoff, Rausch und Bast den Platz.

Als Stauvermann aus dem Gewühl nur den Pfosten und Lippens kurz danach die Latte traf, glaubte jeder im Stadion an die Wende. Doch ein erneuter Konter der Gäste leitete in der 58. Minute die Vorentscheidung ein. Essens Verteidiger Czernotzky war nicht nahe genug an seinem Mann und konnte diesen nur mit überhartem Einsatz im eigenen Strafraum stoppen. Schiedsrichter Regely hätte durchaus auf Ecke entscheiden können, aber er zeigte auf den Punkt. Bechtold lies sich diese Geschenk nicht entgehen und Offenbach führte mit 2:0. Nun wurde auf Essener Seite die Brechstange herausgeholt und die Bälle flogen andauernd im hohen Bogen in den Gästestrafraum. Die meisten Bälle waren eine leichte Beute für Karl-Heinz Volz im Offenbacher Tor, doch eines dieser hohen Dinger drehte Lippens im Sprung akrobatisch mit dem Kopf ins Gästetor. Nun ging es noch mal hoch her und jeder Essener Zuschauer schöpfte wieder Hoffnung. Eine Hoffnung, die jedoch nur zwei Minuten später dank eines erneut indiskutablen Abwehrverhaltens mit den Füßen getreten wurde. Zunächst einmal ließ Stauvermann seinen Gegenspieler unbedrängt flanken und dann laufen Peitsch und Czernotzky in der Strafraummitte nur Spalier für den heranpreschenden Erwin Kremers. Dieser kommt fünf Meter vor dem Tor an den Ball und trifft zum 1:3. Rot-Weiss war nun geschlagen, der Mannschaft fehlte insgesamt der nötige Biss, um noch mal zurück ins Spiel zu kommen. Ein Teil der Essener Fans verlor beim Anblick des drohenden Abstiegs die sprichwörtliche Contenance und attackierte die wenigen OFC-Fans auf der Gegengeraden. Als Stauvermann in der 86. Minute der Anschlusstreffer zum 2:3 gelang, waren viele Zuschauer schon auf dem Heimweg. Gefrustet von einer RWE-Mannschaft, die bis auf wenige rühmliche Ausnahmen zu keiner Zeit den Ernst der Lage zu begriffen zu haben schien. Flatternde Nerven waren die eine Seite, aber mangelnde Kampfmoral die erschreckende andere. Mannschaftsbetreuer und Platzwart Jupp Breitbach stellte im Anschluss an das Spiel die gewagte These auf, dass vier Mann bei Rot-Weiss falsch spielen würden. Mit diesen vier Mann waren Walter Hohnhausen, Erich Beer, Peter Czernotzky und Fred Bockholt gemeint. Auch etliche Spieler aus der Mannschaft hatten in einigen der vier Spieler ihre Schuldigen herausgefunden. Während Hohnhausen aufgrund seines frühen Ausscheidens im Spiel gegen Offenbach schnell aus dem Kreis der Verdächtigen ausschied, wurde dem ansonsten immer vor Kampfkraft sprühenden Beer seine Leistenzerrung zu Gute gehalten. Peter Czernotzky war jedoch ein Totalausfall und wäre durchaus der Hauptschuldige gewesen, wäre da nicht Fred Bockholt im Tor gewesen. Bockholt war im Grunde ein Essener Junge. Er war gleich nebenan in Bottrop aufgewachsen und hatte dort das Fußballspielen gelernt. Schon 1966 war er an die Hafenstraße gewechselt und wurde dort nach einem halben Jahr die neue Nummer 1. In den folgenden vier Jahren war er immer einer der Leistungsträger und vielleicht gerade deshalb erregten die 18 Gegentore in den Spielen gegen Stuttgart, Hertha BSC, Dortmund und Offenbach so viel Aufmerksamkeit. Doch die Anzahl der Gegentore allein hätte wohl nicht den Ausschlag für ihn als Sündenbock gegeben. Vielmehr wurde ihm zum Verhängnis, als am Ende der Saison bekannt wurde, dass er RWE verlassen und ausgerechnet nach Offenbach wechseln würde. Durch diese Bekanntgabe schossen die Verdächtigungen bezüglich des Offenbach-Spiels wieder ins Unermessliche. Nun wurde noch mal jeder Gegentreffer seziert. Sowohl für die Boulevardpresse als auch für den einen oder anderen Mitspieler war dies ein gefundenes Fressen, und sehr schnell wurden unhaltbare Tore zu leicht haltbaren Torschüssen deklariert. Doch zur Ehrenrettung Fred Bockholts muss gesagt werden, dass im Offenbachspiel weder Gegentor Nummer 1, der Ball wurde von Georg Jung unhaltbar abgefälscht, noch Gegentor Nummer 2, dass war ein Elfmeter, welcher von Peter Czernotzky verursacht wurde, noch Gegentor Nummer 3, hier ließ Stauvermann zunächst seinen Gegenspieler unbedrängt flanken und dann deckten weder Roland Peitsch noch Peter Czernotzky den einzigen mit nach vorne geeilten Offenbacher, Erwin Kremers, so dass dieser unbedrängt aus fünf Metern den Ball ins Tor schieben konnte. Bockholt, und das ist in den alten TV-Ausschnitten sehr gut zu erkennen, musste und hat auch zunächst die kurze Torwartecke, wie es vom Torwart erwartet wird, zugemacht. Erst im letzten Moment, als klar war, dass der Offenbacher Spieler quer spielen würde, warf er sich verzweifelt nach dem Ball, der aber aus dieser kurzen Entfernung für ihn nicht mehr zu erreichen war. Dieses dritte Tor hätte einzig und alleine entweder von Peitsch und/oder Czernotzky verhindert werden können – wenn sie einfach nur Erwin Kremers gedeckt hätten. Die Verdächtigungen gegen Fred Bockholt waren also, nach allem, was man weiß und was man objektiv bewerten und nachvollziehen kann, ungerechtfertigt. Doch zum Fußball gehören auch Emotionen, da fallen im Mannschaftskreis sicherlich einmal nicht druckreife Äußerungen, da wird auch subjektiv das eine oder andere ganz anders empfunden. Und so muss vielleicht auch Fred Bockholt eingestehen, dass der Zeitpunkt der Bekanntgabe des Wechsels nach Offenbach nicht optimal war und ein anderer Zeitpunkt durchaus die Schärfe im Bundesligaabstiegskampf der RWE-Mannschaft genommen hätte.

Schade an dieser Geschichte ist, dass nicht viel mehr außer diesen Streitigkeiten nach dem Offenbach-Spiel und der Bundesligaabstieg am Ende der Saison in der Erinnerung geblieben sind.

Niemand mag sich daran erinnern, dass RWE beim nächsten Spiel in Frankfurt noch zweimal in Führung lag und dieses Spiel durchaus hätten gewinnen können, bevor es mit 2:3 verloren wurde. Auch beim zukünftigen Meister in Mönchengladbach hielt man am vorletzten Spieltag lange Zeit mit und verlor unglücklich mit 3:4. Erst nach diesem Spiel war der Abstieg besiegelt.

Leider gingen mit dem Abstieg auch die Erinnerungen an den tollen Saisonstart, als Rot-Weiss zum einzigen Mal in der Bundesligageschichte zwei Spieltage lang an der Tabellenspitze gestanden hatte, verloren. Auch die beiden grandiosen Spiele gegen die Bayern gerieten in Vergessenheit.

Flatternde Nerven und die verpaßten Chancen

Gegen den drohenden Abstieg mußten die Essener mehr zeigen

Rot-Weiß Essen — Kickers Offenbach 2:3 (0:1)

Von WAZ-Redakteur LUDGER STROTER   ESSEN

Es mag wie ein Versuch klingen, die Essener Niederlage zu beschönigen oder nochmals letzten Mut zu impfen — aber es stimmt: Rot-Weiß hätte ebenfalls 3:2 gewinnen können. Der kleine Bast, Nachfolger des wegen eines angebrochenen Armgelenks ausgeschiedenen Hohnhausen, war zweimal der Unglücksrabe vor der Pause, als er Zentimeter vor der Torlinie den von Rausch und Beer servierten Ball mit der dicken Zehe verpaßte. In der zweiten Halbzeit nutzten Beer und Lippens klare Treffergelegenheiten nicht, und außerdem hielten die Latte Litteks Kopfball und der Pfosten Stauvermanns Geschoß auf.

Die nicht ausgewerteten Torchancen, der für manchen nicht zwingende Elfmeter und der von Jung bei Gecks' Torschuß abgefälschte Ball waren für die bittere Niederlage der Essener jedoch nicht alleinentscheidend: Flatternde Nerven und mangelnde Kampfmoral haben einen gewichtigen Anteil am Verlust der beiden Punkte.

Ob DFB-Trainer Jupp Derwall oder Kollege Hans Tilkowski von München 60, ob Kurt Linder vom PSV Eindhoven oder Altmeister August Gottschalk — alle waren sich mit Tausenden einig in der Feststellung: Gewiß entschuldigt die Nervenanspannung manche Leistung, aber wer sich gegen drohenden Abstieg aufbäumen will, muß auch zeigen.

Wir sahen den Willen zur Wende bei einigen nicht, besonders nicht bei Lippens, der vor der Pause über den Rasen stolzierte wie ein Hausbesitzer, der seinen Mietern gerade die Zinserhöhung mitgeteilt hat. Pfiffe quittierten seine provozierende Haltung.

In der zweiten Halbzeit strengte er sich mehr an, aber spielten die Offenbacher schon zu selbstbewußt, und da fehlten den Essenern, von denen sich nur Rausch und Ferner besonders auszeichneten, noch mehr als vorher die Flügelzangen, der dynamische Druck von der Mittelfeldachse und ein einfallsreicher, flacher Kombinationswirbel. Die hoch in den Offenbacher Strafraum schwebenden Bälle waren ein Geschenk für den langen und sicher greifenden Volz.

Stauvermanns Treffer zum 2:3 mußte früher fallen. Vielleicht wäre dann doch noch ein Ungewitter über die Kickers hereingebrochen, die sich in den letzten 10 Minuten auch nicht gerade als Prototypen für Konzentration vor dem Tor erwiesen.

Essen: Bockholt, Czernotzky, Peitsch, Rausch, Stauvermann, Jung, Ferner, Littek, Hohnhausen (20. Bast), Beer (70. Erihoff), Lippens. — **Offenbach:** Volz, Semlitsch, H. Kremers, Weida, Schmitt, Skala, Gecks, Bechtold, Kraft, Schönberger, E. Kremers. — **Schiedsrichter:** Regely (Berlin). — **Zuschauer:** 25 000. — **Tore:** 0:1 Becks (33.), 0:2 Bechtold (59. Fouleifmeter), 1:2 Lippens (67.), 1:3 E. Kremers (71.), 2:3 Stauvermann (88.).

WAZ, 17.05.1971

Aufstiegsrunden

Der 4. Juni 1966, Rot-Weiss verliert im ersten Spiel der Bundesligaaufstiegsrunde mit 0:1 beim FC St. Pauli. Dies war der Auftakt eines für ein Drama in sieben Akten während der folgenden vierzehn Jahre. Rot-Weiss war in diesem Spiel haushoch überlegen, nutzte aber beste Chancen nicht und verschoss durch Manfred Frankowski sogar einen Elfmeter. Wenn die rot-weisse Fangemeinde auch nur geahnt hätte, was ihnen in der Folgezeit noch für Aufstiegsdramen bevorstanden, dann hätte sich jeder auf der Rückfahrt von Hamburg bequem in seinen Sitz zurückfallen und den lieben Gott einen guten Mann sein lassen.

Insgesamt fünf Aufstiegsrunden und zwei Aufstiegsspiele sollten Funktionäre, Spieler und Fans in ihren Bann ziehen. Nichts elektrisierte den Essener Zuschauer mehr als diese Spiele um den Aufstieg zur Bundesliga. Dabei waren die Spiele nicht immer erfolgreich: '68 war relativ schnell klar, dass Hertha BSC eine Nummer zu groß sein würde, '72 siegte Kickers Offenbach in einem „Fotofinish", '78 verschoss Horst Hrubesch kurz vor Schluss den entscheidenden Elfmeter im Heimspiel gegen den 1. FC Nürnberg und '80 brachte auch ein 3:1-Erfolg im Rückspiel gegen den Karlsruher SC nicht die ersehnte Rückkehr in die Beletage des deutschen Fußballs. Dass diese Partien dennoch jedem Essener Fußballfan im Gedächtnis blieben, ist der Dramatik der einzelnen Spiele und natürlich den erfolgreichen Aufstiegen '66, '69 und '73 selbst geschuldet.

Der ersehnte Aufstieg '66 und das Scheitern '68 spielten sich vor dem Zeitrahmen dieses Buches ab. Mit dem Aufstieg '69 aber wurden – kalendergemäß ein Jahr zu früh – die 70er Jahre eingeläutet. Sechs Jahre Bundesligafußball lagen vor dem Verein und seinen treuen Fans, doch auch zwei Abstiege und fünf Jahre in der Regionalliga West bzw. in der 2. Liga Nord mussten überstanden werden. Dennoch, gerade in den dunklen Zeiten, an regnerischen Sonntagnachmittagen und zähen Spielen gegen den Lüner SV oder Holstein Kiel, hielt das große Ziel „Aufstiegsspiele" die Spieler beim Verein und die Fans bei Laune.

RWE-Fans auf dem Weg zum Aufstiegsspiel in Karlsruhe, 6. Juni 1980

Insgesamt 301.836 Zuschauer sahen die 14 Aufstiegsheimspiele zwischen 1969 und 1980, was einem Schnitt von 21.560 Zuschauern pro Spiel entspricht. Das hört sich aus heutiger Sicht, wo an jedem Wochenende durchschnittlich über 42.000 Zuschauer die Spiele der Bundesliga miterleben, nicht viel an, aber als Vergleichsgröße sei hier der Zuschauerschnitt aller sieben RWE-Bundesligajahre genannt: 16.562 (*Quelle: kicker spezial 30 Jahre Bundesliga*).

Hinzu kommt, dass es sich bei den 21.560 Zuschauern tatsächlich nur um die Zuschauer handelte, die auch Eintritt bezahlt haben. Ehrenkarten oder Freikarten wurden hierbei nicht berücksichtigt. Insgesamt 70 Tore erzielten diverse Essener Spieler, wobei allein Willi Lippens 18 Mal und Günter Fürhoff 13 Mal trafen, und nur 26 Mal musste der

Ball aus dem Essener Gehäuse herausgeholt werden. Zwölf Mal wurde an der Hafenstraße gewonnen und nur zweimal Unentschieden gespielt – wobei diese Unentschieden gegen Offenbach und Nürnberg schlussendlich entscheidend für den jeweiligen Nichtaufstieg waren. Überhaupt wurde in allen 28 Spielen nur zweimal verloren. Von den „Aufstiegsexperten der Hafenstraße" zu sprechen, wäre bei einem Verhältnis von zwei zu drei (Aufstieg zu Nichtaufstieg) allerdings ein wenig zu vermessen, aber dass Rot-Weiss diese Runden in den 70er Jahren oftmals dominiert und geprägt hat, kann niemand bezweifeln.

1969

Es fehlte nicht viel und Rot-Weiss hätte gar nicht erst an dieser Aufstiegsrunde teilnehmen dürfen. Punktgleich mit dem VfL Bochum befand sich die Truppe um Kapitän Weinberg in der Regionalligasaison 1968/69 hinter dem Tabellenersten Rot-Weiß Oberhausen. Das Torverhältnis von 86-36 zu 72-25 Toren sprach im Grunde für den VfL, war aber zur damaligen Zeit nicht entscheidend. Damals kam es eben nicht auf die Tordifferenz an, die mit plus 50 Toren zu plus 47 Toren Differenz für den VfL sprach, sondern auf den Torquotienten. Da konnte Rot-Weiss mit einem Wert von 2,88 gegenüber dem Bochumer Quotienten von 2,38 glänzen. Ein wenig Glück gehört dann auch mal dazu. Dieses Glück schien aber mit dem Ende der Regionalligasaison aufgebraucht zu sein, denn bei der Auslosung der beiden Aufstiegsrundengruppen wurden den Rot-Weissen die beiden Tabellenersten aus den Gruppen Nord und Süd zugelost. Besonders die Südstaffel war in den Augen vieler Experten der Weststaffel fast ebenbürtig. Dass im Süden der Karlsruher SC, der ein Jahr zuvor noch in der Bundesliga gespielt hatte, Platz 1 erreichte, machte die Sache nicht gerade einfacher. Doch mit einem starken Konkurrenten hätten die aufstiegsrundenerprobten Rot-Weissen leben können. Zum Leidwesen aller Essener blieb es aber nicht dabei. Denn in der Nordstaffel schickte sich der VfL Osnabrück an, im Hurrastil die Bundesliga zu erklimmen. 94 Tore erzielte die Mannschaft

Weinberg im Luftkampf, RWE – KSC, Endstand 5:0.

Ter Mors gratuliert dem Torschützen Fürhoff zu dessen Tor zum 2:0, RWE – VfL Osnabrück, Endstand 3:1

um den wuchtigen Torjäger Wolfgang Kaniber, und zur Verdeutlichung ihrer mannschaftlichen Klasse kassierte sie mit 27 Gegentoren auch die wenigsten Treffer. Mit diesen beiden starken Gegnern im Nacken waren Siege über TuS Neuendorf, und den Tabellenzweiten der Stadtliga Berlin, Tasmania 1900, schon Grundvoraussetzung, um überhaupt Chancen auf die Fleischtöpfe der Bundesliga zu haben.

Der Aufstieg ist perfekt. Während die „Ente" noch ein wenig ungläubig guckt, feiert die Westkurve.

Schon im ersten Spiel gegen Neuendorf konnte sich jeder davon überzeugen, ob der Tabellenzweite aus dem Südwesten tatsächlich nicht mehr als Kanonenfutter war.

21.666 Zuschauer bezahlten Eintritt, der zwischen 1 Mark für den Stehplatz Schüler und 14 Mark für den besten Haupttribünensitzplatz lag. Mit denjenigen Zuschauern, die eine Frei- oder Ehrenkarte ergattern konnten, hatte sich damit eine imposante Kulisse zum ersten Aufstiegsrundenspiel an der Hafenstraße eingefunden.

Die stärkste Abwehr Südwestdeutschlands musste schnell erkennen, dass ihr Ruf nicht bis in den Westen der Republik vorgedrungen war. Von der ersten Minute an völlig unbeeindruckt drängten die Sturmasse Lippens, Littek und Weinberg die Neuendorfer Abwehr in die Defensive. Recht schnell stellte sich heraus, dass die Abwehr der Gäste, unter dem immensen Druck der Rot-Weissen, taktische Missgeschicke offenbarte und teilweise wie ein nervöser „Hühnerhaufen" herumlief. Größte Gefahr drohte zu jeder Zeit vom schnellen Weinberg, die Tore schossen allerdings andere. Zweimal Littek und einmal die „Ente" sorgten für eine beruhigende Pausenführung. In der zweiten Halbzeit nahm RWE das Tempo aus dem Spiel, gestattete den Gästen zwei Tore und schoss durch Littek selbst nur eins. 4:2 hieß das Endergebnis. Zufriedenstellend für den Anfang, aber im Vergleich zu dem zeitgleichen 5:0-Erfolg des KSC gegen Tasmania durchaus ausbaufähig. Nur vier Tage später gab es in Berlin die Chance, zu zeigen, dass man mindestens die Qualität des KSC besaß. Vor der Geisterkulisse von nur 6.000 Zuschauern im weiten Rund des Berliner Olympiastadions war die Partie nach dem frühen Führungstreffer durch Weinberg so gut wie entschieden. Tasmania spielte einfach zu amateurhaft, RWE dagegen glänzte durch Routine. Da zusätzlich Werner Kik Berlins besten Stürmer, den Nigerianer Egbuono, im Griff hatte, war die Offensive der Gastgeber völlig lahmgelegt. Zwangsläufig fielen im zweiten Spielab-

NRZ **NEUE RUHR ZEITUNG**

Rheinisch-Westfälische Zeitung
Neue Rhein-Ruhr Zeitung
unabhängig — meinungsfreudig

Für Menschen, die denken

Donnerstag, 19. Juni 1969
Preis 20 Pf · Ruf 1991
Nr. 138/24. Jahrgang
Ausgabe A · 1 H 5189 A

Triumph der Rot-Weißen: 3:1 gegen Osnabrück

Essen jubelt: Bundesliga!

Von unserem Sportredakteur

G.H. Essen. Jubel in ganz Essen: Nach dem gestern abend erzielten 3:1-Erfolg über Nordmeister VfL Osnabrück ist Rot-Weiß Essen wieder in der Bundesliga!

Vor über 30 000 Zuschauern sorgten Lippens, Führhoff und Weinberg bereits in der ersten Halbzeit für einen beruhigenden Vorsprung.

Nach dem Schlußpfiff gab es im Georg-Melches-Stadion große Freudenszenen und später in zahlreichen Essener Gaststätten ausgedehnte feucht-fröhliche

Ausführliche Berichte und Kommentare im Innern dieser Ausgabe.

Siegesfeiern. „Diesmal wollen wir nicht nur ein Jahr in der Bundesliga bleiben", sagte Spielführer Weinberg der NRZ. Als erste prominente Neuerwerbung hat gestern der Bremer Ferner bei RWE einen Vertrag unterschrieben.

Auch für Rot-Weiß Oberhausen ist die Bundesliga nah, nachdem der Westmeister in Lübeck 4:1 gewann und die Tabellenspitze seiner Gruppe erreichte. — Ferner spielten: Alsenborn ge-

„Wir haben es geschafft!" Fußball-Abteilungsleiter van Almsick (links) und Masseur Weinheimer springen vor Freude hoch. Die Spieler Ter Mors, Lippens und Kik (von links) lassen sich von den Zuschauern feiern. *NRZ-Fotos: Garthe (1), Schey (1)*

Ermisch will **Keine Chance für „klassenloses"** **Höhere Spar-Prämien**

NRZ, 19.06.1969

schnitt weitere Essener Tore. Glinka und Ter Mors sorgten mit einem Doppelschlag in der 63. und 65. Minute für den Endstand von 3:0 und dafür, dass Rot-Weiss vor dem anstehenden Heimspiel gegen den KSC die Tabellenspitze der Aufstiegsrundengruppe 2 übernahm. Die Badener kamen mit großem Selbstvertrauen nach Essen und waren entschlossen, mindestens einen Punkt nach Süddeutschland mitzunehmen. Dass dieses Vorhaben jedoch nicht so ganz gelang, konnte man den Schlagzeilen in der Essener Presse am nächsten Tag entnehmen: „Das Georg-Melches-Stadion stand Kopf, Rot-Weiss überfuhr den KSC", oder „Tolles Tempospiel überrannte behäbigen Südmeister KSC", war dort zu lesen. Dabei war mit diesen Schlagzeilen nur wenig darüber gesagt, was sich wirklich in den 90 Minuten auf dem grünen Rasen abgespielt hatte. Von Beginn an sorgten die Mannen in den weißen Trikots mit der roten Paspelierung für Einbahnstraßenfußball in Richtung Gästetor. Während der KSC sich noch zu orientieren versuchte, sorgte das Essener Mittelfeld mit schnellen Aktionen für die ersten Unsicherheiten in der Gästeabwehr. Doch zunächst hielt der Abwehrriegel. Erst als die „Ente" in der 24. Minute mit einem Kopfballtor für die rot-weisse Führung sorgte, war es um den KSC geschehen. Littek erhöhte kurz vor der Halbzeit auf 2:0 und als der KSC zu Beginn der zweiten Hälfte seine stärkste Phase hatte und der Anschlusstreffer in der Luft lag, unterlief Marx ein folgenschweres Handspiel im eigenen Strafraum. Den fälligen Elfmeter zu versenken, ließ sich Ter Mors nicht entgehen, das Spiel war entschieden. Im Anschluss wurde der stolze Südmeister in all seine Einzelteile zerlegt. Das brillante Tempospiel der ganzen Mannschaft, das ständige Rochieren von Littek und Weinberg sorgten für ein ständiges Durcheinander in der KSC-Abwehr. Zusätzlich fand auf der linken Essener Angriffsseite eine regelrechte Zirkusvorstellung statt. Willi „Ente" Lippens, immer wieder wunderbar von seinen Mitspielern eingesetzt, trickste und zauberte, was seine Watschelfüße hergaben. Sein Gegenspieler Ehmann wusste spätestens nach dem dritten Übersteiger nicht mehr, wo vorne oder hinten war. Insgesamt dreimal netzte die „Ente" ein und bereitete die beiden anderen Tore uneigennützig vor. Am Ende stand ein phänomenales 5:0 auf der Anzeigentafel.

Der Begeisterungssturm im Stadion war noch nicht verebbt, da mussten sich die Verantwortlichen bereits mit dem nächsten unbequemen Gegner auseinandersetzen. Der VfL Osnabrück sorgte mit diszipliniertem Spiel dafür, dass nach einem 0:0 in Neuendorf und einem 2:0-Heimerfolg über Tasmania 1900 auch in Karlsruhe gepunktet werden konnte (1:1). Dies hatte zur Folge, dass der VfL mit 4:2 Punkten nunmehr der einzige noch erwähnenswerte Verfolger der Jungs um Kapitän Weinberg war. Unter diesen Voraussetzungen sollte sich am 8. Juni ein denkwürdiges Spiel an der Bremer Brücke in Osnabrück ereignen. Nahezu 10.000 mitgereiste Essener Schlachtenbummler sorgten unter den 30.000 im Stadion für eine Heimspielatmosphäre. Die Essener Anhänger gerieten schon in den ersten zehn Minuten zweimal in einen wahren Freudentaumel. Jung und Lippens brachten ihre Mannschaft mit 2:0 in Front. Als Littek in der 50. Minute auf 3:0 erhöhte, schien das Spiel entschieden, der VfL am Ende. Der Anschlusstreffer von Müller zum 1:3 in der 69. Minute sorgte mehr für Mitleid als für Hoffnung. In den letzten zehn Minuten sollte sich das Spielgeschehen aber dramatisch ändern. Nun agierte der VfL, drängte die bis dato dominierende RWE-Elf zurück in die eigene Hälfte. Als Baumann in der 82. Minute auf 2:3 verkürzte, war das Stadion ein Tollhaus und die Spieler in den rot-weissen Trikots verloren die Orientierung. Erneut war es Baumann, der in der 89. Minute den Ausgleichstreffer erzielte und hätte Schiedsrichter Biwersi nicht pünktlich abgepfiffen, wäre dem VfL wohl noch der Siegtreffer gelungen. RWE-Trainer Vordenbäumen blieb nach dem Spiel jedoch besonnen genug, um dies unter der Rubik „Erfahrungen auf dem Weg in die Bundesliga" abzulegen und die Mannschaft auf das nächste Spiel gegen Tasmania vorzubereiten. Er sollte Recht behalten. Seine Mannschaft sorgte mit einem ungefährdeten 3:1-Erfolg vor der Aufstiegsrundenminuskulisse von 18.786 zahlenden Zuschauern an der Hafenstraße dafür, dass der Vorsprung auf Osnabrück weiterhin zwei Punkte betrug.

Das folgende Auswärtsspiel gegen TuS Neuendorf wurde in Koblenz ausgetragen. Im Waldstreifen vor dem Stadion machten 6.000 RWE-Fans vor dem Spiel noch Mittagsrast. Sie aßen ihren mitgebrachten Kartoffelsalat und nippten ausgiebig an ihren Bierbüchsen. Manch einer träumte schon von der Bundesliga. Dass dieser Traum nicht aus der Luft gegriffen war, konnte jeder Zuschauer anschließend im Stadion sehen. Die RWE-Mannschaft präsentierte sich an diesem Tag als eine homogene Einheit, in der jeder Essener seinem Gegenspieler überlegen war. Da war es auch nicht weiter tragisch, dass Kapitän Weinberg nach 18 Minuten verletzt vom Platz humpelte. Er selbst hatte bereits seine „Pflicht" getan und in der 12. Minute die 1:0-Führung erzielt. Nach seinem Ausscheiden drehte eben die „Ente" die Tourenzahlen höher. Am Ende stand ein glorreicher 5:0-Auswärtssieg.

Der folgende Mittwoch sollte dann die Entscheidung bringen. Rot-Weiss empfing den VfL Osnabrück und würde bei einem eigenen Sieg und einem gleichzeitigen Punktverlust des KSC gegen Neuendorf zum zweiten Mal in die Bundesliga aufsteigen.

Ganz Fußball-Essen wollte sich dieses Schauspiel nicht entgehen lassen und so pilgerten an diesem lauen Sommerabend 31.662 zahlende Zuschauer ins Stadion an der Hafenstraße. Von Anfang an entwickelte sich ein hart umkämpftes Spiel. Rot-Weiss bot Tempo und Rasanz, der VfL wehrte sich erbittert und zeigte teilweise exzellenten Fußball. Die Gäste waren jedoch spätestens am Strafraum der Essener mit ihrem Latein am Ende, da Osnabrücks Torjäger Kaniber bei seinem Gegenspieler Werner Kik auf Granit biss. Als die „Ente" in der 21. Minute für die rot-weisse Führung sorgte, Fürhoff und Weinberg noch zwei weitere Treffer bis zur Halbzeit nachlegten, fuhr der Aufstiegsexpress mit Volldampf in den Himmel der 1. Liga. Trotz eines Osnabrücker Gegentreffers zu Beginn der zweiten Halbzeit konnte das Aufstiegsrundenbuch ‘69 zur Zufriedenheit aller frühzeitig zugeklappt werden. 3:1 lautete der Endstand! – und da zeitgleich der KSC mit 2:4 gegen Neuendorf verloren hatte, stand es endgültig fest: Rot-Weiss Essen spielte wieder in der Fußballbundesliga! Dass dies verdient war, blieb unwidersprochen. Die Mannschaft mit der besten Spielanlage, mit der größten Routine und mit dem besten Torschützen – Lippens traf zehnmal! – hatte sich souverän durchgesetzt. Und Charakter und großen Sportsgeist bewies die Mannschaft bis um letzten Spieltag, als das unwichtige Spiel mit einem 2:2-Unentschieden beim KSC noch elegant gelöst wurde.

1972

Nach zwei Jahren Bundesliga führte der Fahrstuhl der Rot-Weissen, unnötigerweise und stark beeinflusst durch den Bundesligaskandal im Sommer ‘71, wieder hinunter in die Regionalliga West. Dort musste sich die weitestgehend zusammengebliebene Mannschaft wieder mit regionalligaspezifischen Problemen auseinandersetzen. Doch nach einer unruhigen Phase Mitte der Hinrunde garantierte eine unfassbare Rückrunde mit sagenhaften 32:2 Punkten die erneute Teilnahme an der Aufstiegsrunde zur Bundesliga. Gegner waren hier Wacker 04 Berlin, der FC St. Pauli, Röchling Völklingen und, von allen als der schärfste Konkurrent eingeschätzt, Kickers Offenbach. Gerade mit den Offenbachern hatten die Rot-Weissen noch ein Hühnchen zu rupfen, denn schließlich hatten diese beim Skandal mächtig mitgeschmiert und so dafür gesorgt, dass Rot-Weiss ob der anderen Ergebnisse immer weiter nach unten durchgereicht worden und schließlich abgestiegen war. Zusätzliche Brisanz brachte der Wechsel von RWE-Torwart Fred Bockholt nach Offenbach. In Essen wurde ihm eine große Mitschuld am Abstieg gegeben. Ausgerechnet Bockholt soll im entscheidenden Heimspiel gegen Offenbach (2:3) an mehreren Gegentreffern beteiligt gewesen sein und hatte – das brachte die Gerüchteküche erst recht zum Brodeln – kurze Zeit später einen Vertrag in Offenbach unterschrieben. Ob dies der Wahrheit entsprach, war zunächst völlig irrelevant. Die Essener Zuschauer hatten ihr Feindbild und auch die „Ente", die an der Hafenstraße oftmals mit Bockholt aneinander geraten war, wollte dafür sorgen, dass sein alter Kamerad weiterhin das Tor in der Regionalliga Süd sauber halten konnte.

Doch zunächst musste Berlins Meister Wacker 04 auf Distanz gehalten werden. „Willi aus der Westkurve" gab die Erwartungshaltung der Fans in seiner Kolumne in der NRZ im typischen Ruhrgebietsdialekt wieder: *„Aber ers‘ einmal soll unser Begrüßungschorus den Berliner Meister empfangen. Wie heißt er denn nur, wer is‘ dat bloß? Ach ja, Wacker*

wie Bergeborbeck. Wacker 04, ich sage Wacker 4:0! So und nich' anners! Man hört näm-
lich soviel vom Zu-Null-Tarif. Wir wollen den verwirklichen!"

Der „Zu-Null-Tarif" wurde tatsächlich verwirklicht und sogar ein Tor mehr als gefordert ins Berliner Netz gelegt. Dabei war der Anfangsschwung nach der frühen 2:0-Füh-
rung in der ersten Viertelstunde für weitere siebzig Minuten ad acta gelegt. Stattdessen
hatte der Zuschauer die vage Vermutung, die Mannschaft habe auf dem Platz die Sommerpause eingeläutet. Erst als sich ganz zum Schluss der Unmut der Zuschauer in Pfiffen
niederschlug, wurde ein Gang hochgeschaltet und das Endergebnis auf 5:0 geschraubt.
Der Start war somit gelungen und Fußball-Essen fieberte dem Schlagerspiel auf dem Bieberer Berg entgegen. Dort, in der „dünnen Bergluft", wäre der Essener Fan an sich schon
mit einem Unentschieden zufrieden gewesen. Bärenstark präsentierten sich nämlich die
Kickers in der Meisterschaftsrunde der Regionalliga Süd. Ungeschlagen und mit 99 erzielten Toren war das Team von Trainer Kuno Klötzer DIE dominierende Mannschaft.
Die Sturmreihe Gecks, Kostedde und Held wirbelte die Gegner nach Belieben durcheinander und wollte auch den Essener Gästen ihre Grenzen aufzeigen. Doch RWE war damals keine Kirmestruppe und Lippens keine lahme Ente. Schon in der 4. Minute sorgte
die „Ente" mit einem Lächeln auf den Lippen für die 1:0-Führung der Gäste. Der OFC
war im Anschluss feldüberlegen, erzielte durch Regisseur Weida auch den 1:1-Ausgleichs-
treffer, aber wusste ansonsten nicht, wo er den Hebel anzusetzen hatte. Daran änderte auch der überraschende Führungstreffer durch Kostedde direkt zu Beginn der zweiten Halbzeit nichts. Lippens legte nur zehn Minuten später seinem Intimfeind Bockholt
das zweite Ei ins Netz. Danach neutralisierten sich beide Teams. Namentlich zwei Essener Spielern war dies zu verdanken, denn Hansi Dörre degradierte OFC-Regisseur Weida zum Statisten und Peter Czernotzky hielt in spannenden Duellen Nationalspieler Siggi
Held in Schach. Als alles auf ein Unentschieden hinauslief, hatte ausgerechnet die „Ente"
kurz vor Schluss den Siegtreffer auf dem Schlappen. Fred Bockholt erinnert sich 37 Jahre später ganz deutlich: „Willi Lippens hatte kurz vor Schluss noch eine Riesenchance für
Rot-Weiss, allerdings wollte er mich verarschen und mir einen Beinschuss verpassen. Da
ich den Willi aber kannte, konnte ich den Ball abwehren und uns das Unentschieden sichern." Trotz dieser ausgelassenen Chance war niemand im Essener Lager der „Ente"
böse. Das Unentschieden beim schärfsten Rivalen wurde allerorten schon als vorweg-
genommener Aufstieg gefeiert. Am folgenden Spieltag wurde es dann noch besser. RWE
quälte sich bei strömendem Regen zu einem 2:1-Sieg gegen starke Völklinger, während
Offenbach über ein 0:0 auf St. Pauli nicht hinauskam. Leider konnte der dadurch entstan-
dene kleine Vorteil in der Tabelle nicht bis zum Heimspiel gegen Offenbach gerettet werden. Der OFC besiegte in der Zwischenzeit die wackeren Berliner mit 4:1, Rot-Weiss dagegen gelang auf St. Pauli nicht mehr als ein mageres 0:0. Ein Heinz Blasey in Glanzform
bewahrte seine Mannschaft sogar vor einer möglichen Niederlage. Nach zwei weniger guten Spielen in Folge hatte es den Anschein, als ob die Jungs von der Hafenstraße ausgerechnet vor dem wichtigsten Spiel der Saison in ein Leistungstief gerieten. Eine leichte Verunsicherung war bei genauem Hinsehen durchaus zu spüren, was auch den Offenbacher
Gästen nicht entgangen war. Beim Rückspiel an der Hafenstraße erspielten sie sich unmittelbar nach Beginn des Spiels eine klare Feldüberlegenheit und gingen folglich durch Semlitsch in der 11. Minute mit 1:0 in Führung. Während der OFC spielerisch eindeutig überlegen war und die Mannschaft sehr abgeklärt wirkte, konnte RWE nur große Kampfkraft

dagegensetzen. Ein weiteres Manko der Rot-Weissen war ihr schlechtes Flügelspiel. Lippens zog andauernd in die Mitte, versperrte dadurch die Wege des mit 25 erzielten Regionalligatreffern überaus torgefährlichen Peter Dahl. Dieser wiederum war sich selbst zu schade, auf die Außenposition auszuweichen, um dadurch eventuell für Verwirrung in der Offenbacher Abwehr zu sorgen. Da es vorne nicht lief, bedurfte es eines Fehlers des Offenbacher Torhüters Bockholt und des konsequenten Nachsetzens des Essener Mittelfeldregisseurs Günter Fürhoff, so dass es noch zu einem 1:1-Unentschieden reichte. Der Aufstieg war dadurch zwar weiterhin in Reichweite, aber allen Beteiligten war klar: wenn nicht noch etwas Unvorhergesehenes passierente, würde das Torverhältnis über den Aufstieg in die Bundesliga entscheiden. Bei Punktgleichheit und einem Torverhältnis von 10:4 gegenüber 10:5 zugunsten von Rot-Weiss war die Lage ziemlich ausgeglichen. Für Offenbach sprach allerdings der Umstand, dass der OFC in den verbleibenden drei Spielen zweimal auf dem heimischen Bieberer Berg antreten durfte. Rot-Weiss dagegen musste zweimal reisen, nach Berlin und Völklingen, und erwartete an der Hafenstraße den FC St. Pauli. An einem Mittwochabend in Berlin erwies sich Wolfgang Rausch auf der ungewohnten Rechtsaußenposition als Volltreffer. Er erzielte die frühe 1:0-Führung der Essener und war ein ständiger Gefahrenherd. Da Erlhoff einen Elfmeter verwandelte und die „Ente" zweimal zuschlug, stand am Ende ein 4:0-Sieg. Grund zur Freude hatte man in Essen nicht, denn durch den zeitgleichen 7:2-Erfolg der Offenbacher gegen die noch an der Hafenstraße so starken Völklinger wurde Essens Spiel geradezu pulverisiert. Aufgrund der mehr geschossenen Tore übernahm nun Offenbach die Tabellenspitze.

Nur 17.426 zahlende Zuschauer zeigten am folgenden Samstag beim Heimspiel gegen den

Lippens in Superform narrte die ganze Offenbacher Abwehr

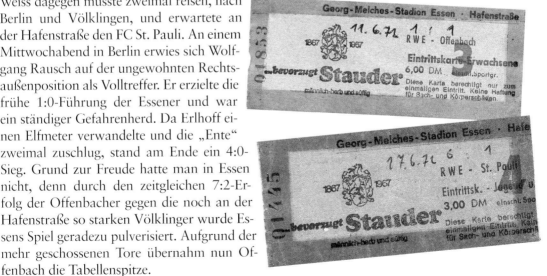

Eintrittskarten Aufstiegsrunde 1972

Fürhoff trifft per Flugkopfball zum 1:0 gegen Völklingen, Endstand 2:1

NRZ-Funkfoto: dpa

Ärger bei RWE nach der verpaßten Aufstiegschance – Bedl und Dahl nach Lierse

Kapitän Ferner: Wir müssen die Schuld bei uns selbst suchen!

Von FRANZ JOSEF COLLI

Saarbrücken. „Der Schüler bleibt sitzen, obwohl er eine Eins geschrieben hat." Dieser... ...tier, schießen so viele Tore wie eine Handballmann-

FC St. Pauli, dass der Glaube an die Bundesliga keine Hochkonjunktur mehr in Essen hatte. Die Mannschaft präsentierte sich dennoch in Bestform. Zwar ging der Gast aus Hamburg nach 23 Minuten in Führung, aber der erneut auf Rechtsaußen eingesetzte und mit enormem kämpferischen Einsatz spielende Wolfgang Rausch und Günter Fürhoff drehten das Ergebnis bis zur Halbzeit. Mit Fortdauer des Spiels drängte RWE die konditionell abbauenden Gäste immer mehr in die Defensive. Erlhoff, Dahl und zweimal Fürhoff sorgten schlussendlich für ein beeindruckendes 6:1, was Platz 1 in der Tabelle bedeutete. Offenbach hatte allerdings spielfrei. Am folgenden Mittwoch war die Situation dann umkehrt: Offenbach spielte in Berlin und in Essen wurde auf einen Ausrutscher der Hessen gehofft. Statt eines Ausrutschers gab es jedoch einen ungefährdeten 6:0-Erfolg der Gäste, der ihnen den Sprung an die Tabellenspitze ermöglichte. Am Sonntag, dem 25. Juni, kam es zum Showdown. Punktgleich gingen die beiden Konkurrenten ins letzte Rennen. Offenbach lag mit einem Tor vorne (Torverhältnis von 23:7 zu 20:5) und erwartete am Bieberer Berg den FC St. Pauli, RWE musste in Saarbrücken gegen Röchling Völklingen antreten. Schon zur Halbzeit war der Essener Bundesligatraum ausgeträumt. Zu stark spielte Offenbach, zu wenig Gegenwehr gab es von den Gästen. Pausenstand: 4:0. Im Saarbrücker Ludwigspark führte Rot-Weiss zwar knapp mit 1:0, machte aber nicht den Eindruck, als könne man fünf Tore gegenüber Offenbach aufholen. So war es dann auch. Offenbach gewann mit 6:0 und feierte den Aufstieg in die Bundesliga. RWE siegte zwar mit 2:1 und blieb somit seit dem 31. Oktober 1971 unbesiegt, stieg aber dennoch nicht auf. Das war bitter. Obgleich fairerweise gesagt werden muss, dass die Hessen in dieser Runde einfach den notwendigen Tick besser waren. So traurig jeder in Essen war, nur wenige Wochen später begann die neue Regionalligasaison. Da musste wieder gekämpft und geackert werden, um das „Klassenziel" zu erreichen. Und das konnte nur lauten: Aufstieg in die Bundesliga.

1973

Nach einer überzeugenden Regionalligasaison, in der RWE seine Gegner nach Belieben dominierte, konnte schon am 28. Spieltag die Teilnahme an der Aufstiegsrunde in trockene Tücher gebracht werden. Schlussendlich langte es sogar zu Platz 1 mit einem Vorsprung von fünf Punkten auf den Tabellenzweiten Fortuna Köln und zwölf Punkten auf den Tabellendritten Bayer Uerdingen. Wieder einmal war das Offensivspiel der Rot-Weissen die stärkste Waffe. 104 geschossene Tore bedeuteten die höchste Trefferausbeute aller Regionalligisten. Diese geballte Offensivkraft sollte nach dem Willen von Trainer Witzler auch die Aufstiegsrundengegner gehörig aufmischen. Alles andere, außer dem Aufstieg, durfte man den Essener Zuschauern auch nicht mehr verkaufen. Schon in der Regionalligaserie registrierte man im Vergleich zur vorherigen Saison knapp 1.600 zahlende Zuschauer weniger und die meisten Siege wurden auf den Rängen mit einer Selbstverständlichkeit hingenommen, die teilweise erschreckend war.

Eintrittskarte Aufstiegsspiel 1973,
RWE – VfL Osnabrück, Endstand 4:1

Bei der Gruppenauslosung war den Essenern zunächst das Glück hold. Bis auf den Südersten sollte man es nur mit Gruppenzweiten zu tun bekommen. Hierbei handelte es sich um Wacker 04 Berlin, Röchling Völklingen und den VfL Osnabrück. Den ersten Platz im Süden hatte sich Darmstadt 98 erkämpft. Bei Ansicht der Gruppengegner war dann auch schnell klar, dass 98 der Hauptkonkurrent sein würde. Umso ungemütlicher, dass die Hessen im ersten Spiel zur Hafenstraße mussten. Auf der einen Seite konnte Rot-Weiss zwar schnell für klare Verhältnisse sorgen, aber auf der anderen Seite würde schon ein Unentschieden die Mannschaft in den folgenden Spielen enorm unter Druck setzen.

Mannschaften betreten das Spielfeld,
RWE – VfL Osnabrück.

25.849 zahlende Zuschauer hatten noch nicht vollständig ihre Plätze eingenommen, als Horst „Pille" Gecks schon nach drei Minuten zuschlug. Nur wenige Zeigerumdrehungen später erhöhte Wolfgang Rausch auf 2:0, die Hafenstraße befand sich schon im Himmel der ersten Liga. In mancher Hinsicht war ein Klassenunterschied zwischen dem biederen Südmeister und den von Günter Fürhoff famos angetriebenen Rot-Weissen zu erkennen. Das Publikum wollte sich gerade zur Pause erheben, als Darmstadts Linksaußen Schmiedl per Kopf auf 2:1 ver-

Bast trifft zum 1:1, RWE – VfL Osnabrück.

kürzte. Was bis zur Halbzeit bundesligareif war, sollte anschließend zu einer Zitterpartie verkommen. Die Hessen befanden sich in der zweiten Halbzeit ständig im Angriff, die rot-weisse Abwehr wackelte bedenklich, aber zum Glück fand der Ball nicht den Weg ins Essener Tor. Im Gegenteil, fünf Minuten vor Schluss wurde ein Schuss von Hansi Dörre unglücklich von einem Darmstädter Verteidiger abgefälscht und es stand 3:1. Dabei blieb es und jeder Essener musste zur Kenntnis nehmen, dass nur hundertprozentige Konzentration zum Erreichen des Ziels Bundesliga führen konnte.

Diese Erkenntnis blieb allerdings nur bis zum nächsten Sonntagmorgen in den Köpfen der Spieler. Nachmittags waren anscheinend wieder alle guten Vorsätze vergessen und Rot-Weiss musste sich bei Wacker 04 nach einer 2:0-Führung noch mit einem 2:2-Unentschieden zufrieden geben. Das Spiel war im Grunde eine einzige Enttäuschung. Es hatte sich einmal mehr die fußballerische Binsenweisheit bestätigt: ohne schnelles Spiel in die Spitze ist auch die langsamste Gegnerabwehr kaum zu überwinden.

Das nächste Heimspiel gegen Osnabrück war dann schon ein Schlüsselspiel und nach wenigen Minuten sah es nicht gut aus. Segler erzielte in der 6. Minute die Führung für den VfL. Jetzt war nicht nur ein Spiel in Gefahr, sondern das große Ganze …, der Aufstieg in die Bundesliga. Vielleicht hatte Dieter Bast an dieses Schreckenszenario gedacht, als er in der 12. Minute eine Flanke von rechts zum 1:1-Ausgleich ins Tor bugsierte. Nur zwei Minuten später hätte Hermann Erlhoff die Weichen wieder auf Sieg stellen können, jedoch schoss er einen an Fürhoff verübten Foulelfmeter so kläglich, dass VfL-Torwart Kamper den Ball ohne Problem abwehren konnte. Positiv war immerhin, dass man den rotweissen Spielern, im Gegensatz zum Berlin-Spiel, anmerkte, das sie gewillt waren, dieses Spiel unter allen Umständen zu gewinnen. Dieses „Wollen" führte dazu, dass auch in der zweiten Halbzeit das Tempo hoch gehalten und die Osnabrücker ständig unter Druck gesetzt wurden. Es dauerte nicht lange und die weiteren Tore fielen wie reife Früchte. Gecks, Fürhoff und Erlhoff per Elfmeter steuerten schließlich die Treffer zum 4:1-Erfolg bei und sorgten dafür, dass Willi aus der Westkurve seine dichterische Ader mal so richtig ausleben konnte: *„Die Pfoten zittern, dat Hemd is' naß – wir könn' den Aufstieg schon wittern und darum macht et wieder Spaß!"*

Spaß machte es auch drei Tage später im Saarbrücker Ludwigspark, wohin Röchling Völklingen mal wieder ob des lieben Geldes wegen ausgewichen war. Zwar kamen die Saarländer in der ersten Halbzeit das eine oder andere Mal gefährlich vor das Essener Tor, doch Heinz Blasey war unüberwindlich. Da Fürhoff schon in der 6. Minute die 1:0-Führung erzielte und dem Völklinger Link unmittelbar nach der Pause ein Eigentor unterlief, war das Spiel frühzeitig entschieden. Rot-Weiss ließ jetzt Ball und Gegner laufen, die „Ente" traf noch zweimal und am Ende stand ein glattes 4:0.

Auch im nächsten Heimspiel lief alles wie geplant. Obschon Wacker 04 die berühmt berüchtigte Mauertaktik wählte und die „Ente" und „Pille" zunächst die Flanken ins Niemandsland beförderten, erzielte Mittelstürmer Bast mit einem tollen Kopfballtreffer kurz vor der Halbzeit die verdiente 1:0-Führung. Da im zweiten Durchgang erneut Bast und der eingewechselte de Vlugt zwei Tore nachlegten, lautete der Endstand: 3:0. Rot-Weiss lag nun mit fünf Punkten Vorsprung auf den nächsten „Verfolger" Darmstadt 98 in Front und konnte schon mit einem Unentschieden beim anstehenden Gastspiel bei den Hessen frühzeitig den Aufstieg perfekt machen. Das sah auch die NRZ so: „RWE kann den Sekt schon kalt stellen." Und Willi aus der Westkurve frohlockte ebenfalls: „*Bundesliga, du altes DFB-Machwerk, bald haste uns wieder! Uns, die Rot-Weissen!*"

Am Darmstädter Böllenfalltor wurde es dann noch mal ein hartes Ringen. Die Gastgeber versuchten ihre letzte Chance zu nutzen und gingen schon in der 2. Minute in Führung. Wer nun aber dachte, Rot-Weiss ließe sich durch den frühen Rückstand aus dem Konzept bringen, der sah sich schnell eines Besseren belehrt. Schon in der 13. Minute erzielte Harry de Vlugt den Ausgleichstreffer und von diesem Zeitpunkt an spielte Rot-Weiss ganz im Stile eines Aufsteigers. Imponierend der Aktionsradius des an einer Achillessehnenreizung leidenden „Pille" Gecks, großartig das Laufpensum von Hansi Dörre und nicht zu glauben die Leistungssteigerung von Eberhard Strauch. Als Gecks in der 69. Minute die 2:1-Führung erzielte, war der Kampf um den Aufstieg entschieden. Der Ausgleichstreffer der Darmstädter hatte nur noch statistischen Wert. Rot-Weiss stand – zum dritten Mal – wieder in der Bundesliga – darauf freute sich ganz Essen. Um diesen Erfolg gebührend zu feiern, pilgerten über 12.000 Zuschauer zum bedeutungslos gewordenen letzten Heimspiel gegen Völklingen. Sie sahen drei de Vlugt-Tore und einen 3:1-Erfolg. Anschließend wurde in der Turnhalle unterhalb der Haupttribüne kräftig gefeiert, die kalt gestellten Sektflaschen geköpft und zu später Stunde der gemeinsame Schwur geleistet: „Nicht absteigen!"

Mitspieler beglückwünschen Bast zu seinem Treffer, RWE – VfL Osnabrück.

WAZ, 18.06.1973

Mit einem 2:1-Sieg in Osnabrück beendete Rot-Weiss die Aufstiegsrunde, die insgesamt gesehen auf keinem hohen Niveau stand.

1978

Der Schwur „nicht abzusteigen" hielt vier lange Jahre, ehe der Fahrstuhl im Sommer '77 wieder abwärts ging. Mittlerweile hatte sich vieles verändert. Die „Ente" watschelte mittlerweile im benachbarten Dortmund, von den alten Haudegen waren nur noch Blasey, Dörre und Fürhoff an der Hafenstraße geblieben. Neue Spieler machten ihren Weg, von denen Horst Hrubesch und Frank Mill den bleibendsten Eindruck hinterließen. Nicht geändert hatte sich aber das seit 13 Jahren übliche Prozedere: Sobald sich

RWE-Elf vor dem Aufstiegsrückspiel gegen den 1. FC Nürnberg, 09.06.1978

RWE in der 2. Liga befand, klopfte der Verein im folgenden Jahr direkt wieder an die Tür zur Bundesliga. So auch im Sommer '78, als der Traditionsverein von der Hafenstraße als Tabellenzweiter der Nordgruppe in den sogenannten „Aufstiegsspielen zur Bundesliga" auf den Tabellenzweiten der Südgruppe traf. Mit ein wenig Glück wäre sogar der direkte Aufstieg möglich gewesen, doch ein unnötiges 3:3 im Grugastadion gegen den abgeschlagenen Tabellenletzten Schwarz-Weiß Essen kostete den entscheidenden Punkt im Vergleich mit Arminia Bielefeld. Dieser eine Punkt war schlussendlich ausschlaggebend, dass man in Hin- und Rückspiel auf den 1. FC Nürnberg traf. Der Club befand sich seit neun Jahren in den Niederungen der 2. Liga, alle Versuche aus diesen emporzusteigen, waren fehlgeschlagen. Nun wurde mit einer jungen Mannschaft ein neuer Versuch gestartet, der bis dato ganz erfolgreich verlaufen war. Favorit in den Spielen war allerdings die bundesligaerfahrene Mannschaft von Rot-Weiss, die mit Horst Hrubesch einen Mann auf dem Platz hatte, der in der laufenden Saison 41 Tore erzielt hatte. Das erste Spiel fand im städtischen Stadion von Nürnberg statt. 50.000 Franken sorgten für eine tolle Atmosphäre, von der sich die junge Clubmannschaft nach vorne peitschen ließ.

1. Minute, Hrubesch wird verletzt vom Platz geführt.

Doch die Essener Abwehr, mit Peter Ehmke und Hartmut Huhse als Eckpfeiler, stand gewohnt sicher und war kaum einmal in Verlegenheit zu bringen. Zwar nahm der Druck der Nürnberger zu Beginn der zweiten Halbzeit zu, aber durch einen Fallrückzieher von Mill hatte RWE sogar die größere Chance, in Führung zu gehen. In den letzten 20 Minuten ließen bei den ständig angreifenden Nürnbergern die Kräfte nach und es roch nach einem torlosen Unentschieden. Zum Leidwesen der Rot-Weissen überschlugen sich aber in den letzten elf Minuten die Ereignisse. Zum einen beförderte Hans Walitza das Leder nach einer Ecke zur 1:0-Führung der Nürnberger ins Essener Tor, zum anderen erhielt Hartmut Huhse kurz vor Schluss aufgrund eines unnötigen Foulspiels die rote Karte und fehlte damit beim Rückspiel. Den Optimismus der Rot-Weissen konnte dies aber nicht erschüttern und so wurde auf der Rückfahrt nach Essen im Zug schon fleißig Bier auf den voraussichtlichen Aufstieg in die Bundesliga getrunken.

Es ist wieder alles offen. Peter Ehmke erzielt den 1:1-Ausgleichstreffer.

Die Entscheidung: Manfred Müller pariert den Elfmeter von Horst Hrubesch.

Das Rückspiel an der Hafenstraße wurde dann aber zu einem Drama ohne Happy End. Unter den knapp 32.000 Zuschauern befanden sich mehr als 5.000 Nürnberger, was für damalige Zeiten eine unverschämt große Anzahl an Auswärtsfans war. Von ihnen angefeuert, trat die junge Clubmannschaft überaus motiviert und selbstbewusst auf. Zunächst setzte Reinhard Schöll mit einer brutalen Grätsche im Mittelkreis Horst Hrubesch für einige Minuten außer Gefecht und kassierte dafür nur die gelbe Karte. Doch nach dieser brutalen Aktion agierte der Club auch durchaus offensiv, wenn sich die Gelegenheit dazu ergab. Einer dieser Konter führte zu einem Freistoß, den Petrovic aus 30 Metern einfach mal in Richtung Essener Tor schoss. Der Ball, von Bönighausen leicht abgefälscht, wurde von Torwart Blasey zu spät gesehen und plötzlich stand es 1:0 für die Gäste. Mit diesem Ergebnis ging es in die Pause. Zusammengerechnet stand es 2:0 für den Club. RWE stand nun unter Zugzwang und agierte in der zweiten Halbzeit wesentlich entschlossener. Der junge Klinger war vorne und hinten zu finden, Hrubesch ackerte für mindestens zwei und Fürhoff versuchte, im Mittelfeld die Fäden zu ziehen. Der Einsatz wurde belohnt, denn ziemlich schnell fiel der Ausgleichstreffer durch Ehmke. RWE hatte nun ein deutliches Übergewicht, aber Nürnberg hatte Hans Walitza. In der 58. Minute erzielte er die erneute Nürnberger Führung. Jetzt wurde es hektisch, denn im Gegenzug gab es Elfmeter für RWE nach einem Foul an Mill. Hrubesch nahm sich selbstbewusst den Ball und verwandelte sicher zum 2:2. In der letzten halben Stunde stürmte nur noch Rot-Weiss, der Club kam kaum mehr aus der eigenen Hälfte. Doch das notwendige dritte Essener Tor, welches zu einem Entscheidungsspiel auf neutralem Platz geführt hätte, wollte einfach nicht fallen. Sieben Minuten vor Schluss gab es erneut, nach einem Foul an Sperlich, Elfmeter für Rot-Weiss. Wieder legte sich Hrubesch das Leder zurecht und schoss aus Sicht des Schützen nach rechts. Der Schuss war nicht schlecht, aber Nürnbergs Torwart Müller flog katzenhaft in die richtige Ecke und lenkte das Leder an den Pfosten. Vorbei! Das war es. Trotz weiterer guter Essener Chancen blieb es beim 2:2, damit war der Club aufgestiegen, Rot-Weiss musste weiter in der 2. Liga spielen. Für Horst Hrubesch war es das letzte Spiel für RWE, er wechselte nach Ende der Saison zum HSV.

1980

Nach einer verkorksten Saison 1978/79 fand RWE im Laufe der Saison 1979/80 wieder so langsam in die Spur zurück. Mehrere Siege in Folge gaben den Fans das Gefühl, dass eine ganz andere Essener Mannschaft als in der Saison zuvor auf dem Platz stand. Das war allerdings nur bedingt richtig, denn bis auf wenige Ausnahmen standen die gleichen Spieler wie in der Vorsaison auf dem Platz. Der Unterschied war jedoch, dass die Neuzugänge der vorherigen Saison sich nun weitestgehend akklimatisiert und sich zu Leistungsträgern in einem gut harmonierenden jungen Team entwickelt hatten. Als dann auch noch im Herbst '79 Willi Lippens aus den USA an die Hafenstraße zurückkehrte, ging ein richtiger Ruck durch den Verein. Das erste Heimspiel der „Ente" sahen 12.000 Zuschauer, dabei war nur der Tabellenletzte aus Wuppertal zu Gast. Zusammen mit Sturmpartner Frank Mill wirbelte die „Ente" Wochenende für Wochenende die Abwehrreihen der jeweiligen Gegner durcheinander und hatte großen Anteil, dass Rot-Weiss am Ende der Saison den 2. Platz erreichte. Wieder ging es in die Qualifikationsrunde, wo man in den Aufstiegsspielen zur Bundesliga auf einen alten „Bekannten" traf – den Karlsruher SC.

In Karlsruhe ging es einzig und allein darum, ein gutes Ergebnis für das Rückspiel in Essen zu erkämpfen. Frank Mill war nach seinem Schienbeinbruch noch nicht richtig genesen und Libero Vlado Saric kam aufgrund einer Verletzung erst gar nicht zum Einsatz. Damit nicht genug der Probleme, erwischte der KSC einen Glanztag. Schon zur Halbzeit stand es 3:0 für die Hausherren und als Frank Mill bei einem der wenigen Essener Konter den Anschlusstreffer zum 1:3 erzielte, wäre man auf rot-weisser Seite sehr zufrieden gewesen, wenn man mit diesem Ergebnis die Rückfahrt nach Essen hätte antreten dürfen. Leider wurde dieser Wunsch nicht erfüllt. Im Gegenteil, der KSC legte noch zwei Treffer nach, so dass Rot-Weiss schließlich mit einer 1:5-Niederlage im Gepäck die Heimfahrt antreten musste. Für alle Welt war nun klar, dass der Bundesligaaufsteiger nur KSC heißen konnte. Nur einer sah das anders: Willi Lippens. Einen Tag nach dem deprimierenden Spiel in Karlsruhe trat er zusammen mit KSC-Torhüter Wimmer und KSC-Trainer Krafft im „aktuellen Sportstudio" auf und sorgte dort für neue Hoffnung. Mit viel Witz beantwortete Lippens die Fragen des Moderators Dieter Kürten und gab für jedermann deutlich zu verstehen, dass der KSC noch lange nicht die Bundesliga erreicht habe.

25.000 Zuschauer wollten sich schließlich im Rückspiel an der Hafenstraße davon überzeugen, ob den optimistischen Worten auch Taten auf dem Platz folgen würden. Sie sollten ihr Kommen nicht bereuen. Schon nach 40 Sekunden spielte die „Ente" im Strafraum des KSC einen zauberhaften Rückpass auf den völlig freistehenden „Charly" Meininger und RWE führte mit 1:0. Die Hafenstraße glich in diesem Moment einem Hexenkessel und sollte es bis Spielende bleiben. Rot-Weiss erspielte sich eine Unmenge an guten Möglichkeiten, der KSC kam minutenlang nicht mehr aus der eigenen Hälfte. Leider blieb es bis zur Halbzeit nur beim 1:0. Wer nun dachte, die Jungs um Kapitän Herget würden sich so langsam aufgeben, der sah sich aber eines Besseren belehrt. Unaufhörlich rollten die Angriffe in Richtung KSC-Tor und als in der 58. und 72. Minute zweimal Frank Mill auf Flanken von Willi Lippens ins Tor traf, stand es 3:0 für Rot-Weiss! Es fehlte nur noch ein Tor zum Erreichen eines dritten Spiels auf neutralem Platz. Als jeder im Stadion hoffte, als das vierte Tor zum Greifen nahe schien, da konterte der KSC. Eine Flanke von Wiesner fälschte Dittus mit der Brust so unglücklich ab, dass RWE-Torwart Schneider den Ball erst hinter der Torlinie zu fassen bekam. Das war die Entscheidung zu Gunsten des KSC. Als Schiedsrichter Luca das Spiel wenige Minuten später abpfiff, stand fest: Wieder war eine Riesenchance vertan und der Aufstieg verpasst worden. Rot-Weiss hatte ein tolles, ein dramatisches Spiel geliefert, aber das Glück war nicht auf Essener Seite. Trotzdem wurden die Spieler mit großem Beifall von den Zuschauern verabschiedet.

Der Anfang vom Ende: Durch Jürgen Kaminskys Eigentor führt der KSC mit 1:0.

„Charly" Meininger trifft nach 40 Sekunden und die Hoffnung kehrt an die Hafenstraße zurück.

Was in diesem Moment niemand wusste: Es war bis heute die letzte Chance von Rot-Weiss, nochmals in der Bundesliga Fuß zu fassen.

Rot-Weiss Essen – 1. FC Styrum   10: 1

20. August 1972

„Meine Jungs haben sich gefreut wie die Kinder als sie plötzlich führten, haben aber dann alles andere vergessen."
Karl-Heinz Mozin, Trainer 1. FC Styrum

Rot-Weiss ging nach dem verpassten Aufstieg als turmhoher Favorit in die Saison 72/73 der Regionalliga West. Niemand zweifelte ernsthaft daran, dass die weitestgehend zusammen gebliebene Mannschaft – verstärkt mit dem noch unbekannten Harry de Vlugt und dem aus Offenbach gekommen Horst „Pille" Gecks – am Ende der Saison wieder in der Aufstiegsrunde stehen würde. Zu sehr hatte Rot-Weiss in der vorangegangen Saison zusammen mit dem Wuppertaler SV die Liga dominiert. Bis auf Fortuna Köln gab es nach Wuppertals Aufstieg in Liga eins keinen ernsthaften Gegner mehr.

Wer nun aber dachte, die Saison würde auf Grund fehlender Konkurrenten ein Selbstläufer werden, der wurde schon am ersten Spieltag auf den Boden der Tatsachen geholt. In Lünen, beim dortigen SV, tat sich der Favorit äußerst schwer und kam nur auf Grund seiner individuellen Stärke und durch ein Tor von „Pille" Gecks zu einem schmeichelhaften 1:0-Sieg. Das erste Heimspiel gegen Jean Lörings Kölner Fortuna brachte dann die ernüchternde Erkenntnis: konditionell klar unterlegen und mit vier Neuzugängen auf dem Platz, die noch keine Bindung ins Mannschaftsspiel hatten, war gegen die starken Kölner kein Blumentopf zu gewinnen. Der Endstand von 0:2 spiegelte letztlich die wahre Leistungsstärke beider Mannschaften wider. Am dritten Spieltag konnte in Wattenscheid mit einer taktisch einwandfreien Leistung allerdings relativ locker mit 3:1 gewonnen werden. Und beim anstehenden Heimspiel gegen den Emporkömmling und Nachbarn 1. FC Styrum ging es für die Fans lediglich um die Frage der Höhe des Sieges. Objektive Gründe für einen klaren Sieg gab es im Vorfeld jedoch nicht, denn zur Überraschung aller startete der Neuling mit bemerkenswerten 3:3 Punkten in seine erste Regionalligasaison. Warum also sollte nicht eine Überraschung an der Hafenstraße gelingen?

Fünf Spieler, aus diversen unterklassigen Essener Vereinen rekrutiert, zählten zur Stammformation von Trainer Mozin und wollten sich natürlich gerade an der Hafenstraße besonders gut präsentieren.

RWE-Trainer Witzler musste auf den an einer Verletzung laborierenden Günter Fürhoff und den wegen seiner Hochzeit pausierenden Werner Brosda verzichten. Der gerade wieder genesene Harry de Vlugt saß zunächst nur auf der Bank. In dem Bewusstsein, einer auf Defensive ausgerichteten Styrumer Mannschaft gegenüberzustehen, beorderte Witzler seinen etatmäßigen Libero Wolfgang Rausch in die Sturmmitte. Dieser Schachzug machte sich in der 4. Minute schon bezahlt, denn Rausch erzielte das erste RWE-Tor an diesem Tag. Allerdings war dies nicht die frühe Führung der Rot-Weissen. Es war der Ausgleichstreffer zum 1:1. Schlimm, Styrums einzige Spitze, hatte schon in der

2. Minute mit einem Bombenschuss aus 20 Metern die Führung der Gäste erzielt. Hermann Erlhoff befand sich zu diesem Zeitpunkt nicht nahe genug bei seinem Gegenspieler und konnte den Torschützen nicht am Schuss hindern. Überhaupt Erlhoff, nach langer Zeit wieder auf der Liberoposition eingesetzt, wirkte er oft phlegmatisch und machte bei seinen Rutschpartien auf dem Rasen einen nicht sonderlich souveränen Eindruck. Auch Diethelm Ferner zeigte nicht seine stärkste Leistung; ganz im Gegenteil, der Zuschauer hatte eher das Gefühl, dass sich Ferner auf dem Platz verstecken würde. Da auch Bredenfeld so seine Probleme mit dem agilen Sikora hatte, hätte der Nachmittag böser als gedacht enden können. Doch zum Glück für alle Essener erwischte Torwart Blasey einen Glanztag und entschärfte mehrere Styrumer Möglichkeiten, griff Lippens in seine Trickkiste, spielte Weiss im Mittelfeld eine starke Partie und sorgte Dieter Bast mit einem Doppelschlag in der 10. und 11. Minute für eine beruhigende 3:1-Führung. Ab diesem Zeitpunkt war die Partie entschieden, das wusste jeder im Stadion. Was sich aber in den verbleibenden 34 Minuten bis zur Halbzeit ereignen sollte, grenzte schon an eine De-

Das 4:1 für RWE durch Willi Lippens! Torwart Mackscheidt hatte keine Chance. Links Fuchs.
Fotos: Grund

Essen drehte nach dem 0:1 voll auf

Rot-Weiß Essen — 1. FC Styrum 10:1 (7:1)

Essen: Blasey — Bredenfeld, Rausch (46. de Vlugt), Erlhoff, Stauvermann — Mertens, Ferner, Weiß — Gecks, Bast, Lippens. — Trainer: Witzler.
Styrum: Mackscheid (46. Bremer) — Hendricks (9. Limpert), Stoffmehl, Makowiak, Fuchs — Zinnkann, Bachmann, Greiffendorff — Kraus, Schlimm, Sikora. — Trainer: Mozin.
Tore: 0:1 Schlimm (2.), 1:1 Rausch (4.), 2:1 Bast (10.), 3:1 Bast (11.), 4:1 Lippens (33.), 5:1 Gecks (38.), 6:1 Lippens (42.), 7:1 Lippens (44.), 8:1 de Vlugt (67.), 9:1 de Vlugt (83.), 10:1 Bast (85.). —
Schiedsrichter: Plänk (Düsseldorf). — Zuschauer: 11 000.

Es fing so schön für den Neuling aus der Nachbarstadt Mülheim, und es endete so fürchterlich. Styrums Trainer Mozin verbarg sein Gesicht: in der Vaterstadt so deutlich zu verlieren, hatte er nicht einkalkuliert. Das Spiel der Nachbarn war zeitweilig gar nicht so schlecht, aber der Druck der Essener wurde nach Schlimms Schreckschuß in der zweiten Spielminute so übermächtig, daß — da Rausch mitstürmte — bald keiner mehr wußte, wer wen decken sollte. So fielen denn die Treffer wie am Fließband, und wenn die Essener noch konzentrierter weitergemacht hätten, wäre das Schützenfest-Ergebnis schon zur Pause perfekt gewesen.

Bis weit in die zweite Halbzeit hinein taten die Rot-Weißen alles, um die begeisterten Anhänger wieder abzukühlen. Der Bazillus der Überheblichkeit und Gleichgültigkeit breitete sich aus, so daß den Gästen Chancen genug geboten wurden, das Resultat zu verbessern. Daß es nicht geschah, hatte zwei Gründe: die Moral war schon zu sehr angeknackst, und Blasey ließ sich nicht überraschen. In den Schlußminuten fielen dann noch zwei Tore, aber das zweistellige Ergebnis erlebten nicht mehr allzuviele: Der Aufbruch hatte schon vorzeitig eingesetzt.
L. Ströter.

Kicker, 21.08.1972

mütigung der Gäste. Der Druck der Rot-Weissen wurde mit jeder Minute größer und größer, irgendwann wussten die Styrumer Spieler gar nicht mehr, wer denn nun wen zu decken hatte. Sie verloren den Überblick. Die RWE-Mannschaft steigerte sich hingegen in einen Spielrausch. Innerhalb von elf Minuten erzielten Gecks (1x) und Lippens (3x) vier weitere Tore. Halbzeitstand: 7:1.

In der Halbzeitpause versuchte Witzler den Ehrgeiz seiner Jungs weiter aufrechtzuerhalten, indem er bei einem Sieg mit zehn Toren Unterschied am folgenden Montag trainingsfrei in Aussicht stellte. Mit diesem Versprechen in den Ohren gingen die Spieler wieder raus auf den Platz. Kapitän Wolfgang Rausch blieb in der Kabine, für ihn durfte Harry de Vlugt mitwirken.

Draußen auf dem Platz ging es gleich in eine Richtung, doch das ersehnte achte Tor ließ lange auf sich warten. Allerdings lag dies nicht an einer verbesserten Styrumer Truppe, sondern daran, dass der Spielfluss der Rot-Weissen gestört war, weil man sich zu sehr in Einzelaktionen verrannte. De Vlugt war dann derjenige, der in der 67. Minute mit einem harmlosen Torschuss das 8:1 erzielte. Styrum war nur noch darauf bedacht, das Endresultat einstellig zu halten. Die RWE-Mannschaft dagegen wollte sich unbedingt ihren trainingsfreien Tag erkämpfen. Und die Fans in der Westkurve? Die waren hoch interessiert, was denn an der Anzeigentafel passieren würde, sollte RWE den zehnten Treffer markieren. Nach einem weiteren Treffer von de Vlugt war es dann Dieter Bast in der 85. Minute, der einem Lattenschuss von Heinz Stauvermann nachsetzte und das Leder zum 10:1-Endstand über die Linie drückte. Die Westkurvengemeinde konnte nun amüsiert beobachten, wie auf der Anzeige die Tafel mit der Zahl „9" heraus genommen wurde und aufgrund einer fehlenden zweistelligen Tafel nun ein Loch dort herrschte, wo eigentlich die Zahl „10" hätte stehen sollen. Doch das war nach diesem Spiel zu verschmerzen. Trainer Witzler wünschte seinen Spielern einen erholsamen Sonntag und verabschiedete sich bis zum Training am Dienstag.

Styrums Trainer Mozin nahm das Geschehene relativ gelassen hin, denn er wusste, dass dieses Spiel für seine Mannschaft eine Ausnahmesituation war. Zu euphorisch waren seine Jungs nach der 1:0-Führung, so dass sie im Anschluss alle taktischen Vorgaben über den Haufen warfen und gnadenlos untergingen.

Das Rückspiel in Mülheim wurde zwar in der Rückrunde mit 0:4 ebenfalls gegen eine starke RWE-Mannschaft verloren, aber grundsätzlich lieferte der Neuling eine starke Saison ab und erreichte schließlich einen respektablen achten Platz.

Rot-Weiss blieb 19 Spiele in Folge unbesiegt, holte dabei 35:3 Punkte und verlor erst wieder am 17. Februar am Aachener Tivoli mit 1:2. Nichtsdestotrotz stand am Saisonende der 1. Platz mit 55:13 Punkten und einem Torverhältnis von 104:40. In der anschließenden Aufstiegsrunde gelang schließlich der sehnsüchtig erwartete Aufstieg in die Bundesliga. Einen zweistelligen Sieg in einem Meisterschaftsspiel gab es allerdings nie mehr.

Interview mit Heinz Stauvermann und Eberhard Strauch

Zwei Verteidiger der 70er, die unterschiedlicher nicht sein könnten: Hier der schnelle und technisch versierte Stauvermann, dort der Kämpfer und Wühler Strauch, meistens zwischen Ersatzbank und Stammelf pendelnd.

Herr Stauvermann, Sie sind im Sommer '67 von Arminia Hannover nach RWE gewechselt. Wie ist der Wechsel abgelaufen?

Stauvermann (Sv): Ich habe im Sommer '67 mit Arminia Hannover in der Aufstiegsrunde zur Bundesliga gespielt. In dieser Zeit kamen Vertreter von RWE zu mir und haben mich gefragt, ob ich nicht bei ihnen spielen wolle. Den vorgesehenen Vertrag haben sie mir dagelassen und ich konnte ihn mit nach Hause nehmen. Nachdem ich alles überdacht hatte, war mir klar, dass ich nach Essen wollte. Ich habe den Vertrag unterschrieben und zurückgeschickt. Noch während dieser Aufstiegsrunde kam Hennes Weisweiler, der damalige Trainer von Borussia Mönchengladbach zu mir und fragte mich, ob ich nicht Lust hätte, nach Gladbach zu kommen. Ich habe zwar mein Interesse bekundet, aber auch gleichzeitig auf meinen unterschriebenen Vertrag bei RWE hingewiesen. Da meinte der Weisweiler nur, dass der Abstieg von RWE aus der Bundesliga feststehen würde und somit der unterschriebene Vertrag hinfällig sei. Ich solle einfach einen zweiten Vertrag (bei Gladbach) unterschreiben und der Rest würde dann schon geklärt werden. Gut, das habe ich dann gemacht, denn Gladbach

Heinz Stauvermann

spielte ja weiter in der Bundesliga und RWE musste in der neuen Saison wieder in der Regionalliga spielen. Als die ganze Chose dann raus kam, ist RWE aber bis zum DFB-Schiedsgericht gezogen und hat schlussendlich dafür gesorgt, dass ich meinen Vertrag in Essen erfüllen musste.

Wären Sie gerne nach Gladbach gewechselt?

Sv: Ja sicher. Gladbach hatte eine gute, aufstrebende Mannschaft. Mit Vogts, Wimmer und Netzer. Allerdings muss ich auch sagen, dass ich mich ab dem ersten Moment in Essen sehr wohl gefühlt habe. Neben dem Willi Lippens war ich eigentlich derjenige, der immer gespielt hat, jahrelang. Gladbach hat zwar ein Jahr später noch mal angeklopft, aber da hatte ich in Essen schon einen Dreijahresvertrag unterschrieben.

Herr Strauch, wie ist Ihr Wechsel abgelaufen?

Strauch (Sh): Ich habe ja damals beim SV Meppen gespielt und der zuständige RWE-Trainer war Horst Witzler, der vorher auch in Meppen war. Daher kannte er mich auch und hat mich dann einfach angesprochen, ob ich Lust hätte, nach Essen zu wechseln. Klar hatte ich Lust, denn dadurch konnte ich mich natürlich sportlich enorm verbessern. Zusammen mit mir sind der Torwart Fritz Steffens und Harry de Vlugt nach Essen gewechselt.

Eberhard Strauch

Waren Sie mit Ihrem Wechsel im Laufe der nächsten Jahre zufrieden?

Sh: Ja, auf Dauer schon, aber das erste halbe Jahr war für mich persönlich eine Katastrophe. Meine Mitspieler haben schnell herausgefunden, dass ich ein Ostfriese war und direkt so einige Witze gerissen – aber ich habe dann im Training gleich mal hingelangt und so wurde es besser *(lacht)*. Ein großes Problem für mich war aber, dass mich der Witzler zwar geholt hat, aber nicht spielen ließ. Ich kann mich noch gut daran erinnern, dass ich zu einem Freundschaftsspiel gar nicht erst mitfahren durfte. Das war für mich die Hölle, denn zum einen habe ich immer gerne gespielt, und zum anderen habe ich es auch nicht verstanden. Ich bin davon ausgegangen, wenn mich der Witzler unbedingt haben will, dann würde er auch auf mich setzen, aber das war im ersten halben Jahr überhaupt nicht der Fall. Klar, das muss ich ehrlich sagen, ich war sicherlich sehr schnell, zweikampf- und auch kopfballstark. Aber mir hat die Technik gefehlt und nach vorne habe ich fast null gebracht. Der Heinz hatte da schon mehr zu bieten. Er war schnell, aber wesentlich offensivstärker als ich und für mich hatte es immer den Anschein, als ob er leicht und locker über den Platz schweben würde. Im Laufe der Jahre sind dann auf meiner Position des rechten Verteidigers auch Leute wie Senger oder Neues verpflichtet worden, die vielleicht nicht so ganz defensivstark wie ich waren, aber dafür in der Offensive zweifelsohne mehr bewegen konnten. Und das war im modernen Fußball auch erforderlich.

Eberhard Strauch und Heinz Stauvermann im Sommer 2009.

Sie haben gerade gesagt, dass Witze gemacht worden sind …

Sh: Ja klar, zunächst die üblichen Ostfriesenwitze in der Kabine und dann ging es bei fünf gegen zwei weiter. Der Pille Gecks hat mir bei diesem Spielchen einen Beinschuss verpasst, da haben sich die anderen gekringelt vor Lachen und ich wusste überhaupt nicht, was das war. Beinschuss – das war das Größte überhaupt. Generell ging es bei fünf gegen zwei immer gut zur Sache.

Sv: Jemanden tunneln, so sagte man auch, war auch zu meiner Zeit eine große Sache und für den Betroffenen eine große Peinlichkeit.

Fiel Ihnen die Umstellung von Meppen nach RWE schwer?

Sh: Klar, die körperliche Umstellung war schon schwer. In Essen wurde viel mehr und auf Kondition trainiert. Ich war eher so ein Sprintertyp, bedingt dadurch, dass ich in meiner Jugend in Leer auch viel Leichtathletik betrieben hatte. Aber konditionell hatte ich Schwierigkeiten. Aus diesem Grund war ich bei den 12-Minuten-Läufen immer ziemlich am Schluss.

Manche Leute, Herr Strauch, haben Sie als „Treter" tituliert. Was sagen Sie denen?

Sh: Die hätten mal genau hinschauen sollen, ich habe nämlich in meiner ganzen Zeit bei RWE nur eine gelbe Karte bekommen. Sicherlich habe ich zugelangt, das war ja meine Stärke, aber ich habe auch meistens den Ball getroffen. Und wenn man dann mal die Spiele vom Luigi Müller oder den Berti Vogts anschaut, dann muss man auch sagen, dass diese Leute „Treter" waren.

Heinz Stauvermann im Urlaub, 2001.

Heinz Stauvermann und Frau im Urlaub, 1996.

Eberhard Strauch
im Urlaub 1974/75.

Herr Stauvermann, wie kamen Sie mit den ersten Trainingseinheiten bei RWE zurecht?

Sv: Bedingt dadurch, dass wir auch schon bei Arminia jeden Tag trainiert hatten, fiel mir das Training in Essen nicht schwer. Im Gegenteil, ich habe immer sehr gerne trainiert, auch wenn wir mal drei Runden mehr laufen mussten. Nein, Anlaufschwierigkeiten hatte ich überhaupt nicht. Vielleicht lag es im Gegensatz zum Eberhard natürlich auch daran, dass ich praktisch von Beginn an Stammspieler war und daher von den Mitspielern akzeptiert und respektiert wurde.

Sie beide haben nur im Regionalligajahr 72/73 zusammen gespielt. Wissen Sie noch, was Sie von dem anderen gehalten haben?

Sv: Eberhard war zweikampfstark und hat auch mal da hingelangt, wo ich es nicht gemacht hätte. Sollte er einen Gegenspieler ausschalten, dann hat der Eberhard es auch gemacht, er konnte sich so richtig reinbeißen. Wie er selbst gesagt hat, fehlte ihm ein wenig die Technik.

Sh: Der Heinz hatte eine lockere Art Fußball zu spielen. Für mich war das wie ein Schweben. Ich habe es immer bedauert, dass ich bei Weitem nicht so eine Leichtfüßigkeit wie der Heinz hatte. Ich glaube, wenn ich heute eine DVD von mir sehen könnte, dann würde ich mich gar nicht spielen sehen wollen.

Herr Strauch, Sie haben im ersten Jahr nicht so oft gespielt. Warum?

Sh: Zunächst einmal hatte ich mit dem Hermann Bredenfeld einen Konkurrenten für die Position des rechten Verteidigers. Und als ich mich so langsam gegen ihn durchsetzen konnte, da hat der Witzler den Harry de Vlugt auf dieser Position eingesetzt. Das war für mich ein weiteres Problem, denn der Harry war ein guter Freund von mir. Wir haben in unserer Freizeit viel mit den Familien zusammen unternommen und nun spielte er als gelernter Stürmer ausgerechnet auf meiner Position und das Publikum stand immer kopf, besonders die Frauen, und war völlig ekstatisch, wenn er nach vorne marschiert ist.

War es Ihnen unangenehm, dass ausgerechnet Ihr Freund auf Ihrer Position spielte?

Sh: Wir haben uns nicht gestritten, aber komisch war es schon für mich. Allerdings war unsere Freundschaft so stark, dass diese Geschichte, die ja auch nicht von langer Dauer war, sie nicht beeinträchtigen konnte.

Sv: Beim Harry herrschte zu Beginn eine große Euphorie, bedingt auch dadurch, dass er als, ich sage es jetzt mal so, „schwarzer Exot" an der Linie nach vorne gestürmt ist. Doch nach einer gewissen Zeit kamen auch seine nicht so guten Attribute durch: Er war oft hitzköpfig und trat ab und zu mal nach. Er hat kaum mal mit Auge gespielt, er ist draufgegangen wie verrückt. Für den Harry war das alles übrigens auch keine gute Sache, denn er wusste ja auch nicht so richtig, wo er denn nun hingehörte. Sturm oder Abwehr? Witzler setzte ihn wohl deshalb in der Abwehr ein, weil er sich vom Harry vielleicht ein wenig mehr Druck nach vorne versprochen hat.

Herr Strauch, wie sind Sie diese Spiele in der Regionalliga, gegen die zumeist weit unterlegenen Gegner, angegangen?

Sh: Für mich war jedes Spiel gleich schwer, ich hatte immer Druck und musste mich bei allen beweisen, ansonsten war ich schneller aus der Mannschaft raus als ich gucken konnte. Somit war es für mich persönlich sekundär, ob wir gegen VfL Klafeld oder gegen Borussia Dortmund spielten, ich musste mich immer zunächst auf mich und meine Leistung konzentrieren.

Sv: Da muss ich den Eberhard unterstützen, es war wirklich so, dass vor allen Dingen der Witzler immer besonders genau bei jenen Spielern hingeschaut hat, die nicht zum unangefochtenen Stamm gehörten. Diese durften sich kaum Fehler erlauben. Ich als Stammspieler musste zwar auch meine Leistung bringen, aber bei mir war es nicht so, dass ich bei einem schwachen Spiel direkt auf der Bank saß. Ich kann mir deshalb schon vorstellen, dass der Eberhard viel mehr unter Druck stand.

Herr Strauch, Sie haben gesagt, dass Sie immer auf Ihre eigene Leistung geschaut haben. Hat es Sie nach den Spielen noch beschäftigt, wie Ihre Leistung war?

Sh: Ja sicher, das hat mich noch lange beschäftigt. Wenn ich meine Benotung in der BILD oder im Kicker gesehen habe und diese war mal wieder schlecht, dann war ich „kaputt" – ich konnte gar nicht damit umgehen. Es gab ein paar Spiele, da bekam ich eine Sechs, da bin ich gar nicht mehr aus dem Haus gegangen. Also, wer da sagt, dass ihm die Benotungen irgendwo vorbeigehen, der muss schon wirklich sehr abgezockt sein.

Im Sommer '73 stand RWE in der Aufstiegsrunde zur Bundesliga. Für Sie, Herr Strauch, war es die erste, für Sie, Herr Stauvermann, die vierte Aufstiegsrunde. War man da besonders motiviert?

Sh: Natürlich. Wir konnten ja jetzt zeigen, dass wir unserer Favoritenrolle gerecht werden würden und wollten in die Bundesliga aufsteigen. Das Stadion war bei diesen Spielen immer voll und allein deshalb war es ein ganz anderes Feeling als bei den normalen Spielen in der Regionalliga.

Sv: Die Aufstiegsrunden waren für mich immer eine besondere Motivation, denn hier

In wenigen Momenten klingelt es im Tor der Bayern, doch wenig später wird der Treffer von Strauch vom Schiedsrichter annulliert. Angeblich sei ein Essener Foulspiel vorangegangen. RWE - FC Bayern 0:1, 19.01.1974.

konnte man sich mit den besten Mannschaften der anderen Regionalligen messen und hatte mit der Bundesliga ein großes Ziel vor Augen.

Gab es Mitspieler, die auch im Training gut zur Sache gegangen sind?

Sh: Klar gab es die. Wenn du dem Werner Lorant über den Weg gelaufen bist, dann konntest du dir schon ausmalen, dass du in den nächsten Sekunden die Beine ab hattest *(lacht)*. Auch der Manni Burgsmüller hat es sehr geschickt gemacht. Er sprang über deine Grätsche und ist dir beim Runterkommen schön auf die Beine gesprungen. An die obligatorischen „12-Minuten-Läufe" kann ich mich auch noch erinnern … Es war für mich immer ganz frustrierend, wie der Werner da weggezogen ist. Aber beim Werner muss ich sagen, dass er auch im Spiel immer 90 Minuten unterwegs war. Der war sich für keinen weiten Weg zu schade und hat im Mittelfeld meistens auch alles weggeräumt. Er war für uns Abwehrspieler schon sehr wichtig und im kämpferischen Bereich für alle ein Vorbild. Wenn wir allerdings über „Treter" sprechen, dann gehört der Werner ganz bestimmt in diese Kategorie.

Sv: „Klopper" hat man früher zu diesen Spielern gesagt. Kann mich jetzt aber nicht an einen bestimmten Spieler zu meiner Zeit bei RWE erinnern. Der Hansi Dörre war ein richtiger Kämpfertyp und ist auch gut an den Mann gegangen, aber ein „Treter" war er nicht, er wusste schon, wo die Grenzen waren.

Sie waren ja damals oft im Trainingslager, war das nicht langweilig?

Sv: Eigentlich nicht, denn meistens war ja nicht nur RWE in der Sportschule Wedau, sondern oft auch andere Vereine. Schalke war z.B. oft dort und dann haben wir uns mit deren Spielern unterhalten. Außerhalb der eigentlichen Trainingszeiten haben wir oft Karten gespielt, aber das wurde irgendwann mal so schlimm, das es der Trainer dann verboten hat.

Das heißt, Sie haben auch um Geld gepokert?

Sv: Ja klar. Wir haben mit 10 Pfennig angefangen und dann ging es immer höher. 10 Mark, 50 Mark und zum Schluss haben wir um 100 Mark gespielt. Das waren schon ordentliche Summen und aus diesem Grund hat der Kuno Klötzer da einen Riegel vorgeschoben und manchem Spieler das Kartenspielen verboten. Unter Erich Ribbeck durften wir abends immer eine Flasche Bier trinken, das war beileibe nicht bei allen Trainern so.

Sh: Zu meiner Zeit wurde auch gepokert und da wurde auch nicht immer nur um Pfennigbeträge gespielt *(lacht)*. Manchmal sind wir aber auch mit der kompletten

Heinz Stauvermann wird sich kommenden Mittwoch im Aufstiegsrundenspiel gegen Röchling Völklingen von Rot-Weiß und von der Essener Fußballgemeinde verabschieden. Herzlicher, dankbarer Beifall wird ihm entgegenschallen. In den sechs Jahren seiner Zugehörigkeit zu RWE hat er sich in über 350 Spielen stets mit aller Kraft und aller Konzentration eingesetzt. Auf ihn war immer Verlaß. Das wußten seine Mannschaftskameraden und das wußten alle Zuschauer. Vor sechs Jahren kam er, aus der Schule des Pädagogen Ernst Fuhry von Eintracht Nordhorn stammend, von Arminia Hannover nach Vogelheim, nachdem ein Verpflichtungsversuch Borussia Mönchengladbachs gescheitert war. Jetzt will der heute 30 Jahre alt werdende Außenverteidiger noch zwei Jährchen beim Regionalligisten SV Meppen spielen, um näher bei seiner Familie in Nordhorn zu sein. Dort hat er sich einen Bungalow gebaut (die WAZ stellte ihn schon im Bild vor), nachdem er fünf Jahre mit der Familie im Herskamp in Dellwig und zuletzt ein Jahr als „möblierter Herr" auf der Ernestinenstraße in Stoppenberg wohnte. Alles Beste, Heinz Stauvermann! Die Essener werden Sie nicht vergessen.

WAZ, 19.06.1973

Mannschaft nach Duisburg ins Kino gefahren – Bud Spencer und Terence Hill gucken. Ich kann mich noch an ein Trainingslager in der Sportschule Kaiserau erinnern, als auch Tottenham Hotspur da war. Ich werde nie vergessen, wie die abends gebechert haben und am nächsten Morgen wie die Bekloppten gelaufen sind. Unglaublich.

Sv: Bei uns gab es Leute, die haben auch immer zwei, drei Flaschen Bier getrunken. Die haben die Flaschen immer in ihren Sporttaschen reingeschmuggelt und keiner hat es gemerkt.

Kommen wir zu einer anderen Sache: Sie saßen ca. 10 Minuten vor den Spielen in der Kabine. Wie haben Sie sich in diesen Momenten gefühlt?

Sv: Also, man wurde vom Trainer vor den Spielen auf seinen jeweiligen Gegenspieler eingestellt, so von wegen Stärken und Schwächen, sodass man schon beim Warmlaufen auf seinen Mann geschaut hat. In der Kabine habe ich nach dem Umziehen eigentlich nur noch darauf gewartet, dass der Schiedsrichter im Gang pfeift und wir endlich auflaufen durften. In diesen paar Minuten war ich schon nervös, aber ich denke mal, das ging den meisten so. Sobald ich dann den Platz betreten hatte, war alle Nervosität wie weggeblasen.

Sh: Ich war vor den Spielen immer so nervös, dass ich ein paar Mal auf die Toilette gehen musste. Das war wirklich schlimm und ich kann mich dem Heinz nur anschließen, dass ich mich immer danach gesehnt habe, endlich auflaufen zu dürfen. Und das muss ich auch mal ganz genau betonen: Ich fand es immer sehr motivierend, an der Hafenstraße aufzulaufen, denn beim Einlaufen wurde schon damals das Adiole gespielt, Sirenen-Willi ließ seine Sirene heißlaufen und die Westkurve war ein riesiges Fahnenmeer. Das war gigantisch!

Das heißt, Sie haben als Spieler durchaus die Fans in Essen wahrgenommen?

Sh: Ja natürlich, die Westkurve war zur damaligen Zeit einmalig in Deutschland. Und wie laut die waren, unglaublich! Im Grunde fing es ja schon Stunden vor dem Spiel an, wenn wir aus dem Tageshotel mit dem Bus an die Hafenstraße kamen. Die ganze Straße war voll mit Menschen, die Gesänge ertönten und wir kamen mit dem Bus kaum durch. Da bekam ich immer Gänsehaut. Gleichzeitig stand ich aber spätestens ab diesem Zeitpunkt auch unter einem wahnsinnigen Druck, denn die Begeisterung der Fans konnte man spüren und ich, oder wir, wollten diese Zuschauer ja nicht enttäuschen. Leider ist das dann doch öfter passiert.

Haben Sie noch Erinnerungen an Ihre Tore bei RWE?

Sh: Ich habe ja nur zwei gemacht. Eines davon war im Pokalspiel gegen Gütersloh und das andere Tor habe ich in Offenbach nach einer Flanke von Willi erzielt.

Aber Sie haben auch noch ein nicht gegebenes Tor gegen Bayern München erzielt.

Sh: Ja, das stimmt. Der Schiedsrichter hat das Tor aber nicht gegeben, da der Hansi Dörre einen Bayernspieler behindert haben soll. Im Gegenzug fiel dann durch Torstensson der Siegtreffer der Bayern. An dieses Spiel kann ich mich auch deshalb so gut erinnern, weil wir den Bayern mehr als ebenbürtig waren und das Spiel im Grunde hätten sogar gewinnen müssen. Und auch, weil bei diesem Spiel sogar meine Eltern im Stadion waren, die normalerweise nie zu den Spielen gekommen sind.

Herr Stauvermann, Sie haben in den beiden Bundesligajahren immer gut gegen die Bayern ausgesehen und im Frühjahr 1971 haben Sie sogar zu Hause mit 3:1 gewonnen.

Sv: Das war das Spiel mit dem Messerwurf und wo der Walter Hohnhausen zwei Tore gemacht hat. Der Walter war übrigens Schlachter von Beruf.

War er auch ein „Schlachter" auf dem Platz?

Sv: Nein, kann man nicht sagen.

Sh: Ich habe mit dem Walter nie zusammen gespielt, aber wir waren öfter mit anderen Spielern von RWE im Café Overbeck in der Stadt und da lernte ich den Walter kennen – den Frauenheld!

Sv: Hohoho ...

Walter Hohnhausen war ein Frauentyp?

Sh: Ja, war er, aber wie er das gemacht hat, kann ich nicht sagen.

Sv: Kann ich auch nicht sagen. Vielleicht war es Dreistigkeit – der hat den Frauen immer ins Gesicht gesagt, was er wollte.

Sind Sie nach den Spielen am Wochenende mit den Mannschaftskollegen einen trinken gegangen?

Sv: Nein, ich war ja schon verheiratet und bin immer nach Hause gefahren.

Sh: Ich bin ab und zu mitgegangen. Ich kam ja aus einem kleinen Dorf und da war die Großstadt schon ein Erlebnis. Zu dieser Zeit hatte ich oft was mit Gert Wieczorkowski und Uwe Finnern zu tun. Mit dem Willi war ich ab und zu angeln und unsere Familien haben sich öfter getroffen.

Welche Mitspieler haben denn zu Ihrer Zeit bei RWE herausgeragt?

Sv: Der Willi Lippens sowieso, dann der Helmut Littek und im Mittelfeld war der Egbert Jan ter Mors einfach der überragende Spieler. Auch mit dem Werner Kik konnte man gut zusammenspielen, der Werner hatte Klasse.

Lippens' Sohn, Strauch, Lippens

„Bei mir war es so, dass ich immer 100% Leistung bringen musste, um überhaupt mithalten zu können. War das an manchen Tagen aus irgendwelchen Gründen nicht möglich, dann hatte die Mannschaft mit mir schon einen Schwachpunkt." Eberhard Strauch

Sh: Aus meiner Sicht hatten wir mit Willi, Manni und Horst einen überragenden Sturm, wo jeder Einzelne eine Klasse für sich war. Im Mittelfeld war der Dieter Bast sehr gut und im defensiven Bereich ragte Werner Lorant heraus. Zu dieser Zeit mangelte es bei uns in der Defensive.

Herr Stauvermann, wenn Sie an die vier miterlebten Aufstiegsrunden denken, was ist da bei Ihnen in Erinnerung geblieben?

Sv: Zunächst einmal ist in Erinnerung geblieben, dass jedes Spiel unheimlich schwer war. Klar, es wurde immer gesagt, dass die Westliga die stärkste Liga und RWE immer Favorit sei, aber Mannschaften wie Alsenborn waren beileibe nicht im Vorbeigehen zu bezwingen. Die sind ja nicht umsonst Erster oder Zweiter in ihrer Liga geworden. Gut für uns war natürlich, dass wir als Mannschaft auch nach den Abstiegen aus der Bundesliga vom Grundgerüst immer zusammengeblieben sind und durch unseren Zusammenhalt und die automatisierten Spielabläufe einen gewissen Vorteil in diesen Aufstiegsrunden hatten. Trotz allem sind wir ja zweimal gescheitert, und daran sieht man, dass es wirklich unheimlich schwer war, diese Runden als Sieger zu beenden.

Sie haben fast immer alle Spiele in der Saison bestritten. Warum?

Sv: Hm, zum einen, weil ich immer die vom Trainer gewünschte Leistung gebracht habe, und zum anderen hatte ich das Glück, dass ich nie schwer verletzt wurde. In meiner ganzen Karriere war ich nie längerfristig verletzt, das war ein gewaltiger Vorteil. Vielleicht liegt es an meinen guten Genen *(lacht)*?

Herr Strauch, nach zwei persönlich guten Jahren haben Sie 75/76 nicht mehr so viele Spiele gemacht. Ihr damaliger Trainer war Ivica Horvat.

Sh: Horvat hat mich gar nicht wahrgenommen und demzufolge saß ich am Anfang immer auf der Bank. Irgendwann mal ist der Wörmer ausgefallen und ich wurde dann als Vorstopper eingesetzt und habe ein Bombenspiel gemacht. Da hat er dann zu mir gesagt: „Mein Gott Strauch, wusst ich gar nicht, dass du spielst so gut Fußball." Danach habe ich dann zumindest regelmäßiger gespielt. Zu Beginn der Saison hat er mehr auf den Neuzugang Hans-Günter Neues gesetzt. Das war eine schwierige Sache und wir beide wurden auch nie gute Freunde, obwohl er mir ja später den Job bei Bayer Dormagen besorgt hat.

Am Ende der Saison 75/76 standen Sie kurz vor dem Erreichen des UEFA-Pokal-Wettbewerbs. War das ein Thema in der Mannschaft?

Sh: Klar, das wäre ja eine Bombensache für den Verein gewesen. Wir als Mannschaft sind auch ganz stark davon ausgegangen, dass Kaiserslautern am letzten Spieltag die Schalker auf dem Betzenberg schlagen wird. Umso enttäuschter waren wir alle, dass unser 2:0-Erfolg gegen Werder Bremen nichts wert war, weil Schalke in Kaiserslautern gewann.

Zuim Abschied kommen wir zur Saison 76/77. Sie haben im November Ihr letztes Spiel gemacht, da sie sich eine schwere Knieverletzung zugezogen haben. Trotzdem haben Sie die gesamte Spielzeit miterlebt. Was war in dieser Saison los?

Sh: Da lief alles schief und die Stimmung innerhalb der Mannschaft wurde immer schlechter. Allerdings hat mich persönlich das nicht so sehr beschäftigt, da ich schauen musste, dass ich fit wurde. Ich habe immer schön meine Reha-Maßnahmen durchgezogen und zum Großteil alleine trainiert. Ich muss auch ganz klar sagen, dass ich mich da vom Verein im Stich gelassen gefühlt habe. Gut, irgendwann im Laufe der Rückrunde durfte ich dann wieder ins Mannschaftstraining einsteigen und so habe ich dann wieder mit der Mannschaft auf Asche trainiert. Irgendwann stand dann das Spiel gegen Schalke an, und ich hatte gute Chancen, wieder in die Mannschaft zu kommen. Doch kurz vor dem Spiel bin ich im Training umgeknickt und habe mir das Knie verdreht. Das war es dann. Das Knie war wackelig, kein Halt mehr, und da musste ich dann einen auf Sportinvalide machen.

Trotz aller Enttäuschungen zwischendurch, war es für Sie nicht traumhaft, Bundesliga zu spielen?

Sv: Ja, da ist ein Traum von mir in Erfüllung gegangen. Ich bin ja in der Nähe der holländischen Grenze groß geworden. Meine Eltern hatten dort ein Haus und ich hatte oben unter dem Dach mein Zimmer. Mitte der 50er Jahre hatte ich dort an der Wand ein Poster von der Meistermannschaft von RWE hängen und habe immer zu meinem Vater gesagt, dass ich auch mal so bekannt werden will wie die ganzen Onkels auf dem Poster. Dass dies dann auch so passiert ist, war für mich die Erfüllung eines Kindheitstraumes.

Sh: Sicherlich bin ich stolz drauf, dass ich mit meinen bescheidenen Mitteln Bundesliga gespielt habe und dann auch noch zu der Zeit, wo in der Bundesliga die ganzen Asse wie Beckenbauer, Müller, Overath usw. gespielt haben. Das Einzige, was nicht so gut ist, wer weiß das denn heute noch so genau? Ich habe halt „nur" bei Rot-Weiss Essen gespielt. Wenn ich heute mal gefragt werde, bei welchem Verein ich denn in der Bundesliga gespielt habe und ich antworte dann, dass ich bei RWE gespielt habe, dann kommt meistens die Antwort: „Aha" und dann Schweigen. Ich habe das Gefühl, dass es heute nicht mehr zählt, dass ich bei RWE Bundesliga gespielt habe. Ich glaube, wenn ich damals bei Mönchengladbach gespielt hätte, dann würde es viel mehr akzeptiert und geschätzt werden. In solchen Gesprächen schlägt die Stimmung erst zu meinen Gunsten um, wenn ich dann sage, dass ich gegen Müller oder Beckenbauer gespielt habe oder mit Lippens, Hrubesch oder Burgsmüller in einer Mannschaft stand – erst dann ist mein Gegenüber beeindruckt.

Interview
mit den MSV-Fans Wolfgang & Klaus

Wolfgang Berndsen und Klaus Dings sammeln seit nahezu vier Jahrzehnten alles Erdenkliche über den MSV. Schwerpunkte sind die nahezu komplette Sammlung aller Spielkleidungen des Meidericher SV/MSV Duisburg und ca. 2.500 Stadion- und Vereinszeitungen. Wolfgang und Klaus gehörten zu den ersten Mitgliedern des legendären MSV-Fan-Club „Die Zebras 74". Beide haben sehr lebhafte Erinnerungen an die Spiele zwischen dem MSV und RWE in den 70er Jahren.

Hallo Wolfgang, welches der zwölf Spiele von 1969 bis 1977 zwischen dem MSV und RWE ist Dir besonders im Gedächtnis geblieben?

Das waren eigentlich die beiden Spiele in der Saison 76/77, die der MSV mit 5:1 und 4:0 beeindruckend gewonnen hat. Damals war es ja keine Selbstverständlichkeit, dass wir gegen RWE gewinnen. Und erst recht nicht so deutlich.

MSV-Fans Wolfgang Berndsen und Klaus Dings

Klaus, hast Du eine besondere Erinnerung an ein bestimmtes Spiel?

An ein einzelnes Spiel nicht, da ich damals ja noch ziemlich jung war. Allgemein kann ich mich daran erinnern, dass es weder auf der Hinfahrt noch auf der Rückfahrt nach/von Essen angenehm war, da besonders der Rückweg vom Stadion in Richtung Bahnhof Bergeborbeck ziemlich schnell verlief …, aber das nicht freiwillig *(gequältes Lächeln)*.

Wolfgang, rund um Duisburg gab und gibt es viele Fußballvereine, hast Du die Spiele gegen RWE als Derby empfunden?

Ja klar. Neben Schalke war RWE immer unser Hauptfeind. Gegen beide Vereine gab es schon in den 70er Jahren wahre Völkerschlachten.

Krefeld-Uerdingen und Oberhausen liegen in unmittelbarer Nachbarschaft, warum hast Du diese Spiele nicht unbedingt als Derby empfunden?

Uerdingen war in den 70er Jahren gar nicht existent und Oberhausen hatte immer schon relativ wenige Fans. Im Gegensatz dazu war die Westkurve in Essen sehr beeindruckend und für uns eine völlig andere Welt. Das war ein rot-weisses Fahnenmeer, vergleichbar mit der heutigen Südtribüne in Dortmund.

Klaus, wie hast Du das empfunden?

Die Spiele gegen RWE waren definitiv Derbys. Beide Seiten konnten sich nicht riechen und zusätzlich ging es in den Spielen oft um wichtige Punkte gegen den Abstieg, was die Brisanz zusätzlich erhöht hat.

Wo war bei Spielen in Duisburg der Standort der MSV- und der RWE-Fans?

Wo: Wir Duisburger standen auf der Gegengraden, von der Haupttribüne gesehen links vom Marathontor, und die Gästefans befanden sich rechts vom Marathontor ebenfalls auf der Gegengraden.

Kl: Das war deshalb so, weil der Platz in der Kurve seit Jahrzehnten der traditionelle Standort der Duisburger Stahlarbeiter war und die Gästefans damals gar keine Möglichkeit hatten, sich dort zu positionieren.

Wie viele RWE-Fans befanden sich denn regelmäßig bei den Spielen in Duisburg im Stadion?

Kl: Schwer zu sagen, aber definitiv nicht in solchen Massen, wie heutzutage nach auswärts gefahren wird.

Wo: Zu Hochzeiten waren es vielleicht so ca. 2.000 RWE-Fans, denn es kam auch oft darauf an, wo der Verein in der Tabelle stand, wie wichtig das Spiel war und wie der Verein in den letzten zwei, drei Spielen abgeschnitten hatte. Die Zahl 2.000 hört sich heutzutage sehr wenig an, aber für damalige Verhältnisse waren das unbeschreiblich viele Gästefans. Nur Schalke brachte damals mehr Fans mit.

Duisburger und Essener Fans waren auf der Gegengraden gerade mal durch zwei Zäune getrennt. Gab es damals Ausschreitungen im Stadion?

BamS, 06.04.1975. Unten: Stadionzeitschrift MSV-Blick, Saison 1975/76.

NRZ, 29.10.1973

Kl: Ich kann mich nicht daran erinnern, wann es da mal friedlich zuging. Da hat es immer gescheppert.

Wo: Nicht nur im Stadion, schon bei der Ankunft der RWE-Fans ging es zur Sache. Damals gab es noch die Haltestelle „Stadion" direkt hinter der heutigen MSV-Kurve und wenn die Essener dort den Vorplatz betraten, dann rappelte es. Auch auf dem großen Parkplatz kam es zu wilden Raufereien. Das waren Völkerschlachten, da liefen Hunderte aufeinander zu.

Hattet Ihr Respekt, wenn Ihr wusstet, dass RWE kam?

Wo: Wir hatten immer Respekt vor den RWE-Fans.

Fußball brutal auf den Rängen: in Duisburg randalierten die Zuschauer. Polizei mußte eingreifen. Dabei wurde eine ganze Waffensammlung sichergestellt: Schlagstöcke, Schlagringe, Messer und Pistolen. Der Verein erstattete Anzeige gegen die Rowdys.

BILD, 07.04.1975

Kl: Gehörigen Respekt …, und wenn man auf dem falschen Platz gestanden hat, dann hat es gehörig wehgetan.

Gab es bestimmte RWE-Spieler, vor denen Ihr ein wenig „Bammel" hattet?

Wo: Willi Lippens. Gute, gefährliche Spieler waren auch Dieter Bast, „Nobby" Fürhoff und der schnelle Holländer. Wie hieß der noch mal?

Kl: Harry de Vlugt.

Wo: Genau, der war unberechenbar und sehr gefährlich.

Kl: Interessant waren in der Winterpause immer die Hallenturniere in Essen. Da hatte der MSV nie eine Chance gegen RWE. Dazu muss ich anmerken, dass wenn die Ente aufs Parkett lief, die ganze Halle, egal ob blau-weiß oder rot-weiss, Kopf stand, da alle wussten, dass gleich was Außergewöhnliches passieren würde.

Kommen wir zu den Spielen in Essen. Wie seid Ihr dort hingekommen?

Wo: Ich war damals zwischen 16 und 20 Jahre und bin immer mit dem Zug gefahren.

Kl: Ich war ein paar Jahre jünger und bin immer mit zwei, drei Freunden mit dem Fahrrad hingefahren. Es gab für uns überhaupt keine andere Möglichkeit, nach Essen zu kommen, da das Taschengeld, wenn es überhaupt reichte, für die 2 DM Eintritt zurückgehalten wurde und wir somit kein Geld für den öffentlichen Nahverkehr hatten.

Gab das im Vorhinein Probleme mit Deinen Eltern, wenn die wussten, dass du als 12-Jähriger am Samstag nach Essen fahren wolltest?

Kl: Das war ein Sechs-Tage-Problem. Meistens hat es sich dann am Samstagmorgen nach der Schule entschieden. Vater musste arbeiten und zur Mutter haben wir dann gesagt, dass wir nach Essen fahren und sie Vater sagen sollte, dass wir uns in der oder der

Ecke in Duisburg aufhalten. Das hat meistens auch geklappt und dann sind wir die 20 km mit dem Fahrrad gefahren, dabei mussten wir Knirpse ordentlich in die Pedalen treten, um pünktlich zum Spielbeginn an der Hafenstraße zu sein. Am Stadion haben wir unsere Fahrräder abgestellt und haben uns Karten für die MSV-Kurve geholt. Zu diesem Zeitpunkt hatten wir auch noch Trikot und Schal an, auf dem Rückweg oftmals nicht mehr. Da haben uns dann die Essener sowohl Trikot als auch Schal abgenommen.

Wie sah die Fahrt mit dem Zug aus?

Wo: Wir haben uns am Duisburger Hauptbahnhof mit vielleicht 150 MSV-Fans getroffen und sind dann mit vielen riesigen Fahnen mit dem Zug bis Essen-Bergeborbeck gefahren. Dort sind wir direkt vom Essener Empfangskommando begrüßt worden. Polizei war damals fast gar nicht anwesend und somit war für uns der Weg zum Stadion immer der reinste Spießrutenlauf.

Wie war die Atmosphäre an der Hafenstraße?

Wo: Obwohl das Stadion gegen den MSV nie ausverkauft war, war die Westkurve immer rappelvoll. Das war eine rot-weisse Wand und das Ganze kombiniert mit dem Lied Adiole war schon sehr beeindruckend.

Die Westkurve in Essen war damals berühmt-berüchtigt. Auch bei Euch?

Wo: Ich fand die Westkurve schon sehr gewaltbereit ..., das war schon enorm, was dort an Gewaltpotential herumgelaufen ist.

Der MSV sah in Essen bis auf ein Spiel nie gut aus. Warum?

Kl: Weil es immer schon Gegner gab, gegen die man schlecht aussah. Bei uns war das dann RWE in Essen.

„Besonders Duisburg und Schalke waren immerstimmungsvolle und aggressive Spiele, Bochum dagegen war eher harmlos."
RWE-Fan Hans-Joachim Goertz

„Die Duisburger haben sich mal einen ganz schlechten Scherz erlaubt. Die kamen einmal mehrere Stunden vor Spielbeginn in die Westkurve. Als ich dann circa eine Stunde vor Spielbeginn in die Westkurve rein wollte, standen da etliche Duisburger und ich habe zur Begrüßung erst einmal einen Kopfstoß verpasst bekommen. Beim nächsten Spiel in Duisburg haben wir es denen aber zurückgezahlt."
RWE-Fan Frank Mühlsiepen

„Ich kann mich an ein Spiel im Wedaustadion erinnern, da habe ich mich zu den anderen RWE-Fans gestellt. Wie sich später rausgestellt hat, hatten sich die RWE-Fans in die Duisburger Kurve gestellt und demzufolge haben die MSV-Fans fortwährend versucht, wieder in ihre Kurve zu gelangen. Da gab es ganz schöne Hauereien."
RWE-Fan Bernd Struwe

„Bei einem Spiel im Jahr 1970 standen wir Fans im Wedaustadion auf der Gegengeraden fast unmittelbar nebeneinander, nur getrennt durch einen alten Turm, der sich dort in Höhe der Mittellinie befand. Also, da flogen Pflastersteine ..., das war nicht mehr schön. RWE hat mit 1:0 gewonnen und auch hinterher am Bahnhof hat es gut gerappelt."
RWE-Fan Hans-Joachim Goertz

Wo: Man muss auch berücksichtigen, dass damals der Heimvorteil entschieden mehr gewogen hat und das war bei RWE auch so. Die RWE-Spieler haben vor ihrem eigenen Publikum entschieden selbstbewusster gespielt als z.B. bei uns in Duisburg …, umgekehrt war es aber auch so.

Könnt Ihr Euch noch erinnern, wie viele MSV-Fans damals mit nach Essen gefahren sind?

Wo: Da kam es oft auf den eigenen Tabellenplatz an. Manchmal waren es nur ca. 500 Duisburger.

Kl: Viele Leute sind einfach nicht nach Essen gefahren, weil sie keine Lust auf Randale hatten. Ein Spieltag in Essen war nicht definiert, in angenehmer Ruhe ein Spiel zu schauen. Man wusste genau, dass sowohl der Hin- als auch der Rückweg unangenehm werden würden und deshalb ist oft nur der harte Kern gefahren. Ich selbst bin letztmalig in Essen bei einem Spiel gegen Saarbrücken gewesen, danach habe ich mir die Hafenstraße nicht mehr angetan. Das war Anfang der 80er Jahre.

Wo: Ich habe alle Spiele in Essen gesehen und ich würde mir wünschen, dass RWE wieder höherklassig spielt.

Fans drehten durch

Sturmangriff mit Tränengas und Steinen

Das Spiel war für Rot-Weiß Essen in Münster noch gar nicht verloren, als bei einigen Fans „die Sicherung durchbrannte". In der Halbzeitpause setzten Essener Anhänger zu einem Sturmangriff mit Tränengaspistolen und Steinwürfen auf den Preußen-Fan-Block an. Drei Zuschauer mußten mit erheblichen Verletzungen ins Krankenhaus gebracht werden.

Von Münsteraner Seite aus wurden nach den Ausschreitungen der Fans Vorwürfe an die Polizei erhoben, die zu spät eingegriffen haben soll.

Provoziert wurden die Rot-Weiß-Fans von den Münsteranern mit höhnischen Sprechchören, da sowohl die Zweitligaelf mit 1:0 und vor allem in einem Spiel der Fan-Club-Mannschaften Preußen mit 7:0 gewonnen hatte und von RWE vier Spieler des Feldes verwiesen worden waren.

Ziegelsteine gegen die RWE-Anhänger

Der RWE-Fanclub wird das Gastspiel der Rot-Weißen in Hannover nicht in guter Erinnerung behalten. Nach dem 0:0 wurde der Bus der Essener von unbeherrschten Hannoveraner Anhängern mit Ziegelsteinen beworfen. Glücklicherweise wurde niemand verletzt. Aber am Bus entstand ein Schaden von etwa 5000 DM. Die Polizei mußte einschreiten und für Ruhe sorgen. Dabei wurde ein 18jähriger Steinwerfer festgenommen.

Tumulte der RWE-Fans

In Herne riß Essen das Spiel noch aus dem Feuer

Der zweifelhafte Ruf war den berühmt-berüchtigten Fußballfans von Rot-Weiß Essen vorausgeeilt: Von einem beachtlichen Polizeiaufgebot empfangen, wurden sie ins Herner Stadion geleitet.

Dort „beherrschten" sie die Ränge. Sieht man einmal von einzelner ab, die Herner Westfalia wäre glücklich über eine solche lautstarke Unterstützung. Doch den „Rittern vom Schloß Strünkede" (dem Westfalia-Fanklub) war nichts mehr zu sehen und schon gar nichts zu hören.

Dafür um so mehr von den RWE-Fans, von denen einige wohl um ihr Image fürchteten, wenn man nun absolut gar nichts von ihnen bemerken sollte. So übten sich in ihrer Sprechgruppe (offenbar die einzige, die die meisten von ihnen wohl verstehen), warfen Büchsen ums Spielfeld, randalierten, schlugen sich herum und demontierten schließlich auch noch die Toilettenanlage.

Einige von ihnen sehen das Ende schon lange nicht mehr, sie verbrachten ihre „schönsten Stunden" an diesem Tage beim Kadi — voll bis zum Kragen.

Komplimente verteilten in der Pressekabine beide Trainer. Diethelm Ferner mehr für seine

Mannschaft, „die sich gegenüber dem Wacker-Spiel wesentlich gesteigert hat": Gerd Prokop für beide, „die unter widrigen Verhältnissen Enormes geleistet haben".

Eines indes bedauerte der Herne Coach: „Daß wir auf diesen simplen Freistoßtrick hereingefallen sind, obwohl wir solche Sachen eigens dafür trainieren."

Die glückliche Essener Mannschaft ein fast verlorenes Spiel aus dem Feuer gerissen hat, eine unglückliche Westfalia, die sich für die vom Präsident Erhard Goldbach übertragene Prämie beim Pokalspiel gegen den 1 FC Köln vor Augen fast zerriß, an diesem Tage aber nichts anderes fehlte als ein wenig Glück.

Immerhin darf sich der Club über das Kompliment ihres Chefs und Mäzens freuen: „Ich glaube an die Mannschaft, wenn sie immer so kämpft, kommen wir bald nach oben."

Werner Schuchna

● Weltcupsieger Boca Juniors Buenos Aires führt nach 33 Spieltagen die argentinische Meisterschaft mit drei Punkten Vorsprung. In der Boca-Elf steht kein einziger Spieler des argentinischen WM-Aufgebots.

Auch gegen andere Mannschaften „brannte" die Luft ...

Sechs Schläger gefaßt – einer festgenommen

Leider nichts Neues bei Spielen zwischen Bochum und Essen: Auch Samstag gab's vorher zwischen Jugendlichen beider Städte Schlägereien. Die Polizei mußte eingreifen. Bei sechs Essenern wurden Gegenstände gefunden, die man wohl mitzunehmen pflegt, wenn jemand halbtot geschlagen werden soll. Ein Essener „Jungtalent" wurde von der Polizei festgenommen. Er hatte besonders raffiniert gemachtes „Werkzeug" bei sich.

Polizei kassierte vorher ab

Voll auf dem Posten war die Polizei beim Ruhrschlager Essen — Schalke. Seit den frühen Morgenstunden fuhren die Beamten ständig Streife ums Stadion und nahmen im Schalker Block den Fans Schlaginstrumente ab. Dennoch kam es zu einer Prügelei zwischen den Anhängern beider Klubs. Dabei nahmen die Schalker den „Rot-Weißen" Fahnen ab und verbrannten sie – ein Zuschauer brach sich dabei den Fuß.

Leserbrief:

Rowdies

Vor einigen Wochen randalierten Essener Jugendliche im Zug von Köln nach Essen, weil ihr Verein Rot-Weiß verloren hatte. Freitag abend zog Essener Nachwuchs gröhlend von der Castroper Straße in Bochum zum Hauptbahnhof, weil die Rot-Weißen dem VfL beide Punkte hatten lassen müssen — ihre Spuren waren zerschlagene Scheiben (sogar in einem Kaufhaus), herausgerissene Abfalleimer, gefledderte Blumenkübel und was weiß ich.

In deutschen Zeitungen wird sicher wieder deftig auf die Pauke gehauen, wie verwildert die Essener Jugend ist. Das alles dient nicht dem Image unserer Stadt. Daß die Rowdies dem Verein, dessen Vereinsfarben sie mit sich herumtragen, großen Schaden zufügen, kapieren sie bestimmt nicht.

Ich bin über 60 Jahre alt. Wir haben in unserer Jugend auch viele Streiche ausgeheckt. Wir waren auch fanatische Fußballanhänger. Aber auf den Gedanken, unseren Zorn über eine Niederlage unseres Klubs so abzureagieren, wie es heute – nicht nur durch Essener – üblich ist, sind wir nie gekommen.

Düsseldorfer beschädigten 30 Essener Autos

Aus Enttäuschung über die 0:1-Niederlage ihrer Mannschaft haben Fans des Fußballbundesligisten Fortuna Düsseldorf nach dem Spiel bei Rot-Weiß mehr als 30 Personenautos mit Essener Kennzeichen in der Nähe des Stadions demoliert. Wie die Polizei mitteilte, konnte von den Tätern, unter denen sich einige Diebe befanden, niemand gefaßt werden.

Nach dem Pokalspiel zerstörten die Rowdys Antennen fremder Autos, traten einige Autotüren ein und stahlen ein Autoradio sowie einen Kassettenrecorder. Ein noch unbekannter Mann stahl sogar ein Kleinkraftrad und fuhr damit vermutlich nach Hause.

Rot-Weiss Essen – Eintracht Frankfurt 6 : 3

16. Oktober 1973

„Dieses Spiel war eine einzige Glückseligkeit."
RWE-Fan Frank Mühlsiepen

In der RWE-Elf herrschte Zuversicht und die übertrug sich auch auf die Zuschauer. Fast 18.000 hatten sich an diesem regnerischen Dienstagabend auf den Weg zur Hafenstraße gemacht, um zum einen den Tabellenzweiten Eintracht Frankfurt mit den Stars Hölzenbein und Grabowski zu sehen und zum anderen den Ausbau der kleinen Essener Erfolgsserie zu erleben. Diese „Serie" bestand aus einem sehr ansehnlichen 3:1-Heimerfolg gegen Werder Bremen und einem ermauerten 2:1-Sieg in Hannover gegen 96. Trainer war seit dem Bremen-Spiel der noch in den ersten Saisonspielen als Mittelfeldspieler agierende Diethelm Ferner, der auf ausdrücklichen Wunsch des Essener Präsidiums und mit Zustimmung der Mannschaft das Amt von Horst Witzler übernahm. Horst Witzler brachte den Regionalligisten RWE zwar im Sommer '73 wieder souverän zurück in die Bundesliga, konnte aber seinen Platz auf der Bank nach einem katastrophalen Saisonstart mit 4:12 Punkten und einer abschließenden 1:3-Niederlage beim Tabellenletzten Schalke 04 nicht weiter rechtfertigen. Diethelm Ferner, der von einigen seiner ehemaligen Mitspielern der „kleine Didi" genannt wurde, baute das Team nur auf einer Position um: Statt ihm spielte nun der im Sommer '72 vom ESV Ingolstadt gekommene und mittlerweile schon als Fehleinkauf titulierte Willibald Weiss. Weiss war ein kämpferischer Zeitgenosse, der mit einer guten Technik ausgestattet war, es aber nicht schaffte, in die Mittelfelddominanz von Erlhoff, Lorant und Fürhoff einzudringen. Dies gelang ihm erst nach dem Trainerwechsel, als Ferner den unermüdlichen Lorant auf die Schwachstelle der linken Verteidiger beorderte (am Frankfurt-Spiel nahm Lorant aufgrund einer Meniskus-OP gar nicht teil, für ihn spielte Eberhard Strauch). Nun, da er vom Trainer das nötige Selbstvertrauen erhielt, zeigte der bärtige Weiss schnell, was in ihm steckte. Vor diesem Abend war ihm dennoch nicht sehr wohl, denn ihm war die Aufgabe übertragen worden, die Kreise von Nationalspieler und Eintrachtikone Bernd Hölzenbein einzuengen und diesen an seinem 50. Bundesligatreffer zu hindern.

Ganz im Gegensatz zu Weiss war der Großteil der RWE-Elf im Hinblick auf das Spiel optimistisch. Zum einen hatte man gerade einen seltenen guten Lauf, und zum anderen herrschte „RWE-Wetter", was zu Bundesligazeiten bedeutete, dass der Platz mindestens matschig war und es in Strömen regnete – Entenwetter also.

Die „Ente", wie das Essener Idol Willi Lippens schon seit jeher tituliert wurde, hatte in den ersten zehn Saisonspielen schon wieder viermal zugeschlagen und hatte nun nicht gerade die Absicht, gegen die Hessen die Torproduktion einzustellen. Da mit ihm im Sturm der unorthodoxe und stets unberechenbare Harry de Vlugt, Indonesier mit holländischem Pass, spielte und dieser schon fünfmal in dieser, seiner ersten, Bundesligasaison zugeschlagen hatte, war die Eintracht-Abwehr gewarnt. Nutzen sollte es dennoch nichts.

Die Strahlen der Flutlichtmasten hatten kaum ihre volle Leistungsstärke erreicht und die Zuschauer sich gerade so richtig eingesungen, als der Frintroper Junge, Günter Fürhoff, den alle in Essen nur „Nobby" nannten, dem Zahnarzt im Frankfurter Tor, Dr. Kunter, ein Pfund um die Ohren schoss, dass dieser den Ball erst wieder beim Herausholen aus dem Netz sah'. 1:0 für Rot-Weiss, der Anfang war gemacht. Doch während die Essener Zuschauer noch ihren „Nobby" feierten, handelten die Hessen und markierten vier Minuten später durch Grabowski den Ausgleichstreffer.

Wer nun dachte, dass das Pulver der Essener Mannschaft verschossen war und der Tabellenzweite das Spielgeschehen an sich reißen würde, sah' sich getäuscht. An der Seite von Fürhoff, der mit Pässen aus dem Fußgelenk glänzte, schwang sich Weiss immer mehr zur spielbestimmenden Figur auf dem Platz auf und kurbelte unermüdlich das Angriffsspiel der Rot-Weissen an. Ganz nebenbei degradierte er Nationalspieler Hölzenbein zum Statisten. Überrascht vom druckvollen Spiel der Essener zog sich die Eintracht immer mehr zurück und bekam gar nicht mit, wie sie dieses Spiel frühzeitig aus den Händen gab. Bei dem immensen Druck des Essener Mittelfeldspiels traten nun sehr schnell und sehr deutlich die großen Probleme der Eintracht auf den Außenverteidigerpositionen zu Tage. Kalb kam mit dem unorthodoxen Stil von de Vlugt genauso wenig zu Rande wie Reichel mit dem ganz tief in seine Trickkiste greifenden Lippens. Die „Ente" watschelte nämlich im Stile eines Fußballvirtuosen über den matschigen Platz, dass dem

Blasey liegt verletzt am Boden. Rausch, Wörmer, Schiedsrichter Roth, Senger und Fürhoff haben eine kurze Verschnaufpause.

Wieder hat es geklingelt. Eintracht-Torhüter Dr. Kunter ist geschlagen.

Klaus Senger beglückwünscht Harry de Vlugt zum 4:2.

91

„Die Atmosphäre war super. Als Spieler konnte man bei diesem Funzellicht die Zuschauer auf den Rängen gar nicht erkennen, das war eine riesige, wogende Wand, aber man hörte aus der Dunkelheit heraus die ohrenbetäubenden Gesänge. Das war wirklich sehr beeindruckend."

Willibald Weiss

„Bei diesem Spiel habe ich zum ersten Mal erlebt, dass das ganze Stadion gesungen hat. Der Klassiker schlechthin war: „Hi, ha, ho …, Frankfurt ist k.o.!" Das war echtes Gänsehautfeeling!"

RWE-Fan Heinz-Dieter Klöpper

„In dem Spiel habe ich zwei Tore gemacht, da hat die Zeitung später geschrieben: „Der schwarze Mann im Dunkeln." (lacht). Die Frankfurter hatten eine gute Mannschaft, aber wir haben die auseinander genommen. Das war ein Abendspiel und wir sind anschließend mit den Jungs aus Frankfurt ins „Mississippi" gegangen und haben ein paar Bier getrunken."

Harry de Vlugt

„In der zweiten Halbzeit haben wir innerhalb von 15 Minuten drei Tore gemacht und sind auf 6:2 davongezogen. Das war eine Sensation …, die Leute lagen sich in den Armen. Dieses Spiel war eine einzige Glückseligkeit. Es wurde ständig gejubelt und angefeuert und der Stadionsprecher hat mehrmals gesagt, dass man ihm doch endlich mal Gelegenheit geben sollte, die letzten Torschützen durchzugeben. War doch gar nicht möglich, das ganze Stadion war ja am Ausrasten!"

RWE-Fan Frank Mühlsiepen

armen Reichel Hören und Sehen verging. Je öfter und schwungvoller Lippens seine Pirouetten drehte, desto öfter lag der bedauernswerte Frankfurter Abwehrspieler im Matsch. Das Publikum war aufgrund dieser zirkusreifen Vorstellung völlig aus dem Häuschen und die „Ente" revanchierte sich mit einem kurzen „Arschwackler" für die Galerie. Getreu dem Lippens'schen Spruch: „Ich habe nicht nur getrickst, sondern auch bei Zeiten ein Tor erzielt", schob dieser in der 31. Minute nach einer Essener Bilderbuchkombination den Ball zum 2:1 in die Maschen des Frankfurter Gehäuses. Das Essener Publikum flippte nun völlig aus und da spielte es auch keine große Rolle, dass noch in der gleichen Minute Klaus Senger mit einem bösen Patzer Torwart Blasey überrumpelte und zum 2:2-Ausgleichstreffer ins eigene Tor traf. Rot-Weiss blies weiterhin zum Angriff und wurde kurz vor der Halbzeit mit dem erneuten Führungstreffer belohnt. De Vlugt versetzte seinen Gegenspieler Kalb und ließ den auf der Linie verharrenden Dr. Kunter mit einem wuchtigen Kopfstoß keine Chance. 3:2 und das noch vor der Pause, so ein Spiel hatte das Georg-Melches-Stadion schon lange nicht mehr gesehen. Während die Zuschauer bei Bratwurst und Bier darüber philosophierten, dass es nunmehr ruhiger zugehen würde, planten Weiss, Lippens und Co. in der Kabine den ganz großen Schlag.

So zumindest musste es zu Beginn der zweiten Halbzeit den Anschein gehabt haben, denn nun sahen die Zuschauer eine RWE-Elf, die der grandiosen ersten Halbzeit noch einen drauf setzte. Traumhaft sicher zog der Tabellenfünfzehnte ein Kombinationsspiel auf, welches die Fans nicht mehr auf den Plätzen hielt. Weiss und Fürhoff, der Körbel wie einen Anfänger aussehen ließ, schlugen filigrane, zentimetergenaue Pässe, Bast und Erlhoff waren überall zu finden und vorne läutete die Abteilung

Attacke den Untergang des Frankfurter Morgenlandes ein. Harry de Vlugt war derjenige, der in der 49. Minute alle Dämme brechen ließ, als er Torwart Dr. Kunter zum zweiten Mal an diesem Abend überwand. 4:2 für RWE, die Zuschauer trauten beim Blick auf die alte Anzeigetafel ihren Augen nicht. Was ging da unten nur vor? War dies nur eine Sinnestäuschung sein oder zerlegte tatsächlich gerade diese ansonsten mehr als durchschnittliche RWE-Elf eine mit so vielen Vorschusslorbeeren ins Spiel gegangene Frankfurter Eintracht?

Während die Zuschauer noch unter dem Eindruck des famosen Essener Sturmlaufes standen, handelte Eintracht-Trainer Weise und brachte um die 60. Spielminute zwei frische Leute. Genutzt hat es nichts.

Mit feinen Pässen, filigranen Tricks und Kurzpassspiel auf höchstem Niveau sezierten die Essener Offensivkräfte die Eintracht-Defensive. Die Innenverteidigung der Eintracht, der lan-

BILD, 17.10.1973 (oben links)

Kicker, 18.10.1973 (oben rechts)

Eintrittskarte RWE – Frankfurt (links)

93

ge Kliemann und der robuste Trinklein, konnten gar nicht so schnell an den verschiedenen Brandherden sein …, de Vlugt, Lippens und der Ball waren schon längst woanders. In diesem Spektakel flehte die RWE-Abwehr um Arbeit, während Dr. Kunter von einer Verlegenheit in die andere fiel. Wer nun dachte, dass es nicht steigerungsfähig sei, der wurde in den letzten 20 Minuten des Spiels eines Besseren belehrt. Der bis dato schon verwirrende Sturmlauf der Rot-Weissen entwickelte sich zu einem Angriffstornado, dem die Frankfurter Defensive endgültig nicht mehr gewachsen war. In kämpferischer Hinsicht weit überlegen wurde die Eintracht nun auch spielerisch an die Wand gespielt. Es war die wahre Freude, zu sehen, wie nach allen Regeln der Fußballkunst eine Bundesligaspitzenmannschaft in ihre Einzelteile zerlegt wurde. Und während unten gewirbelt und kombiniert wurde, geriet oben das Publikum in pure Ekstase. Die Schlachtgesänge des kompletten Stadions waren bis Bottrop zu hören und das markerschütternde „Hi, Ha, Ho …, Frankfurt ist k.o." sorgte für Gänsehautatmosphäre. Die Krönung des Abends folgte schließlich zwischen der 75. und 77. Minute. Fürhoff und Weiss sorgten nach wundervollen Direktkombinationen für die Essener Tore fünf und sechs! Dass Hölzenbein in der 89. Minute noch eine Ergebnisverbesserung gelang, interessierte niemanden mehr. Zu famos wirbelte die RWE-Elf während der neunzig Minuten über das Feld, als dass ihnen nun irgendjemand diesen Schönheitsfehler übel nahm.

Als kurz darauf Schiedsrichter Volker Roth dem Spektakel ein Ende machte, begleitete langanhaltender Applaus das RWE-Team beim Gang in die Kabinen. Was für ein Abend! Euphorisiert und heiser verließen die Zuschauer das Stadion, die meisten suchten eine nahe Bierquelle auf und diskutierten beim frisch Gezapften über die vorangegangen, unglaublichen neunzig Minuten. RWE-Trainer Ferner strich ob dieser grandiosen Leistung das Training am folgenden Mittwoch und äußerte sich mehr als zufrieden in der heimischen Presse: „Kompliment meiner Mannschaft, die das beste Spiel seit Monaten gemacht hat!" Als Chronist stellte man sich die Frage, welches Spiel Ferner meinte, das auch nur annähend an diesen Rausch herankam!?

Die Träume der Essener Fans hielten allerdings nicht lange an, zu schnell holte sie die Realität in Form von Niederlagen (2:3 in Köln) und uninspirierten Spielen wieder ein. Die Eintracht wiederum holte sich nur eine Woche später im Derby bei Kickers Offenbach mit 2:5 die nächste Schlappe, eroberte aber am 14. Spieltag mit einem 2:1 gegen Schalke die Tabellenführung der Bundesliga und erreichte am Saisonende den 4. Platz. Rot-Weiss belegte nach einer durchschnittlichen Saison am Ende Platz 13, was aber rund um die Hafenstraße als Erfolg gewertet wurde. In den folgenden Jahrzehnten sollte noch das eine oder andere Highlight folgen, aber das Frankfurt-Spiel stellte alles in den Schatten.

Willibald Weiss bekam das allerdings nicht mehr mit, er verließ am Ende der Saison die Hafenstraße und spielte fortan bei Darmstadt 98. Mit den Lilien kamen in späteren Jahren zwar noch zwei weitere Jahre Bundesliga hinzu, aber so ein Spiel wie an diesem 16. Oktober 1973 gelang ihm nie mehr.

Heimspiel in Gelsenkirchen

28. September 1974

Um kurz vor halb sechs saß RWE-Präsident Willi Naunheim wie ein gebrochener Mann in den Repräsentationsräumen unter der Tribüne des Gelsenkirchener Parkstadions. Auf Fragen nach der Zuschauerzahl des Bundesligaspiels Rot-Weiss Essen gegen Borussia Mönchengladbach reagierte der ansonsten immer sehr lässig daherkommende Naunheim aggressiv. Nur knapp über 13.000 Zuschauer befanden sich im weiten Rund des Stadions. Das war eines Bundesligaspiels unwürdig und das wusste Naunheim. Erschwerend kam in seiner Situation hinzu, dass er sich von Anfang an für das Projekt „*Umzug ins Parkstadion*" eingesetzt hatte. Dass es im Grunde seine Idee war, die er gegen alle Vorbehalte durchgesetzt und mit der er sich noch vor dem Spiel ziemlich weit aus dem Fenster gelehnt hatte: „Ich wäre sehr enttäuscht, wenn weniger als 30.000 Zuschauer den Weg in dieses wunderschöne Stadion finden würden." Dies alles wurde ihm nach Ende des Spiels um die Ohren gehauen und Naunheim konnte nur dasitzen und den ganzen Ärger über sich ergehen lassen. Seine halbherzige Äußerung, dass er sich von Fachleuten habe beraten lassen, wurde gar nicht mehr ernst genommen.

RWE-Präsident Willi „Will" Naunheim

Rückblende: Am 8. Dezember 1973 verkündete Paul Hoffmann, seines Zeichens Sportdirektor der Stadt Essen, im Beisein von Willi Naunheim den überraschten Pressevertretern, dass das Land NRW dem Verein 755.000 DM für die Überdachung der Gegengeraden bewilligt habe. Zwar kursierten schon eine zeitlang Gerüchte, dass die Gegengerade überdacht und ausgebaut werden sollte, aber aufgrund der notorisch klammen Vereinskasse glaubte niemand an die Verwirklichung des Vorhabens. Nun aber stand es fest und Naunheim setzte noch im gleichen Monat den ersten Spatenstich. Überhaupt war der Mülheimer Naunheim, Inhaber einer Firma zur Herstellung und zum Vertrieb von

Eintrittskarte RWE – Mönchengladbach

Spezialkonstruktionen, insbesondere Blind-
böden für elektrische Anlagen, ein Mann der
Tat. Ein Mann, der nach der Übernehme des
Präsidentenamtes nur so vor Ideen sprühte. Ideen, die den Verein im finanziellen Bereich nach vorne brachten, aber auch Ideen,
die von Unkenntnis im sportlichen Bereich
zeugten. Eine dieser bis heute der Öffentlichkeit verheimlichten „Schnapsideen" war der
Wunsch nach Verlegung des Heimspiels gegen Schalke 04 in der Saison 73/74 ausge-
rechnet ins Gelsenkirchener Parkstadion, um dort mehr Geld einzunehmen. Zum Glück
für alle Beteiligten wurde dieser Vorschlag vom DFB abgelehnt, bevor die Idee publik
wurde. Die Fanszene in Essen wäre wohl damals schon auf die Barrikaden gegangen.

Wer dachte, die Idee eines Umzuges wäre von Willi Naunheims Tisch, der sah sich getäuscht. Naunheim wollte unter allen Umständen den durch die Vergabe der WM-Stadien entstandenen finanziellen Nachteil für Rot-Weiss gegenüber den Vereinen der Aus-
tragungsstädte so gering wie möglich halten und setzte weiterhin alles daran, attraktive
RWE-Heimspiele in ein größeres Stadion der näheren Umgebung zu verlegen. Das Problem an der Umsetzung des Plans waren auch nicht die Nachbarstädte, die hätten ohne
weiteres ihre Stadien Rot-Weiss zur Verfügung gestellt, sondern der DFB. Dieser stand der
offensichtlichen Idee Naunheims, woanders die dicke Kohle einzunehmen, ablehnend gegenüber. Auch Andeutungen Naunheims gegenüber dem DFB, dass dieser durch die Vergabe der WM-Stadien für finanzielle Ungerechtigkeit unter den Bundesligavereinen gesorgt habe und nun diesen benachteiligten Vereinen die Möglichkeit geben müsse, auf
anderen Wegen Einnahmen zu generieren, stießen beim DFB auf taube Ohren. Naunheim regte sich in internen Gesprächen gnadenlos über die „Sturköpfe" des DFB auf, ak-
zeptierte aber nach außen hin die Entscheidung und wartete geduldig auf einen geeigne-
ten Zeitpunkt zur Umsetzung seiner Idee. Zu Beginn der Saison 1974/75 schien der ge-
eignete Augenblick gekommen. Der Spielplan bescherte den Rot-Weissen am 28. September 1974 ein Heimspiel gegen den Meisterschaftsanwärter Borussia Mönchengladbach. Gleichzeitig sorgte der Umbau der Gegengeraden für erste Probleme. Zum einen
sank mit Beginn der neuen Saison die Kapazität des Georg-Melches-Stadion auf 27.908
Zuschauer und zum anderen sorgten die vorhandenen Baugerüste und die bei Regen ver-
schlammten Zufahrtswege für eine nicht wegzudiskutierende Unzufriedenheit beim Publikum. Diese Gemengenlage nahm Naunheim zum Anlass für sein erneutes Vorgehen.
Er nahm sich vor, die Baumaßnahmen am Stadion etwas zu dramatisieren und sie dann
in den Mittelpunkt seines Antrages zu stellen. Um nicht erneut vom DFB-Vorstand abge-
wiesen zu werden, führte Naunheim mit dem ihm bestens bekannten Staffelleiter Walter
Baresel mehrere Sondierungsgespräche. Baresel schien den Argumenten Naunheims nicht
abgeneigt zu sein, so dass dieser auf der Sitzung des Bundesligaausschusses und der Bun-
desligavereinsvertreter am 16./17.08.1974 in Düsseldorf einen Antrag auf Verlegung des
Bundesligaspiels Rot-Weiss Essen gegen Borussia Mönchengladbach stellte. Die nachfol-
gende Abstimmung ergab tatsächlich die von ihm erhoffte einstimmige Annahme des Antrages. Mit dieser Unterstützung im Rücken wurde nun auch der DFB schriftlich über den

Antrag der Rot-Weissen informiert. Im ersten Teil des Antrages wurde auf die einstimmige Zustimmung der Bundesligavertreter hingewiesen, im zweiten Teil wurde wie geplant der stattfindende Umbau der Gegengeraden in den Mittelpunkt gestellt. Mit einem etwas dramatisierenden Wortlaut zwar: „ … Spielverlegung notwendig, da zu diesem Zeitpunkt die Bauarbeiten am Bau der Gegengeraden ihren Höhepunkt erreichen und wir eine baupolizeiliche Totalsperre des Stadions zu diesem Zeitpunkt zu erwarten haben", aber alles im allem nicht gänzlich falsch.

Nach einigen unruhigen Tagen des Wartens kam dann schließlich die erhoffte Zusage des DFB, der trotz aller Vorbehalte nicht für eventuelle Personenschäden verantwortlich zeichnen wollte.

Nun stürzte sich Naunheim in die Arbeit. Zunächst musste ein Stadion organisiert werden. Die Auswahl war begrenzt, denn nur das Dortmunder Westfalenstadion und das Gelsenkirchener Parkstadion entsprachen den Wünschen Naunheims. Da er jedoch im Geheimen mit mehr als 50.000 Zuschauern kalkulierte, blieb nur das Parkstadion als Ausweichstätte übrig. Der Vorteil war, dass neben dem größeren Fassungsvermögen und der wesentlich kürzeren Anfahrt gegenüber dem Westfalenstadion Naunheim sich auf die bereits im Februar bezüglich der Verlegung des Schalke-Heimspiels gemachten Zusagen der Stadt Gelsenkirchen berufen konnte. Die Modalitäten waren somit schnell ge-

Wo ist der Ball? Kleff, Lippens und Vogts fliegen durch die Luft.

Zweikampf Vogts gegen Lippens vor leeren Gelsenkirchener Rängen.

klärt: 15.000 DM für die Stadionmiete, 5.000 DM für die Reinigung desselben, 10.000 DM für den Ordnungsdienst und 2.000 DM Kosten für die unentgeltlichen Bustransfers der Fans von Essen zum Parkstadion. Schließlich sollten ja auch genügend RWE-Fans mit in die Nachbarstadt kommen. Insgesamt entstanden zunächst also 32.000 DM Kosten, was bedeutete, dass bei einem durchschnittlichen Eintrittspreis von 6,50 DM mindestens 5.000 Zuschauer ins Stadion kommen mussten, um die Kosten des Umzuges zu decken. Für Naunheim waren diese Fakten jedoch keine Diskussionsgrundlage. Im Hochgefühl der Emotionen orientierte er sich vielmehr an den durchschnittlichen Zuschauerzahlen der Schalker Nachbarn, die vor ihrem Wechsel ins Parkstadion lediglich einen Zuschauerschnitt von 18.873 (in der Glückauf-Kampfbahn) aufwiesen und diesen in der ersten Saison im Parkstadion 73/74 auf 38.743 Zuschauer steigerten. Warum also, wird Naunheim gedacht haben, sollte das nicht auch Rot-Weiss gelingen? Offiziell sprach er zwar „nur" von erhofften 30.000 Zuschauern, doch in internen Gesprächen wurden 50.000 zahlende Zuschauer als realistisches Ziel angepeilt. Dass dies bei den damals herrschenden Essener Zuschauerverhältnissen- Rot-Weiss hatte in der Saison 73/74 einen Schnitt von 15.322 Zuschauern – gar nicht möglich war, wollte ihm anscheinend nicht in den Kopf. Auch die enorme Rivalität zwischen RWE und S04 auf Fanebene und die damit einhergehende Ablehnung des Parkstadions wurde gänzlich außer Acht gelassen. Und so kam es, wie es kommen musste. Bis auf den „harten Kern" der RWE-Fans, circa 8.000 bis 10.000 Schlachtenbummler, trat niemand die Reise in die Nachbarstadt an. Es konnte noch von Glück gesprochen werden, dass sich neben dem geringen Anteil an Fans aus Mönchengladbach ein paar Tausend S04-Fans ins Stadion verirrten, weil ihre Mannschaft zur gleichen Zeit im weit entfernten München spielte. Schlussendlich waren es knapp über 13.000 Zuschauer, die sich gegen den Meisterschaftsanwärter im Stadion einfanden. Ein Reinfall, der am folgenden Montag von der umzugsskeptischen Essener Presse entsprechend kommentiert wurde. So titelte die WAZ in ihrem Essener Sportteil: „Die heimische Atmosphäre fehlte" und traf in zwei weiteren Sätzen den Punkt: „Bei so wenig Zuschauern in einem so großen Stadion konnte keine Stimmung aufkommen. RWE bestritt zwar kein Auswärtsspiel, aber die Begegnung fand zumindest auf neutralem Platz statt." Auch der eine oder andere Spieler mokierte sich über den unnötigen „Tapetenwechsel". Gert Wieczorkowski war noch 36 Jahre später nicht gut auf diesen Tag zu sprechen: „Das müssen Sie sich mal vorstellen, wir geben freiwillig unseren Heimvorteil ab und spielen dann ausgerechnet in dem Stadion unseres größten Rivalen, den die RWE-Fans abgrundtief hassen, in der Hoffnung, dass wir dort vor einer riesen Zuschauermenge spielen. Unser Vorstand war so naiv, dass er daran doch tatsächlich geglaubt hat."

Lediglich Vorstandsmitglied Ewald Karp hatte nach dem Spiel die Größe und den Schneid und gestand den Fehler der Essener Vereinsspitze ein: „Nie wieder. Wir haben eine bittere Erfahrung gemacht, in sportlicher und in finanzieller Hinsicht."

Finanziell wurde zwar kein Minus erwirtschaftet, jedoch blieb der Reingewinn von circa 50.000 DM weit unter dem erhofften Betrag. Bei näherem Betrachten und der Zugrundelegung des Eintrittspreises und der Einsparung mehrerer Kostenfaktoren wie Stadionmiete oder Busshuttletransfer hätte schon eine Zuschauerzahl von circa 9.000 Besuchern an der Hafenstraße zu einem ähnlichen Gewinn geführt. Unnötig anzumerken, dass selbst auf der „Baustelle Hafenstraße" mindestens das doppelt so viele Zuschauer zu diesem Spiel gekommen wären.

NRZ, 30.09.1974

Zu allem Überfluss nahmen die Borussen mit einem 3:1-Erfolg auch die beiden Punkte mit an den Niederrhein und sorgten somit für einen „Tag zum Vergessen". Weitere Umzüge der Rot-Weissen standen nie mehr zur Debatte.

Willi Naunheim erholte sich bald von diesem Tag und leistete in den folgenden beiden Jahren gute Arbeit für den Verein. Mit dem notwendigen Verkauf des Georg-Melches-Stadions an die Stadt Essen sorgte er, zumindest kurzfristig, für die Schuldenfreiheit des Vereins. Seine Nachfolger auf dem Präsidentensessel sollten daraus allerdings kein Kapital schlagen.

Interview mit RWE-Fan Heinz-Dieter Klöpper

Über die Saison 73/74

„Manni", so sein eingebürgerter Rufname, hat es am 1. Mai 1971 gepackt und bis heute nicht mehr losgelassen. Seine Liebe zu RWE ist unerschütterlich. Zwar gab es auch mal die eine oder andere kleine Krise, aber von Trennung und ähnlichen negativen Geschichten war nie die Rede. Mittlerweile hat er über 800 RWE-Spiele gesehen, ist Mitglied der „Uralt-Ultras" und verfügt über einen riesigen Fundus an Geschichten von und über RWE. Die Spiele der Saison 1973/74 kann er fast im Schlaf runterbeten.

„Manni" im Strandkorb, 2011

Wann und wo bist du geboren und aufgewachsen?

Ich bin am 19. März 1959 in Essen geboren, bin hier aufgewachsen, arbeite und lebe hier.

Wann bist du RWE-Fan geworden?

Mit RWE bin ich zum ersten Mal 1966 in Kontakt gekommen, das war nach dem Bundesligaaufstieg. Zwar bin ich zu diesem Zeitpunkt noch nicht ins Stadion gegangen, aber auf Grund des Aufstiegs haben die Jungs in der Nachbarschaft alle ihre Fahrräder in den Farben rot und weiß lackiert. Das hat mich schwer beeindruckt. Ich habe dann auf mein Schulmäppchen direkt die Buchstaben R-W-E geschrieben und mir von meiner damaligen Lehrerin einen ersten Rüffel abgeholt. Zum ersten Mal im Stadion bin ich dann am 1. Mai 1971 gewesen. Der Wirt von Vaters Stammkneipe war ein Ur-Rot-Weisser und der hat uns zum Spiel gegen Hertha BSC Berlin auf die Vortribüne mitgenommen. RWE hat das Spiel sang- und klanglos mit 0:3 verloren, aber die Atmosphäre im Stadion und das Fahnenmeer in der Westkurve haben mich als 12-Jährigen sehr beeindruckt. Ab diesem Moment war es um mich geschehen. Von meinem Vater habe ich dann eine kleine Fahne erbettelt und ab diesem Tag die weiteren Bundesligaspieltage am Radio mitverfolgt. Ein paar Wochen später stand das vorentscheidende Spiel um den Abstieg gegen Kickers Offenbach an und ich war dabei. Ich stand mit meinem Vater unten am Zaun in der Westkurve. Mein Vater war davon nicht sehr begeistert, denn er war nicht so ein Fußballfan und nun musste er sogar in der Kurve bei dem so genannten „Prügelvolk" stehen. Offenbach führte zur Halbzeit mit 2:0, aber zu Beginn der zweiten Halbzeit machte die „Ente" ein Kopfballtor zum 1:2 auf das Tor vor der Westkurve. Mein Vater hat mir später erzählt, dass ich nicht gejubelt, sondern nur meine kleine Fahne geschwenkt und geheult habe. Außerdem habe ich mir eingebildet, dass mir die „Ente" bei seinem Kopfballtor direkt ins Gesicht geguckt hat.

„Manni" 2011

Naja, das Spiel wurde mit 2:3 verloren. Überhaupt wurden in dieser Saison die letzten sieben Spiele verloren, auch das nächste Spiel in Frankfurt, trotz 2:1-Führung, wurde ein 2:3. Dieses Spiel habe ich am Radio verfolgt und nach Feststehen der Niederlage habe ich geheult, geheult und geheult. Danach waren wir endgültig abgestiegen, aber trotzdem habe ich noch verzweifelt gerechnet, was passieren könnte bzw. müsste, dass wir doch noch den Abstieg vermeiden. Das war schlimm für mich. Noch schlimmer war nur noch der Seelenschmerz ein Jahr später, als wir in der Aufstiegsrunde gescheitert sind. Da war ich fertig mit der Welt und habe nicht mehr an das Gute geglaubt! Zum Glück sind wir 1973 dann doch in die Bundesliga aufgestiegen.

Du warst in den Regionalligajahren 12, 13 Jahre alt und hast in Essen-Kray gewohnt. Durftest du alleine zu den RWE-Spielen oder ist dein Vater mitgekommen?

Ich durfte alleine dort hin. Mein Vater war nur zweimal mit mir im Stadion, das waren die oben genannten Spiele. Ich hatte mir zu diesem Zeitpunkt die von meinem Vater erbettelte Fahne aus dem Hertha-Spiel von meiner Mutter quer auf einen damals angesagten Nylonpullover nähen lassen, da war ich mächtig stolz drauf. Ja, und so bin ich dann immer zum Stadion. Ach so, fällt mir gerade ein, mein Vater war doch noch einmal mit und zwar an meinem 13. Geburtstag und ich hatte mir gewünscht, dass wir den Kindergeburtstag ausfallen lassen und zusammen mit meinen Freunden und meinem Vater nach RWE gehen. Die spielten an diesem Tag gegen Eintracht Gelsenkirchen. Wir sind dann mit dem alten VW-Käfer mit sechs „Mann" und einer großen Fahne zu RWE gefahren. Das Spiel endete 8:1 und es war ein Traumgeburtstag.

Wo war zur damaligen Zeit dein Platz im Stadion?

Ich stand immer in der Westkurve, oberhalb des Tunneleingangs. Manchmal kam es allerdings vor, wenn die Mannschaft in der zweiten Halbzeit auf das Tor vor der Ostkurve gespielt hat, dass eine Riesenkarawane an Fans aus der Westkurve loszog und sich in der Ostkurve positionierte, dann bin ich natürlich mitgezogen.

Hast du „Fankleidung" getragen?

Zu Beginn hatte ich diesen Pullover mit der aufgenähten kleinen Fahne, später, zu Bundesligazeiten, hat mir meine Mutter eine Fahne aus einem Bettlaken gemacht: 1,30 m x 2,60 m mit vier Rechtecken, rot-weiß-rot-weiß. Die Fahne mit einem langen Stock war sauschwer und wenn es geregnet hat, dann konnte ich Pimpf die Fahne kaum schwenken.

Trug man damals auch Schal und Trikot in der Kurve?

„Mannis" Zimmerwand in den 70er Jahren.

Damals gab es keine Trikots. Man musste nach Karstadt fahren und sich dort ein x-beliebiges rot-weißes Trikot kaufen. Das war kein Problem, aber es musste in etwa so aussehen, wie es die Jungs auf dem Platz trugen und das war ein Problem. Die damaligen Hummeltrikots konnte man nämlich nirgendwo käuflich erwerben und so musste man fast alles in „Heimarbeit" fertigen: Die Zahl „11" aus Stoff ausschneiden und dann selbst aufnähen, ebenso musste man sich von irgendwo her das Vereinsemblem besorgen, welches dann vorne auf das Trikot genäht wurde. Das war ein immenser Aufwand, der sich aber gelohnt hat. Zusätzlich hatte ich von meiner Oma einen selbst gestrickten 3,50 m langen rot-weißen Schal mit Fransen und eine rot-weiße Pudelmütze mit rotem Bommel.

Du hast in unserem Vorgespräch von einem T-Shirt erzählt …

Damals kamen ja die T-Shirts zum Bedrucken raus …, das war ja eine Riesenbesonderheit für uns. Da bin ich nach Karstadt gegangen, habe dort ein T-Shirt gekauft und anschließend konnte man sich ein Motiv und Buchstaben aussuchen. Die wurden dann mit einer Bügelmaschine auf das T-Shirt gedruckt. Nach ein-, zweimal waschen war das Motiv verschwunden, die Buchstaben haben aber gehalten. Es war damals so üblich, dass jeder ein T-Shirt mit einem x-beliebigen Motiv und seinem Vornamen bedrucken ließ. Ich dagegen habe mir ein Popeye-Motiv ausgesucht und darüber mit Buchstaben Rot-Weiss Essen drucken lassen. Der Verkäufer meinte dann zu mir, dass dies nicht passen würde …, stimmte auch, denn weil ich so klein und schmal war, verschwand ein Teil der Buchstaben unter meinen Armen. Daraufhin habe ich mir ein zweites T-Shirt gekauft und die tolle Idee gehabt, dass ich mir den Namen meines Idols, Willi Lippens, auf das T-Shirt bügeln lassen wollte. Der Verkäufer hatte wieder was auszusetzen und meinte, dass man Willi mit „y" schreiben würde …, dieser Schwachmat hatte überhaupt keine Ahnung. Zusätzlich habe ich mir ein RWE-Emblem aus Plastik von meiner Mutter aufnähen lassen. Mit dieser „Verkleidung" war ich dann beim ersten Heimspiel der Saison 73/74 gegen Borussia Mönchengladbach.

Ab dem Sommer '73 gab es ja auch in Essen wieder Bundesligafußball zu sehen und du warst als 14-Jähriger mit dabei. Kannst du dich noch an die ersten Spiele erinnern?

Diese Spiele kann ich dir im Schlaf runterbeten. Das fing mit einem Auswärtsspiel in Offenbach an. Ich saß bei diesem Spiel mit meinen Freunden auf dem Spielplatz und wir haben „Sport und Musik" gehört, damals mit Kurt Brumme. Offenbach führte mit 1:0 und damals war es bei „Sport und Musik" so üblich, dass, bis auf die Schlusskonferenz, fast ausschließlich Musik gespielt wurde. Ekelhaft. Ich werde nie vergessen, wie Kurt Brumme in ein ausklingendes Musikstück fragte: „Haben sie schon eine „Ente" gesehen, die ein Tor geschossen hat?". Da hat der Willi den Treffer zum 1:1-Ausgleich geschossen. Wir alle auf dem Spielplatz haben gejubelt, denn mit einem Auswärtspunkt waren wir damals alle sehr zufrieden.

„Manni" 1976

Und das erste Heimspiel?

Das war gegen Borussia Mönchengladbach. Volles Stadion, sehr warmes Wetter und nach wenigen Minuten geht Rot-Weiss in Führung …, Explosion im Stadion *(lacht)*. Dann allerdings drehten die Gladbacher das Ergebnis und gingen mit 2:1 in Führung. Kurz vor der Pause macht der Harry de Vlugt das 2:2. Ich kann das gar nicht wiedergeben …, ich war da 14 Jahre alt und so begeiste-

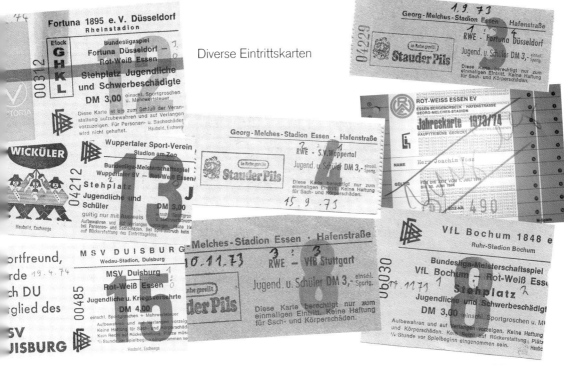

Diverse Eintrittskarten

rungsfähig. Heute würde ich mich sicherlich auch sehr freuen, aber damals, als Kind bzw. Jugendlicher, war das was anderes. Rot-Weiss war der Mittelpunkt meines Lebens! Ich bin mit Rot-Weiss wach geworden, der Tag war Rot-Weiss und wenn ich jetzt noch alte Schulhefte hätte, dann würdest du sehen, dass überall „RWE" oder „Lippens" oder sonst was von oder über Rot-Weiss stand. Ich habe mit Kugelschreiber das RWE-Emblem und Spielernamen in meinem Tisch in der Schule geritzt und anschließend in diese tiefen Ritzen noch Tinte gefüllt, so dass alles für immer in diesem Tisch verewigt blieb. Meine Mutter hat gemeint, dass ich bekloppt sei …, und das stimmte auch. Ich habe sogar meinen Vater gefragt, ob er nicht den Teppich in meinem Zimmer rausnehmen und dafür rot-weiße Teppichfliesen hineinlegen könne. Hat er nicht gemacht …, kann ich jetzt auch verstehen (*lacht übers ganze Gesicht*). Äh, ich bin ein wenig abgeschweift …, das Endergebnis gegen Mönchengladbach lautete übrigens 2:6.

Brachte Gladbach bei diesem Spiel einiges an Zuschauern mit? Schließlich gab es ja, ob der attraktiven Spielweise der Fohlenelf, auch etliche Gladbach-Fans in Essen.

Das Kuriose ist, ich kann mich gar nicht mehr, bis auf die Schalke-Spiele, daran erinnern, ob Gästefans an der Hafenstraße waren. Klar waren welche da, aber die hat man nur bei den Toren gehört, das war nicht so wie heute, wo alle zusammengestanden und „Gas" gegeben haben. Ich habe die meistens nur gesehen und erkannt, wenn die Gäste ein Tor geschossen haben. Die ganze Kultur des Auswärtstourismus gab es damals noch nicht.

Erinnerst Du Dich an das dritte Saisonspiel?

Ja, klar. In Bayern München wurde 0:2 verloren. Blasey hat gehalten wie ein Weltmeister, aber die Mannschaft hatte nicht den Hauch einer Chance. Danach kamen zwei Heimspiele in Folge, gegen Fortuna Köln und Fortuna Düsseldorf, wo wir dann gesagt haben, dass dies Gegner sind, die man bezwingen kann. Gegen Fortuna Köln war es genau so ein Grottenkick wie ein Jahr zuvor in der Regionalliga und wieder wurde mit 0:2 verloren. Noch schlimmer wurde es dann in der Folgewoche gegen Fortuna Düsseldorf. Dort habe ich zum ersten Mal erlebt, wie die eigenen Zuschauer über die RWE-Mannschaft gelacht haben, weil die Spieler sich angestellt haben, als ob sie noch nie einen Ball gesehen hätten. Das war alles sehr schlecht. Fehlpässe über einen Meter, gestolpert und hingefallen, das war schon fast peinlich. Wir haben 1:4 verloren und hatten nach fünf Spielen 1:9 Punkte.

Du hast grade gesagt, dass die Zuschauer über RWE gelacht haben. Hast du mitgelacht?

Nein, ich hatte Tränen in den Augen. Das war für mich ein Unding, dass meine Spieler, die ich als 14-Jähriger vergöttert habe, dass die verlacht wurden. Mir war es zwar auch peinlich, was die geboten haben, aber ich wäre nie auf die Idee gekommen, meine Spieler auszulachen.

6. Spieltag

Am 6. Spieltag hat RWE bei Hertha BSC gespielt und führte zur Pause mit 1:0 durch ein Tor von Harry de Vlugt. Zur gleichen Zeit spielte Schalke zu Hause gegen Bayern München und führte zur Pause mit 5:2. Wir haben diesen Spieltag wieder auf dem Spielplatz am Radio verfolgt, auch Schalker Schulkameraden waren dabei. Kurz vor Schluss bekamen wir mal wieder ein Tor rein und spielten demzufolge 1:1, gleichzeitig schossen die Bayern ein Tor nach dem anderen und erreichten noch ein 5:5 auf Schalke. Kannst dir ja vorstellen, was bei uns auf dem Spielplatz los war. Nun gut, nach diesem Spieltag standen wir und Schalke auf den Tabellenplätzen 17 und 18. Am nächsten Spieltag spielte Rot-Weiss zu Hause gegen den WSV und gewann mit Ach und Krach 2:1. Ich hatte die ganzen Finger blutig. Zu Beginn stand ich in der Westkurve, aber dann konnte ich vor lauter Nervosität nicht mehr stehen und bin in die Gegengerade gegangen und habe mich dort oben auf dem Damm aufgehalten, wo ich hin- und hergelaufen bin wie ein Tiger. Dabei habe ich dann wohl vor lauter Nervosität meine Finger blutig gebissen.

Das nächste Spiel war dann das Abstiegsduell in Schalke.

Rot-Weiss war Siebzehnter und Schalke Letzter. Ich war zum ersten Mal auswärts und dann gleich in einem so großen Stadion. Es waren so ca. 50.000 Zuschauer im Stadion und wir Essener standen in der Südkurve. Rot-Weiss hat mit 1:0 durch einen Elfmeter vom Dieter Bast geführt, leider ist im Gegenzug direkt das 1:1 gefallen und wir haben mit 1:3 verloren und waren danach Tabellenletzter.

Gab es bei diesem Spiel auch schon Ausschreitungen?

Nein, da noch nicht. Es gab zwar diese Schmähgesänge: „S04, die Scheiße vom Revier!", und das von den Schalkern gekonterte: „RWE, die Scheiße vom WC!", aber mehr tat sich da nicht.

Okay, RWE stand dann ganz unten in der Tabelle …

Entsprechend war die Zuschauerresonanz im folgenden Spiel gegen Werder Bremen. Das war ein Freitagabendspiel und es waren gerade mal knapp 10.000 Zuschauer im Stadion. Rot-Weiss hat super gespielt, aber trotzdem stand es zur Pause 0:0. In dieser Pause haben wir Fans dann unsere Plätze in der Westkurve verlassen und sind geschlossen in die Ostkurve gegangen, um dort die Tore unserer Mannschaft zu sehen, was auch passiert ist. Die Roten machten schnell das 1:0, aber im Gegenzug erzielten die Bremer den Ausgleich. Wieder im Gegenzug macht der Hermann Erlhoff mit dem Kopf das 2:1 für Rot-Weiss. Ich stand zu diesem Zeitpunkt ganz unten am Zaun in der Ostkurve, habe praktisch noch den Schweißgeruch vom Erlhoff mitbekommen, als ich merkte, wie von oben alles nach vorne drückte. Ich habe mich dann mit ausgestreckten Armen am Zaun abgedrückt, sonst wäre ich womöglich zerdrückt worden. Das Spiel wurde mit 3:1 souverän gewonnen. In der nächsten Woche ging es nach Hannover und wir Jungs saßen wieder mit einem Radio auf dem Spielplatz. Das Spiel wurde mit 2:1 gewonnen und da habe ich bei mir zum ersten Mal Euphorie gespürt: „Mensch, 2:1 auswärts gewonnen, zwei Siege in Serie", und dann kam Eintracht Frankfurt. Vor diesem Spiel hatte ich nicht nur die übliche Vorfreude, sondern nun spürte ich ein Kribbeln, ein Knistern. Ich hatte vorher schon das Gefühl, dass es ein richtig schöner Abend werden würde und so kam es ja auch.

Wie kam es denn?

Es kam ein 6:3 gegen Eintracht Frankfurt und das Stadion war ziemlich voll. Bei diesem Spiel habe ich es auch zum ersten Mal erlebt, dass das ganze Stadion gesungen hat. Alle. Der Klassiker schlechthin war: „Hi, Ha, Ho …, Frankfurt ist k.o.!", auch „So ein Tag …" wurde oft angestimmt. Das war echtes Gänsehautfeeling! So habe ich mir auch immer Wembley vorgestellt. Nun ja, nach dem Spiel, das war ein Wochenspieltag und wir waren erst so gegen 21:30 Uhr oder 22:00 Uhr zurück in Kray, sind wir dann singend durch Kray gelaufen und bekamen den Ritterschlag vom Inhaber unserer Klümpchenbude. Der war nämlich ein absoluter Schalke-Fan und wenn Rot-Weiss gegen Schalke gespielt hat, und meistens verloren hatte, hat er mit Edding das Ergebnis auf die Theke geschrieben, weil er wusste, dass wir uns dort jeden Tag unsere Klümpchen kauften. Naja, auf jeden Fall war er auch bei dem Spiel RWE gegen Frankfurt und der kam uns an diesem Abend entgegen, wir waren 14 und er so circa 40 Jahre, gab uns die Hand, hat uns gratuliert und gesagt, dass er noch nie so ein Bombenspiel gesehen hat. Das hat uns alle sehr gefreut.

Wenn du eine Rangliste der besten RWE-Spiele, dir Du gesehen hast, erstellen müsstest, an welcher Position würde das Spiel gegen Frankfurt stehen?

Aus mehreren Gründen steht dieses Spiel für mich an Nummer 1. Zum einen auf Grund des sportlichen Erfolges, des 6:3-Sieges, zum anderen, weil ich zum ersten Mal so eine grandiose Stimmung erlebt habe, das Ganze gepaart mit meiner jugendlichen Begeisterung als 14-Jähriger, und natürlich die Erlebnisse nach dem Spiel, als wir durch die Straßen gezogen sind, RWE-Lieder gesungen und uns wie „Wilhelm der Eroberer" gefühlt haben.

Nach dem Frankfurt-Spiel ging es zum 1. FC Köln …

… und wir haben dort mit 2:3 verloren. Danach wurde es dann wieder schlechter. Zwischendurch gab es noch ein 3:3 gegen Kaiserslautern und das letzte Hinrundenspiel war zu Hause gegen den HSV. Endstand 1:1, kann ich mich gut daran erinnern, weil wir Jungs zum ersten Mal ein Mädchen mitnahmen, das sich die ganze Zeit langweilte, und weil es ein Grottenkick bei saumäßigem Wetter war (*lacht*). Der Beginn der Rückrunde war dann am 12. Januar 1974 gegen Offenbach, 1:2 verloren, dann holten wir in Mönchengladbach mit einem 2:2 überraschend einen Punkt und danach kam das Skandalspiel gegen Bayern München. Eins von vielen Erlebnissen, die mich traumatisiert haben. Bei diesem Spiel war sogar mein Vater dabei, der stand auf der Gegengrade und wollte mal die Bayern sehen. Die Westkurve war so voll, man hatte kaum die Chance, sich die Kippen aus der Tasche zu holen. Alle hatten damals Jeans und Bundeswehrparka getragen. Rot-Weiss hat in diesem Spiel gut mitgehalten, beide Mannschaften neutralisierten sich, und irgendwann in der zweiten Halbzeit, Rot-Weiss spielte auf das Westkurventor, erzielt der Eberhard Strauch, auch so ein Rumpelfußballer, aus zehn Metern das 1:0. Die Bude explodierte …, bis wir dann gemerkt haben, dass der Schiedsrichter das Tor nicht gab. Da war die Hölle los, zum ersten Mal erlebte ich, wie 30.000 Zuschauer „Schieber, Schieber!" riefen, so laut, dass ich dachte, mein Trommelfeld würde platzen. Ich selbst habe gar nicht mitgeschrien, sondern nur die Atmosphäre in mich aufgesogen. Kurz vor Schluss

Viele Chancen zum Sieg

Rot-Weiß Essen — Bayern München 0:1 (0:0)

RW Essen: Böhs (2) — Strauch (3), Wörmer (2), Rausch (3), Lorant (1) — Dörre (3), Weiß (2), Fürhoff (2) — de Vlugt (3), Bast (3), Lippens (2). — Ausgewechselt: ab 76. Gecks für de Vlugt. — Trainer: Ferner.

Bayern: Maier (1) — Hansen (3), Breitner (2), Beckenbauer (1), Schwarzenbeck (3) — Roth (3), Zobel (4), Torstensson (3), Dürnberger (3) — Hoeneß (3), Müller (4). — Trainer: Lattek.

Tore: 0:1 Torstensson (68.). — **SR:** Kollmann (Oberthal/Saar). — **Zuschauer:** 28 000.

Den ersten Sieg in Essen holte Bayern mit einer gehörigen Portion Glück; das ist nicht abzustreiten. Doch die Cleverness, die die Münchner neben ihrer imponierenden Technik den Essenern voraus hatten, ergab diesen minimalen Vorsprung, der zum 1:0-Erfolg ausreichte. Beide Spitzen waren dieses Mal zwar im großen und ganzen lahmgelegt (Müller bei Wörmer und der lauffreudige Hoeneß beim mächtig auftrumpfenden Lorant), doch wenn vor allem in der ersten Hälfte die beiden zurückhängenden Torstensson und Dürnberger oder Beckenbauer und Breitner nach vorne marschierten, war stets höchste Gefahr im Verzuge.

So häuften sich anfangs die klareren Chancen vor dem Tor von Böhs (Blasey hatte sich im Training den Daumen verstaucht): einmal mußte Dörre einen Hoeneß-Schuß auf der Linie retten, ein andermal jagte Torstensson den Ball nur an die Latte. Doch mit zunehmender Spielzeit

stellte sich RWE besser auf das abwartende System des deutschen Meisters ein und beherrschte bis zum Strafraum hin die Bayern eindeutig. Zobel ließ Fürhoff zuviel Spielraum, so daß „Nobby" regieren konnte, solange die Kraft reichte. Weiß behielt gegen Roth die Oberhand, und Schwarzenbeck als Außenverteidiger gegen de Vlugt (dafür Breitner gegen den „spielenden" Mittelstürmer Bast) mußten ebenso wie auf der anderen Seite Hansen gegen Lippens oft genug die Hilfe von Franz Beckenbauer in Anspruch nehmen. Beckenbauer und Sepp Maier waren im Endeffekt die Gewinner dieses Spieles.

Wie clever die Bayern sind, demonstrierten sie bei ihrem Tor: Kurzer Querpaß im Mittelfeld zwischen Beckenbauer und Breitner, dann präzise Vorlage zu Torstensson, der mit einem Schlenker Dörre aussteigen ließ und ins lange Eck einschob. Und das ausgerechnet in Essens größter Drangperiode! **Rainer Holzschuh**

Kicker, 21.01.1974

Eintrittskarte RWE – FC Bayern, 19.01.1974.

„Wie im Wilden Westen"

Über die Vorkommnisse nach dem Essener Spiel berichtet laut dpa Beckenbauer: „Was wir in Essen erlebt haben, erinnerte sehr stark an den Wilden Westen. Die Schimpfworte ‚hängt sie auf' oder ‚schlagt sie tot' klingen mir noch in den Ohren."

Beckenbauers Vorschlag: „Gerade in den primitiven Stadien des Westens müßte ein Maschendrahtzaun gespannt werden, damit wir sicher von unserem Bus ins Stadion und zurückkommen. Die 2,75 DM, die ein Quadratmeter Zaun kostet, müßten doch wohl aufzubringen sein."

machten die Bayern das 1:0 und gewannen das Spiel. Seit diesem Tag bin ich Bayern-Hasser, die „hasse" ich noch mehr als Schalke. Auch in den folgenden Europapokaljahren habe ich, mit Ausnahme, wenn es gegen DDR-Mannschaften ging, immer zu den jeweiligen Gegnern gehalten.

WAZ, 21.01.1974

In der Rückrunde gab es auch noch das Heimspiel gegen Schalke …

Ja, da haben wir 2:5 verloren und sind auch noch, wenn ich mich recht erinnere, von den Schalkern gejagt worden. Mein Vater hatte an diesem Tag Spätdienst und hat mich zuvor am Stadion abgesetzt, so dass ich schon gegen 13:00 Uhr dort war. Als irgendwann der Schalker Sonderzug ankam, war die Ostkurve kurze Zeit später gerammelt voll mit Schalkern, im gesamten Stadion befanden sich zu dieser Zeit vielleicht fünfhundert Essener, davon nur ein kleines Häuflein in der Westkurve. Nach kurzer Zeit sah ich dann, wie sich die Ostkurve leerte und es war klar, dass die Schalker nun kommen und unsere Kurve stürmen wollten. So war es dann auch. Ein Teil von denen kam von hinter der Gegen-

Die Gegengerade im Spiel RWE – Schalke, 15.02.1975.

grade, die sind oben auf den Damm, dann die Treppen wieder runter und von dort in die Westkurve, und ein anderer Teil von unten durch den Tunnel in der Westkurve. Die kamen also von allen Seiten und haben uns angegriffen. Als ich die ersten von denen oben auf dem Damm der Gegengrade gesehen habe, bekam ich natürlich Panik und bin in der Westkurve nach oben gerannt. Dort war damals ein Maschendrahtzaun und darüber drei Reihen Stacheldraht …, ich habe dann einen Satz gemacht und bin zwischen Maschendraht und erster Reihe Stacheldraht hindurchgerutscht, den Hang hinunter und raus aus dem Stadion. Beim Durchrutschen habe ich mir zu allem Überfluss noch mit einem Stacheldrahtzinken die Wange aufgerissen. Naja, irgendwann standen wir wieder alle an der Haupttribüne, haben gewartet und wollten wieder ins Stadion. Wir sind zu den Kassen getrottet, haben den Ordnern die Geschichte erzählt, was die natürlich auch mitbekommen haben, und durften dann zurück ins Stadion. Das Problem war nur, dass wir nicht auf normalem Wege wieder ins Stadion durften, sondern dass uns die Ordner genau zwischen Haupttribüne und Ostkurve auf den Platz ließen und wir somit für das ganze, nunmehr schon gut besuchte Stadion sichtbar in die Westkurve gehen durften. Das Gejoh-

le der Schalker werde ich nie vergessen, das war so peinlich für mich! Da wir bei diesem Spiel hoffnungslos unterlegen waren, habe ich schon beim Stande von 1:4 das Stadion verlassen. Das habe ich sonst nie gemacht, in 38 Jahren vielleicht erst drei-, viermal. Aber an diesem Tag konnte ich die ganzen Demütigungen nicht mehr ertragen und musste gehen.

Gegen Schalke lief es in den 70er Jahren selten gut.

Das stimmt, dort haben wir immer verloren: 1:3, 0:3, 1:5 und 0:3. Wobei ich aber auch sagen muss, dass die Schalker eine gute Mannschaft hatten: Fischer, die Kremers-Zwillinge, Lütkebohmert, Rüssmann usw., dagegen konnte Rot-Weiss nicht anstinken. Die Heimspiele liefen ein ganz klein wenig besser: Zunächst dieses oben erwähnte 2:5, ein Jahr später gab es das Hammerspiel mit dem 4:4-Endresultat. Das war dieses Spiel, wo das Stadion so voll war, wie ich es danach nie mehr erlebt habe. Von der Westkurve aus hast du auf der Gegengraden nur Köpfe gesehen …, normalerweise sieht man ja immer noch einen Teil des Körpers, aber bei diesem Spiel sah man nur die Köpfe, so voll war die Bude. Unglaublich. Bei diesem Spiel kam es auch zu der Situation, dass bei dem vorher eingespielten „Adiole" die ganze Ostkurve und ein Teil der Gegengrade mit ihren typischen „Schal-ke, Schal-ke"-Rufen uns niedergeschrien haben. Das ging dann so lange, bis die Westkurve ein tausendfaches „Scheiße, Scheiße" intonierte (*lacht*). So emotional fing das Spiel an und dann ging auf dem Platz die Post ab …, das war der Wahnsinn. Nach dem Spiel riefen Schalker und Essener minutenlang „Zugabe, Zugabe". Ein Jahr später gab es dann ein 0:0, das war ein langweiliges Fußballspiel. In der Abstiegssaison folgte ein 2:2, aber bei diesem Spiel war ich nicht im Stadion.

Gab es bestimmte Spiele, wie z.B. Bayern, Schalke etc., auf die du dich besonders gefreut hast?

Bei mir war das so eine Mischung. Klar habe ich mich auf die Spiele gegen Bayern und Schalke gefreut, weil es nun mal meine Hassvereine waren, aber auf der anderen Seite habe ich auch Angst davor gehabt, weil ich wusste, dass speziell diese beiden Mannschaften verdammt gut waren und die Wahrscheinlichkeit einer Niederlage sehr hoch war. Demzufolge waren mir Spiele gegen Duisburg oder Kaiserslautern wesentlich lieber, da dort die Wahrscheinlichkeit eines Sieges höher war. Hinzu kam natürlich auch, dass bei einer Niederlage gegen z.B. Kaiserslautern die Wut nicht so groß war, als wenn wir gegen den Hassverein verloren haben. Niederlagen gegen Schalke waren auch deshalb sehr unpässlich, da ich dann mit Hohn und Spott am folgenden Schultag rechnen musste. Damals gab es bei uns in der Schule nur zwei Lager: Schalker und Rot-Weisse …, für Bayern München oder Borussia Dortmund hat sich niemand interessiert.

Am Ende der Saison 73/74 erreichte RWE den 13. Platz. Warst du damit zufrieden?

Ja, klar, Hauptsache nicht absteigen war immer die Parole.

Manni, zum Schluss noch drei Fragen: Warum war Willi Lippens dein Idol?

Zunächst einmal wegen des Erlebnisses im Offenbach-Spiel 1971 und dann hatte er eine Art Fußball zu spielen …, das war unnachahmlich. Er hat immer mit den Zuschauern kommuniziert und hat sie bei seinen Späßchen mit einbezogen. Ich werde z.B. nie vergessen, wie er den Ball mit dem Hintern gestoppt hat (*lacht*). Weiter Abschlag, der Ball tickt einmal auf und dann war der Willi mit dem Hintern drüber und hat den Ball gestoppt. Der lag da einfach auf dem Boden …, gestoppt mit dem Hintern …, das war unglaublich, das hatte noch keiner gesehen. Das war „Ente"! Auf den sprangen alle an: Jung und Alt. „Ente" war Gott, zumindest hier an der Hafenstraße. Zum ersten Mal ein wenig näher habe ich ihn dann kennen gelernt, als wir unseren Fanclub, „Uralt-Ultras", gegründet haben. Die Gründung erfolgte im April 2007 in „Entes" Lokal in Bottrop. Auf Nachfrage, ob der Willi da sei, wurde uns mitgeteilt, dass er nebenan sei und gleich mal vorbeikäme. Gut, irgendwann kam er dann zu unserem Tisch. Das war ein Erlebnis. Der ist ja nun schon wesentlich älter und sieht entsprechend aus, aber ansonsten wie damals. Der gibt mir die Hand und ich stand da nun als fast 50-jähriger Mann …, das war schon sehr bewegend. Genau so emotional war es im Herbst 1979 auch, als er aus Amerika wieder nach Rot-Weiss kam. Wir spielten in der zweiten Liga gegen den Tabellenletzten WSV und es kamen 12.000 Zuschauer. Das war für damalige Verhältnisse schier unglaublich. In diesem Spiel hat die „Ente" direkt ein Tor erzielt und bei mir war sofort wieder die Leidenschaft für Rot-Weiss da. Seit diesem Spiel, das ist nun fast 30 Jahre her, habe ich fast kein Heimspiel versäumt.

Stimmt es, dass die Westkurve in den 70er Jahren ein Fahnenmeer war?

Auf jeden Fall. Wenn du ganz oben auf den letzten Treppenstufen gestanden hast, dann konntest du vor lauter Fahnen nichts mehr sehen. Es war von links bis rechts ein riesiges Fahnenmeer mit richtig großen Fahnen. Das sah affengeil aus.

Was bleibt von den Bundesligazeiten bei dir in Erinnerung?

Eine wunderschöne Zeit, die einen Großteil meiner Jugend ausgemacht hat. Diese Jahre habe ich auch trotz der zwischenzeitlichen Leidenszeit immer genossen. Ich würde jedem wünschen, dass er diese Begeisterung und diese Leidenschaft selbst empfinden kann. Erst wenn er so empfindet, kann er verstehen, dass man sich wie ein Kind freuen oder wie ein Hund leiden kann, wenn es eben gut oder schlecht bei Rot-Weiss läuft!

Die Westkurve im Frühjahr 1968 beim Spiel RWE – RWO

Eintracht Frankfurt – Rot-Weiss Essen 9 : 1

5. Oktober 1974

„Da habe ich während des Spiels zu einem Balljungen, der mir ganz schnell den Ball zuwerfen wollte, gesagt, dass er sich Zeit lassen soll, da ich keine Lust habe, zweistellig zu verlieren."

Gert Wieczorkowski

Nach der 1:9-Pleite von Frankfurt muß bei Rot-Weiß Fraktur geredet werden

Hölzenbein hat zum 3:0 eingeschossen. Rynio hatte keine Chance. Links starren Wieczorkowski und Bast (vorn) entgeistert.

NRZ-Funkfoto: dpa

RW Essen will die Blamage von Frankfurt schnell vergessen

1:9-Pleite in Frankfurt – aber noch keine Panik

Von PETER PIONKE

Essen/Frankfurt. Der Schock saß tief. Aber nach der 1:9-Pleite von Frankfurt beschwichtigte RWE-Boß Willi Naunheim (54) die in letzter Zeit nicht mehr so treu wie früher hinter ihrer Mannschaft stehenden Essener Fans: „Bei uns gibt es keine Panikstimmung. Wir haben die Niederlage fast schon vergessen. Wir müssen an die Zukunft denken."

Die Zukunft aber ist wenig rosig: Geldsorgen drücken den traditionsreichen Klub und nur durch die Leistungen, die früher einmal die Zuschauer an der Hafenstraße mitrissen und jedem Gast „das Fürchten lehrten", kann die Essener Mannschaft wieder ihren Anhang begeistern.

Bei der Frankfurter Eintracht ging RWE rettungslos unter. Kein Wunder, daß Trainer Ferner nach dem Debakel die Worte fehlten. „Das Spiel hat mir die Sprache verschlagen", brachte der jüngste Bundesliga-Trainer nach der höchsten Niederlage in der RWE-Vereinsgeschichte über die Lippen.

Sprachlos waren aber auch die Frankfurter. „Waren das die Essener, die uns vor einem Jahr mit einer 3:5-Packung nach Hause geschickt hatten", wunderte sich Nationalspieler Bernd Hölzenbein, überragender Spieler und dreifacher Torschütze.

Die Rot-Weißen gehen schweren Zeiten entgegen. Hat der „Pleitegeier" einmal ein Auge auf die Essener geworfen, so scheinen die Ferner-Schützlinge auch in sportlicher Hinsicht am Rande des K.o. Aus den letzten fünf Begegnungen holten sie nur einen Punkt. Die Zuschauer haben die Erfolge in Köln und gegen den Wuppertaler SV längst vergessen. Kamen früher noch 20 000 Zuschauer ins Georg-Melches-Stadion, so sind es heute nur noch 12 000. Die Essener sind von den schwachen Leistungen enttäuscht.

Man muß den Ferner-Schützlingen zugute halten, daß die Frankfurter einen „Bilderbuch-Start" erwischt hatten und schon frühzeitig mit 2:0 in Führung lagen. Den Frankfurtern, durch diesen Anfangserfolg motiviert, gelang später einfach alles.

Dennoch war ihnen die RWE-Abwehr beim Torschießen mehr als einmal behilflich. Die Abwehr-Recken Strauch, Dörre, Lorant und Wörmer waren häufig nicht im Bilde und Schlußmann Rynio, durch seine Vorderleute nervös gemacht, leistete sich grobe Schnitzer. Hölzenbein (3), Körbel (2), Nickel, Kraus und Lorenz machten das Frankfurter „Schützenfest" komplett. „Ente" Willi Lippens, dem besten RWE-Stürmer zusammen mit Fürhoff, gelang beim Stande von 4:0 der Ehrentreffer.

An Trainer Ferners Stuhl wird noch nicht gesägt. „Personelle Konsequenzen wird es aus dieser Niederlage auf gar keinen Fall geben. Unser 1:9 von Frankfurt müssen nun die Berliner, die am Mittwoch zur Hafenstraße kommen, büßen. Denn unsere Spieler haben sich geschworen, jetzt erst recht zusammenzuhalten", verspricht Naunheim.

NRZ, allg. Sportteil, 07.10.1974

„Frankfurt? Gegen Frankfurt sahen wir immer schlecht aus." Als Hermann Erlhoff diesen Satz sagte, saß er im Winter 2010 ganz entspannt in seinem Sessel im schmuckvoll eingerichteten Wohnzimmer, machte eine kurze Pause und blinzelte den Autor herausfordernd an. Nichts deutete daraufhin, dass hinter dem Wort „schlecht aussehen" viel mehr als ständige 0:2- oder 1:3-Niederlagen steckten. Erst als der Autor, dem die Ergebnisse zwischen Rot-Weiss und Eintracht Frankfurt als Zahlenreihen vor den Augen standen, zur nächsten Frage ansetzen wollte, sprudelte es aus Erlhoff heraus: „Da haben wir öfter auch mal hohe Klatschen bekommen. 0:5, 0:6 und sogar ein 1:8 an der Hafenstraße war dabei." Wieder eine Pause, wieder ein Blick und dann kommt es kurz und schmerzlos: „Unsere höchste Niederlage war aber ein 1:9 im Waldstadion. Da hätten wir im Grunde auch zweistellig verlieren können." Endlich war es raus. Zwei Zahlen und ein Doppelpunkt. Eine Kombination, die schon auf dem Papier erschreckend aussieht. Wie erschreckend muss es da für den direkt Beteiligten gewesen sein? Gerd Wörmer, der eisenharte Vorstopper, hat es am besten formuliert: „Das ist für mich heute noch unbegreiflich, dass nicht nur ein oder zwei Spieler, sondern die ganze Mannschaft ab einem gewissen Zeitpunkt einen Knacks bekam. Da war kein Mumm, kein Aufbäumen, stattdessen haben alle gedacht und gehofft, dass es bald vorbei sei. Das kann man gar nicht beschreiben wie es gekommen ist …, wie wir das zugelassen haben. Das war wie eine Maschinerie: Es lief und lief und lief, aber immer in die falsche Richtung. Und die abgebrühten Frankfurter haben das natürlich ausgenutzt und uns die Dinger ohne Pardon in den Kasten geknallt. Unbegreiflich."

Doch wie konnte es eigentlich zu so einer erschreckend hohen Niederlage kommen? Wie war es möglich, dass Rot-Weiss als damaliger Tabellenzwölfter beim Tabellenzweiten so unterging?

Dazu ein kurzer Blick zurück in die Bundesligageschichte vor 1974. Bis zum Wiederaufstieg 1973 absolvierte Rot-Weiss in den ersten drei Bundesligajahren sechs Spiele gegen die Eintracht. Dreimal wurde in Frankfurt verloren, darunter auch mit 0:5, aber die anderen beiden Spiele gingen nur mit einem Tor Unterschied verloren. Zu Hause wurde überhaupt nicht verloren. In der Saison 73/74 gab es in einem phantastischen Spiel an der Hafenstraße einen 6:3-Erfolg der Essener, woraufhin die Eintracht im Rückspiel mit einem 6:0-Erfolg Revanche nahm. Im

Ratlosigkeit nach dem Frankfurter Debakel

1:9 – Da sagte Trainer Ferner kein Wort mehr

„Das Spiel hat mir die Sprache verschlagen", murmelte RWE-Trainer „Didi" Ferner nach der katastrophalen 1:9-(1:4)-Schlappe bei der Frankfurter Eintracht. Bernd Hölzenbein, der großen Anteil an der bisher höchsten Rot-Weiß-Niederlage hatte, rätselte: „Waren die Essener nun wirklich so schwach, oder waren wir so gut?"

Die Lösung des Rätsels muß im psychologischen Bereich liegen. Bei der Frankfurter Eintracht hatte Rot-Weiß die bösesten Schlappen in der Bundesliga einstecken müssen: 0:5 war es am 15. April 1967 im Waldstadion auf der Strecke geblieben, am 30. März des Vorjahres mit 0:6. Und „Didi" Ferner hatte händeringend seine Spieler beschworen: „Diesmal nur kein frühes Tor!"

Als dann bereits in der zweiten Minute Beverungen Grabowskis Maßflanke ins Tor geköpft hatte, gab es einen Riß im RW-Team, der so tief war, daß er nicht mehr gekittet werden konnte. Die Elf, die in sechs Spielen erst acht Treffer hatte einstecken müssen, kassierte nun auf einen Hieb gleich neun. Dabei hatte es nach dem 1:0 kapitale Chancen gegen eine durchaus nicht sichere gegnerische Abwehr ausgelassen. Aber Fürhoff und Lippens schienen wie gelähmt; und Dr. Kunter, der einzige Zuverlässige in einer wankelmütigen Frankfurter Hintermannschaft, wehrte ab.

„Ente" gefährlichster Stürmer

Überall Lippens! Die „Ente" war über lange Phasen des Spiels auf Tauchstation, aber wenn sie den Kopf aus dem Wasser steckte, dann war sie der gefährlichste Stürmer von Rot-Weiß. Daß sie das wenig tröstliche Ehrentor erzielte, unterstreicht das. „Manni" Burgsmüller ließ nach ansprechendem Beginn nach, und bei den Schüssen aus der zweiten Reihe, für die Fürhoff prädestiniert ist, fehlte die Präzision.

Die Eintracht hatte schon oft ihre Schwierigkeiten mit Gegnern, die nur mit zwei Spitzen aufwarten — und welche Gastmannschaft tut das heute nicht. Deshalb beschränkte sich Trainer Weise auch im Heimspiel dabei sogar auf den etatmäßigen Linksaußen Rohrbach und brachte dafür den unbeweglicheren, aber schußstärkeren Lorenz.

Mammut-Mittelfeld

Das Frankfurter Mammut-Mittelfeld, mit Grabowski, Nickel, Beverungen, Kraus und Weidle entschied das Spiel.

Mit dieser Taktik kam Rot-Weiß einfach nicht zurecht. Die Frage, wer wen decke, wurde nie befriedigend beantwortet. Und selbst wo die Direktiven klar waren, gab es Einbrüche. Da war Lorant einer der eifrigsten und am aufopferndsten kämpfenden Essener. Aber er deckte Grabowski erst dann hautnah, wenn dieser in Strafraumnähe kam. Und prompt gelang dem Frankfurter Kapitän auch kein Torerfolg. Aber in seiner Regieführung im Mittelfeld blieb der abgedankte National-Rechtsaußen praktisch unbehelligt und konnte nicht nur die beiden ersten und wohl bereits entscheidenden Treffer einleitn.

Ratlosigkeit bei Wörmer, der den immer wieder ausweichenden, aber unerhört gefährlichen Hölzenbein, der in der Form seines Lebens ist, nie zu packen bekam.

NRZ, Essener Sportteil, 07.10.1974

Grunde also eine ausgeglichene Bilanz. Doch schon bei der 3:6-Niederlage an der Hafenstraße war zu erkennen, dass sich die Eintracht im Gegensatz zu den Jahren bis zum Bundesligaskandal verbessert hatte. Grabowski, Hölzenbein und Co. hatten sich zu einer spielstarken Mannschaft entwickelt, die an einem guten Tag jede Bundesligamannschaft vom Platz fegen konnte. Beeindruckend war vor allen Dingen ihr ständiges und variables Offensivspiel. Dreimal hintereinander, 1974-77, gab es keine andere Mannschaft in der Bundesliga, die mehr Tore als die Eintracht erzielte. 89, 79 und 86 waren die Anzahl der Tore, die die Eintracht in diesem Zeitraum erzielte. Zum Vergleich: Die hochgelobte Fohlenelf aus Mönchengladbach schaffte es im gleichen Zeitraum gerade einmal auf 86, 66 und 58 Tore. Trotz dieser beeindruckenden Zahlen gewann die Eintracht beileibe nicht jedes Spiel und erst recht keine Meisterschaft. Oftmals war es so, dass der Gegner, wenn er denn höchstens ein Tor der Eintracht zuließ, die Spiele für sich entscheiden konnte. Denn so stark die Eintracht im Offensivspiel war, so sehr hatte sie ihre Schwächen in der Defensive. Folglich konnte die Devise für Rot-Weiss nur heißen: Hinten gut stehen und vorne die Tore machen. Doch war das möglich? Hatte Rot-Weiss die Mittel dazu? Im Tor

augenscheinlich schon, denn sowohl Jürgen Rynio als auch Heinz Blasey hatten ihre Bundesligatauglichkeit über die Jahre hinweg bewiesen. Doch ausgerechnet zu Beginn der Saison 1974/75 gab es Komplikationen. Neuzugang Rynio musste zunächst auf der Bank Platz nehmen, Blasey spielte. Jedoch nur bis zum Schalke-Spiel am 4. Spieltag. Nach der 0:3-Niederlage wechselte Trainer Ferner und beorderte Rynio ins Tor. Doch Max, wie er von allen genannt wurde, war gehandicapt. Er litt seit der vorangegangenen Saison an ständigen Rückenschmerzen und niemand fand die Ursache. In Sorge um seine Familie verschwieg er jedoch diese Probleme, die sich natürlich früher oder später auch auf sein Spiel auswirken mussten. Unter diesen Vorraussetzungen war die eigentlich bestbesetzte Position der Mannschaft diejenige, die am Anfang der Saison die größten Probleme machte. Hinzu kam, dass die Abwehr noch nicht eingespielt war und im Grunde auch Qualitätsprobleme hatte. Eberhard Strauch konnte auf der rechten Verteidigerposition zwar mit unbändigem Kampfgeist glänzen, hatte aber sowohl im spielerischen als auch im Offensivbereich große Probleme. Auf der linken Abwehrseite fand Klaus Senger auch in seinem zweiten Essener Jahr nicht zu seiner gewohnten Form. In diesem Bewusstsein ließ Ferner des Öfteren Werner Lorant auf dieser Position spielen, was sich allerdings auf die Stabilität im defensiven Mittelfeld nachteilig auswirkte. Neuzugang Gert Wieczorkowski, im Sommer '74 als Libero für den nach Offenbach gewechselten Wolfgang Rausch verpflichtet, gab 35 Jahre später zu, dass er zu Beginn der Saison große Probleme hatte, „ …in den ersten Bundesligaspielen habe ich einen Mist zusammengespielt …, ich habe die Bälle falsch eingeschätzt …, hatte ein schlechtes Stellungsspiel …", und dass er sich eigentlich selbst hätte auswechseln müssen. Die einzige Konstante war Vorstopper Gerd Wörmer. Doch ein Wörmer alleine reichte nun mal auch nicht. Das Mittelfeld mit Lorant, Erlhoff und Fürhoff hatte zweifelsohne Bundesliganiveau und auch der Sturm mit Bast, Burgsmüller und Lippens konnte sich sehen lassen. Problematisch wurde es allerdings, wenn der Gegner Druck aufbaute und Lippens, Burgsmüller und Fürhoff nicht mit nach hinten arbeiteten. Dann griff der Gegner in Überzahl an und die rot-weisse Defensive geriet leicht ins Schwimmen. Das wussten und sahen auch die RWE-Fans, die mit gemischten Gefühlen nach Frankfurt fuhren. Lip-

Rekord in Frankfurt

Werd. Bremen — F. Düsseldorf	0:0
Kaiserslautern — HSV	1:0
Frankfurt — RW Essen	9:1
Braunschweig — Bay. München	3:1
Mönchengladb. — VfL Bochum	3:0
Schalke 04 — K. Offenbach	2:0
Wuppertaler SV — Hertha BSC	0:0
TeBe — MSV Duisburg	2:3
1. FC Köln — VfB Stuttgart	4:2

Der achte Spieltag

Mittwoch (9. Oktober): MSV — Kaiserslautern (16.00 Uhr), Bochum — Frankfurt, Hertha BSC — Schalke 04, RW Essen — Tennis Borussia Berlin, Hamburger SV — 1. FC Köln (alle 19.30 Uhr), Bayern München — Werder, Düsseldorf — Mönchengladbach, Offenbach — Eintracht Braunschweig, VfB Stuttgart — Wuppertaler SV (alle 20 Uhr).

							Heim		Auswärts	
Eintracht Frankfurt	7	5	1	1	26:8	11:3	16:6	5:3	10:2	6:0
Eintr. Braunschweig	7	5	1	1	18:7	11:3	14:2	8:0	4:5	3:3
Bor. Mönchengladb.	7	5	1	1	18:8	11:3	11:5	6:2	7:3	5:1
Hamburger SV	7	5	1	1	12:4	11:3	3:1	5:1	9:3	6:2
Schalke 04	7	5	0	2	13:5	10:4	10:1	8:0	3:4	2:4
Kickers Offenbach	7	4	0	3	14:9	8:6	12:2	6:0	2:7	2:6
Fortuna Düsseldorf	7	2	4	1	13:10	8:6	8:2	5:1	5:8	3:5
Hertha BSC Berlin	7	2	4	1	12:9	8:6	8:5	4:2	4:4	4:4
MSV Duisburg	7	4	0	3	16:14	8:6	7:3	4:2	9:11	4:4
VfL Bochum	7	3	1	3	9:11	7:7	8:4	6:0	1:7	1:7
1. FC Kaiserslautern	7	3	0	4	11:13	6:8	8:3	6:2	3:10	0:6
Bayern München	7	3	0	4	12:19	6:8	8:6	4:2	4:13	2:6
Rot-Weiß Essen	7	2	1	4	6:17	5:9	4:5	2:4	2:12	3:5
1. FC Köln	7	1	2	4	12:16	4:10	6:6	3:5	6:10	1:5
Wuppertaler SV	7	1	2	4	6:13	4:10	5:6	4:4	1:7	0:6
Werder Bremen	7	1	2	4	4:15	4:10	3:4	4:4	1:11	0:6
VfB Stuttgart	7	1	0	6	6:16	2:12	3:4	2:4	3:12	0:8
Tennis Bor. Berlin	7	1	0	6	8:22	2:12	7:10	2:6	1:12	0:6

pens, der sich der Ängste der Fans durchaus bewusst war, versuchte in seiner Kolumne in der NRZ Optimismus zu verbreiten „Samstag geht's nach Frankfurt. Ich weiß, einigen wird jetzt angst und bange. Uns aber nicht. Warum sollen wir nicht auch in Frankfurt ein bisschen Glück haben? Ich bin auf jeden Fall optimistisch. Der Ball ist rund."

Kurz zusammengefasst kann festgehalten werden, dass Rot-Weiss von Anfang an nur eine Chance gehabt hätte, wenn das De-

> *„Die Frankfurter hatten damals mit Grabowski, Hölzenbein und Nickel eine Mannschaft, die sensationell spielen konnte. Wenn die mal einen guten Tag erwischten, dann konnten die ohne Ende aufdrehen. Leider hatten sie so einen Tag gegen uns erwischt und haben uns dann überrollt.*
>
> Jürgen Rynio

fensivverhalten der ganzen Mannschaft gut funktioniert hätte, die beiden gefährlichsten Frankfurter, Grabowski und Hölzenbein, ausgeschaltet worden wären und Torwart Rynio einen guten Tag erwischt hätte. Dann, aber nur dann, hätte Rot-Weiss etwas Zählbares mitnehmen können. Doch gelaufen ist das Spiel ganz anders.

Der Ball war zwar auch an jenem Samstag rund, aber das von Lippens heraufbeschworene Glück ließ sich nur auf Frankfurter Seite blicken. Zum Leidwesen der Essener traf Beverungen schon in der 2. Minute zur 1:0-Führung der Eintracht. Rot-Weiss erspielte sich zwar im Anschluss durch Fürhoff und Lippens zwei gute Chancen, konnte aber keine davon nutzen. Ganz anders die Eintracht, die durch Bernd Nickel ihre zweite Torchance kaltblütig nutzte und in der 15. Minute mit 2:0 in Führung ging. Nun kam auch der psychologische Aspekt bei dem einen oder anderen Essener Spieler hinzu, der sich schon wieder mit einer hohen Niederlage nach Hause fahren sah. Das vor dem Spiel so sehr gehegte Pflänzchen „Selbstbewusstsein" verwelkte im Sekundentakt und die Eintracht nutzte gnadenlos jede Lücke in der RWE-Abwehr. Hölzenbein, der Wörmer wie einen Anfänger aussehen ließ, schlug zweimal unbarmherzig zu und sorgte, bei einem überraschenden Gegentreffer durch Lippens, für eine komfortable 4:1-Pausenführung. In dieser Pause hätte RWE-Trainer Ferner, und das war der nächste Essener Fehler in diesem Spiel, vielleicht den einen oder anderen offensiven Spieler auswechseln sollen, um die Abwehr zu stärken und das größte Unglück zu verhindern. Doch was machte Ferner stattdessen? Wahrscheinlich noch in der Freude über Lippens' Anschlusstreffer teilte er der Mann-

> *„Diese Niederlage ist ganz leicht zu erklären. Zu diesem Zeitpunkt war die finanzielle Situation des Vereins sehr bescheiden und auf einmal steht am Spieltag in der Zeitung, dass Spieler wie Lippens, Burgsmüller und Bast verkauft werden müssen. Da gab es natürlich Unruhe in der Mannschaft und mit dieser Unruhe sind wir dann nach Frankfurt gefahren. Dort gab es dann dieses Debakel. Die Spieler waren ja im Kopf ganz woanders. Ich bin auf der Bank, bei jedem Gegentor, immer kleiner geworden. Man muss da auch mal die Spieler verstehen. Die Spieler machen sich natürlich Gedanken was passiert, wenn die besten Spieler verkauft werden müssen. Als wir nach dem Spiel wieder in Essen ankamen, habe ich direkt eine Mannschaftssitzung abgehalten, mit Kaffee und Kuchen, und habe ihnen gesagt, dass solange ich hier arbeite, kein Spieler verkauft wird. In der folgenden Woche haben wir dann gegen Tennis Borussia Berlin gespielt und mit 3:2 gewonnen."*
>
> Diethelm Ferner, damaliger RWE-Trainer

schaft mit, dass noch nichts verloren sei und forderte ein offensiveres Spiel. Doch der Versuch eines Offensivspiels ging schon nach acht Minuten in die sprichwörtliche Hose. Einmal „Charly" Körbel und erneut Hölzenbein ließen die Eintracht auf 6:1 davonziehen. Nun rollte der Ball bei den Gastgebern, spielte sich das Fünfermittelfeld der Eintracht in einem wahren Spielrausch. Aufgrund des Dauerdrucks wurde die RWE-Abwehr konfuser denn je und es entstanden überall große Lücken. Die fehlende Beweglichkeit und Schnelligkeit der gesamten Essener Mannschaft machte sich bemerkbar und da auch Torwart Rynio, gelinde gesagt, keinen guten Tag erwischt hatte, war das Ende vorhersehbar. Gert Wieczorkowski versuchte zwar noch dagegenzusteuern, indem er einen Balljungen verbal davon abhalten wollte, die Bälle schnell zurück ins Spielfeld zu werfen. „Da habe ich während des Spiels zu einem Balljungen, der mir ganz schnell den Ball zuwerfen wollte, gesagt, dass er sich Zeit lassen soll, da ich keine Lust habe zweistellig zu verlieren", doch sogar dies misslang an diesem Tag. Zwar wurde es nicht zweistellig, aber weitere Eintracht-Tore durch Kraus, Körbel und Lorenz sorgten schließlich für eine blamabel hohe 1:9-Niederlage der Rot-Weissen. Einzig und allein positiv an diesem Tag waren das Akzeptieren der Niederlage in anständiger Form, indem auf unnötige Frustfouls gänzlich verzichtet wurde, und die Aussage des auf der Ersatzbank sitzenden Heinz Blasey „Max Rynio war wirklich nicht zu beneiden. Ihm darf man keine Schuld geben". Dessen Aussage ließ zumindest auf eine vorhandene Kameradschaft in der Mannschaft schließen, die in den nächsten Wochen und Monaten auch wieder mit Siegen auf dem Platz unterstrichen wurde.

„Ich bin drei Tage nicht mehr zu meiner Trinkhalle mit dem S04-Inhaber gegangen. Nicht aus Wut, sondern weil ich mich geschämt habe. Als ich ein paar Tage später doch wieder zu ihm hinging und mir eine Packung Zigaretten gekauft habe, da fragt er mich, ob ich auch die Richtigen habe. „Klar", habe ich gesagt. Da meinte er, ob ich mir wirklich sicher sei und ich habe wieder mit „klar" geantwortet. Daraufhin wieder er, dass ich mal richtig gucken soll. Ich gucke also noch mal auf die Packung und habe dann gesehen, dass er auf die Zigarettenpackung ganz groß 1:9 geschrieben hat. Er hatte dabei einen Heidenspaß."
RWE-Fan Heinz-Dieter Klöpper

Am Ende der Saison belegte Rot-Weiss den 12. Platz, Frankfurt wurde Dritter. Die Eintracht blieb auch in den folgenden Spielen weiterhin der Angstgegner der Rot-Weissen und gewann so manche Partie ziemlich klar und deutlich. Doch ein 9:1 wurde es nie mehr. Die höchste Niederlage in der Essener Bundesligageschichte war festgeschrieben auf den 5. Oktober 1974.

Deutscher Fußball-Bund

6 Frankfurt/M. 90, Zeppelinallee 77
Fernruf: 772568
Drahtanschrift: Fußball
Postscheckkonto: 900245
Bankverbindung: Dresdner Bank, Frankfurt/Main, Nr. 900496
Postscheckkonto Frankfurt/Main, Nr. 47218-608
Fernschreiber: 041-3500

Rot-Weiß Essen

43 E s s e n 11
Hafenstraße 97 a

Ihre Nachricht vom	Ihr Zeichen	Unser Zeichen	Tag
		E/1a	25. Januar 1974

Betr.: Bundesligameisterschaftsspiel Rot-Weiß Essen gegen
FC Bayern München am 19. Januar 1974

Sehr geehrte Herren,

aus Presseberichten haben wir entnommen, daß Ihr Geschäftsstellenleiter, Herr Paul Nikelski, nach vorbezeichnetem Spiel
unter anderem gegenüber dem Lizenzspieler Franz Beckenbauer
(FC Bayern München) erklärt haben soll: "Ihr habt den Schiedsrichter bestochen!"

Im Auftrag des Kontrollausschusses des DFB bitten wir um eine
Stellungnahme innerhalb von 8 Tagen.

Mit freundlichen Grüßen
DEUTSCHER FUSSBALL-BUND

i.A.
Eilers

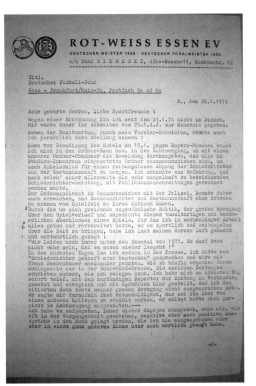

ROT-WEISS ESSEN EV

DEUTSCHER MEISTER 1955 · DEUTSCHER POKALMEISTER 1953
c/o Paul N I K E L S K I , 4300-Essen-11, Giskenstr. 12

Titl.
Deutscher Fußball-Bund
6000 - Frankfurt/Main-90, Postfach 90 02 60

E., den 29.1.1974

Sehr geehrte Herren, liebe Sportfreunde !

Wegen einer Erkrankung bin ich seit dem 21.1.74 nicht im Dienst.
Mir wurde daher Ihr Schreiben vom 25.l.d.J. zur Kenntnis gegeben.

Neben der Beantwortung durch mein Vereins-Präsidium, möchte auch
ich persönlich dazu Stellung nehmen.

Kurz vor Beendigung des Spiels am 19.1. gegen Bayern-München begab
ich mich in den Ordner-Raum bzw. in den Kabinengang, um mit einem
unserer Ordner-Obmänner die Anweisung durchzugeben, daß alle im
Stadion-Innenraum eingesetzten Ordner zusammenzuziehen sind, um
nach Spielschluß für einen reibungslosen Abgang der Schiedsrichter
und der Gastmannschaft zu sorgen. Ich erkannte aus Erfahrung, daß
nach solch' einer allerseits als mangelhaft zu bezeichnenden
Schiedsrichter-Leistung, mit Publikumsausschreitungen gerechnet
werden mußte.

Der Ordnungsdienst in Zusammenwirken mit der Polizei, konnte daher
auch erreichen, daß Schiedsrichter und Gastmannschaft ohne Schaden
zu nehmen vom Spielfeld zu ihren Kabinen kamen.

Durch die um sich greifende ungewöhnliche Hektik, der großen Erregung
über den Spielverlauf und angesichts dieses tumultartigen und bedau-
erlichen Abschlusses eines Spiels, für das ich in wochenlanger Arbeit
alles getan und vorbereitet hatte, um es sportlich und reibungslos
über die Zeit zu bringen, habe ich laut meinem Herzen Luft gemacht
und wortwörtlich gesagt:

"Wir leiden noch immer unter dem Skandal von 1971. Es darf doch
nicht wahr sein, daß es schon wieder losgeht !"

In den nächsten Tagen las ich sodann in der Presse, ich hätte von
"Schiedsrichter gekauft oder bestochen" gesprochen und wäre mit
Franz Beckenbauer aneinander geraten. Wie so häufig erschien diese
Schlagzeile nur in der Boulevard-Presse. Die seriösen Zeitungen
schrieben anders, wie ich belegen kann. Ich habe mich am nächsten Tag
sofort telef. mit dem zuständigen Reporter der Zeitung in Verbindung
gesetzt und energisch und mit Nachdruck klar gestellt, daß ich den
zitierten Satz trotz meiner großen Erregung nicht ausgesprochen habe.
Er sagte mir daraufhin fast entschuldigend, daß sei ihm aber von
einem anderen Kollegen so erzählt worden, er selbst hätte sich garnicht im Kabinengang aufgehalten.---

Ich habe es aufgegeben, immer wieder dagegen anzugehen, wenn mir, wie
oft in der Vergangenheit geschehen, negative oder auch positive Aus-
sprüche in den Mund gelegt werden, die ich nie ausgesprochen oder
aber in einem ganz anderen Sinne oder auch wörtlich gesagt habe.

-2-

Lassen Sie mich bitte abschließend feststellen :

Seit 1954, also im 20. Jahr, bin ich nunmehr bei RW.-Essen
hauptamtlich als Geschäftsführer tätig.

In diesen 2 Jahrzehnten bin ich, sozusagen am Pulsschlag meines
Vereins, das sportliche Auf und Ab miterlebend und in der ganzen
Tragik dieses Vereins auch mitmachen müssen. Ich habe viele
Niederlagen, Abstiege und auch Demütigungen hingenommen, aber
auch nur einmal die Fassung zu verlieren. Viele Schiedsrichter-
Gespanne und unsere Gastvereine werden dies bestätigen können.
Sollte nunmehr nach dem Spiel gegen Bayern München der " Gaul
mit mir durchgegangen sein", so weiß ich dennoch, daß ich gegen
den FC.-Bayern München nicht die Worte gebraucht habe, wie sie
in der Presse gebracht wurden. Schon garnicht ist es zu einem
Zusammenstoß mit Franz Beckenbauer gekommen; was Herr Beckenbauer im übrigen auch bestätigen kann.

Ich bin mir bewußt, daß alle negativen Veröffentlichungen in der
Presse unseren deutschen Fußballsport im Ansehen schädigen. Sollte
ich vielleicht durch mein etwas unkontrolliertes Verhalten dazu
beigetragen haben, bedauere ich dies und werde überdies nach
Beendigung meiner Krankheit beim FC.-Bayern-München um Nachsicht
bitten.

Mit den vorstehenden Erklärungen hoffe ich die mir sehr unange-
nehmen Differenzen aus der Welt geschafft zu haben.

Ich werde aus gesundheitlichen Gründen (nach noch nicht restlos
überstandener halbjähriger Hautkrebs-Behandlung) ohnedies für
eine unabsehbare Zeit kürzer treten müssen, sodaß ich aber danach
wieder in voller Nervenstärke den Anforderungen unseres Berufes
gewachsen sein werde.

Mit freundlichen Grüßen

Fahr- und Zeitplan zum Spiel in München

Abfahrt :	Freitag, den 4.August 1970 um 12.00 Uhr ab Georg-Melches-Stadion.
Reisegruppe :	Reiseleitung Herren Ruhkamp und von Almsick Trainer Burdenski, Masseur Weinheimer, Jupp Breithut.
	Mannschaft : Bockheld, Blasey, Czernotzky, Rausch, Stauvermann, Erlhoff, ter Horst, Jung, Fürhoff, Weinberg, Sohnhausen, Heer, Lippens, Bast, Peitsch.
Abflug :	13.20 ab Flughafen München-Riem.
	Bei Ankunft Flughafen München-Riem steht ein Transfer-Bus zur Fahrt ins Hotel bereit.
Hotelunterkunft :	Schweizerhof, München-Stadtmitte, Goethestr.26 Tel.: 0811 / 539631
weiterer Bustransfer:	Mit den Fahrer des Busses sind die weiteren Abfahrtszeiten festzulegen : Hotel Schweizerhof zum Stadion Grünwalder vom Stadion zum Flughafen München-Riem.
Spieltag :	Samstag, den 5. September 1970 15.30 Uhr Anstoß
	Autodurchfahrtschein, 4 Ehrenkarten - Loge, für Präsidium, eine Anzahl Ehrenkarten für die Tribüne.
	Herr Jansen fliegt am Freitag, den 4.9.1970 um 18.05 Uhr ab Flughafen Düsseldorf und wird nach der Ankunft 19.30 Uhr in München eben- falls im Hotel Schweizerhof wohnen.
Rückflug :	19.40 Uhr ab Flughafen München-Riem mit 22 Personen, das sind die oben angeführte Reise- gruppe plus Herrn Jansen und Herrn Karp.
	Es scheint angebracht vor dem Abflug Lunch- pakete zu bestellen, da wir beim Rückflug nur Erfrischungspäckchen erhalten.
Ankunft :	gegen 21.00 Uhr Düsseldorf-Lohausen. Ein Bus zum Transfer nach Essen steht in Düsseldorf bereit.
Anbei :	15 Spielerpässe 1 Autodurchfahrtschein Ehrenlogen- und Tribünenkarten 22 Flugtickets

117

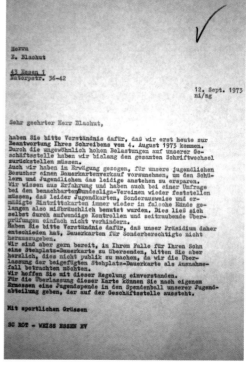

E. Blachut · Essen

SCHREINERMEISTER

Natorstraße 36-42 Fernruf 22445

HOLZBEARBEITUNG

SEIT 1920

E. Blachut · 43 Essen 1 · Natorstraße 36-42

Geschäftsstelle
ROT-WEISS-ESSEN

43) Essen - 11

Hafenstraße 97a
Georg-Melches-Stadion

Bankkonten:
Stadtsparkasse Essen 271 379
Volksbank Essen 208 480
Postscheckkonto: Essen 917 19

43 Essen 1, den 3.8.73

Ihr Zeichen   Ihre Nachricht   Mein Zeichen
Z.

Betr.: Dauerkarten.

Sehr geehrte Herren !

Ich bin Besitzer einer Dauerkarte (Stehplatz). Da mein
14-jähriger Sohn jedoch weiterhin an seine Karte anstehen muß, ist der gemeinsame Stadioneinlaß erheblich er-
schwert.

Vielleicht könnte man auch für Jugendliche die Erwachse-
nen-Stahplatz-Dauerkarten verkaufen, natürlich besonders
auffällig markiert oder gestempelt; gemäß untenstehender
Anregung.

Mit freundlichem Gruß!

B L A C H U T
Blachut

HSV-Präsident
Dr. Horst Barrelet

Ein verbessertes Stadion, verbil-
ligte Dauerkarten für ein Eltern-
teil mit Kind

Anlage.
Freiumschl.,ggfs.für Rückantwort

Herrn
E. Blachut
43 Essen 1
Natorstr. 36-42

12. Sept. 1973
ni/ng

Sehr geehrter Herr Blachut,

haben Sie bitte Verständnis dafür, daß wir erst heute zur
Beantwortung Ihres Schreibens vom 4. August 1973 kommen.
Durch die ungewöhnlich hohen Belastungen auf unserer Geschäftsstelle haben wir bislang den gesamten Schriftwechsel
zurückstellen müssen.
Auch wir haben in Erwägung gezogen, für unsere jugendlichen
Besucher einen Dauerkartenverkauf vorzunehmen, um den Schü-
lern und Jugendlichen das leidige anstehen zu ersparen.
Wir wissen aus Erfahrung und haben auch bei einer Umfrage
bei den benachbarten Bundesliga-Vereinen wieder feststellen
müssen, daß leider Jugendkarten, Sonderausweise und er-
mäßigte Eintrittskarten immer wieder in falsche Hände gelangen also selbst durch aufwendige Kontrollen und zeitraubende Über-
prüfungen einfach nicht verhindern.
Haben Sie bitte Verständnis dafür, daß unser Präsidium daher
entschieden hat, Dauerkarten für Sonderberechtigte nicht
herauszugeben.
Wir sind aber gern bereit, in Ihrem Falle für Ihren Sohn
eine Stehplatz-Dauerkarte zu übersenden, bitten Sie aber
herzlich, dies nicht publik zu machen, da wir die Überlassung der beigefügten Stehplatz-Dauerkarte als Ausnahme-
fall betrachten möchten.
Wir hoffen Sie mit dieser Regelung einverstanden.
Für die Überlassung dieser Karte können Sie nach eigenem
Ermessen eine Jugendspende in den Spendenball unserer Jugend-
abteilung geben, der auf der Geschäftsstelle aussteht.

Mit sportlichen Grüssen

SC ROT - WEISS ESSEN EV

Spiel KSC

KSC-FAN-Club 74
Wildpark e.V.
z.H. Herrn Jürgen Twiehaus

7500 Karlsruhe
Stresemannstr. 1

4. Nov. 1975

Betr.: Bundesliga-Meisterschaftsspiel
am 29.11.1975 in Essen
RWE ./. Karlsruher Sport-Club

Sehr geehrter Herr Twiehaus!

Ihren Brief vom 30. Okt. 1975 haben wir dankend erhalten.

Wir freuen uns, daß Sie Gelegenheit haben, mit Ihrem Fan-Club das o.a.
Spiel in unserem Georg-Melches-Stadion in Berge-Borbeck zu besuchen.

Die von Ihnen angesprochenen Ausschreitungen in unserem Stadion sind,wie
leider so häufig in letzter Zeit,in Presse und sonstigen öffentlichen
Organen ungewöhnlich hoch geschildert worden. In unserem Stadion selbst sind
in der zurückliegenden Zeit keinerlei Ausschreitungen mehr festgestellt
worden. Unser Publikum, insbesondere unsere jugendlichen Zuschauer be-
nehmen sich nicht besser und nicht schlechter, wie man es heute allgemein
in Bundesliga-Stadien anzutreffen ist.

Wir halten es für ganz ausgeschlossen, daß Ihnen ein Bundesliga-Verein,
ganz gleich in welchem Regionalgebiet, eine Sicherheitserklärung für den
Besuch seiner Stadionanlage geben kann. Sie wissen sicherlich genau so
gut wie wir, daß auch viel davon abhängt, wie sich die Gäste in einem
fremden Stadion aufführen und darstellen. In dieser Hinsicht haben wir in längeren Jahren unsere Erfahrung gesammelt. Sie können
aber davon ausgehen, daß sowohl die Vereinsführung als auch die eingesetzten Polizeikräfte alles tun werden,um jedem Besucher unseres Stadions
die bestmögliche Sicherheit zu gewähren.

Wir sind sicher, daß Sie einen völlig anderen Eindruck von unserer Stadt
und von unserem Publikum mit nach Hause nehmen, wenn Sie uns anläßlich
des Spieles am 29. Nov. 1975 in unserem Stadion besuchen sollten.

Wir wünschen Ihnen schon jetzt eine gute Hin- und Rückfahrt und viel
Freude zu dieser fußballsportlichen Begegnung.

Mit freundlichen Grüßen

An den
Deutschen Fussball-Bund
z. Hd. Herrn Straub

6 Frankfurt / Main 90
Zeppelinallee 77

Essen, den 5.2.1974
nau/pa

Bundesliga-Meisterschaftsspiel Rot-Weiss Essen : Schalke 04
am Samstag, dem 9. März 1974 an der Hafenstrasse in Essen

Sehr geehrter Herr Straub,

ich stelle hiermit den Antrag, daß das am 9. März 1974 auszutragende
Meisterschaftsspiel Rot-Weiss Essen : Schalke 04 von der Hafenstrasse in Essen in das Parkstadion Gelsenkirchen zu verlegen.

Begründung :

1. Gelsenkirchen ist Essener "Einzugsgebiet".
   Die beiden Städte liegen nahtlos nebeneinander. Die Essener
   Zuschauer erreichen das Parkstadion so gut und so schnell wie
   die Essener Hafenstrasse.

2. Dieses Spiel ist für die Essener und Gelsenkirchener Anhänger
   gleichermassen interessant, wie vergleichsweise Schalke 04 :
   Borussia Mönchengladbach. Es würde für beide Vereine ein Heimspiel sein.
   Wir würden ca. DM 250.000,-- bis DM 300.000,-- Mehreinnahme
   haben.

3. Der DFB hätte damit einen geringen Beitrag geleistet einem
   Verein gegenüber, der nicht in den Genuss der finanziellen
   Vorteile gekommen ist, durch die Austragung seiner Heimspiele
   in einem durch allgemeine Steuergelder finanzierten WM-Stadion.
   Wir bessern mit dieser Möglichkeit einer strapazierte
   Kasse auf, welches auch in Ihrem Interesse liegen muß.
   Sie schaffen damit keine Lex Rot-Weiss Essen.
   Bitte springen Sie über Ihren und den Schatten der starren
   Statuten, Sie leisten damit einen kleinen Teil Wiedergut-
   machung.

Mit sportlichen Grüssen
SC ROT - WEISS ESSEN EV

Bor. Mönchengladbach – RW Essen 1 : 2

21. Februar 1976

„Hat gut geklappt. Klappt ja nicht immer. Aber heute hat gut geklappt."
Ivica Horvat

Es war die 60. Minute, als Schiedsrichter Eberhard Schmoock beim Stande von 2:1 für Rot-Weiss langsam und bedächtig auf Hans-Günter Neues zulief. Dieser guckte betreten zu Boden und ahnte wohl bereits, was in wenigen Sekunden passieren würde. Auch Gladbachs Stürmerstar Jupp Heynckes, der wenige Sekunden zuvor von Neues gefoult worden war, hatte eine Vorahnung und stellte sich vor den in Feldherrenmanier auftretenden Schiedsrichter: „Herr Schiedsrichter, lassen Sie die Karte stecken. Das war ein Allerweltsfoul." Mit „die Karte" war die rote Karte gemeint und diese Karte wurde dem Essener Abwehrspieler gleich darauf unter die Nase gehalten. Wenig später befanden sich nur noch zehn Essener Spieler auf dem Rasen des Bökelbergstadions.

Diese mussten sich eines Ansturms des amtierenden und zukünftigen deutschen Meisters erwehren. Dreißig Minuten lang mit zehn gegen elf, dreißig Minuten gegen den Sturmwirbel von Simonsen, Heynckes und Co. Am Ende war dann aber alles halb so schlimm. Ganz im Gegenteil sogar, Horst Hrubesch hätte drei Minuten vor Schluss bei seinem Alleingang auf 3:1 erhöhen können, aber der Ball rauschte um Zentimeter am Gladbacher Tor vorbei. Doch auch so rissen die Essener Spieler unmittelbar nach dem Schlusspfiff die Arme in die Höhe und bejubelten ihren verdienten 2:1-Sieg. Einen Sieg, den ihnen vor dem Spiel niemand zugetraut hatte. Zu schlecht lief es für die Rot-Weissen in den Spielen zuvor, in denen sie fünfmal hintereinander ohne Sieg geblieben waren und sich noch am Dienstag vor dem Gladbach-Spiel mit einem 2:2-Unentschieden an der Hafenstraße gegen den Tabellenletzten Kickers Offenbach blamiert hatten. Auf der anderen Seite spielten die Borussen aus Mönchengladbach mal wieder eine tolle Saison und führten am 21. Spieltag die Tabelle mit fünf Punkten Vorsprung an. Außerdem waren sie seit dem 14. Oktober 1974, seit 22 Meisterschaftsspielen, zu Hause unbesiegt. Wer oder was sollte den deutschen Meister also stoppen? Wohl kaum die Rot-Weissen aus Essen-Bergeborbeck.

„Der Jupp hat sich immer in den Abwehrspieler reinfallen lassen und dann hat der Schiedsrichter immer gedacht, dass ich ihn gefoult habe und hat Freistoß für Mönchengladbach gepfiffen. Das hat mir natürlich nicht gepasst und ich habe den Jupp auch gewarnt, dass er mit dieser Theatralik aufhören soll …, hat er nicht gemacht und dann habe ich mal ein wenig härter zugelangt. Na ja, ist passiert und zum Glück haben wir doch noch gewonnen."

Hans-Günter Neues

Doch Ivica Horvat, der alte Trainerfuchs, hatte so seine eigenen Vorstellungen vom Fußballspiel, in denen er sich nicht am Gegner orientierte, sondern vielmehr auf die Stärken seiner eigenen Mannschaft setzte. Und diese Stärke war in der besten Essener Bundesligasaison zweifelsfrei das Offensivspiel. So war es dann auch kein Wunder, dass Horvat seine brandgefährliche Sturmreihe mit Burgsmüller, Hrubesch und Lippens auflaufen ließ und das, obwohl Lippens noch an den Nachwirkungen seiner Masern litt und Burgsmüller und Hrubesch nicht die Typen waren, die in der Defensivarbeit ihre originären Stärken hatten. Da Horvat jedoch um die Defensivschwäche seines Sturmtrios wusste, setzte er im damals üblichen Dreiermittelfeld mit Werner Lorant und Hansi Dörre auf zwei Defensivspezialisten, die frühzeitig die Gladbacher Angriffsmaschinerie attackieren und damit Druck von der eigenen Abwehr nehmen sollten. Auch der dritte Mittelfeldspieler, Dieter Bast, hatte in diesem Spiel eine rein defensive Ausrichtung. In der Abwehr spielte Eberhard Strauch für den verletzten Gerd Wörmer auf der Vorstopperposition, neben ihm agierten die knallharten Außenverteidiger Hans-Günter Neues auf rechts und Hartmut Huhse auf links, als Libero fungierte Gert Wieczorkowski und als letzte Absicherung stand Heinz Blasey im Tor. Diese Aufstellung, so gut sie auch aus Essener Sicht war, hätte bei dem Gladbacher Starensemble jedoch kaum für großes Unbehagen gesorgt. Dieses Unbehagen lösten erst zwei taktische Kniffe Horvats aus.

Horvat wusste, dass die Borussen mit Allan Simonsen und Jupp Heynckes gerne über die Außenpositionen angriffen, demzufolge war die oberste Essener Abwehrpflicht, Simonsen und Heynckes aus dem Spiel zu nehmen. Hans-Günter Neues und Hartmut Huhse waren dafür die idealen Spieler: Schnell, kompromisslos und mit unbändiger Kampfkraft versehen. Wenn dieses Vorhaben Erfolg hätte, so Horvats Gedankenspiele, würden die Borussen ihr Heil durch die Angriffsmitte versuchen. Dort aber wären die Räume für die Borussen so eng, dass ein Durchkommen kaum möglich wäre. Aus dieser Situation sollte Horvats zweiter taktischer Winkelzug erfolgen: Überfallartige Konterangriffe. Und zwar nicht über die Stürmer, sondern über die mit nach vorne marschierenden, laufstarken Dörre und Lorant.

Dass diese Theorie dann tatsächlich genauso auf dem Platz umgesetzt wurde, lag zum einen an der taktischen Disziplin und der enormen Laufbereitschaft der Rot-Weissen, und zum anderen an dem einfallslosen und unmotivierten Angriffsspiel der Borussen. Diese machten sich, nachdem sie schnell festgestellt hatten, das die Essener Außenpositionen gut besetzt waren, erst gar nicht die Mühe, ihre Angriffe weiter über die Außenpositionen zu führen, sondern verlagerten ihr Angriffsspiel in die Mitte. Dort befand sich aber bei Zei-

Zweikampf Simonsen gegen Huhse.

ten fast die komplette RWE-Mannschaft und fing die ideenlosen und zumeist im Schlaf-
wagentempo vorgetragenen Angriffe der Borussen ab. Trotzdem gelang in der 22. Minute dem aufgerückten Wimmer, nach einem seltenen langen Pass aus dem Mittelfeld, die
1:0-Führung der Heimmannschaft. Nun sprach alles für die Borussen, die anschließend
jedoch zu sorglos in ihrem Angriffsspiel agierten.

Nicht nur, dass diese Angriffe weiter durch die Mitte erfolgten, sondern auch die Ver-

teidiger Vogts, Bonhof und Klinkhammer
schalteten sich ohne Absicherung für die eigene Defensive mit nach vorne ein. Dieses
Fehlverhalten wurde nach einer halben Stunde mit einem Doppelschlag der Rot-Weissen
gnadenlos bestraft. In der 30. Minute erfolgte ein schneller Essener Gegenangriff über
Bast, Lippens und schließlich Hansi Dörre,
der sich völlig frei auf Linksaußen befand.
Es folgte eine schöne, weil hohe, Flanke und
Horst Hrubesch setzte sich ohne Probleme
gegen zwei Gladbacher Abwehrspieler im
Kopfballduell durch und markierte den 1:1-
Ausgleichstreffer. Während die Rot-Weissen
noch jubelten, wollten die Gladbacher han-
deln, doch im Sechzehnmeterraum stoppte

*„Das war ein denkwürdiges Spiel. Die Glad-
bacher sind früh mit 1:0 in Führung gegangen,
aber dann gab es in der 30. und 31. Minute einen Doppelschlag von unserer Seite. Zunächst
traf Hrubesch per Kopf und dann macht der
Lorant das 2:1. Ab diesem Zeitpunkt standen
wir nur noch an unserem Sechzehnmeterraum
und haben verteidigt. Irgendwann in Halbzeit
2 ist dann zu allem Übel auch noch der Hans-
Günter Neues vom Platz geflogen, aber schlussendlich hat es dann doch zum Sieg gereicht.
Das war riesig, eine absolute Sensation.“*
RWE-Fan Frank Mühlsiepen

Wieczorkowski ihren Gegenangriff – und nicht nur das! Sein Kurzpass gelangte im Anschluss zu Kapitän Dieter Bast und dieser sah aus dem Augenwinkel den links von ihm im höchsten Tempo durchs Mittelfeld sprintenden Hartmut Huhse. Ein schneller Pass in den Lauf des linken Verteidigers und schon befand sich nur noch Gladbachs Libero Wittkamp als letztes Hindernis auf dem Weg zum Tor. Die Situation wäre womöglich für die Borussen einigermaßen glimpflich ausgegangen – Huhse war nun einmal kein Torjäger –, wenn sich nicht genau in diesem Moment Werner Lorant im D-Zug-Tempo auf rechts befunden hätte. Ein schöner Querpass von Huhse zur rechten Zeit, Wittkamp schafft es nicht mehr an den Ball zu kommen, und ein gnadenloser Flachschuss von Lorant aus 16 Metern ins kurze Eck bedeutete die 2:1-Führung für die Rot-Weissen. Überraschend, aber nicht unverdient. Die Gladbacher versuchten nun noch mehr Druck auf das Essener Tor zu entwickeln, hatten aber das Problem, dass Huhse Simonsen früh den Schneid abkaufte, dass Strauch seinen Gegenspieler Jensen nicht eine Minute aus den Augen ließ, dass Heynckes gegen Neues nicht zur Entfaltung kam und dass der Rest der

Die Anzeigetafel zeigt es deutlich: Die Gäste, also RWE, führen mit 2:1.

Rot-Weissen seinen jeweiligen Gegenspielern kämpferisch und läuferisch in jeder Hinsicht überlegen war. Mit einer 2:1-Führung der Gäste ging es in die Halbzeit und wer dachte, in Halbzeit zwei würden die Gladbacher das Spiel noch drehen, der sah sich getäuscht. RWE stand in der Defensive sehr sicher und was aufs Tor kam, entschärfte der überragende Heinz Blasey. Nur noch einmal wurde es gefährlich, als Neues in der 60. Minute seinen Gegenspieler Heynckes zu Boden brachte und dafür, nachdem er sich schon in der ersten Halbzeit die gelbe Karte eingehandelt hatte, die rote Karte sah. Da kamen die Borussen in den nächsten fünf Minuten stark auf und erspielten sich auch ein paar gute Möglichkeiten. Der Ausgleichstreffer fiel jedoch nicht mehr und da die Borussen weiter ihr einfallsloses Spiel durch die Mitte betrieben, hatte die Essener Mannschaft keinerlei Probleme ,diesen überraschenden Sieg nach Hause zu schaukeln. Im Gegenteil, bei den zahlreichen Kontern hätte RWE durchaus noch das eine oder andere Tor erzielen können. Dies geschah jedoch nicht mehr, trübte aber den Essener Jubel nach Spielschluss nicht im Geringsten. Wer hatte schon mit einem Sieg beim deutschen Meister gerechnet? Wohl die Allerwenigsten. Während Neues sein unnötiges Foulspiel im Mittelfeld an Jupp Heynckes erklärte: „Ich habe den Jupp schon vorher gewarnt, dass er mit seiner Theatralik aufhören soll. Hat er nicht gemacht und da habe ich dann mal ein wenig härter zugelangt.", führte Gladbachs Trainer Udo Lattek zu einem Großteil diese Niederlage auf „ …die Essener Knüppelei auf dem Platz …" zurück. Berti Vogts war da schon ehrlicher: „Wir haben die Essener einfach unterschätzt." Das traf aus Gladbacher Sicht durchaus den Punkt, doch gegen dieses RWE hätte auch ein stärkeres Gladbacher Team nicht automatisch gewonnen.

Links. BamS, 22.02.1976,
rechts: NRZ, 23.02.1976

Impressionen

Zwischen Stadion und Krablerstraße

Stadionvorplatz, 1978

Kassenhäuschen Haupttribüne, 1980

Vorplatz zur Gegengeraden, März 1977

Kassenhäuschen Stehplätze, 1980

Rückansicht Westkurve, 1980

Blick von der Westkurve auf die vollbesetzte
Gegengerade. RWE − Schalke, 09.03.1974

Blick von der Westkurve auf die Ostkurve und die
Haupttribüne. RWE − Schalke, 09.03.1974

Hafenstraße

Blick von der Haupttribüne auf Gegengerade und Westkurve. RWE – FC Bayern, 19.01.1974

Blick von der Haupttribüne Block A ins Stadion, 1980

Um 15.33 Uhr kommt Nebel

Für eine Minute können Essens Fans das Bundesliga-Spiel nur ahnen

BILD, 31.03.1971

ESSEN
Georg-Melches-Stadion

Gesamtnote   43

1. Vekehrsverbindungen vom Hauptbahnhof: Laufend Sonderbusse. Je nach Bedarf. 20 Minuten bis zum Stadion. **Note: 5**

2. Wie komme ich zum Kassenhäuschen: Fünf Minuten Fußweg auf festgetretenem Lehmweg. **Note: 3**

3. Kartenkauf: Genügend Kartenhäuschen. Zusätzlich gibt es Verkäufer mit Kartenrollen. **Note: 5**

4. Wie finde ich meinen Platz: Außer Tribüne kann ich mich überall hinstellen. **Note: 3**

5. Unterhaltung: Vor dem Spiel und in der Pause zuviel Werbung. Auch Musik. **Note: 2**

6. Information über Tore und Spielstand der anderen Bundesligaspiele: Sehr gut. Lautsprecher gut verständlich. **Note 5**

7. Wie gut ist der Stehplatz: Grandunterlage. Guter Überblick über das gesamte Spielfeld. Nur wenn eine Dampflok auf den Bahngleisen hinter der Tribüne vorbeidampft, wird die Sicht schlecht. **Note 3**

8. Flutlicht: Blendet. Beleuchtet das Spielfeld ausreichend. **Note: 4**

9. Service mit Wurst, Bier, Zigaretten: Nicht ganz einfach. Man muß die Ellenbogen gebrauchen, um alles zu erreichen. **Note: 3**

10. Sanitäre Anlagen: Nur eine Toilette hinter der Gegengeraden. Reicht nicht aus. **Note: 2**

11. Abmarsch: Ohne Schwierigkeiten. Allerdings sind die Tore etwas eng. **Note: 4**

12. Ordner: Sehr wenig Ordner. Sie sind höflich. **Note: 4**

Das kostet ein Bundesliga-Tag in Essen:		
1. Fahrpreis hin und zurück	1,80 DM
2. Stehplatz, Kurve	5,— DM
3. Eine Flasche Bier	1,— DM
4. Eine Bockwurst	1,10 DM
5. Elferpackung Zigaretten	1,10 DM

Gesamtpreis   10,00 DM

Hafenstraße

Ein Gedicht von Walter Jeromin
vom 27. Juni 1973

Ort der Handlung: Hafenstraße gegen drei,
Staffage: Autoschlangen, Polizei.
Darsteller: Noch nicht erschienen,
warten auf Auftritt in den Kabinen
Erstes Bild: Strömendes Volk ohne Ende,
dazwischen der Duft der Bratwurststände.
Noch mehr Menschen – lebhafte Massen,
nehmen gemeinsam den Weg zu den Kassen.
Endlich ein Platz auf einem der Ränge,
bläulicher Rausch wogt über der Menge.
„Lippens soll fehlen", will jemand wissen.
Und schon geht ein Raunen durch die Kulissen.
„Hast du gehört? Lippens soll fehlen!"
„Mensch, lass dir von dem gar nichts erzählen."
„Da ist doch Lippens, in voller Montur!
Na, du Experte?" „Ich meinte ja nur …"
Auftritt der Helden:
Begleitet von Tuten und Blasen
Betreten die Recken den heiligen Rasen.
Als man die Namen der Gegner tut kund,
erschallt von den Rängen ein höhnend „na und?"
Nach diesem Vorspiel, dem Chor der Fans
Kommen Anstoß und Angriff,
zum erstenmal brennt's.
Steigender Blutdruck, jetzt selbst bei Gesunden,
Nervenbammel für anderthalb Stunden.
Und ist man den Weg auch nur einmal gegangen,
die Straße am Hafen – sie nimmt dich gefangen!

Die vollbesetzte Haupttribüne,
RWE – VfL Bochum, 10.03.1969

Umbau Gegengerade im Oktober 1974

126

Fans in den Bäumen. Ostkurve,
RWE – FC Bayern, 19.01.1974

Bierbüchsen im Innenraum vor der Westkurve. RWE – RWO, 28.04.1968

Stimmungskern Westkurve.
RWE – HSV, 04.09.1976

Sirenen-Willi, in allen Stadien dabei, hält RWE seit langem die Treue.

Sirenen-Willi läßt sich sein Hobby etwas kosten

RWE-Fan Willi Schick versäumt seit Jahren kein Spiel

Er duzt sich mit Oberbürgermeister Horst Katzor, kennt alle Fußballwelt und ist selbst bekannt wie ein bunter Hund. Sirenen-Willi, mit bürgerlichem Namen Willi Schick, läßt seit gut zehn Jahren keine Gelegenheit aus, ein Spiel seiner RWE-Mannschaft zu besuchen. Ob Berlin, Offenbach, München, Herne oder Lünen, überall ist Willi, wie immer bekleidet mit einem rot-weißen Trainingsanzug, mit seiner Sirene dabei.

● Der 45jährige gebürtige Essener, beschäftigt bei einer Getränkefirma, ist eigentlich schon seit 1950 ein treuer Anhänger der Rot-Weißen. „Aber damals kannte mich noch keiner. Erst vor einigen Jahren wurde ich als Sirenen-Willi so richtig bekannt", erzählt er. Nicht ein einziges Meisterschaftspiel in den letzten zehn Jahren hat er versäumt. „Bin ich einmal krank, dann lasse ich mich mit der Taxe zum Spiel fahren. Aber bisher bin ich noch nicht krank gewesen, obwohl mein Herz beim Abstieg aus der Bundesliga geblutet hat", wirft Willi Schick ein.

● Alle fünf Aufstiegsrunden hat er natürlich selbst miterlebt. „Das ko-

stet im Schnitt pro Aufstiegsrunde tausend Mark. Aber das ist mir mein Verein wert. Nur einmal war ich sauer. Da bin ich nach Berlin geflogen. Doch das Spiel fiel wegen des schlechten Wetters aus. Die 300 Mark für diese Reise haben mich ein wenig geärgert", erinnert er sich. „Ist das eine Freude, daß wir nun endlichwieder in der Bundesliga sind. Hoffentlich halten wir es diesmal etwas länger aus", wünscht sich Sirenen-Willi. Mitglied bei Rot-Weiß Essen ist er übrigens erst seit zwei Jahren. „Lange habe ich mich geweigert, dem Verein beizutreten, weil ich frei sein und richtig meckern wollte, wenn es mir gefiel. Dann aber konnte ich es nicht mehr mit ansehen, daß andere, die sich längst nicht so um RWE kümmern wie ich, bei den Jahreshauptversammlungen das große Wort geschwungen haben. Da habe ich mich eben doch angemeldet."

● Willi Schicks Enkelkinder Marion und Melanie wurden übrigens schon eine halbe Stunde nach der Geburt in der RWE-Geschäftsstelle bei Paul Nikelski angemeldet. Meint Willi Schick: „Das war ja wohl mehr als selbstverständlich."

Das Ungetüm: Sirenmast

NRZ, 27.06.1973

Erdnüsse flogen hoch

Von REINHARD SCHÜSSLER

Die RWE-Anhänger haben eindrucksvoll die Vermutung widerlegt, daß ihre Stimmbänder in St.

Als es in der Halbzeit noch nicht nach einem Essener Sieg aussah, hatten einige Enttäuschte rasch einen

Eine Sondereinlage gab wieder einmal „Moses", Essens Fußballmaskottchen. 45 Minuten lang saß er unbeweglich hinter dem RWE-Tor, und beim Pausenpfiff winkte er resigniert ab. Um so lebhafter gebärdete er sich nach Feigenspans herrlichem 3:0. Die Zuschauer in seiner Umgebung wußten nicht, wie ihnen geschah, als „Moses" plötzlich seine Erdnußtüten und „Halbzeitbrötchen" in die Luft warf.

So kommt man trotz einer Stehplatzkarte zu einem Sitzplatz: Den eigenen Stuhl mitbringen.

Mit dem Stuhl ins Stadion. Damals noch möglich.

Westkurve in Action! RWE – Solingen, 27.05.1978

Die Westkurve feiert mal wieder ein Tor. RWE – Hertha BSC Berlin, 06.09.1969

A-Jugend 1975/76

Die beste rot-weisse Jugendmannschaft aller Zeiten spielte eine tolle Saison und wurde am Ende Deutscher Vizemeister. Torwart Detlef Schneider, Mittelfeldakteur Jürgen Kaminsky und Stürmer Frank Mill waren die Leistungsträger in einer gut harmonierenden Mannschaft.

Als Bundesligaschiedsrichter Paul Kindervater das Endspiel um die deutsche A-Jugendmeisterschaft abpfeift, sinken die Spieler in den rot-weiss karierten Trikots enttäuscht zu Boden. Sie hatten sich so viel vorgenommen, aber konnten fast nichts davon dort unten im Glutkessel des Herner Stadions Schloss Strünkede umsetzen. Zu überlegen war ihr Gegner, die Schalker A-Jugend. Jetzt machte sich bemerkbar, dass die RWE-Jugendlichen nur dreimal die Woche trainierten, während die gleichaltrigen Schalker schon unter Profibedingungen agierten.

Knapp zwei Stunden zuvor sah die Welt noch anders aus. Das Endspiel beginnt wie von Essener Seite gewünscht. Schalke macht das Spiel und RWE erzielt in der 6. Minute durch ein Kopfballtor von Jürgen Sekula die Führung. Zum Leidwesen der noch jubelnden Essener trifft Ulrich Bittcher nur zwei Minuten später zum 1:1-Ausgleich. Ab diesem

Die RWE-Jugendmannschaft steht zum Endspiel bereit.

Moment ist S04 im Spiel und dominiert die körperlich unterlegenen Rot-Weissen. Als die Schalker dann auch noch durch einen haltbaren Kopfball von Thomas Lander kurz vor der und durch ein unglückliches Eigentor des Essener Vorstoppers Ralf Holznagel kurz nach der Pause auf 3:1 davonziehen, ist das Spiel entschieden. Der Rest ist Schaulaufen der überlegenen Nachbarstädter.

Die weiteren Tore durch Ernst Höfer sind nur noch Beigabe und sorgen für den 1:5-Endstand aus Essener Sicht. Während die Gewinner freudestrahlend den Pokal entgegennehmen, sitzen die RWE-Spieler enttäuscht auf dem Rasen. Noch registriert niemand von ihnen, dass dies der größte Erfolg einer RWE-Jugendmannschaft ist und auch für die nächsten 35 Jahre bleiben wird.

> *„In Schalke gab es damals schon das Internat und bei uns mussten wir noch mit Bus und Bahn zum Training fahren. Das war der Unterschied und zeigte, dass Schalke damals schon im Jugendbereich professioneller gearbeitet hat."*
>
> Detlef Schneider

Rückblende, 21. Mai 1976: Nach einem 2:2-Unentschieden beim VfL Benrath sichert sich die A-Jugend von RWE überraschend die Niederrheinmeisterschaft der Gruppe 1 vor dem Favoriten Fortuna Düsseldorf, der in einigen Spielen noch mit Klaus Allofs antritt. Die Teilnahme an der Endrunde zur Deutschen Meisterschaft ist den Rot-Weissen dennoch nicht sicher, erst muss noch der Meister der Niederrheingruppe 2, der MSV Duisburg, bezwungen werden. Nach einem 3:2 von RWE in Duisburg und einem 1:0-Erfolg des MSV in Essen kommt es im Bottroper Jahnstadion zu dem entscheidenden dritten Spiel. Am Ende der regulären Spielzeit steht es vor 1.200 Zuschauern nach Toren von Fenten (MSV) und Burkhard Steiner 1:1. Es geht in die Verlängerung. Dort schlägt dann die große Stunde von Einwechselspieler Peter Piel, der Sohn von „Piel Hähnchenverkauf", der in der 94. Minute den Siegtreffer zum 2:1-Endstand für RWE erzielt. Überglücklich fallen sich die Jugendlichen in die Arme. Das große Ziel, die Endrunde der Deutschen Meisterschaft, ist damit erreicht. Einen großen Anteil daran hat Trainer Heinz Redepenning, der die Jungs nicht nur fußballerisch weiterentwickelt, sondern ihnen auch die Disziplin, die für den Erfolg nötig ist, beibringt. In der 1. Runde ist der Rheinlandmeister SpVgg Andernach der Gegner. Ohne jedwede Vorkenntnisse fährt das Essener Trüppchen, bestehend aus Trainer Redepenning, Jugendleiter Harald Rittig und der Mannschaft ins Rheinland. Mit einem nie gefährdeten 3:1-Erfolg treten die Essener am frühen Sonntagnachmittag die Rückfahrt an. Sekula, Kaminsky und Steiner sind die Torschützen. Im Rückspiel an der Bäuminghausstraße wird dann kurzer Prozess mit den Gästen gemacht. Zweimal Patzke, Sekula, Mill und Meseck sorgen für einen nie gefährdeten 5:0-Sieg. Besonders Meseck, Gundersdorff und Mill sorgen immer wieder für Unruhe vor dem Gästetor. Während Andernach nur ein Sparringspartner ist, geht es im Viertelfinale gegen Mittelrheinmeister 1. FC Köln, der ein ganz anderes Kaliber darstellt. Obwohl Klaus Kösling, der beim FC einen Profivertrag in der Tasche hat, die nicht immer sichere RWE-Abwehr ständig durcheinanderwirbelt und die Kölner Gäste schon in der 4. Minute mit 1:0 in Führung gehen, sorgen zweimal Jürgen Sekula und Frank Mill für einen 3:1-Erfolg der Gastgeber. Mit einem Zwei-Tore-Vorsprung im Rücken tritt RWE die Fahrt zum Geißbockheim an. Bei sengender Hitze steht es nach 20 Minuten torlos 0:0. Die Zeit spielt für RWE, aber dann trifft der Kölner van Hees aus dem Nichts zum 1:0 für den FC und das Spiel nimmt einen erschreckenden Verlauf für die nun völlig indisponierten Gäste. Klaus Kösling, der überragende Mann auf dem Platz, trifft noch in der ersten Halbzeit zum 2:0 und erhöht drei Minuten nach dem Wechsel auf 3:0 für den FC. Nun scheint alles für den Gastgeber zu laufen, erst recht, nachdem der sonst so sichere Essener Elfmeterschütze Jürgen Sekula einen Strafstoß verschießt. Doch RWE gibt nicht auf und kämpft sich noch mal ins Spiel zurück. Während der Vater von Detlef Schneider mit nacktem Oberkörper seinem Sohn im Essener Tor Anweisungen erteilt und dieser mit einer phantastischen Parade die mögliche 4:0-Führung der Kölner vereitelt, sorgt Ralf Holznagel in der 65. Minute für den so wichtigen Anschlusstreffer zum 1:3. Nun werden die Kölner nervös, denn die konditionell überlegenen Essener sorgen mit ihren schnellen Stürmern Meseck und Mill immer wieder für Torgefahr. Für die Entscheidung sorgt dann Jürgen Kaminsky in der 75. Minute, als er den zweiten Essener Treffer erzielt. Den von der sengenden Hitze nunmehr völlig erschöpften Kölnern gelingt es nicht mehr, ins Spiel zurückzukehren. 2:3 verloren, aber trotzdem herrscht großer Jubel im rot-weissen Lager.

V.l.n.r.: Trainer Redepenning, Detlef Schneider, Vater Schneider und Betreuer Rittig

Was niemand zu träumen gewagt hat, ist jetzt Gewissheit. RWE steht im Halbfinale und trifft dort auf den amtierenden Deutschen Meister VfB Stuttgart. Und dieser VfB ist der große Favorit. Ralf Rangnick, Dietmar Grabotin und besonders der großgewachsene Bernd Klotz im Sturm sorgen für enorme Qualität in der Stuttgarter Mannschaft. Im Grunde hätte sogar noch der zukünftige Nationalspieler Karl-Heinz Förster für die A-Jugend des VfB auflaufen können, aber Profitrainer Karl Bögelein erachtet es als wichtiger, Förster die ersten Einsatzmöglichkeiten in der 2. Liga zu geben, als ihn in möglicherweise knüppelharten Jugendspielen unnötigen Gefahren auszusetzen. 7.500 Zuschauer an der Bäuminghausstraße bereiten im Hinspiel einen tollen Rahmen, müssen sich aber in den ersten 25 Minuten große Sorgen um RWE machen. Die Stuttgarter, im Schnitt einen halben bis einen Kopf größer als die Rot-Weissen, wirken athletischer und agieren immer einen Tick schneller als die Gastgeber. Obermüller und Klotz im Sturm sorgen dafür, dass die Essener Abwehr ständig unter enormem Druck steht. Das erste Tor im Spiel erzielt dennoch RWE. Mill trifft mit einem satten Flachschuss aus 18 Metern. Die feldüberlegenen Schwaben schalten nun zwei Gänge höher und gehen durch zwei Alleingänge von Grabotin und Klotz mit 2:1 in Führung. Doch RWE kämpft, die Jungs unterstützen sich in jeder Phase und können tatsächlich das Spiel drehen. Steiner, mit einem Tor des Monats, und der enorm starke Meseck treffen zum 3:2. Nun muss der VfB wieder was tun – und die Gäste reagieren und erzielen durch Klotz den Ausgleich zum 3:3. Als niemand mehr daran glaubt, als die ersten Zuschauer das Stadion verlassen, zieht Frank Mill mit einer Energieleistung über den ganzen Platz und passt den Ball hart und flach nach innen. Der Stuttgarter Löbel fälscht unglücklich ab und RWE gewinnt das Spiel überraschend mit 4:3. Trotzdem gibt niemand den Rot-Weissen für das Rückspiel eine Chance. Auch die RWE-Spieler wissen, dass es fast unmöglich ist, beim VfB das Endspiel zu erreichen. RWE-Trainer Redepenning, extra für diese Spiele aus seinem Urlaubsort Amrum angereist, sieht die einzige Chance seiner Mannschaft in einer auf totale Defensive ausgerichteten Taktik. Während viele Väter im Zug mit nach Stuttgart fahren, bleibt RWE-Präsident Willi Naunheim lieber im Urlaub auf Mallorca. Er verpasst ein hochdramatisches Spiel. Vor 12.000 Zuschauern rollt ein VfB-Angriff nach dem anderen in Richtung RWE-Tor. Im Minutentakt erspielt sich der VfB hochkarätige Torchancen, doch im RWE-Tor steht ein glänzend aufgelegter Detlef Schneider, der sich nach der ersten heruntergepflückten Flanke in einen wahren Spielrausch steigert. Egal wer, es kommt niemand an ihm vorbei.

Als Löbel auch nur den Pfosten trifft, ahnen die ersten Zuschauer, dass an diesem Tag durchaus auch der Außenseiter triumphieren könnte. Und so kommt es dann auch. Der VfB greift an, Schneider hält alles und Frank Mill erzielt bei drei Essener Kontern zwei Tore und sorgt für den 2:0-Sieg. Auf der Rückfahrt im Zug spielen sich unglaubliche Szenen ab. Während Karl-Heinz Gundersdorff die Schaffnermütze spazieren trägt, läuft dieser mit Gundersdorffs Trikot durch die Abteile. Im Zug wird gefeiert, was das Zeug hält. Irgendwann gibt es kein Bier mehr. Beim nächsten Halt an einem kleinen Bahnhof hasten die Väter Mill, Gundersdorff und Schneider über den Bahnsteig und kommen mit mehreren Kisten Bier zurück in den Zug, so dass die Feier bis nach Essen fortgesetzt werden kann. Mit dieser Euphorie, so ist jeder überzeugt, könnte es auch im Endspiel gegen die Schalker Favoriten klappen. Leider ist dies dann nicht der Fall.

Trotz der Enttäuschung im letzten Saisonspiel war die Vizemeisterschaft ein sensationeller Erfolg, den diesen Jungs niemand zugetraut hätte. Und es stellt sich die Frage, was

Mills Tor Sekunden vor Schluß löste Jubelstürme aus

RWE zwang Meister in die Knie

Deutsche Jugendmeisterschaft: Im Halbfinale gegen VfB Stuttgart 4:3

Zuwenig Karten – Haupttor gestürmt

Frank Mill in Aktion

Essener Nachwuchs triumphiert im Neckar-Stadion

Durch zwei Tore Mills erreicht RW-Jugend Finale gegen Schalke

VIII. Ergebnisse der Deutschen Jugendmeisterschaft 1976

1. Spieltag – Hinspiele (12./13.6.1976)

	E	HE	Zusch.
Sportvereinigung Andernach – Rot-Weiß Essen	1:3	(1:1)	1.000
1. FC Köln – ASV Idar-Oberstein	3:3	(1:1)	1.500
Eintracht Frankfurt – FC St. Pauli	5:2	(2:1)	1.600
VfB Stuttgart – Freiburger FC	4:2	(1:1)	1.000
1. SC Saarlouis-Roden – Eintracht Braunschweig	2:3	(1:1)	2.000
Spvgg. Blau-Weiß 90 – Schalke 04	0:1	(0:0)	1.500
SV Werder Bremen – VfB Lübeck	0:0	(0:0)	700
VfR Mannheim – 1. FC Nürnberg	0:2	(0:0)	500

2. Spieltag – Rückspiele (19./20.6.1976)

	E	HE	Zusch.
Rot-Weiß Essen – Sportvereinigung Andernach	5:0	(1:0)	700
ASV Idar-Oberstein – 1. FC Köln	1:1	(1:0)	3.500
	(Elfm.	5:6)	
FC St. Pauli – Eintracht Frankfurt	2:5	(2:2)	800
Freiburger FC – VfB Stuttgart	0:1	(0:0)	600
Eintracht Braunschweig – 1. SC Saarlouis-Roden	0:4	(0:1)	600
Schalke 04 – Spvgg. Blau-Weiß 90	5:0	(0:0)	900
VfB Lübeck – SV Werder Bremen	1:2	(0:2)	2.000
1. FC Nürnberg – VfR Mannheim	1:1	(1:0)	800

3. Spieltag – Hinspiele (27.6.1976)

	E	HE	Zusch.
Rot-Weiß Essen – 1. FC Köln	3:1	(3:1)	1.200
Eintracht Frankfurt – VfB Stuttgart	2:2	(2:0)	2.000
1. SC Saarlouis-Roden – Schalke 04	1:5	(1:1)	4.400
SV Werder Bremen – 1. FC Nürnberg	1:5	(0:2)	800

4. Spieltag – Rückspiele (4.7.1976)

	E	HE	Zusch.
1. FC Köln – Rot-Weiß Essen	3:2	(2:0)	2.800
VfB Stuttgart – Eintracht Frankfurt	3:1	(1:0)	5.000
Schalke 04 – 1. SC Saarlouis-Roden	10:0	(6:0)	800
1. FC Nürnberg – SV Werder Bremen	1:2	(1:2)	600

5. Spieltag – Hinspiele (11.7.1976)

	E	HE	Zusch.
Rot-Weiß Essen – VfB Stuttgart	4:3	(1:1)	7.500
Schalke 04 – 1. FC Nürnberg	2:0	(1:0)	12.000

6. Spieltag – Rückspiele (17./18.7.1976)

	E	HE	Zusch.
VfB Stuttgart – Rot-Weiß Essen	0:2	(0:0)	11.000
1. FC Nürnberg – Schalke 04	3:4	(2:1)	4.000

ist aus diesen talentierten Spielern im Laufe der Zeit geworden?

Sieben Mann aus der Stammformation haben es im Laufe der Zeit in den Profibereich geschafft. Der erfolgreichste wurde Frank Mill, der es 1990 sogar zum Weltmeister brachte. Wolfgang Patzke absolvierte ca. 150 Bundesliga- und ca. 170 Zweitligaspiele, Burkhard Steiner kommt auf ca. 350 Zweitligaspiele, Gundersdorff und Kaminsky absolvierten immerhin noch mehr als 150 Zweitligaspiele, Detlef Schneider (65 Zweitligaspiele) und Jürgen Sekula (36 Zweitligaspiele) waren ebenfalls, wenn auch nur für kurze Zeit, in der 2. Liga vertreten. Überraschenderweise gelang es keinem der starken Abwehrspieler, Kunze, Holznagel oder Hafermass, sich im Profibereich zu behaupten. Auch Stürmer Rainer Meseck sollte der Sprung nach oben nicht gelingen.

II. Offizielle Vertretung von Rot-Weiß Essen

Will Naunheim (Präsident)
Harald Rittig (Jugendleiter)
Heinz Redepenning (Trainer)
Theo Geeren (Betreuer)

aus Anlaß des
Endspiels um die
Deutsche Jugendmeisterschaft 1976
Rot-Weiß Essen - Schalke 04

III. Offizielle Vertretung von Schalke

Günther Sommermeier (Jugendleiter)
Ulrich Maslo (Trainer)
Günter Kruszewski (Betreuer)
Gustav Groh (Masseur)

Spieler

1 Detlef Schneider	31.10.58
2 Uwe Hafermaas	15.12.57
3 Michael Kunze	9.11.58
4 Ralf Holznagel	3. 5.59
5 Burckhard Steiner	4.10.58
6 Karl-Heinz Gundersdorff	25.12.57
7 Jürgen Sekula	2. 5.58
8 Rainer Meseck	20. 9.59
9 Frank Mill	23. 7.58
10 Jürgen Kaminsky	7.12.57
11 Wolfgang Patzke	24. 2.59
12 Joachim Skorupa	8. 8.58
13 Peter Piel	26. 9.58
14 Helmut Vennemann	28. 9.59
15 Dirk Schomburg	19. 4.60

Tomatencreme-Suppe

* ═══

Entrecote mit Kräuterbutter

Pommes frites

Kartoffelpüree

Gemischter Salat

* ═══

Eisbombe Maritim

Spieler

1 Peter Sandhofe	25.10
2 Thomas Kruse	7. 9
3 Mathias Schipper	23. 9
4 Rolf Köster	31.10
5 Norbert Dörmann	31. 8
6 Klaus Santanius	21. 8
7 Peter Mentzel	7. 9
8 Ulrich Bittcher	10. 9
9 Uwe Höfer	21. 7
10 Thomas Lander	22. 8
11 Friedhelm Schütte	12. 8
12 Wolfgang Reichel	18. 2
13 Helmut Gorka	13. 4
14 Jörg Feldmann	26. 8
15 Michael Tönnies	19.12

Interview mit Günter „Nobby" Fürhoff

Günter Fürhoff nahm sich mehr als drei Stunden Zeit, um dem Autor Rede und Antwort zu stehen. Er hatte viel zu erzählen und schaffte mit dem einem oder anderen Augenzwinkern bei dieser Gelegenheit auch ein paar Missverständnisse aus der Welt..

Herr Fürhoff, Sie haben in der Jugend von Union Frintrop gespielt.

Genau, ich bin mit 12 Jahren in den Verein eingetreten und habe in meinen Jugendjahren im Sturm gespielt. Mit knapp 17 Jahren haben die mich direkt in die I. Mannschaft gezogen und dort habe ich dann im offensiven Mittelfeld, direkt hinter den beiden Spitzen, gespielt. Ich kann mich noch gut daran erinnern, dass wir in der Bezirksliga auf roter Asche gespielt und ich jede Menge Tore geschossen habe, ungefähr vierzig pro Saison. Aus diesem Grund stand ich dann montags immer in der Zeitung und irgendwann ist Rot-Weiss auf mich aufmerksam geworden.

Wie ist der Wechsel abgelaufen?

Wir hatten ein Spiel zu Hause gegen Kray und da wusste ich, dass jemand von RWE vorbeikommen würde. Wir haben mit 4:1 gewonnen und ich hatte alle vier Tore geschossen. Nach dem Spiel wurde ich direkt am Platz von Herrn van Almsick, damals zweiter Vorsitzender, angesprochen, ob ich nicht Lust hätte, zu RWE zu kommen.

Und Sie haben zugestimmt?

Ja sicher, das war doch ein Traum von jedem Jugendlichen in Essen, einmal in dem

Fürhoff betritt spanischen Boden. Mallorca, Anfang der 70er Jahre.

großen Stadion an der Hafenstraße auflaufen zu dürfen. Ich war ja fußballbegeistert und habe mir selbst ab und an ein paar Spiele im Georg-Melches-Stadion angesehen, da denkt man schon, wie es wäre, wenn man selbst dort unten auf dem Platz stünde (*lacht*).

Was wurde Ihnen finanziell geboten?

Ich habe bei Vertragsunterschrift direkt 1500 DM Handgeld bekommen. Das normale Gehalt und die Prämien waren aber viel geringer. Demzufolge musste ich auch weiterhin auf der Zeche Amalie, in 1000 Meter Tiefe, als Bergmann arbeiten. Das habe ich aber nicht lange gemacht, denn der Staub und die schlechte Luft unter Tage haben mir doch ganz schön zugesetzt.

Ist Ihnen, auch auf Grund der ganzen Nebenaspekte, der Einstieg in die Saisonvorbereitung bei RWE schwer gefallen?

Ja, der ist mir sehr schwer gefallen und ich brauchte eine gewisse Anlaufzeit. Das war schon eine große Umstellung und bei den Waldläufen kam ich oft als letzter ins Ziel.

In Ihrem ersten Jahr bei RWE, 1968/69, haben sie zwar bei der I. Mannschaft mittrainiert, mussten aber in der Hinrunde noch in der II. Mannschaft spielen.

Genau, das hat mir aber sehr viel Spaß gemacht. Dort konnte ich dann endgültig beweisen, dass ich in die I. Mannschaft gehöre. Und so kam es auch.

Waren Sie sich nicht zu schade, in der II. Mannschaft zu spielen?

Um Gottes Willen, ich habe immer gerne Fußball gespielt.

Haben Sie relativ schnell festgestellt, dass Sie das gleiche Niveau hatten wie die etablierten Regionalligaspieler?

Natürlich waren da schon ein paar Zauberer in der Mannschaft. Lippens und Ter Mors, aber mit dem Rest konnte ich technisch relativ schnell mithalten. Zu Beginn fehlten mir die Kondition und das Durchsetzungsvermögen, aber als ich mir alles angeeignet hatte, habe ich mir auch schnell einen Stammplatz erkämpfen können.

In der Bundesligasaison 1969/70 waren Sie noch kein unangefochtener Stammspieler, was aber bei der Mittelfeldbesetzung Ter Mors, Ferner und Jung auch nicht verwundert.

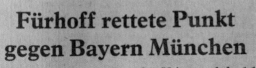

Im Heimspiel gegen Bayern München wurden Sie eingewechselt und haben den Ausgleichstreffer zum 1:1-Unentschieden erzielt.

Ein Kopfballtor, obwohl ich normalerweise gar kein guter Kopfballspieler war. Mit Kopfbällen hat es bei mir immer gehapert.

In der Rückrunde kam es zu den Schlammspielen an der Hafenstraße, bei denen Sie nicht eingesetzt wurden.

Keine Ahnung, warum ich nicht mitgespielt habe, aber ich weiß sehr wohl, wenn es geregnet hat und der Platz glitschig war, waren wir immer gut drauf. Ich selbst habe immer gerne unter Flutlicht und auf einem matschigen Platz gespielt.

Zu diesem Zeitpunkt sind Sie für mehrere Wochen in die Sportschule Duisburg-Wedau gegangen. Ich kann mir vorstellen, dass dies eine langweilige Angelegenheit war. Was macht man dort denn außer trainieren?

Sich langweilen und Karten spielen. Das war für mich eine schlimme Zeit. Zwei, drei Tage konnte man das aushalten, aber doch keine drei, vier Wochen wie zu dieser Zeit (*schüttelt den Kopf*). Für mich war das eine Quälerei. Immer die gleichen Gesichter gesehen und dann nur Karten spielen und blöd quatschen. Vielleicht noch ab und an eine Partie Tischtennis und Fernsehen gucken, das war es dann. Manchmal haben wir eine Flasche Bier aufs Zimmer geschmuggelt und dort heimlich getrunken. Hat ja nicht geschadet, aber erwischen lassen durftest du dich nicht, dann musstest du Strafe zahlen und beim nächsten Spiel saßt du auf der Bank. War alles sehr streng.

Saison 1969/70

Hatten Sie damals Freunde in der Mannschaft?

Nein, Freunde in der Mannschaft hatte ich nie. Das waren für mich Kollegen, wo ich mit dem einen besser und mit dem anderen schlechter auskam. Ich habe es ihnen ja schon vorhin gesagt, in den langen Trainingslagern hat es mich schon sehr genervt, wenn ich immer nur die gleichen Gesichter gesehen habe. Man war ja fast wie verheiratet. Insgesamt hatte ich aber nie Probleme innerhalb der Mannschaft. Das lag bestimmt daran, dass ich ein ruhiger Junge war, der auch ein wenig Fußballspielen konnte (*lacht*).

Die Hinrunde der Saison 1970/71 verlief ganz gut, aber in der Winterpause wurde Ter Mors verkauft. Die Rückrunde lief dann sehr schlecht und am Ende stand der Abstieg. War der Verkauf von Ter Mors mit ein Grund dafür?

Kann sein, Ter Mors war ja ein super Spieler und ein toller Kamerad. Allerdings kann es auch am Trainer gelegen haben. Hinzu kam, dass mehrere Spieler unzufrieden waren und aus diesem Grund nicht mehr ihre Leistung brachten. Das Ganze als Kombination und der Abstieg kommt schneller als man gucken kann. Traurig. Traurig besonders für die Zuschauer.

Trotz Abstieg sind viele Spieler beim Verein geblieben, Sie auch. Warum?

Also, ich war damals mit meiner ersten Frau verheiratet und die wollte nicht weg aus Essen. Ich hatte zu dieser Zeit durchaus mehrere Angebote, ich hätte zum Beispiel auch nach Frankreich gehen können oder zum 1. FC Köln oder Fortuna Düsseldorf. Die wollten mich unbedingt haben, aber wegen meiner Frau bin ich nicht gewechselt. Das war im Nachhinein gesehen ein Fehler.

Aber weil Sie immer in Essen geblieben sind, waren Sie bei den Zuschauern sehr beliebt.

Ja, das stimmt. Die standen immer hinter mir und haben mich mit „Nobby"- Sprechchören gefeiert. Diese Sprechchöre haben mich oft aufgebaut.

In der Regionalligasaison 1971/72 hat RWE inklusive Aufstiegsrunde 135 Tore geschossen. Sie waren der Torschützenkönig mit 30 Treffern. Warum haben Sie in dieser Saison so viele Tore geschossen?

Weil ich da so gut war *(lacht)*. Nein, im Ernst, ich hatte mit dem Willi Lippens und dem Peter Dahl zwei sehr gute Mitspieler, die nicht nur selbst Tore machen wollten, sondern mir auch den einen oder anderen Ball aufgelegt haben. Hinzu kam, dass ich gerade in diesen Regionalligajahren viele Freistoßtore und Tore aus 20, 25 Metern gemacht habe. Das war meine Spezialität *(lacht)*.

In dieser Saison haben Sie zu Hause gegen Klafeld mit 8:0 gewonnen, dabei haben Sie drei Tore mit dem Kopf erzielt.

(Zeitungsausschnitt wird vorgelegt)

Aha, siehste ..., so einen Elan kennst Du gar nicht von mir *(zu seiner Frau)*. Ja, wir hatten da schon eine gute Mannschaft, aber Klafeld war natürlich auch nicht unsere Kragenweite.

Man hat ja immer gesagt: Rot-Weiss ist für die Bundesliga zu schlecht und für die zweite Liga zu gut.

Stimmt, wir waren immer eine Fahrstuhlmannschaft. Das Problem war die ganze Zeit, dass wir durchaus gute Jungs hatten, die ohne Schwierigkeiten Bundesliga spielen konnten, aber das waren zu wenige. Ich hätte mir manchmal mehr gute Leute in der Mannschaft gewünscht, aber da fehlte dem Verein wohl das Geld.

Wo haben Sie eigentlich damals gewohnt?

Ich habe mit meiner Ex-Frau in Essen-Borbeck gewohnt und der Wolfgang Rausch hat mich mit seinem Porsche immer zum Training abgeholt.

Herr Rausch hat zu mir gesagt, dass er meistens nach dem Spiel am Wochenende einen trinken gegangen ist. Wie sah es bei Ihnen aus?

Also, ich bin auch schon mal unter der Woche raus gegangen, ich war einfach so ein Typ. Der Trainer hat das am nächsten Tag beim Training gemerkt und dann musste ich natürlich Strafe zahlen.

Sie sind also immer dann raus gegangen wann sie Lust hatten?

Ja, genau.

Aber in der Woche waren doch in Essen die meisten Lokalitäten geschlossen. Oder?

BILD, 04.03.1974

Alles zu? (*Fürhoff lacht lautstark*) Ich war immer in Frintrop, in den Eckkneipen, unterwegs. Klar, da habe ich dann auch drei, vier Bier getrunken, aber im Grunde nie so viel, dass ich besoffen war. Das wurde nur immer im Nachhinein erzählt.

Die Zuschauer konnten sich aber mit Ihnen identifizieren und haben Sie auch „Asbach-Nobby" genannt.

Hm, „Asbach-Nobby" (*ärgerlich*). Habe ich mal einen Asbach getrunken, schon hatte ich den Namen weg. Ja was soll das denn? Als ob ich die ganze Pulle leer gemacht hätte (*sehr ärgerlich*). Das hat mir schon wehgetan, muss ich wirklich sagen. Die Fans haben mir mal eine Zwei-Liter-Flasche Asbach Uralt geschenkt. Die habe ich, so freundlich wie ich bin, auch angenommen – aber toll fand ich das nicht.

Mit dem Spitznamen „Nobby" kamen Sie aber klar?

Ja sicher. Das war kein Problem und die Leute hier in Würzburg kennen mich auch nur als „Nobby", da weiß keiner dass ich in Wirklichkeit Günter heiße. Nein, der Name war schon okay, aber „Asbach-Nobby" fand ich unmöglich. Besonders wenn ich mal schlecht gespielt habe, dann hieß es sofort „Asbach-Nobby". Noch mal, um es klarzustellen: Ich habe gerne drei, vier Bier getrunken, habe durchaus auch eine Strafe gezahlt – aber Asbach war wirklich nicht mein Ding.

Haben Sie damals mitbekommen, dass Sie bei den Fans in der Westkurve gut gelitten waren?

Ja klar. Die haben immer „Nobby, Nobby" gerufen und für mich war es auch ein schönes Gefühl, wenn der Stadionsprecher die Aufstellung vorlas, wir schon im Spielertunnel standen, und das Publikum bei „der Spieler mit der Nummer 10" den Namen Fürhoff gegrölt hat. War wirklich toll, das hat mich sehr gefreut.

Haben Sie die Kulisse auf dem Platz mitbekommen?

Ja, aber voll. Am Anfang ist man so nervös, aber wenn wir dann auf den Platz gelaufen sind und die Leute in der Westkurve die rot-weissen Fahnen geschwenkt haben, war das ein sehr gutes Gefühl.

Waren Sie vor den Spielen, in der Kabine, nervös?

Klar, ich war immer vor den Spielen nervös. Ich saß dann auf der Bank und hatte schweißnasse Hände. Ich war aber nicht der einzige. Der Willi Lippens ist immer kreuz und quer durch die Kabine gelaufen und hat jedem Einzelnen auf die Schulter gekloppt, manchmal gab es auch noch einen flotten Spruch dazu. So hatte jeder sein Ritual wie er mit seiner Nervosität umging. Wenn ich anschließend den Platz betreten habe, war aber alles wie weggewischt.

Ich habe gehört, dass Sie vor einem Spiel noch schnell im Heizungskeller verschwunden sind und eine Zigarette geraucht haben. Stimmt das?

Ja, stimmt. Das gebe ich auch zu, das brauchte ich. Manchmal ist in den späteren Jahren der Horst Hrubesch mitgekommen, dann haben wir zu zweit gequalmt *(lacht)*.

Das ging ohne Probleme?

Um Gottes Willen, das durfte doch der Trainer nicht wissen, der hätte uns aus der Mannschaft geworfen. Übrigens, die Frau Breitbach war immer so freundlich, uns den Keller aufzuschließen *(lacht)*.

Bei einer Sache muss ich noch mal nachhaken: Sie waren technisch ein Topmann, aber von der Kondition …

Schwach. Ich habe ja im Training alles mitgemacht, musste ich ja auch. Aber ich war kein Renner, der jetzt Runde um Runde rennt. So gut ich konnte, bin ich zwar immer meinen Stil gelaufen, aber ich war noch nie konditionsstark. Ich gebe es auch offen zu, dass ich während des Spiels nicht schnell gewesen bin. Ich war technisch gut, konnte was am Ball, habe die Übersicht gehabt und beizeiten auch ein Tor geschossen. Das war meine Stärke.

Jetzt gibt es vielleicht diverse Gründe, warum es nicht so mit der Kondition gelangt hat. Vielleicht lag es am Rauchen?

Das lag doch nicht am Rauchen *(ganz empört)*. Damals haben wir so viel trainiert, da schaden doch keine drei, vier Zigaretten oder wenn du mal eine Flasche Bier trinkst. Wo schadet das denn? Manche Trainer wollten es einfach nicht. Nein, ich war einfach nicht der Typ dafür, ich konnte nicht ewig rauf und runter rennen wie der Werner Lorant. Es war ja auch nicht tragisch, in einer Mannschaft braucht man Renner und Läufer, aber auch einen, der das Spiel macht.

Herr Fürhoff, Sie waren wegen Ihrer Torschüsse aus 20 oder 25 Metern sehr gefürchtet. Haben Sie diese Schüsse trainiert?

Ja, das haben wir immer trainiert: Außenrist, Innenrist, Vollspann. Ich persönlich hatte immer Spaß an diesen Übungen.

Der Kurzpass über zehn Meter zum Nebenmann wäre aber sicherer gewesen.

Klar, aber die Zuschauer wollen doch diese Schüsse aus der Entfernung sehen und dass man zum Abschluss kommt.

Sie als Regisseur wurden ja meistens in Manndeckung genommen. Taten Sie sich schwer damit?

Ja klar. Der kleine Kurrat oder der Kobluhn von Oberhausen sind mir die ganze Zeit auf den Füßen gestanden. Wo ich auf dem Platz war, waren die auch. Das habe ich gehasst. Bei manchen habe ich auch keinen Stich gemacht, weil die mir keinen Spielraum gelassen haben … nicht mal einen halben Meter.

Ballgefühl verlernt man nicht. Fürhoff, 2010.

Haben Sie mit Ihrem Gegenspieler während des Spiels gesprochen?

Ja klar. Ich habe ihn gefragt, warum er immer hinter mir her ist. Dann haben die meistens gesagt, dass ihr Trainer ihnen das aufgetragen hätte und sie mich nun über den ganzen Platz verfolgen müssten. „Scheißspiel" habe ich dann zu denen gesagt, denn zum einen konnte ich mich nicht entfalten, aber zum anderen konnten meine Gegenspieler auch nicht am eigentlichen Spielgeschehen teilnehmen.

Bei den Spielen gegen Bayern haben Sie oft gegen Rainer Zobel gespielt.

Gegen den habe ich immer sehr ungern gespielt. Obwohl ich besonders bei unseren Heimspielen öfter gegen ihn gut ausgesehen habe, hat er mir doch sehr zu schaffen gemacht. Der war nämlich nicht nur ein Zerstörer, sondern hatte selbst eine gute Technik und war zusätzlich noch ein Renner vor dem Herrn. Und da war für mich das Problem, dass ich, wenn er mit nach vorne ging, in der Defensive aushelfen musste. Demzufolge hatte ich dann natürlich nicht mehr so viel Kraft, selbst was für unsere Offensive zu tun.

Haben Sie sich damals darauf gefreut, wenn Sie wussten, dass es im nächsten Spiel gegen Bayern München ging?

Auf jeden Fall, da war immer schön Action und das Stadion voll. Wir haben uns alle darauf gefreut.

Action gab es auch gegen Schalke. In der Saison 74/75 haben Sie in einem Wahnsinnsspiel 4:4 gespielt. Erinnerungen?

Nein, keine. Wobei, wenn ich mir jetzt den Zeitungsauschnitt angucke, dann kann ich mich schon noch an mein Tor gegen den Nigbur erinnern. Den habe ich in diesem Spiel aus über 20 Metern einen in den Winkel gesetzt *(lacht)*. Der Nigbur war ein guter Torhüter, der aber auch gelegentlich mal eine „Krücke" rein bekommen hat.

Generell sahen Sie als Mannschaft aber immer schlecht aus gegen Schalke. Warum?

Man hat manchmal so Gegner, und dazu gehörte Schalke, da kannst du noch so gut spielen, da gewinnt man einfach nicht. Diese Gegner liegen einem nicht, hört sich komisch an, ist aber so.

Aber gerade bei den Spielen gegen Schalke, da wollte doch jeder Fan auch mal gerne gewinnen.

Ja ja, das war in Lokalderbys immer so, gerade gegen Schalke. Ich kann mich daran erinnern, dass die Schalker Fans mal über Nacht die Torpfosten bei uns blau gestrichen haben, da musste der Jupp am Samstagmorgen noch ganz schön schrubben *(lacht)*. Bei diesen Spielen war an der Hafenstraße auch immer eine gewaltige Stimmung, dadurch hat mir das Spielen noch mehr Spaß gemacht.

Kommen wir zu den Bundesligajahren. Ab der Saison 1973/74 haben Sie wieder Bundesliga gespielt. Trainer war Horst Witzler.

Ja, der Witzler kam von Schwarz-Weiss. Da wurde viel Wert auf Disziplin gelegt und trainieren mussten wir ohne Ende. Oftmals mit Medizinball links und rechts unter den Armen und dann ab die Post. Das war was für mich *(lacht)*! Ich bin oft überholt worden, da ich ja immer mein Tempo gelaufen bin. Manche von uns sind gerannt wie die Wilden. Keine Ahnung, wer und was die so getrieben hat. Einer von denen war Manni Burgsmüller, aber besonders natürlich der Werner Lorant. Mit mir zusammen ist meistens der Willi Lippens gelaufen, der gehörte auch zu den ganz Langsamen. Ich hatte immer ein gutes Verhältnis zu Willi, obwohl er bekanntermaßen kein einfacher Mensch war. Sein bester Freund war der Hansi Dörre.

Witzler ist nach einem schlechten Saisonstart von Diethelm Ferner abgelöst worden.

Ja, vom kleinen Didi *(lacht)*. Ich kannte ihn ja schon länger und kam deshalb auch weiterhin ganz gut mit ihm aus. Das war eine schöne Zeit.

Regionalligajahre 1971-73: Ein ständig jubelnder „Nobby".

Die Saison 1975/76 war dann jedoch für Sie keine schöne Zeit. Sie absolvierten nur neun Spiele, obwohl Sie in den Jahren zuvor und auch danach immer Stammspieler waren. Kamen Sie mit dem Trainer nicht aus oder woran lag es?

Ich hatte zu Beginn der Saison eine Grippe, wurde aber fit gespritzt und habe ganz normal weiter trainiert und gespielt. Durch diese Sache habe ich aber Probleme mit meinem Herzen bekommen. Ich wurde dann eingehend untersucht und dabei wurde festgestellt, dass ich Herzrhythmusstörungen hatte. Daraufhin durfte ich dann für lange Zeit nichts mehr machen, wäre alles zu gefährlich gewesen. Die Spiele habe ich mir immer von der Tribüne aus angeguckt. Ich muss wirklich sagen, dass dies für mich eine ganz schwierige Zeit gewesen ist.

Haben Sie in dieser Zeit unter ärztlicher Aufsicht leicht trainieren dürfen?

Nein, das Einzige, was ich die ganze Zeit gemacht habe, waren Reha-Maßnahmen. Und die nahmen kein Ende. In meinen Augen hat es eine Ewigkeit gedauert bis ich wieder am normalen Trainingsbetrieb der Mannschaft teilnehmen durfte. Tja, und da ich ja so lange raus war, hat es auch ziemlich lange gedauert, bis ich wieder einigermaßen mithalten und spielen konnte. Ich glaube sogar, dass ich erst wieder zu Beginn der Saison 1976/77 eingesetzt wurde.

Trainer war zu dieser Zeit Ivica Horvat. Wie war er?

Hm, kein Trainer für mich, ich konnte den kaum verstehen. Taktisch war er bestimmt ein guter Trainer, aber nicht für mich persönlich. Der wollte jeden von uns drillen, ihm Disziplin beibringen und dafür sorgen, dass er auf dem Platz grätscht. War ich nicht der Typ dafür, habe ich auch nicht mitgemacht. Du kannst doch nicht einen Techniker zum Grätschen drillen. Wo kommen wir denn da hin? Fragen sie mal einen Overath, ob er da mitgemacht hätte. Nein, aus diesem Grunde kam ich mit dem langen Horvat nicht klar. Ich hatte oft Streit mit ihm.

Die Saison 1976/77 verlief ganz schlecht, die ersten Spiele wurden direkt zu Beginn verloren. Macht man sich da Gedanken, warum es so schlecht läuft?

Gedanken macht man sich immer. Ich saß damals nach den Spielen abends zu Hause und habe oft nachgedacht, was ich falsch gemacht habe, was ich und auch die Mitspieler demnächst besser machen können. Das ging mir immer durch den Kopf und ich habe mir

tagelang Gedanken gemacht, warum wir die Spiele verlieren. Das muss man aufarbeiten, was aber meistens nur mit einem Sieg am folgenden Wochenende geht – erst dann wirst Du wieder frei im Kopf. Da wir aber immer wieder verloren haben, dann kannst Du dir ja vorstellen, was in meinem Kopf los war.

Kann ich mir das so vorstellen, dass Sie sich nach den Spielen zu Hause auf die Couch gelegt und dann das Spiel in Gedanken noch mal durchgespielt haben?

Ich war zunächst mal sauer, keiner durfte mich ansprechen und ich musste meine Ruhe haben. Ich habe alles Revue passieren lassen und mich immer am meisten selbst hinterfragt, ob ich alles richtig gemacht hatte oder eben nicht.

Relaxen muss auch mal sein. Ende der 1970er Jahre.

Kann man sagen, dass bei 103 Gegentoren die Qualität in der Mannschaft gefehlt hat?

Ja natürlich, da wir so viele Gegentore bekommen haben, sieht man doch, dass bei einigen Spieler die nötige Bundesligaqualität gefehlt hat. Da brauchen wir uns doch nichts vorzumachen. Ich muss auch sagen, wenn wir jetzt über diese Saison reden, dann tut mir das heute noch weh – das war wirklich sehr schlimm damals.

Ist es für Sie peinlich, wenn Sie in alten Büchern blättern und dann diese Katastrophensaison noch mal vor Augen haben?

Natürlich ist das peinlich, das möchte ich am liebsten vergessen, aber auch da muss man hingucken.

Am Ende der Saison 76/77 sind Sie aus der Bundesliga abgestiegen, trotzdem blieben Sie dem Verein treu. Nur ein Jahr später klopften Sie in den Aufstiegsspielen gegen den 1. FC Nürnberg erneut ans Tor zur Bundesliga.

Das Hinspiel in Nürnberg hatten wir knapp mit 0:1 verloren und uns ganz fest vorgenommen, dieses Ergebnis im Rückspiel an der Hafenstraße umzudrehen und in die Bundesliga aufzusteigen. Bei diesem Spiel war das Stadion ausverkauft. Jeder hat uns angefeuert, aber wir haben es leider, obwohl wir alle unser Letztes gegeben haben, nicht geschafft. 2:2, das reichte nicht. Ich weiß noch sehr genau, dass der Lange kurz vor Schluss den entscheidenden Elfmeter verschossen hat und wir alle sehr traurig waren. Vorwürfe hat dem Horst aber niemand gemacht, der hatte uns mit seinen Toren ja erst in diese Aufstiegsspiele gebracht.

Fürhoff und seine Frau, 2010.

Weihnachtsfeier 1977, zusammen mit Horst Hrubesch.

Im Sommer '78 sind Sie nach Würzburg gewechselt. Wie ist dieser Wechsel zustande gekommen?

Ich wollte, weil ich ja unentwegt gut gespielt habe, mehr Geld haben, aber der Verein hat da nicht mitgemacht. Gut, da habe ich dann mit meiner ersten Frau gesprochen und schlussendlich entschieden, dass ich mich auf die Transferliste setzen lasse. Es dauerte nicht lange, da hat sich telefonisch jemand aus Würzburg gemeldet – 04 spielte damals in der 2. Liga – und gefragt, ob ich nicht Lust hätte, nach Würzburg zu kommen und ein wenig über die ganze Sache zu reden. Gut, habe ich dann gemacht.

Zusammen mit meiner Frau bin ich in Richtung Süden gefahren und wir haben uns mit denen getroffen. Dabei haben die mir solche Summen um die Ohren geschlagen, dass ich gedacht habe, ich höre nicht richtig. In Essen habe ich grad mal die Hälfte bekommen. Den Umzug wollten die mir auch komplett bezahlen. Da RWE keine Anstalten machte, mich zu halten, habe ich dann bei 04 zugesagt und wir sind hier runter. Ich war hier der King in der Mannschaft, die Zuschauer standen hinter mir und von Vereinsseite und von den Sponsoren wurde ich mit Geschenken überhäuft.

Beim ersten Training bekam ich schon Geld auf die Hand, dann haben die mir eine Uhr geschenkt und ach was weiß ich nicht alles. Mein Gehalt habe ich dann auch eine

Zeitlang bekommen, aber irgendwann gab es nichts mehr und dann ging es los. Das dauerte nicht lange, da haben die Konkurs angemeldet.

Wurden Sie bei RWE denn vernünftig verabschiedet?

Kann man nicht sagen. Ich habe nur eine Karte bekommen, auf der stand, dass sich der Verein für die Jahre bedankt, die ich für RWE gespielt habe. Das war es. Ich bin zwar nicht direkt im Bösen gegangen, aber ich war schon sehr enttäuscht. Ich wollte einfach nur ein wenig mehr Geld, stand mir nach den ganzen Jahren auch zu, denn ich war ja nun einer der Stammkräfte und zweite Liga hätte ich noch zwei, drei Jahre auf hohem Niveau spielen können.

Haben Sie heute noch Kontakt zu dem Verein?

Nein, ich habe keinen Kontakt mehr zu RWE. Wie gesagt, vor vier Jahren war ich auf der 100-Jahrfeier, das war es aber auch schon. Das finde ich sehr schade, muss ich wirklich sagen. Ich war und bin im Herzen ja noch immer ein Essener Jung. Ich finde es auch sehr traurig, wo der Verein mittlerweile spielt.

Haben Sie noch Kontakt zu ehemaligen Mitspielern?

Nein. Nur mit Lippens und Lorant habe ich mal gesprochen, das war es.

Chronologie eines Abstiegs

Sommer 1976, RWE belegt am Saisonende den 8. Platz, hat damit die beste Platzierung seiner Bundesligazugehörigkeit erreicht und wird in der Bundesliga als vollwertiges Mitglied akzeptiert. Nur ein Jahr später findet sich der Verein in der 2. Liga Nord wieder. Wie konnte das geschehen? Was waren die Gründe? Die Chronologie eines Abstiegs.

April 1976

Die Vertragsverhandlungen zwischen RWE-Idol Willi Lippens und dem Essener Vorstand werden ohne eine Einigung abgebrochen. Laut RWE-Präsident Willi Naunheim fordert die „Ente" für einen neuen Dreijahresvertrag über 300.000 DM netto plus Siegprämien und Geld für Werbeauftritte. Lippens selbst räumt ein, einen Bruttobetrag von 200.000 DM pro Saison gefordert zu haben und zeigt sich enttäuscht, dass seine Forderungen ohne ein Gegenangebot telefonisch abgelehnt werden. Naunheim führt als

Das war´s dann wohl …

Grund für das fehlende Interesse des Vereins an einer Vertragsverlängerung an, dass RWE deutlich hinter dem erforderlichen Zuschauerschnitt hinterher hinke und dadurch nur einen begrenzten finanziellen Spielraum habe. Diesen Spielraum wolle man jedoch nicht für einen 30-Jährigen ausreizen. Mit diesen Sparmaßnahmen ist der ehrgeizige Trainer Ivica Horvat jedoch nicht einverstanden. Nach der 2:3-Heimniederlage gegen den 1. FC Köln, das erste Spiel nach den geplatzten Vertragsverhandlungen mit der „Ente", erklärt Horvat, dass er für die neue Saison drei fertige Spieler brauche, um zu überleben. Ansonsten prognostiziert er, sei der Verein bald tot.

Mai 1976

Schon lange haben es die Brieftauben im Revier von den Dächern gepfiffen, nun ist es amtlich: Lippens wechselt für eine festgeschriebene Ablösesumme von 50.000 DM zum Nachbarn Borussia Dortmund. Manfred Burgsmüller kehrt für 500.000 DM zu seinem Ex-Verein Bayer Uerdingen zurück. Hinzu kommen die Abgänge von Uwe Finnern und Torwart Jürgen Rynio. Lippens' Wechsel zum BVB entscheidet sich in einem Gespräch mit Dortmunds Trainer Otto Rehhagel in einem Osnabrücker Café. Nachdem feststeht, dass Lippens zum BVB wechselt, spricht ihn Rehhagel nur noch mit Wilhelm und „Sie" an. Lippens sagt ab sofort nur noch „Trainer" zu seinem Duzfreund.

12. Juni 1976

Letzter Bundesligaspieltag. RWE befindet sich punktgleich mit dem Siebten Schalke auf Platz 8 der Tabelle. Ein Heimerfolg gegen Werder Bremen und ein gleichzeitiger Punktverlust Schalkes auf dem gefürchteten Betzenberg in Kaiserslautern und RWE würde tatsächlich am UEFA-Cup-Wettbewerb in der folgenden Saison teilnehmen. Auch wenn bei Weitem noch nicht so viel Geld wie in heutigen Zeiten verdient werden kann, so ist es dennoch ein schöner Batzen, den sich der wirtschaftlich klamme Verein hinzuverdienen könnte. Aufgrund des stark nachlassenden Zuschauerinteresses, zum entscheidenden Spiel gegen Bremen kommen nur noch knapp 12.500 Zuschauer ins Georg-Melches-Stadion, ist der Einzug in den internationalen Wettbewerb aus wirtschaftlicher Sicht nahezu überlebenswichtig. Dass es am Ende nicht reicht, liegt weniger am eigenen Spiel – Bremen wird mit 2:0 besiegt –als vielmehr an den Geschehnissen auf dem Betzenberg. Seit der 2:3-Niederlage am 31.8.1963 ist der FCK in zwölf Pflichtspielen gegen Schalke auf dem Betzenberg ungeschlagen. Nun allerdings siegen die Gäste aus dem Ruhrgebiet mit 3:1. Spielmanipulationen sind nicht nachweisbar; nichtsdestotrotz hat diese Partie der schon für den UEFA-Cup qualifizierten Lauterer und der noch um den Einzug in diesen Wettbewerb kämpfenden Schalker einen üblen Beigeschmack. Als das Ergebnis aus Kaiserlautern an der Hafenstraße die Runde macht, hat der Großteil der Zuschauer schon das Stadion verlassen. Niemand regt sich über das Verpassen des UEFA-Cups auf, denn schon der 8. Platz wird als Erfolg verbucht. Einige Spieler trauern jedoch sehr wohl dieser entgangenen Chance nach und sehen hierin den entscheidenden Grund für den Abstieg aus der Bundesliga im Sommer 1977. Für Heinz Blasey ist die verpasste Teilnahme am UEFA-Cup gar ein Schlüsselerlebnis für den Verein: „Hätten wir ein, zwei Runden mitgespielt, hätte sich der Verein weiter verstärken können und dann wäre die Zukunft ganz anders verlaufen." Und auch Gert Wieczorkowski pflichtet bei: „Der Sieg Schalkes in Kaiserslautern war entscheidend dafür, dass wir in der nächsten Saison abgestiegen sind. Denn mit dem Erreichen des UEFA-Cups hätten wir höhere Einnahmen gehabt und aus diesem Grund bessere Spieler verpflichten können, mit denen wir ein Jahr später nicht abgestiegen wären."

Sommerpause 1976

Von Seiten der Vereinsführung wird zu wenig getan, um das Niveau der Mannschaft zu halten. 550.000 DM stehen durch den Verkauf von Lippens und Burgsmüller zur Verfügung, aber mit Ulrich Surau von Borussia Mönchengladbach wird nur ein bundesligaerfahrener Spieler verpflichtet. Siegfried Bönighausen vom Bonner SC, Hans Krostina vom belgischen Verein ASV Oostende und Flemming Lund vom RFC Antwerpen sind in hiesigen Gefilden nur den größten Fußballfachleuten ein Begriff, für Begeisterung bei den zahlreichen Fans sorgen sie nicht gerade. Der eine oder andere denkt sich bei der Ablösesumme für Surau und Bönighausen, circa 400.000 DM, dass man mit diesem Geld den Vertrag der „Ente" zu dessen Forderungen für zwei Jahre durchaus hätte verlängern können. Als zweiter Torwart hinter Heinz Blasey wird der 18-jährige Roland Spott aus der eigenen A-Jugend in den Profikader „hochgezogen".

Vorbereitung zur Saison 76/77

Schon zu Beginn der Vorbereitungszeit fällt vielen etablierten Spielern auf, dass das Trainingspensum unter Horvat bei Weitem nicht der Härte und Intensität des vergangenen Jahres entspricht. Es scheint so, als würde Horvat der rechte Antrieb fehlen. Horvat selbst macht aus seiner Enttäuschung bezüglich der Personalentwicklung bei RWE auch keinen Hehl. Er hätte gerne Lippens, und wenn das aus finanziellen Gründen nicht möglich gewesen wäre, mindestens Burgsmüller gehalten. Auch mit Jürgen Rynio als Torwart Nummer 2 hätte er gerne weiter gearbeitet. Stattdessen sind ihm nicht nur diese beiden Spieler genommen, sondern mit Bönighausen, Krostina und Lund noch drei Spieler vor die Nase gesetzt worden, von deren Verpflichtung er erst nach seinem Urlaub informiert worden war.

Saisonstart 76/77

Ohne Kapitän Dieter Bast, der sich in der Vorbereitungsphase eine Bänderverletzung zugezogen hat, und mit einem angeschlagenen Horst Hrubesch, geht Rot-Weiss in die ersten Saisonspiele. Bei Aufsteiger Tennis Borussia Berlin gelingt ein 2:2, dabei erzielt der angeschlagene Hrubesch eine Viertelstunde vor Schluss den Ausgleichtreffer. Im folgenden Heimspiel gegen den 1. FC Köln ist RWE sechzig Minuten gleichwertig, verschießt aber durch Werner Lorant einen Elfmeter und kassiert drei Kontertore. Als Horvat eine Viertelstunde vor Schluss, beim Stand von 0:2, mit Dörre und Fürhoff seine beiden besten Spieler vom Platz nimmt und stattdessen Surau und Strauch mit der Begründung einwechselt, dass er auch den Ersatzspielern Spielpraxis geben müsse, gibt es die ersten Anti-Horvat Rufe an der Hafenstraße. Das dritte Spiel der Saison endet wenige Tage später im Gelsenkirchener Parkstadion mit einer klaren 0:3-Niederlage gegen den Schalker Erzrivalen. Die Schlappe allein wäre noch zu verschmerzen gewesen. Viel bitterer aber ist, dass sich die vermeintliche Oberschenkelzerrung von Horst Hrubesch zu einem Muskelfaserriss ausgeweitet hat und der rot-weisse Sturmführer nun länger pausieren muss.

4. September 1976

Rot-Weiss empfängt ohne die verletzten Leistungsträger Bast und Hrubesch den Pokalsieger HSV. Die Mannschaft kämpft bis zum Umfallen. Hans Dörre, bei diesem Spiel als Mittelstürmer eingesetzt, trifft zum zwischenzeitlichen 1:1-Ausgleich, trotzdem geht das Spiel verloren. RWE bleibt vom Pech verfolgt. Denn noch schlimmer als die Niederlage ist eine Szene, die sich mitten der zweiten Halbzeit vor dem RWE-Tor abspielt. Eberhard Strauch versucht im Strafraum den Ball aus der Gefahrenzone zu befördern, trifft dabei aber den eigenen Torhüter Heinz Blasey und sorgt dafür, dass dieser sich den Mittelhandknochen bricht. Blasey fällt bis zum Ende der Hinrunde aus, der 18-jährige Roland Spott ist die neue Nummer 1.

Blasey zeigt HSV-Torhüter Kargus seine lädierte Hand.

Mal wieder ein Tor für Mönchengladbach. Entsetzen bei den RWE-Spielern.

24. September 1976

Nach der 0:6-Niederlage in Mönchengladbach ist der Tiefpunkt erreicht. RWE ist mit 3:11 Punkten und 7:20 Toren Tabellenletzter der Bundesliga. Trainer Ivica Horvat wird gefeuert, für ihn übernimmt Hermann Erlhoff das Traineramt. Wenige Tage später, am 28. September, wird in einer Nacht- und Nebelaktion Torwart Jürgen Granzow von DJK Gütersloh für eine Ablösesumme von 40.000 DM verpflichtet. Von Roland Spott hört man nie mehr etwas.

2. Oktober 1976

Bis zur Halbzeit hält Rot-Weiss gegen den Tabellensechsten MSV Duisburg mit, danach fallen die Gegentore im Minutentakt. Klar unterlegen, mit einem Torwart, der höchstens Drittligaformat hat, und mit einer Einstellung, die unter aller Kanone ist, lassen die Spieler ihren Trainernovizen im Regen stehen. Der Endstand von 1:5 zeigt dann auch den Klassenunterschied beider Vereine auf. Mehr als erschreckend ist, dass Rot-Weiss bis auf Blasey und Neues in Bestbesetzung antrat.

11. November 1976

Willi Naunheim gibt bekannt, dass er als Präsident zurücktritt. Einer der Gründe ist, dass er sich im Verein ohne ausreichenden Rückhalt und Unterstützung sieht. Ferner sieht er sich als Einzelkämpfer in Bezug auf die Fusion der beiden größten Essener Sportvereine.

Dabei kann in seinen Augen nur eine Fusion von Rot-Weiss und Schwarz-Weiß dafür sorgen, dass auch in den nächsten Jahren Bundesligafußball in Essen stattfindet. Sein Angebot an den Vorstand und Verwaltungsrat, für eine Übergangzeit von sieben Wochen weiterhin als Präsident zur Verfügung zu stehen, wird abgelehnt. Daraufhin verkündet Naunheim, dass er sich nie mehr wieder auf die Tribüne eines Fußballstadions setzen werde.

13. November 1976

Der Rücktritt des Präsidenten scheint den RWE-Spielern aufs Gemüt zu schlagen. Auflösungserscheinungen sind unverkennbar. Folge davon ist eine 1:7-Pleite in Kaiserslautern, die aber durchaus hätte zweistellig enden können. Nach dem frühen 2:1 der Lauterer zu Beginn der zweiten Halbzeit lässt ein Großteil der RWE-Mannschaft die richtige kämpferische Einstellung vermissen. Nur Fürhoff, Hrubesch und Lorant halten tapfer dagegen.

11. Dezember 1976

Am letzten Hinrundenspieltag kehrt wieder Hoffnung ein. Deutlich abgeschlagen am Tabellenende stehend empfängt Rot-Weiss vor 7.000 Getreuen den Tabellenzweiten Eintracht Braunschweig. Merkhoffer, Ristic, Dremmler und Frank kommen einzig und allein mit dem Ziel an die Hafenstraße, mit einem klaren Sieg und bei einer gleichzeitigen Niederlage von Mönchengladbach gegen die Bayern die Tabellenspitze zu übernehmen. Doch von Beginn an treffen die Gäste auf eine überraschend hoch motivierte RWE-Mannschaft. Im Grunde schon abgestiegen, nehmen Bast, Lorant und Co. die Eintracht in der ersten Halbzeit nach allen Regeln der Fußballkunst auseinander. Lorant und Wieczorkowski sorgen für eine 2:0-Führung und das Publikum, 7.000 schreien für 30.000, rast vor Begeisterung. Auch in der zweiten Halbzeit spielt nur Rot-Weiss. Der Anschlusstreffer der Gäste resultiert aus einem Freistoß, ist aber nicht mehr spielentscheidend. Am Ende triumphiert der Gastgeber und die beste Phase der Saison ist eingeleitet.

15. Januar 1977

Nach Pokalsiegen über den VfL Bochum (5:1) und Arminia Bielefeld (2:0) beginnt mit dem Heimspiel gegen Tennis Borussia Berlin die Rückserie der Bundesliga. Eine Niederlage gegen den Tabellenvorletzten würde die Hoffnungen auf den Klassenerhalt auf den Nullpunkt sinken lassen. Neunzig Minuten wirkt Rot-Weiss wie ein Absteiger. Langsam, behäbig und ohne Druck nach vorne spielt die Mannschaft ihren Stiefel runter. Als nur noch die Hälfte der ursprünglich 11.500 Zuschauer im Stadion weilt, sorgt ausgerechnet der bis dato enttäuschende Gert Wieczorkowski in allerletzter Sekunde für den Siegtreffer zum 1:0. Bis zum rettenden 15. Tabellenplatz sind es nur noch vier Punkte.

19. Februar 1977

Die Neuzugänge Bönighausen und Lund sorgen für einen 2:1-Erfolg in Bayreuth und damit für den Einzug ins Pokalhalbfinale. Nach Spielschluss hätte Euphorie herrschen können, aber wieder überschattet die Verletzung eines wichtigen Spielers das sportliche Ergebnis. In der 33. Minute fällt Linksverteidiger Hartmut Huhse nach einem harten

Luftkampf mit dem Jugoslawen Milardovic kopfüber auf den Rasen und bricht sich dabei das rechte Handgelenk. Er fällt bis zum 28. Spieltag aus und kann der Mannschaft, die zwischenzeitlich obendrein auf die Leistungsträger Lorant und Neues verzichten muss, in der entscheidenden Phase des Abstiegskampfes nicht mehr helfen.

5. März 1977

Der Einzug ins Pokalhalbfinale und eine Ausbeute von 10:6 Punkten aus den letzten acht Bundesligaspielen, darunter ein ganz starkes 2:2 gegen Schalke 04, sorgen für Hoffnung im Kampf um den Klassenerhalt. Tabellenführer Borussia Mönchengladbach scheint zwar eine Nummer zu groß, aber gerade gegen die Borussen sah RWE oftmals gut aus. Bis auf den verletzten Hartmut Huhse kann Trainer Erlhoff seine stärkste Mannschaft aufbieten. Bönighausen spielt auf der linken Verteidigerposition, Bast übernimmt den Liberoposten, dafür rückt Wieczorkowski ins defensive Mittelfeld und vorne agiert der Zwei-Mann-Sturm Lund und Hrubesch. Von Beginn an bekämpfen die Essener Spieler vor 22.000 Zuschauern den Tabellenführer an allen Ecken und Enden. Kaum ist ein Gladbacher Spieler in Ballbesitz, segelt auch schon ein RWE-Spieler heran und unterbindet den Spielfluss der Gäste. Da Flemming Lund einen seiner wenigen guten Tage erwischt und Gegenspieler Vogts ein ums andere Mal schlecht aussehen lässt, kommen die Gastgeber zu einigen guten Chancen. Als jeder im Stadion mit einem Unentschieden rechnet, rauscht Horst Hrubesch mit seinem Eisenschädel heran und köpft das goldene Tor. Riesenjubel im Stadion und auch in der RWE-Kabine. Die RWE-Spieler glauben wieder an den Klassenerhalt, besonders als die 2:3-Niederlage des KSC in Frankfurt die Runde macht. Nur noch drei Punkte Rückstand auf den rettenden 15. Platz. Wer hätte das vor nicht allzu langer Zeit zu Hoffen gewagt? Es werden ein paar Sektflaschen in die RWE-Kabine gereicht …

12. März 1977

Die erfolgreiche Serie von 12:6 Punkten soll im Duisburger Wedaustadion fortgesetzt werden. Zwar gelingt dem MSV schon in der 3. Minute die 1:0-Führung, doch anschließend spielen nur noch die ganz in rot auftretenden Gäste. Mehr als 60 Minuten setzen die kämpferisch starken und spielerisch überzeugenden Rot-Weissen den Gastgeber unter Druck, erkämpfen sich ein Eckballverhältnis von 10:3. Den Ball bringen sie aber leider nicht im Tor unter. Dabei haben Hrubesch, Lorant und Bönighausen mehrmals die Gelegenheit zum Ausgleich. In der 73. Minute unterläuft Trainer Erlhoff stattdessen der entscheidende Fehler des Spiels. Er nimmt den bis dato starken rechten Verteidiger Hans-Günter Neues vom Platz und bringt den etwas offensiveren Hansi Dörre. Dadurch entsteht auf der rechten Essener Abwehrseite eine ziemlich große Lücke, in die die Duisburger Spitzen Worm und Jara voller Begeisterung dankbar hineinstürmen und innerhalb von elf Minuten das Endergebnis auf 4:0 für den MSV schrauben. Nun steht die RWE-Mannschaft in den nächsten Spielen wieder unter enormem Erfolgsdruck, dem sie schließlich nicht standhält. An der Einsatzfreude in den Spielen gegen Hertha BSC und beim VfL Bochum gibt es nichts zu mäkeln. Ein Punkt aus beiden Spielen ist dann allerdings doch zu wenig, um die Klasse zu halten.

2. April 1977

Letzter großer Bundesligazahltag an der Hafenstraße. Gegen Borussia Dortmund, mit den ehemaligen Rot-Weissen Burgsmüller und Lippens, kommen noch einmal 18.000 Zuschauer ins Georg-Melches-Stadion. Die Westkurve platzt an diesem Tag aus allen Nähten, denn neben dem harten RWE-Kern befindet sich auch der Großteil der Schwarz-Gelben in dieser Kurve. Keine Hassgesänge und beileibe keine Schlägereien trüben das rot-weiss/gelb-schwarze Fahnenmeer. Es wird nicht von Fanfreundschaft gesprochen,

Schwarz-gelbes Fahnenmeer in der Westkurve.

aber eine gewisse Sympathie ist durchaus vorhanden. Rot-Weiss versucht die letzte Chance auf den Klassenerhalt zu nutzen und setzt den BVB von Beginn an stark unter Druck. Zum Leidwesen aller Essener will die Führung aber nicht gelingen, stattdessen kommt der BVB kurz vor der Pause immer besser ins Spiel. In der 41. Minute passiert dann das Unglaubliche, das Unvorstellbare, kurz: der absolute Gau: Willi Lippens, der rot-weisse Fußballgott, zieht aus zwölf Metern ab und die Kugel zischt zur 1:0-Führung ins Tor. Ins Essener Tor wohlgemerkt, zur Führung für den BVB. Als ganz Rot-Weiss noch den Atem anhält, erhöht Burgsmüller auf 2:0 für die Gäste. Das Spiel ist schon vor der Pau-

Der SUPER-GAU! Willi Lippens erzielt die Dortmunder Führung.

se entschieden. Hrubesch Anschlusstreffer in Halbzeit zwei sorgt nur noch für zwischenzeitliche Hoffnung, die Votava (2x) und noch mal Burgsmüller pulverisieren. Obwohl nun schwarze Wolken über Bergeborbeck aufziehen, steht der Abstieg immer noch nicht endgültig fest, sechs Punkte Rückstand sind in sechs Spielen durchaus noch aufzuholen.- Allein der Glaube fehlt den RWE-Fans in Anbetracht des Leistungsniveaus ihrer Mannschaft.

7. Mai 1977

Der Tiefpunkt. Mit 1:8 endet das Heimspiel gegen Eintracht Frankfurt in einem De-

Zwei Verlierer und ein Gewinner.

bakel, das den Abstieg endgültig besiegelt. Die 4.201 zahlenden Zuschauer quittieren die jämmerliche Leistung auf dem Platz mit einem gnadenlosen Pfeifkonzert und unflätige Rufe ertönen von den Rängen. Keiner der dort unten auf dem Platz rumstolpernden RWE-Spieler erreicht auch nur im Entferntesten seine Normalleistung, jeder kickt nur vor sich hin und scheint mit seinen Gedanken ganz woanders zu sein. Die Frankfurter Gäste, die am Ende der Saison den 4. Platz einnehmen und mit 86 Toren die meisten Treffer vorweisen können, nutzen jede kleine Unsicherheit aus und lassen keine Gnade walten. Nach dem Schlusspfiff schleichen die RWE-Spieler unter Hohngelächter der eigenen Zuschauer vom Platz. Doch noch ist die Saison nicht beendet, der Kelch muss bis zur bitteren Neige ausgetrunken werden ..., und das wird er auch. Am Ende stehen neben dem Abstieg ein Punktestand von 22:46 und ein Torverhältnis von 49:103. Viel schlimmer jedoch ist der Vertrauensverlust der eigenen Fans. Nur noch zweimal in den nächsten drei Jahren finden mehr als 20.000 Zuschauer den Weg ins Georg-Melches-Stadion. In der Saison 78/79 sehen nur mehr ein paar hundert Fans die letzten Heimspiele. Das alles zu einer Zeit, als sich der Etat des Vereins noch zum Großteil aus den Zuschauereinnahmen zusammensetzt. Es folgt ein jahrelanger Albtraum, an dessen Ende RWE zur Saison 84/85 in der Oberliga Nordrhein aufwacht.

Blasey geschlagen, die Eintracht erhöht auf 4:0.

Minuskulisse gegen Solingen

9. Juni 1979

„Da konntest du jeden einzelnen Ruf von den Rängen hören. Das tat schon sehr weh."
Detlef Schneider

Siegfried Bönighausen hatte schon einiges erlebt in seiner Zeit an der Hafenstraße. Den sang- und klanglosen Bundesligaabstieg im Sommer 1977, den verpassten Wiederaufstieg gegen den 1. FC Nürnberg ein Jahr später und eine nicht gerade gelungene und jetzt zu Ende gehende Zweitligasaison 78/79. Nun aber, am letzten Spieltag dieser Saison, verschlug es ihm die Sprache. Und nicht nur ihm, auch seinen Mitspielern. Dem oben auf der Tribüne sitzenden Präsident Schwerdtfeger fiel in diesem Moment nicht mehr ein, als gute Miene zum bösen Spiel zu machen.

Das Georg-Melches-Stadion, mal Freudentempel und mal Tränenoase, aber immer gut besucht, lag an diesem 9. Juni, um kurz vor 15 Uhr, still wie ein Bergsee vor dem Präsidenten und seinen Spielern. Platzwart Jupp Breitbach zog noch einmal mit dem Kreidewagen die Seitenlinie nach, der Kokusnussverkäufer machte sich startklar zur ersten Stadionrunde und aus der Würstchenbude unten rechts zog wohlriechender Rauch nach oben. Alles schien seinen normalen Gang zu nehmen, doch Bönighausen und seine Mannschaftskameraden hatten dafür keinen Blick. Stattdessen starrten sie ins Stadion hinein, auf die niedrige Ostkurve, hinter welcher der grüne Rasenhügel, der vom Vorplatz hinauf zur Hafenstraße führte, ganz deutlich zu erkennen war, schauten weiter nach links auf die sonnenüberflutete Gegengerade. An-

> *„Das Spiel gegen Solingen war die totale Ernüchterung und ein großer Schock für uns Spieler. Das war ja eine Kulisse wie bei einem Kreisligaspiel."*
> Siegfried Bönighausen

schließend senkten sich die Köpfe der Spieler zu Boden, der Stadionsprecher verlas die Mannschaftsaufstellung. Kein Applaus, keine Gesänge, noch nicht mal ihre Namen wurden skandiert. Nun spähten die ersten wieder aus dem Tunnel nach oben und drehten ihre Köpfe nach links, in Richtung Westkurve, in Richtung RWE-Fans. Doch an diesem Tag war es ein vergeblicher Blick. Dort, wo sonst aus tausenden Kehlen die Anfeuerungsrufe ertönten, rot-weisse Fahnen wehten, herrschte gähnende Leere. Alle Spieler waren froh, als Schiedsrichter Fiene aus Bochum kurz darauf die Mannschaften aus Essen und Solingen auf den Platz bat.

560 gezählte Zuschauer befanden sich auf den Rängen, 560 Zuschauer in einem Stadion für über 30.000! Das war absurd, das war eine Kreisligakulisse …, in der zweithöchsten deutschen Fußballliga. Aber es war die Wahrheit. Und es war die Quittung.

Die Quittung für eine miserable Saisonleistung, in der der große Favorit RWE seine treuen Anhänger im entscheidenden Moment enttäuscht hatte. Dabei war der Start in die Saison mit 10:4 Punkten durchaus gelungen. Neuzugang Karl-Heinz Meininger, in Essen nur „Charly" genannt, bildete zusammen mit Frank Mill ein äußerst torgefährliches Duo. Beide zusammen kamen in den ersten sieben Spielen auf zwölf Tore. Auch die anderen Neuzugänge, Manfred Mannebach, Matthias Herget und Dieter Bartel, erkämpften sich einen Platz unter den ersten Elf und schienen die in sie gesetzten Erwartungen zu erfüllen. Am 8. Spieltag jedoch setzte es die zweite Saisonniederlage – in Berlin, bei Wacker 04. Das brachte erstmals Unruhe in den Verein und es kam zu ersten Dissonanzen zwischen dem Vorstand und Trainer Ferner. 0:1 gegen Wacker, das war nicht gerade der Anspruch, den der Verein an sich selbst stellte. Sicherlich, dieser Ausrutscher wäre zu verschmerzen gewesen. Doch in dieser Saison blieb es nicht bei dem einen Ausrutscher. Es gab immer wieder mehrere schlechte Spiele, die serienweise vergeigt wurden. Die fehlende Konstanz war tragisch, die Saison ein ständiges Auf und Ab. Nach dem Berlin-Spiel konnte weitere dreimal nicht gewonnen werden. Danach wiederum wurde mit 8:2 Punkten eine Serie gestartet, die jedoch mit Niederlagen gegen die Abstiegskandidaten Viktoria Köln und Union Solingen unplanmäßig gestoppt wurde, nur um im Anschluss mit 8:0 Punkten erneut fortgesetzt zu werden, bevor …, richtig …, eine schreckliche 1:3-Heimniederlage gegen Westfalia Herne dem Aufwärtstrend ein Ende setzte. Es folgten ein 2:2 beim Tabellenvierten Fortuna Köln und ein starkes 3:3 gegen den Spitzenreiter aus Leverkusen. Schließlich hatte RWE nur vier Minuspunkte Rückstand auf den Tabellenzweiten Bayer Uerdingen und jeder im Verein witterte Morgenluft, welche der Mannschaft im Anschluss mit unglaublich schlechten Spielen schnellstens wieder zu verflüchtigen gelang.

Folglich erkannten auch die treuen Zuschauer, bis dato waren es 5.500 im Schnitt, dass diese Saison gelaufen war und zeigten der Mannschaft und dem Verein die kalte Schulter. Gegen Holstein Kiel, Tennis Borussia Berlin und den Wuppertaler SV waren es noch knapp 1.500 Zuschauer. Als auch die Westkurve sich verweigerte, waren es kaum mehr als ein paar hundert Unentwegte, die sich an der Hafenstraße einfanden. Diese letzten Getreuen sahen dann Fußball zum Abgewöhnen. Als Konsequenz für die „Stars" wurde die geplante Abschlussfahrt nach Mallorca nach dem 1:3-Desaster gegen Viktoria Köln vor genau gezählten 825 Zuschauern abgesagt und Trainer Ferner weigerte sich einen neuen Vertrag zu unterschreiben. „Ich muss ehrlich zugeben, dass ich mich geniere ‚diese Mannschaft zu trainieren", kam es ganz unverblümt aus seinem Mund. Dabei, und das war ja das Unverständliche an der Sache, konnte ja jeder aus der Mannschaft Fußballspielen. Mit Frank Mill, Matthias Herget, Dietmar Klinger oder Manfred Mannebach waren Spieler in der Mannschaft, die, für sich genommen, ohne Zweifel das Zeug zu Bundesligaspielern hatten. Auch im zwischenmenschlichen Bereich herrschten keinerlei Probleme, obwohl die Essener Presse der Mannschaft interne Querelen nachsagte

Wahrscheinlich waren es mehrere kleine Punkte, die schlussendlich die große Depression verursachten. Die Neuzugänge etwa konnten in ihrem ersten Jahr bei Rot-Weiss noch nicht die Leistung bringen, die sie ein Jahr später auf dem Rasen zeigen sollten; zwischen Trainer Ferner und dem Vorstand gab es immer wieder Unstimmigkeiten; vor allem aber war niemand in der Lage, die Rolle des Führungsspielers zu übernehmen.

Das Solingen-Spiel, das letzte der Saison, war dann der Tiefpunkt einer ganz und gar aus den Fugen geratenen rot-weissen Zweitligasaison und offenbarte einmal mehr, dass an der Hafenstraße in Essen alles passieren kann: Spiele in einem Stadion mit zweieinhalb Tribünen, Schuldenstände in Millionenhöhe, Söldner auf dem Platz – bis hin zum dauerhaften Fernbleiben der Zuschauer. Erst in diesem Moment wäre der Verein wirklich tot.

Im Sommer '79 war dies noch nicht der Fall und durch den überraschenden Verbleib von Frank Mill, der ein Angebot des Bundesligisten MSV Duisburg ausschlug, wurde ein Jahr später abermals vehement an das Tor zur Bundesliga geklopft. Dazu kamen am drittletzten Spieltag der Saison 79/80 – zu einem Heimspiel gegen Union Solingen – über 11.000 Zuschauer in das Georg-Melches-Stadion. RWE siegte mit 2:0 durch Tore von Matthias Herget und Manfred Mannebach.

Leere Westkurve im Heimspiel gegen Aachen am 10.02.1979.
Gegen Solingen sah es noch trostloser aus.

Rot-Weiss Essen – Hannover 96 3 : 2

4. Mai 1980

„Nun klopft Rot-Weiss wieder energisch an die Pforte zur Bundesliga."
NRZ vom 5. Mai 1980

Ein infernalischer Schrei rauschte durchs Georg-Melches-Stadion. Es war ein Schrei der Erlösung. Ein Schrei aus sechzehntausend Kehlen, bei dem die ganze Anspannung aus den vorangegangenen neunzig Minuten aus den Körpern wich. Neunzig Minuten zwischen Himmel und Hölle, zwischen Frust und Jubel, zwischen bitterer Enttäuschung und höchster Glückseligkeit entluden sich in einer Orgie der Freude. Die härtesten der harten RWE-Fans überkletterten den Zaun in der Westkurve und rannten trunken vor Freude auf den Platz. Dorthin, wo sich ein Knäuel aus Spielern mit weißen Trikots befand, die sich jubelnd in den Armen lagen. Diese feierten einen nicht mehr für möglich gehaltenen Sieg. Einen Sieg, der zwar verdient gewesen war, aber an den keiner mehr geglaubt hatte. Bis, ja, bis „Charly" Meininger fünf Minuten vor Schluss waagerecht im Fünfmeterraum lag und mit einer unglaublichen Körperhaltung den Ball per Kopf ins Tor der Hannoveraner Gäste bugsierte. Ab diesem Moment war die Hafenstraße eine einzige Feiermeile.

Meininger glückte der Siegtreffer

RWE: Alles gegeben und alles gewonnen

Hundert Minuten zuvor war in der RWE-Kabine niemandem zum Feiern zu Mute. Angespannt saßen die Jungs in den weißen Trikots mit den roten Winkeln des Ausrüsters „Hummel" auf den Bänken und lauschten den letzten Worten ihres Trainers Schafstall. Dieser versuchte seinen Spielern mit emotionalen Worten noch mal die Bedeutung dieses Spiels klar zu machen, erklärte ihnen gebetsmühlenartig die Stärken und Schwächen der Gäste und warnte sie zum x-ten Mal eindringlich vor Hannovers Torjäger Dieter Schatzschneider, der für genau die Hälfte aller Hannoveraner Tore verantwortlich war.

Dabei waren diese Erklärungen gar nicht mehr nötig. Jeder RWE-Spieler war bis in die letzte Haarspitze hinein voller Adrenalin. Jeder hatte genau auf dieses Spiel hingearbeitet, hingefiebert und nun wollten sie einfach nur noch raus auf den Platz und die Hannoveraner an die Wand spielen …, Schatzschneider hin oder her. Das Essener Publikum strömte in lange nicht mehr gesehener Anzahl ins Stadion. Offiziell waren es 16.931, aber

Mal wieder die „Ente", doch noch immer steht es 2:2.

Der Antreiber: Matthias Herget

inoffiziell mögen es an die 20.000 Zuschauer gewesen sein, die an die letzte Chance ihrer Mannschaft glaubten. Und diese Chance war wirklich nicht mehr groß. Arminia Bielefeld war mit unglaublichen 57:7 Punkten so gut wie sicher aufgestiegen, für die mit großem Abstand dahinter folgenden Mannschaften Hannover 96 und RWE ging es nur noch um Platz 2, der zur Teilnahme an den Bundesligaaufstiegsspielen gegen den Tabellenzweiten der 2. Liga Süd berechtigte. Sechs Spieltage vor Schluss hatte 96, bei der damaligen Zweipunkteregelung, komfortable vier Punkte Vorsprung auf die Hafenstraßenjungs. Da das Restprogramm beider Vereine vom Schwierigkeitsgrad her in etwa gleich war, musste RWE das direkte Duell gewinnen, um überhaupt noch derartige Hoffnungen hegen zu können. Während die Gäste in Bestbesetzung antreten konnten, musste Schafstall auf drei Stammkräfte verzichten. Siegfried Bönighausen litt an einer Knieverletzung, Jürgen Kaminsky hatte sich völlig unnötig im vorangegangenen Auswärtsspiel in Kiel eine rote Karte abgeholt und Frank Mill schließlich, neben Willi Lippens der unbestrittene Star der Mannschaft, saß nur auf der Bank, da der Heilungsprozess nach seinem Schienbeinbruch noch nicht abgeschlossen war. Trainer Schafstall musste folglich umbauen. Er ließ Gundersdorff auf links verteidigen, Klinger rückte ins Mittelfeld und Diemand agierte fast als dritte Spitze neben Meininger und Lippens.

Schiedsrichter Stäglich aus Bonn hatte das Spiel gerade angepfiffen, als er Hannover durchaus schon einen Elfmeter hätte zusprechen können. Sagna war durch rustikales Einsteigen von RWE-Libero Saric im Strafraum zu Boden gebracht worden. Glück für RWE, dass Stäglich mit beiden Augen wegsah. Ansonsten spielten in der ersten halben Stunde nur die Gastgeber. Von Schafstall ganz auf Offensive eingestellt, setzte RWE die Hannoveraner unter Dauerdruck. Schon in der 12. Minute klingelte es zum ersten Mal im 96-Tor. Ein langer Pass von Herget wurde von der 96-Abwehr zu kurz abgewehrt und fiel dem an der Sechszehnmeterraumlinie stehenden Lippens vor die Füße. Dieser ließ den Ball einmal auftupfen und schoss ihn mit Vehemenz in Richtung 96-Tor. Unhaltbar schlug der Ball für Torwart Rynio unten rechts ein. Großer Jubel im Stadion, das war der von allen erhoffte Auftakt nach Maß. Nur 100 Sekunden später ist die Hafenstraße ein Hexenkessel. Nach klugem Zuspiel von Klausmann lief Herget völlig unbedrängt in Richtung Ostkurve und schoss aus 25 Meter auf das Gästetor. Der Ball flog mittig auf das Tor zu, flatterte, knallte gegen die Unterkante der Latte und landete schließlich im Netz. Torwart Rynio zeigte keinerlei Reaktion. 2:0! RWE hatte einen traumhaften Start erwischt. Der war aber auch von Nöten, denn nur vier Minuten später verwandelte Schatzschneider einen Freistoß aus 25 Meter. RWE-Torwart Schneider machte keine besonders gute Figur. Trotz dieses Schocks blieben die Gastgeber weiterhin spielbestimmend, 96 konnte sich nur selten aus der Umklammerung befreien. Und wenn, dann waren sie nur durch Schatzschneider gefährlich, dem sein Gegenspieler Wiemers in Strafraumnähe zu viel Raum ließ. Bis zur Halbzeit blieb es bei der knappen 2:1-Führung und RWE befand sich in der Tabelle nur noch zwei Punkte hinter Hannover.

Mit diesem Wissen im Hinterkopf ließ es RWE in der zweiten Halbzeit ein wenig ruhiger angehen und wurde direkt bestraft. In der 56. Minute bekam Schatzschneider, mit dem Rücken zum Tor stehend, den Ball an der Strafraumgrenze zugespielt. Eigentlich eine völlig ungefährliche Situation, doch mit zwei Schritten zum Ball setzte sich der bullige Norddeutsche von seinem Gegenspieler Wiemers gekonnt ab, drehte sich blitzschnell um die eigene Achse und beförderte den Ball flach und trocken ins rechte Toreck. Diesmal war Torwart Schneider chancenlos: 2:2. Die Gäste hatten ihr Wunschresultat erreicht und stellten ihre bislang spärlichen Offensivbemühungen augenblicklich komplett ein.

Nun waren die RWE-Spieler gefordert, sie mussten den Schalter wieder umlegen. Willi Lippens war hier ein leuchtendes Beispiel. Immer wieder hart angegangen und oft zu Boden geschickt, ließ er sich nicht entmutigen und kurbelte das Essener Angriffsspiel unentwegt an. Im Zusammenspiel mit Matthias Herget entwickelte sich die „Ente"

> *„Für uns war das ein sehr wichtiges Spiel, was wir unbedingt gewinnen mussten und demzufolge haben wir in diesem Spiel alles aus uns herausgeholt. Dieser Sieg war dann der Grundstein dafür, dass wir am Ende der Saison den Relegationsplatz belegt haben."*
>
> Matthias Herget

zum ständigen Unruheherd, erspielte sich mehrere große Torchancen. Zum Leidwesen der RWE-Spieler und des Publikums war im letzten Augenblick aber immer eine Hand oder ein Fuß des überragenden 96-Torhüters Rynio dazwischen. Als Lippens zehn Minuten vor Schluss dann glasklar im Strafraum zu Fall gebracht wurde, Schiedsrichter Stäglich zum Entsetzen aller aber nicht auf den Punkt zeigte, schien der Aufstiegszug abgefahren. Zwar war der RWE-Druck in den letzten zwanzig Minuten so stark, dass die Gäste

Sport in Essen   03/04   **NRZ**

Rot-Weiß Essen kämpfte Hannover 96 mit 3:2 nieder – Spannung bis zum Schluß

Ausgerechnet Mannebach ! Ferner entsetzt !

Bis fünf Minuten vor Schluß hing der Himmel für Hannovers Trainer Didi Ferner noch voller Geigen. 2:2 stand es vor 17 700 Zuschauern im Georg-Melches-Stadion gegen Rot-Weiß Essen. Doch plötzlich stand Didi Ferner im dunkeln, der „Geigenspieler" konnte die Noten nicht mehr sehen. Grund: Nach einem Eckball von Herget, den Mannebach im Kopf verlängerte, erzielte Charly Meininger für RWE das umjubelte Siegtor zum 3:2 aus einem Meter Entfernung! Nun klopft Rot-Weiß beim energisch an die Pforte zur Bundesliga.

Lediglich noch zwei Punkte beträgt der Rückstand der Elf von Trainer Rolf Schafstall, der nach diesen dramatischen Runden sichtlich geschafft war. Der zurückgetretene Vorsitzende Hans Schwerdtfeger: „So aufgeregt habe ich unseren Trainer noch nie gesehen."

Schweizer Käse

Es hatte alles prima für Rot-Weiß angefangen. Nicht ganz unüberraschend hatte der alte „Fuchs" Didi Ferner das getan, was RWE normalerweise zu Hause in Schwierigkeiten bringt: Offensiver Gästefußball nämlich! Hannover 96 begann im Sprintertempo, wollte die Essener Abwehr-Festung im Sturm erobern.

Aber Didi Ferner hatte nicht damit gerechnet, daß seine Abwehr an diesem Tag Löcher haben würde wie ein Schweizer Käse. Die Folgen für die Niedersachsen: Zwei Gegentore in der ersten Viertelstunde!

Für das 1:0 hatte Willi Lippens, mit dem Gorski zunächst nicht zurecht kam, mit einem Volleyschuß in der 12. Minute gesorgt. Da gab es für „Max" Rynio, den Ex-RWE-Torwart, nichts zu halten.

Anders sah es schon beim 2:0 aus, das Herget in der 14. Minute erzielte. Da ließ sich Rynio durch einen „Flatter-Ball" von Herget so verwirren, daß er überhaupt nicht reagierte, als der Ball unter der Latte einschlug! Rynios Trainer Ferner faßte sich entsetzt an den Kopf.

Das schnelle Anschlußtor durch Schatzschneiders verwandelten Freistoß aus 16 m in der 18. Minute ließ Hannover wieder hoffen, zumal Wiemers trotz allen Eifers im Schatzschneider seinen Meister fand und Saric deutliche Verschleißerscheinungen einer langen Saison erkennen ließ. Er war der langsamste Spieler auf dem Platz! Beim 2:2 durch Schatzschneider waren es denn auch Wiemers und Saric, die viel zu spät hinzueilten, als der Torjäger der Hannoveraner abgezogen hatte.

Danach wurde es turbulent, ja schon dramatisch! Herget und Lippens scheiterten an Rynio, Wiemers ließ alle Ausrüstungen vergessen, als er in der 82. Minute für den schon geschlagenen Schneider auf der Linie rettete und so Hannovers Sieg vereitelte.

Indianergeheul

Daß ausgerechnet Mannebach, der dem Vernehmen nach in der neuen Saison für Hannover 96 spielen soll, fünf Minuten vor dem Ende die Ecke von Herget mit dem Kopf zum Torschützen Meininger weiterleitete, schien Didi Ferner wie eine böse Spuk zu sein. Leidensmienen auf der Gäste-„Bank, Indianergeheul bei den Rot-Weißen, die ein großartiges und gu-ten Kampfspiel unverdient gewonnen hatten!

Klasse gemacht! Saric, Klausmann und Wiemers beglückwünschen Herget zum 2:0 gegen Hannover 96.
NRZ-Foto: Garthe

Ex-RWE-Torwart half den Rot-Weißen gegen Hannover

Schnitzer von Rynio

„Wir kamen nicht mehr aus der eigenen Hälfte heraus. Da war einfach nichts zu machen. RWE war am Ende stärker", gab Hannovers Trainer Didi Ferner nach dem 3:2-Sieg von RWE gegen die Niedersachsen ehrlich zu. Ferner weiter: „Unser Torwart Rynio hat zwei Treffer auf dem Gewissen. Das war nicht zu verkraften."

RWE-Trainer Rolf Schafstall sprach seiner Truppe ein Gesamtlob aus. „Wir hatten immerhin Mill, Bönighausen und Kaminsky zu ersetzen. Das unsere Ersatzspieler haben sich gut geschlagen, haben bis zur Erschöpfung gekämpft. Es war ein großartiges Kampfspiel, bei dem man technische Abstriche machen mußte. Dafür stand einfach zu viel auf

dem Spiel. Nun haben wir gute Aussichten, Hannover noch abzufangen, denn wir haben von der Papierform her das günstigere Restprogramm, während Hannover beispielsweise noch gegen Viktoria Köln und auch gegen die Kölner Fortuna anzutreten hat."

Frank Mill: „Ich saß umgekehrt auf der Auswechselbank.

wäre vielleicht auch eingewechselt worden, wenn wir deutlich geführt hätten. So aber war das Risiko wohl doch zu groß. Vielleicht bin ich im Heimspiel gegen Lüdenscheid wieder dabei."

Bielefelds Trainer Dieter Tippenhauer: „RWE hat verdient gewonnen, wobei mir Herget am besten gefallen hat. Er war ein echter Kapitän."

Form-Barometer RWE
Punktgesamtstand jeweils in (Klammern)

Super (5 Punkte)

Stark (3 Punkte)
Herget (57)
Lippens (48)
Klinger (38)

Mittel (1 Punkt)
Meininger (43)
Mannebach (35)
Kirchstein (23)
Diemand (15)
Drescher (14)
Klausmann (40)
Gundersdorff (13)
Schneider (30)

Schwach (0 Punkte)
Saric (16)
Wiemers (9)

So spielen sie noch:

ROT-WEISS ESSEN:
A: Arm. Hannover
H: Lüdenscheid (Di., 13. 5.)
H: Solingen (So., 18. 5.)
A: Vikt. Köln (Sa., 24. 5.)
H: Wanne-Eickel

HANNOVER 96:
A: Lüdenscheid
H: Vikt. Köln (Mi., 14. 5.)
A: Fort. Köln (So., 18. 5.)
H: Wattenscheid (Fr., 23. 5.)
A: SC Herford

NRZ, 05.05.1980

große Mühe hatten, ihre Ordnung zu behalten, aber wenn nicht gerade Lippens am Ball war, fehlten die zündenden Ideen.

In der 85. Minute gab es noch einmal Ecke für Rot-Weiss von rechts. Während sich die komplette 96-Mannschaft im eigenen Strafraum zu orientieren versuchte, zirkelte Herget den Ball schon vor das Tor. Durch die fehlende Ordnung in der Gästeabwehr und durch einen groben Stellungsfehler seines Gegenspielers kam Urban Klausmann per Kopf an den Ball und beförderte diesen in Richtung Tor. Während sieben (!) 96-Spieler durch den eigenen Strafraum irrten, machte „Charly" Meininger zwei Meter vor dem Gästetor den entscheidenden Schritt nach rechts und köpfte den Ball mit einer unglaublichen Verrenkung ins Netz. Nun war die Hölle los, wildes Durcheinander, auf dem Platz und in der Westkurve. Während auf dem Spielfeld alles ganz glimpflich ausging, holten sich mehrere RWE-Fans auf den harten Betonstufen den einen oder anderen blauen Fleck. Zu groß war die Freude, zu ekstatisch der Jubel. Als Schiedsrichter Stäglich fünf Minuten später das Spiel beendete, war jedem im Stadion klar: das war der wichtigste Sieg der Saison, wenn nicht gar seit Jahren. Die Chancen auf den alles entscheidenden 2. Tabellenplatz hatten sich, bei nunmehr nur noch zwei Punkten Rückstand und dem psychologischen Vorteil gegenüber Hannover, wesentlich verbessert.

Dieser Vorteil machte sich schon am nächsten Spieltag bezahlt. Während Hannover überraschend mit 1:2 in Lüdenscheid verlor, gewann RWE gleichzeitig durch ein Tor von Mannebach in der 90. Minute mit 2:1 bei Arminia Hannover. Dadurch wurde der 2. Platz erreicht und bis zum Saisonende verteidigt. Mit dem Comeback von Frank Mill am 35. Spieltag gegen Lüdenscheid schien die ganz große Hoffnung auf den Bundesligaaufstieg wiedezukehren. Dass dieser Aufstieg schlussendlich nicht gelang, ist eine andere Geschichte. Aber dass die Aufstiegsspiele gegen den KSC erreicht wurden, lag in erster Linie an einer insgesamt starken RWE-Saison und an dem hart umkämpften Sieg gegen Hannover 96, an einem sommerlichen Maitag.

Montag, 5. Mai 1980
Nummer 104

NRZ

II. Liga

Gruppe Nord

Osnabrück – Watt'scheid	1 : 1
Pr. Münster – Lüdenscheid	1 : 1
Alem.Aachen – SC Herford	4 : 1
Bielefeld – Bremerhaven	4 : 0
TB Berlin – Fort. Köln	2 : 1
A. Hannover – Holst. Kiel	1 : 2
Wann.-Eickel – OSV Hannov.	1 : 2
RW Essen – Hannover 96	3 : 2
Un.Solingen – SV Wupp'tal	4 : 1
RW Oberhsn – Vikt. Köln	4 : 2

Bielefeld	33	27	5	1	96:23	59:7
Hannover 96	33	21	6	6	59:28	48:18
RW Essen	33	20	6	7	85:49	46:20
Fort. Köln	33	15	10	8	65:43	40:26
Vikt. Köln	33	13	13	7	64:44	39:27
Watt'scheid	33	14	10	9	57:48	38:28
Alem.Aachen	33	15	7	11	52:44	37:29
Un.Solingen	33	12	12	9	60:42	36:30
Osnabrück	33	14	7	12	48:55	35:31
Pr. Münster	33	12	8	13	44:46	32:34
Wann.-Eickel	33	12	6	15	51:61	30:36
RW Oberhsn	33	12	6	15	39:52	30:36
OSV Hannov.	33	11	8	14	45:70	30:36
Lüdenscheid	33	10	9	14	51:60	29:37
TB Berlin	33	11	7	15	51:61	29:37
Holst. Kiel	33	10	6	17	43:58	26:40
SC Herford	33	8	8	17	37:61	24:42
Bremerhaven	33	9	5	19	46:70	23:43
A. Hannover	33	7	1	25	35:73	15:51
SV Wupp'tal	33	4	6	23	28:68	14:52

Tabelle

162

Interview mit Eckhard Kirschstein und Dietmar Klinger

Treffpunkt ist das Lippens-Restaurant „Ich danke Sie". Eckhard Kirschstein und Dietmar Klinger erscheinen überpünktlich, sind gut gelaunt und erzählen über eine Zeit, die für den einen der Startschuss für seine spätere Bundesligakarriere und für den anderen das Ende seiner Profizeit ist. Als dann noch für wenige Minuten Willi Lippens vorbei schaut, ist die Erzählstimmung auf dem Höhepunkt.

Was haben Sie für Erinnerungen an Ihre Zeit bei Rot-Weiss?

Kirschstein (Ks): Insgesamt waren es schöne Jahre, wobei ich sagen muss, dass meine Jahre bei Schwarz-Weiss auch schon gut waren, aber die Zeit bei Rot-Weiss hat alles getoppt.

Klinger (Kl): Meine Zeit bei Rot-Weiss war geprägt durch die beiden Aufstiegsspiele gegen Nürnberg und Karlsruhe und dadurch, dass ich Leute wie Hrubesch, Mill und Herget hautnah miterleben durfte. Im Grunde war Rot-Weiss in meinen Anfangsjahren noch ein Bundesligaverein.

Eckhard Kirschstein und Dietmar Klinger, 2010.

Interessant ist ja der Wechsel von Ihnen beiden im Winter '77 von Schwarz-Weiss nach Rot-Weiss. *(Zeitungsausschnitt wird vorgelegt)*

Kl: Geht schon los, da muss ich meine Brille aufsetzen *(lacht)*. Ich war damals noch ein sehr junger Spieler und ich kann mich daran erinnern, dass ich neben dem Fußball in der Firma eines damaligen Aufsichtratsmitglieds von Schwarz-Weiss gearbeitet habe. Er hat mich eines morgens in sein Büro beordert und gefragt, ob ich mir vorstellen könnte, zu Rot-Weiss zu wechseln. Ich brauchte nicht lange zu überlegen, denn für mich war es ein guter Karrieresprung. Von einem faktischen Absteiger zu einem potentiellen Aufstiegskandidaten zu wechseln, ist immer eine Verbesserung.

Ks: Das Ganze fing damit an, dass mich der Herr Hofmann fragte, ob ich mir vorstellen könnte, zu Rot-Weiss zu wechseln. Ich war ein wenig überrascht, aber sagte ihm, dass ich mir einen Wechsel durchaus vorstellen könnte. Der Grund für einen möglichen

Wechsel war der, dass Schwarz-Weiss Geld brauchte und demzufolge Spielergehälter einsparen musste.

Kann man sagen, dass Sie praktisch von Schwarz-Weiss gedrängt worden sind, zu wechseln?

Ks: *Bei mir kann man das so sagen.*

Kl: *Bei mir war das nicht so, denn ich war ja einer derjenigen, die wohl am wenigsten verdient haben. Vielmehr lag es daran, dass Rot-Weiss mich aufgrund meines Talents haben und mir Schwarz-Weiss nicht den Weg verbauen wollte.*

Wie sind Sie bei Rot-Weiss, in der Mannschaft und im näheren Umfeld, aufgenommen worden?

Ks: *Also ich kann mich nicht beklagen. Am Anfang wurde natürlich über meine Schwarz-Weiss-Vergangenheit gefrozzelt, aber schlussendlich wurde ich hervorragend aufgenommen.*

Kl: *Bei mir war das ebenfalls kein Problem. Mill, Kaminsky und die anderen jungen Spieler kannte ich ja schon aus A-Jugend- oder Kreisauswahlzeiten und demzufolge hatte ich ganz schnell auch Kontakte innerhalb der Mannschaft.*

Herr Kirschstein, Sie haben am 17. Spieltag noch für Schwarz-Weiss und am 18. Spieltag schon für Rot-Weiss gespielt. Kann man da eigentlich schon hundertprozentig Leistung für den neuen Verein geben? Auch mental?

Ks: *Als Fußballer kann man das, und als Profi sowieso. Hinzu kam natürlich auch, dass es bei Rot-Weiss vom Spielerischen und der Klasse der Spieler her wesentlich besser war. Ich konnte mich direkt ganz gut einbringen.*

Kl: *Für mich war das auch kein Problem, da ich ein Essener Junge bin und auch schon in der Jugend oft an der Hafenstraße gespielt habe.*

SWE — RWE 3:3

Von unserem Redaktionsmitglied

F.J.C. Essen. Aus der erwarteten „Abreibung" für Schwarz-Weiß Essen gegen den großen Bruder Rot-Weiß wurde es nichts. Im Gegenteil: Beim 3:3 vor 15 000 Zuschauern hatte RWE Glück, nicht sogar zwei Punkte eingebüßt zu haben. 100 Sekunden vor Schluß verpaßte SWE-Aushilfsstürmer Heise den Siegtreffer. Bester Spieler war ausgerechnet Urban Klausmann, der zu Beginn dieser Woche einen Vorvertrag bei RWE (!) unterzeichnet hatte. Klausmann erzielte ebenso zwei Treffer wie Hrubesch.

NRZ, 23.01.1978

Am 22. Spieltag kam es dann zu dem Rückspiel zwischen Schwarz-Weiss und Rot-Weiss.

Kl: *Das Spiel endete 3:3 und dieser verlorene Punkt hat uns schlussendlich den Aufstieg gekostet. Der Urban Klausmann hat da zwei Tore gegen Rot-Weiss gemacht, obwohl schon feststand, dass er in der nächsten Saison bei Rot-Weiss spielen würde. Im Grunde kann man sagen, dass er sich selbst die erste Bundesliga versaut hat (bitteres Lächeln). Da kann ich mich gut daran erinnern, in diesem Spiel habe ich auch ein Tor geschossen und vor dem Spiel war ich sehr aufgeregt. Ich konnte nicht schlafen, da mich die ganze Geschichte schon sehr beschäftigt hat. Ich habe ja noch Silvester mit den ganzen Schwarz-Weiss Spielern im Litfass gefeiert und nun musste ich gegen meine alten Kameraden spielen. Das war nicht so einfach.*

Ks: Ich war vor dem Spiel und wahrscheinlich auch noch während des Spiels sehr nervös. Das zeigt ja auch meine Beurteilung in der Zeitung ..., schwach *(lacht)*. Ich habe sogar einen Elfmeter verschuldet.

Nach diesem Spiel wurde Trainer Erlhoff entlassen und Klaus Quinkert übernahm das Zepter. Können Sie sich noch an den Wechsel erinnern? Wurde er der Mannschaft gegenüber erklärt?

Kl: Ja, an den Wechsel kann ich mich noch gut erinnern. Wir standen unter Erlhoff auf dem 2. oder 3. Platz und hatten noch ganz engen Kontakt zu Platz 1 und dann wird Erlhoff auf einmal entlassen. Konnte ich damals nicht verstehen, kann ich auch heute nicht verstehen. Als 19-Jähriger nahm ich das hin und hielt meinen Mund, mehr wurde da auch nicht von mir erwartet. Nach dem Wechsel haben wir am Mittwoch ein einstündiges Showtraining mit höchstem konditionellem Einsatz absolviert und am Samstag darauf prompt gegen Westfalia Herne verloren. Das war unglaublich, aber schlussendlich haben wir dann doch Platz 2 erreicht.

Wer waren in der 77/78er Mannschaft die Leitwölfe, die die Mannschaft mitgerissen haben?

Kl: Das waren Horst Hrubesch, Gert Wieczorkowski und Heinz Blasey.

Ks: Das sehe ich genauso. Der Dietmar und ich gehörten eher zu den ruhigen Spielern in der Mannschaft.

Rot-Weiss erreichte am Ende der Saison den 2. Platz und traf in den Aufstiegsspielen auf den Südzweiten 1. FC Nürnberg. Das Hinspiel in Nürnberg endete aus ihrer Sicht 0:1. Diese knappe Niederlage war im Rückspiel durchaus zu korrigieren ...

Ks: Ja, genau. Bei diesem Spiel und auch beim Rückspiel in Essen wurde ich, aus mir nicht mehr bekannten Gründen, nicht eingesetzt, stattdessen habe ich beide Spiele auf der Bank erlebt. Nach Nürnberg sind wir mit dem Zug hin- und zurückgefahren und haben auf der Rückfahrt, mit diesem aus unserer Sicht hervorragenden Ergebnis im Rücken, den ganzen Zug leer gesoffen. Da gab es wirklich schon eine Feier, weil wir alle so davon überzeugt waren, dass wir beim Rückspiel den Aufstieg perfekt machen würden.

Kl: An die Rückfahrt kann ich mich auch noch sehr gut erinnern. Zur damaligen Zeit trank ich noch keinen Alkohol und da meine Schwägerin am nächsten Tag heiratete, habe ich versucht, mich zurückzuziehen und ein wenig zu schlafen. Das war aber unmöglich, denn bei dieser Feier war es unheimlich laut und feucht-fröhlich in unseren Abteilen *(lacht)*. Im Grunde wurde schon der Aufstieg gefeiert.

Hat denn Trainer Quinkert nicht für Abhilfe gesorgt und auf die Euphoriebremse getreten?

Ks: Nicht direkt, stattdessen hat der mit dem Langen *(Anm. d. Autors: gemeint ist Horst Hrubesch)* die Kisten Bier angeschleppt *(lacht)*.

Eine Woche später stand das Rückspiel in Essen an.

Kl: Genau, und in der Woche vor dem Spiel war die Euphorie in der Stadt schon sehr groß.

Ks: Für mich sehr überraschend war die Situation im Kabinengang vor Beginn des Rückspiels. Die jungen Nürnberger Spieler waren ganz entspannt und locker drauf, obwohl das Stadion ein Hexenkessel war und wir, trotz der 0:1 Hinspielniederlage, als Favorit ins Spiel gingen.

Was ist bei Ihnen von diesem Rückspiel an der Hafenstraße in Erinnerung geblieben?

Kl: In Erinnerung geblieben ist bei mir dieses brutale Foul in der ersten Minute an dem Langen, sodass er höchstens noch 60 Prozent seiner Leistungsstärke bringen konnte. Dann natürlich der verschossene Elfmeter vom Langen kurz vor Schluss und schließlich, was für mich als junger Spieler ganz schlimm war, wie der Lange, ein Kerl wie ein Baum, nach Spielschluss in der Kabine saß und bitterlich weinte und untröstlich war. Das war für mich ganz schlimm. Ist bei mir auch das ganze Leben hängen geblieben.

Ks: Ich hatte von draußen auf der Bank nie das Gefühl, dass wir die Nürnberger

Hrubesch wird verletzt vom Platz geführt, RWE – 1. FC Nürnberg.

abschießen würden. Im Gegenteil, die haben ganz abgezockt gespielt und das war für mich, nach dem Erlebnis des Hinspiels, unbegreiflich. Das Drama um den Langen war natürlich wirklich erschütternd. Der Lange, der Jürgen Sperlich und ich sind immer als Fahrgemeinschaft zum Training gefahren und in diesen letzten Tagen – wir haben ja noch ein paar mal nach den Aufstiegsspielen trainiert – gab es auf unseren Fahrten nur noch das Thema Elfmeter. Der Lange war immer noch untröstlich und hat sich Selbstvorwürfe gemacht.

Zu dieser Zeit gab es eine Trinkhalle auf der Vogelheimer Straße.

Kl: Peter Habraschke. Meine Mitspieler waren meistens in der Mittagspause dort, weil ja jeder, der von außerhalb kam, zusehen musste, wo er blieb. Ich habe in Essen gewohnt und war demzufolge viel seltener dort als der Eckhard.

Ks: Ich bin zu dieser Bude schon zu meiner ETB-Zeit gegangen. Da haben wir teilweise in einer Sporthalle auf der Vogelheimer Straße trainiert und im Anschluss habe ich dort dann meine Zeitung gekauft. Zu dieser Zeit saßen da schon ein paar Rot-Weiss-Spieler und haben immer so geguckt. Irgendwann hat mich dann der Lange angesprochen, dass ich mal reinkommen soll. Als ich dann bei Rot-Weiss war, sind wir praktisch nach jedem Auswärtsspiel dort hingegangen, weil der Habraschke immer alles aufgezeichnet hatte. Der hatte die Radioberichte aufgezeichnet und wir haben uns die dann angehört und eine Cola dabei getrunken. Unglaublich, aber so war es *(lacht)*. In der Woche haben wir auswärtigen Spieler dort unsere Mittagspause verbracht, Brühwürstchen gegessen und Kicker gelesen …, sehr schön.

Die Saison 78/79 kann man kurz und knapp als enttäuschend bezeichnen. Überraschend für mich ist, dass Sie, Herr Klinger, erst am 11. Spieltag Ihr erstes Saisonspiel absolvierten. Warum?

Kl: Der damalige Trainer Ferner hat mir den Grund dafür am Ende der Saison bei meinem Polterabend erzählt. Und zwar sollten Wieczorkowski, Huhse und Horvat aus Kostengründen verkauft werden, und aus diesem Grund spielen und sich präsentieren. Da ich ein sehr junger Spieler war, der wenig verdiente, musste ich draußen sitzen. Ob das jetzt stimmt, kann ich nicht sagen, aber so hat Ferner mir das erzählt. Ich selbst war natürlich enttäuscht, am Anfang der Saison auf der Bank zu sitzen, denn im Aufstiegsspiel an der Hafenstraße gegen Nürnberg hatte ich eines meiner besten Spiele überhaupt bei Rot-Weiss gemacht und war davon ausgegangen, dass ich nun einen Stammplatz sicher hätte. Als dann Ferner bei uns Trainer wurde, hat er am Anfang mit mir gar nicht gesprochen. Er war für mich wie so ein kleiner Diktator, da konnte man auch gar nicht hingehen und fragen, warum man nicht spielt.

Herr Kirschstein, bei Ihnen sah es zu Saisonbeginn ähnlich aus. Wenig gespielt, viel ein- und ausgewechselt. Hat Ihnen der Trainer mitgeteilt, warum das so war?

Ks: Die damaligen Trainer haben einem Spieler gar nichts erklärt und diskutiert wurde überhaupt nicht. Wenn die einem gesagt haben, dass man auf der Bank saß, dann konnte man froh sein, dass man auf der Bank und nicht auf der Tribüne saß.

Wann haben Sie erfahren, ob Sie spielten oder nicht?

Ks: Meistens ein, zwei Tage vor dem Spiel und wenn der Trainer Ferner sich noch nicht schlüssig war, dann hat er beim Training die beiden konkurrierenden Spieler im eins gegen eins spielen lassen.

Das heißt?

Ks: Kaminsky und ich wurden zum Beispiel vom Trainer für eine Mittelfeldposition als gleichstark eingeschätzt, also haben wir dann auf einem engen Platz, ca.15 x 10 m, auf zwei Tore, zwanzig Minuten gegeneinander gespielt und der Trainer hat sich das angeschaut und danach entschieden, wer letztendlich aufgestellt wird.

Herr Klinger, können Sie erklären, warum die Saison 78/79 so schwankend und schlussendlich erfolglos verlief?

Kl: Ich habe gar nicht so viele Erinnerungen an diese Saison, da ich ja das erste Drittel gar nicht gespielt habe. Und nicht mitspielen hieß dann, dass ich bei den Auswärtsspielen gar nicht mitfahren durfte und bei den Mannschaftsbesprechungen, nachdem die Aufstellung vorgelesen wurde, ich als nicht aufgestellter Spieler den Raum verlassen und mit den anderen nicht berücksichtigten Spielern, trainieren musste. Am 11. Spieltag wurde ich dann eingesetzt und bin auch nicht mehr rausgeflogen. Warum ich ab diesem Zeitpunkt Stammspieler war, hat mir der Trainer aber auch nicht erklärt. Nein, an 78/79 habe ich die wenigsten Erinnerungen.

In der NRZ vom 17. April 1979 steht als Schlagzeile: „Dieter Bartel als Dirigent nicht akzeptiert, Mannebach läuft viel für die Galerie, Meininger steht Frank Mill im Weg". Kann man sagen, dass der Zusammenhalt innerhalb der Mannschaft in dieser Saison gefehlt hat und es deshalb so schlecht gelaufen ist? *(Zeitungsausschnitt wird vorgelegt)*

Kl: Aus meiner Sicht kann ich das bejahen. Ich war einer derjenigen, die keinen Alkohol getrunken und alles für den Fußball getan haben. Von denjenigen, die in diesem Zeitungsausschnitt genannt werden, kann ich ein paar Geschichten erzählen, wo die das Ganze nicht so ernst genommen haben. Die kamen damals teilweise mit einer Zigarette im Mund zum Training. Ich war schockiert, das war für mich unbegreiflich.

Seltenheitswert: Meininger und Bartel jubeln über ein Tor. Hier gegen Uerdingen in der Saison 1978/79.

Ki: Ja, das war so. Ich habe öfter mal unter der Woche beim Manfred übernachtet. Da haben wir dann abends gemeinsam mit dem Dieter einen getrunken und mussten am nächsten Tag natürlich zum Training. Da kann ich den Dietmar heute gut verstehen, dass er auf uns nicht gut zu sprechen war.

Nach der Saison 78/79 übernahm Rolf Schafstall den Verein als Trainer …

Ks: Das ging los mit Disziplin – und diese Disziplin reinzubringen hieß: Mehr, längeres und vor allem härteres Training. Wir sollten uns diszipliniert und höchst professionell auf die Saison vorbereiten, das war Schafstalls Devise.

Nach einem guten Start mit 13:7 Punkten kam es zum Auswärtsspiel bei Alemannia Aachen. Endergebnis aus Ihrer Sicht: 3:7. Ihr Gegenspieler, Herr Kirschstein, war Hubert Clute-Simon, der vier Tore erzielte …

Ks: Au, au, au, hoho *(lacht)*. An dieses Spiel kann ich mich aber beim besten Willen nicht mehr erinnern …, vielleicht weil ich so schlecht war.

Obwohl es insgesamt gut verlief, hatten sie im Tor ein Problem. Fritz Herrndorf hatte schon mal den einen oder anderen Fauxpas in seinem Repertoire …

Ks: Das stimmt, der Fritz griff manchmal schon daneben, aber zu seiner Entschuldigung muss ich sagen, dass wir hinten in der Abwehr auch oftmals nicht gut gestanden und ihm es dann unnötig schwer gemacht haben.

War es folgerichtig, dass mitten in der Hinrunde der junge Detlef Schneider ins Tor kam?

Ks: Ja, das war folgerichtig. Der Detlef hat immer super trainiert, das werde ich auch nicht vergessen. Das war immer ein heißer Zweikampf im Training zwischen dem Fritz und dem Detlef, da war ganz schön was los. Die beiden haben sich nichts geschenkt, aber da der Detlef ein Bombentorhüter war, konnte man ahnen, dass er irgendwann die Nummer 1 werden würde.

Kl: Für mich auf jeden Fall. Ich kannte den Detlef schon seit Jugendzeiten und da möchte man ja auch, dass sein Kumpel endlich spielt. Die Trainingsleistungen waren, und da möchte ich auch dem Fritz gegenüber fair sein, von beiden Torhütern sehr gut. Als der Detlef dann endlich im Tor stand, hat er mit seinen Leistungen auch niemanden enttäuscht.

Herr Klinger, ist es richtig, dass Sie den Detlef Schneider an einer Bushaltestelle in Essen-Steele kennengelernt haben?

Kl: Ja, das ist richtig, wir haben uns dort immer beim Umsteigen gesehen. Er war ja ein Junge aus dem Essener Süden, der im Norden gespielt hat und ich war ein Essener Junge aus dem Norden, der im Süden gespielt hat. Irgendwann haben wir beide dann auch in diversen Auswahlmannschaften zusammengespielt und da haben wir uns dann richtig kennen gelernt.

Im Laufe der Vorrunde kehrte Willi Lippens an die Hafenstraße zurück. Gab es Vorbehalte innerhalb der Mannschaft oder war man doch froh, einen so erfahrenen Mann wieder in der Mannschaft zu haben?

Kl: Ich bin ein Essener Junge und er ist ein Essener Idol, da ist man natürlich sehr froh, wenn man mit so jemandem gemeinsam in einer Mannschaft spielen darf. Ich war der Verpflichtung gegenüber positiv eingestellt. Im Hinblick auf die Zuschauer ist dies für einen jungen Spieler auch sehr vorteilhaft, denn gerade der Willi hat viel Druck von uns jungen Leuten genommen. Hinzu kam natürlich auch, dass nach seiner Verpflichtung

Kopfballstark

Klinger mit Frau in jungen Jahren.

Dietmar Klinger, 2010.

deutlich mehr Zuschauer ins Stadion kamen. Ich kann mich gut an sein erstes Heimspiel gegen den Wuppertaler SV erinnern: Da fuhr eine gefederte 'Ente' vor dem Spiel im Stadion im Kreis und die Leute draußen haben schon verrückt gespielt. Wir haben 5:1 gewon

Eckhard Kirschstein in seinem Garten, 2010.

Kirschstein geht in Deckung. WSV – RWE, 1978/79.

Eckhard Kirschstein, 2010.

nen und der Willi hat direkt ein Tor gemacht. Von der Technik und von seinem Auge gab es keinen besseren als ihn. Für uns als Mannschaft war seine Verpflichtung wie ein Sechser im Lotto!

- Willi Lippens kommt für ein paar Minuten hinzu -

Li: Diese Saison war im Grunde meine schönste Saison bei Rot-Weiss. Wir hatten einen super Zusammenhalt und es gab keinerlei Neid innerhalb der Mannschaft. Hätte der Detlef Schneider nicht diesen abgefälschten Schuss im Aufstiegsspiel gegen den KSC rein bekommen, wären wir aufgestiegen und ich hätte dann meinen Vertrag um zwei Jahre verlängert und nochmal Bundesliga gespielt.

Nach einer guten Hinrunde dachte jeder, dass es in der Rückrunde weiter so gut laufen würde. Doch dann verletzte sich Frank Mill.

Ks: Beim Training. Schienbeinbruch nach einem Pressschlag mit Detlef Wiemers, das war es dann. Den Bruch hat man zunächst gar nicht festgestellt, erst bei der anschließenden Röntgenaufnahme. Das war sehr schlecht für uns, denn einen Frank Mill konnte man nicht einfach ersetzen. Ich persönlich habe in all den Jahren selten so einen guten Fußballer wie den Frank gesehen.

Konnte man damals schon erkennen, dass seine Karriere steil nach oben verlaufen würde?

Ks: Das konnte man damals schon erkennen und mir war immer klar, wenn der Frank zu einem ambitionierteren Verein wechseln würde, dann hätte er in seiner Karriere alle Möglichkeiten. Ist ja dann auch so gekommen. Ich kann mich noch an die WM 1990 in Italien erinnern. Er stand unten auf den Platz und ich war oben auf der Tribüne. Es war das Achtelfinalspiel gegen Holland, wir haben uns zugewunken und uns kurz unterhalten. Schöne Erinnerungen.

Gleich schlägts Drei. Der KSC trifft zum 3:0 im Aufstiegsheimspiel 1980 gegen RWE.

Herr Kirschstein, in der Rückrunde der Saison wurden Sie vom Stammspieler zum Ersatzspieler. Woran lag das?

Ks: Das lag ganz allein daran, dass ich mit dem Schafstall als Trainer nicht auskam. Ich habe ihm das auch in einer Mannschaftsbesprechung und später auch persönlich gesagt, folglich saß ich danach meistens auf der Bank.

Mitten in der Rückserie gab es ein Auswärtsspiel in Herford …

Kl: 1:2 verloren und ich habe eine rote Karte bekommen. Ich bin da einem hinterher gerannt, der alleine auf unser Tor zulief und habe ihn dann umgetreten. Sechs Wochen Pause war die Quittung.

Trotz aller zwischenzeitlichen Probleme erreichte Rot-Weiss schlussendlich den 2. Platz. War das ein Erfolg?

Kl: Ja, das kann man so sagen. Wir haben uns zum Schluss rangekämpft, fünf Punkte auf Hannover 96 gut gemacht, und waren schließlich alle glücklich, noch den 2. Platz und damit die Aufstiegsspiele zur Bundesliga erreicht zu haben.

In dieser Saison haben Sie auch öfter auf dem E-Jugend Platz hinter der Gegengeraden trainiert …

Kl: Das ist richtig und das sage ich auch heute immer meinen Spielern, die auf Kunstrasen trainieren. Wir sind damals auf Asche groß geworden, auch wenn wir dann samstags auf Rasen gespielt haben, und da hat auch niemand geheult, wenn er sich mal eine Schürfwunde zugezogen hat. Heute kann ja niemand mehr auf Asche spielen, die meckern alle über den Bodenbelag *(schüttelt den Kopf)*.

Herr Lippens, Sie kamen damals mit Schafstall gut aus. Waren Sie dafür verantwortlich, dass öfter auf dem E-Jugend-Platz trainiert wurde?

Li: Ein wenig schon, wobei der Schafstall nicht dumm war. Er war ja noch ein junger Trainer, der die Unterstützung der Mannschaft brauchte. Wir haben uns dann meistens auf dem Rasentrainingsplatz warm gemacht und anschließend habe ich ihn dann gefragt, ob wir nicht wieder auf dem kleinen Platz ein Spielchen machen könnten. Das haben wir dann auch immer gemacht. Im Grunde haben wir in der Rückrunde 79/80 bis auf einen Tag in der Woche, wo wir in der Gruga laufen gegangen sind, immer nur in jedem Training ein Spielchen auf diesem E-Jugend-Platz gemacht. Aber da gab es Power, da wollte man gewinnen. Diese Hänselei, wenn man dort verloren hatte, die war viel schlimmer, als wenn es ein Meisterschaftsspiel gewesen wäre. Hinzu kam, dass wir unheimlich viel Spaß hatten und dass es eine Selbstläufergeschichte wurde. Wir hätten hinterher auch auf Beton spielen können, wir hätten jeden geschlagen *(alle drei lachen)*.

Kl: Wir haben ganz zum Schluss, kurz vor den Karlsruhe-Spielen, um einen Jugendpokal gespielt. Der stand in einem Jugendhäuschen neben dem E-Jugend Platz. Das gab eine Riesengaudi, jeder hatte Spaß und alle wollten diesen Pokal gewinnen. Dadurch hat dann jeder mehr gemacht, als es bei einem normalen Training üblich gewesen wäre. Wir sind bei 30 Grad auf Asche gegangen und haben Vollgas gegeben, alt gegen jung, da wollte keiner verlieren.

Am Ende der Saison kam es zu den Aufstiegsspielen gegen den KSC. Herr Kirschstein, wann wussten Sie, dass Sie nicht spielen?

Ks: Das wusste ich sofort. Der Schafstall stand irgendwie nicht auf mich. An die Spiele selbst kann ich mich fast gar nicht erinnern. Keine Ahnung warum, aber so ist es.

Kl: Wir sind nach Karlsruhe mit einem Frank Mill gefahren, der noch gar nicht richtig fit war. Insgesamt haben wir dort also höchstens mit zehneinhalb Leuten gespielt. Hinzu kam, dass der Detlef Schneider dort keinen so guten Tag hatte. Ehe wir uns dann versahen, waren die neunzig Minuten rum und wir hatten 1:5 verloren. Eigentlich waren wir da schon tot, aber dann kam ja die Geschichte mit dem Weinfest in Steinbach. Willi Lippens ist da auf die Idee gekommen und hat zum Schafstall gesagt, dass jetzt eh niemand schlafen könne und man die ganze Geschichte jetzt auf diesem Weinfest Revue passieren lassen sollte. Schlussendlich hat dann ein riesengroßes Besäufnis stattgefunden und wir haben uns auf das Rückspiel eingeschworen.

Das Rückspiel fand an einem Freitagabend statt.

Kl: Ja, daran kann ich mich genau erinnern. Es war brutal heiß und ich war wegen meiner vierten gelben Karte gesperrt und saß auf der Tribüne. Den Rest kennt dann ja jeder. Leider gab es eine dumme Szene in diesem Spiel, die alles gedreht hat.

Links: Kicker, 09.06.1980, Mitte: Willi Lippens und Frank Mill. Zwei Essener Fußballidole., rechts: Kicker, 16.06.1980.

Sie haben gespielt, Herr Kirschstein …

Ks: Ich wundere mich gerade, aber ich habe keinerlei Erinnerung an dieses Spiel. Ich glaube, da hatte ich schon mit dem Trainer und dem Verein abgeschlossen, sonst hätte ich noch alles im Kopf. Ich kann mich noch ganz gut erinnern, was nach dem Spiel geschah. Wir sind nach dem Duschen hoch ins Vereinsheim, haben dort noch zusammen gegessen und getrunken. Da mein Vertag auslief, wurde mir schon Wochen zuvor zugesichert, dass man nach diesem Spiel auf mich zukommen und mit mir meine Zukunft klären würde. Nach anderthalb Stunden Warten kam aber niemand und da hatte ich die Schnauze voll. Ich habe mich ins Auto gesetzt und bin nach Hause gefahren – das war dann der Abschied von Rot-Weiss Essen, mein letzter Arbeitstag.

Herr Klinger, Sie saßen oben auf der Tribüne und die Stimmung war …

Kl: Phänomenal. Grund hierfür war das frühe 1:0 durch „Charly" Meininger. Nach dem 3:0 Mitte der zweiten Halbzeit sind die Zuschauer neben mir dann fast durchgedreht, das war unglaublich.

Dieses Gegentor zum 1:3 kann man aus meiner Sicht nicht an Detlef Schneider festmachen, der Ball wurde einfach unglücklich abgefälscht. Kann man trotzdem sagen, dass dieses Gegentor an Schneider hängen geblieben ist?

Kl: Mit Sicherheit, diese Szene hat ihm einen großen Knacks gegeben. Er hat ja dann auch nur noch ein weiteres Jahr bei Rot-Weiss gespielt und anschließend war seine Profikarriere beendet. Ich selbst bin ein sehr guter Freund von ihm und habe dann im Laufe der Jahre mitbekommen, wie sehr dieses Gegentor an ihm genagt hat. Das kann sich keiner vorstellen, ist aber so.

Haben Sie noch Kontakt zum Verein?

Ks: Nein, seit 30 Jahren kein bisschen mehr.

Kl: Seit ca. einem Jahr auch nicht mehr, aber zuvor war der Kontakt, auch bedingt durch meinen Sohn, relativ gut.

Haben Sie noch Kontakte zu ehemaligen Mitspielern?

Ks: Nein, gar nicht.

Kl: Ich habe noch zu Frank Mill, Matthias Herget, Ingo Pickenäcker, Detlef Schneider und Jürgen Kaminsky regelmäßigen Kontakt.

RWE – S04

Typisches Bild: Helmut Kremers (S04) obenauf, Hans Dörre (RWE) am Boden.

Kein einziger rot-weisser Sieg in 14 Bundesligaspielen gegen den Nachbarn. Das ist bitter. Besonders für die RWE-Fans, die gegen keine andere Mannschaft so zahlreich ins Stadion strömten. Trotz dieser negativen Bilanz: Die Spiele waren meistens hart umkämpft. Auf dem Platz und auch auf den Rängen.

„Rot-Weiss gegen Schalke war immer ein brisanter Revierschlager und wir haben uns gerade in diesen Spielen viel Mühe gegeben und wollten auch mal gewinnen. Allerdings waren wir vom spielerischen Potential unterlegen und wenn sich die Schalker dann auch kämpferisch ins Zeug legten, und das taten sie gegen uns immer, dann haben wir die Spiele meistens verloren."

Hans Dörre

50   Nr. 218 / Montag, 21. September 1970 **WAZ**

Haarscharf am Skandal vorbei
Nach einem umstrittenen Foulelfmeter wendete sich das Blatt zugunsten von Schalke 04
Von waz-Redakteur HEINZ KOTTEK   GELSENKIRCHEN

Sa, 19.09.1970, Glückaufkampfbahn

Schalke 04 (8.) – RWE (4.)   4:1 (2:1)
Schalke: Nigbur, Becher, Rüssmann, Fichtel, Sobieray, Scheer, Lütkebohmert, van Haaren, Libuda, Fischer (46. Pohlschmidt), Pirkner
Trainer: Cendic
RWE: Bockholt, Czernotzky, Rausch, Erlhoff, Stauvermann, Jung, Ter Mors, Weinberg (46. Fürhoff), Hohnhausen, Beer (63. Burgsmüller), Lippens
Trainer: Burdenski
Schiedsrichter: Dittmer
Zuschauer: 38.000
Tore: 0:1 Lippens (15.), 1:1 van Haaren (25./FE), 2:1 Rüssmann (42.), 3:1 van Haaren (57.), 4:1 Pohlschmidt (79.)

Skandalspiel in der Glückauf-Kampfbahn 1970. Klaus Fischer gegen drei Essener Abwehrspieler.

Eines der umstrittensten Spiele zwischen blau-weiß und rot-weiss spielte sich am 6. Spieltag im Bundesligaskandaljahr ab. Rot-Weiss kam blendend in die Saison und war sowohl am dritten als auch am vierten Spieltag Tabellenführer der Bundesliga. Erst ein 3:3 im Grugastadion gegen Oberhausen sorgte dafür, dass Borussia Mönchengladbach wieder die Tabellenführung übernahm. Auch Schalke startete nicht schlecht und gewann mit dem neuen Trainer Slobodan Cendic sogar in Dortmund mit 2:1. Die sportliche Rivalität beider Vereine und der gemeinsame gute Saisonstart ließen auf ein packendes Spiel hoffen. RWE agierte im Stile einer Spitzenmannschaft und ging durch die „Ente" verdient mit 1:0 in Führung. Weitere gute Möglichkeiten wurden durch eigene Schludrigkeit vergeben. Der erste vernünftige Angriff der Gastgeber führte dann zur entscheidenden Situation des Spiels. Peter Czernotzky und der Schalker Hans Pirkner kamen sich bei einem Kopfballduell in Höhe der Torauslinie gefährlich nahe, berührten einander vielleicht und sahen sich anschließend ungläubig an. Der junge Schiedsrichter Dittmer, der erst sein viertes Bundesligaspiel pfiff, zeigte zur Verwunderung aller auf dem ominösen Punkt. Ab diesem Moment war die Hölle los. Essens Spieler bedrängten den Schiedsrichter und Erich Beer trat den Unparteiischen von hinten in die Wade. Dittmer ließ sich jedoch nicht beirren und ordnete die Vollstreckung des Strafstoßes durch den Schalker Heinz van Haaren an. Dieser hämmerte den Ball in die von RWE-Torhüter Fred Bockholt aus gesehen linke Ecke. Zum Jubel der Rot-Weissen lenkte Bockholt den Ball mit beiden Händen gegen die Unterkante der Latte. Von dort sprang der Ball auf die Linie und anschließend in die beschützenden Hände von Bockholt. Schiedsrichter Dittmer schien das alles gar nicht zu interessieren und er zeigte zur Spielfeldmitte. Tor für Schalke. Nun brachen alle Dämme. Das Stadion wur-

„Ich bin dann angelaufen und habe sehr hart geschossen. Der Bockholt hat sich geschmissen und dabei die Ecke geahnt, so dass er den Ball gegen seinen Arm bekommen hat. Von dort sprang der Ball dann oben gegen das schräg gespannte Netz, danach kam er genau auf die Torlinie runter und der Fred hat sich dann den Ball geschnappt und festgehalten. Danach hat er direkt reklamiert und gesagt, dass der Ball nicht drin gewesen sei. Das war allerdings falsch, der Ball war im Tor, aber das konnte der Fred gar nicht sehen. Der Schiedsrichter, der allerbeste Sicht hatte, hat sofort zur Mitte gezeigt. Die Tumulte gab es deshalb, weil die Essener wohl nur gesehen haben, wie der Ball aus dem Tor wieder nach unten auf die Linie sprang und deshalb dachten, dass der Ball gar nicht im Tor gewesen sei."

Heinz van Haaren über den entscheidenden Elfmeter des Spiels

BILD-Redakteur Jörg F. Hüls erlebte den Skandal beim Bundesligaspiel Schalke — Essen. Er schämt sich für seine Essener Freunde.

Aus Sängerknaben wurden Stiere...

BILD, 21.09.1970.

„Dieses Spiel war ausverkauft. 38.000 Zuschauer in der Glückauf-Kampfbahn. Wenn man sich heute das Stadion von der Autobahn anguckt, dann kann man gar nicht glauben, dass so viele Menschen in das Stadion passten. Zum Glück hat uns ein Ordner auch ohne Karten ins Stadion gelassen. Dort war dann alles so voll, dass wir auf Bäume klettern mussten und von dort das Spiel geschaut haben. Das Spiel war natürlich eine Katastrophe, da gab es diesen Elfmeter, der keiner war und der auch nicht ins Tor ging, aber vom Schiedsrichter trotzdem als Tor für Schalke gewertet wurde. Anschließend gab es zehn Minuten Tumulte auf dem Platz. Da sind RWE-Fans auf den Platz gelaufen und Ordner mit Hunden und die Polizei mussten dann für Ruhe sorgen."

RWE-Fan Bernd Struwe

de zum Tollhaus. Prügeleien auf den Rängen, Essener Zuschauer auf dem Platz und mittendrin die „Ente", die sich am Rande des Wahnsinns befand.

Zweimal stürmte Lippens in Kamikazemanier auf den Schiedsrichter zu und wollte diesem sprichwörtlich an die „Wäsche". Fünf Polizisten konnten die „Ente" gerade noch davon abhalten, eine Dummheit zu begehen, die womöglich eine mehrwöchige Sperre nach sich gezogen hätte …, mindestens. Nach mehreren Minuten Unterbrechung wurde das Spiel fortgesetzt und als Rüssmann in der 42. Minute mit einem Kopfballtorpedo für Schalkes 2:1-Führung sorgte, war das Spiel gegen resignierende Rot-Weisse entschieden.

Begrüßung durch den Oberbürgermeister.

Sa, 15.02.1975, Georg-Melches-Stadion
RWE (10.) – Schalke 04 (5.)　　　　**4:4 (2:3)**
RWE: Blasey, Strauch, Wieczorkowski, Wörmer, Dörre, Lorant, Fürhoff, Bast, Lindner, Burgsmüller, Lippens
Trainer: Ferner
Schalke: Nigbur, Huhse, Thiele, Fichtel, H. Kremers, Budde, Lütkebohmert, Bongartz, R. Abramczik, Fischer, E. Kremers
Trainer: Horvat
Schiedsrichter: Betz
Zuschauer: 30.107
Tore: 0:1 Bongartz (5.), 1:1 Burgsmüller (8.), 2:1 Bast (18.), 2:2 Bongartz (26.), 2:3 Budde (30.), 3:3 Fürhoff (52.), 4:3 Lorant (66.), 4:4 Fischer (84.)

„Zugabe, Zugabe!", das Georg-Melches-Stadion erzitterte unter den begeisterten Rufen beider Fangruppen. Diese hatten auch allen Grund dazu, nach dem Abpfiff ihre Freude herauszuschreien. Was sich in den neunzig Minuten zuvor auf dem Rasen abgespielt hatte war eine Sternstunde des Fußballs. Offensiv, mitreißend, dynamisch, kämpferisch. Vier Attribute, die ausreichen, um dieses Spiel zu beschreiben.

Aufstellung zum Gebet.

Doch trotz aller Euphorie muss schlussendlich konstatiert werden, dass es RWE erneut nicht gelungen war, die Schalker Gäste mit einer Niederlage zurück in die Nachbarstadt zu schicken. Dabei war die Chance eines Bundesligasieges über die Blau-Weißen nie größer als an diesem Februarsamstag. Schon in den Mittagsstunden machten sich die Unruhigsten auf den Weg zum Stadion. Zum ersten Mal nach dem Umbau wurde die nunmehr überdachte Gegengerade geöffnet, von wo aus nun auch der Stehplatzbesucher gut geschützt gegen den Regen das Spiel verfolgen konnte. Über 30.000 Zuschauer zwängten sich schließlich ins Stadion und sorgten von Beginn an für eine grandiose Stimmung auf den Rängen. Und schon nach 18 Minuten stand die Westkurve erstmals Kopf. Nach der

frühen Schalker Führung durch „Spargeltarzan" Bongartz glich Burgsmüller mit einem gefühlvollen Heber über den zu weit vor seinem Tor stehenden Norbert Nigbur zum 1:1 aus, ehe Dieter Bast mit einem tollen Schuss in den Winkel für die rot-weisse 2:1-Führung sorgte. Endlich einmal hatte jeder Essener im Stadion das Gefühl, dass ein Sieg über Schalke gelingen könnte – doch nur ganze 12 Minuten später triumphierte die Ostkurve. Bongartz, auf Vorlage des in abseitsverdächtiger Position stehenden Fischer, und Budde, per Kopf, drehten das Ergebnis vor der Halbzeit. Schalke spielte schnell, zielstrebig und schwungvoll, Rot-Weiss hielt mit hohem kämpferischem Einsatz dagegen. Wer nun dachte, RWE würde in der zweiten Halbzeit

Kurz vor Schluss: Klaus Fischer trifft zum 4:4, Hansi Dörre schaut entsetzt den Ball nach.

2:1 durch Dieter Bast. Ekstase an der Hafenstraße.

Tolles Torfestival beim 4:4 an der Hafenstraße – RWE verpaßt mit viel Pech Sieg über Schalke

Fischers Ausgleichstor trübte die Feststimmung der 30000 kaum

Von PETER PIONKE

Das war ein rauschendes Fußballfest! Der Ruhrschlager zwischen Rot-Weiß und dem FC Schalke 04 wurde zum Superhit. 30 000 begeisterte Zuschauer sahen beim 4:4 (2:3) alles, was das Herz eines Fußball-Fans höher schlagen läßt: acht herrliche Tore, zuckige Zweikämpfe, bedingungslosen Einsatz und Spannung bis zur letzten Sekunde. Zwar mußten die Essener ein schon so oft in den letzten Minuten nach einem Gegentreffer kassieren,

Seiten zuvor herrschte eine solch prickelnde Stimmung im Georg-Melches-Stadion. Die Fans schrien sich schon vor Spielbeginn die Seelen heiser. Beifall für RWE-Vorsitzenden Willi Nauphnein, der offiziell die neue Stehtribüne ihrer Bestimmung übergab. Beifall auch für Oberbürgermeister Horst Katzor, der einen Appell an die Massen richtete, doch die Regeln des sportlichen Fairneß zu wahren.

Dann ging es Schlag auf Schlag.

Die Gäste aus Gelsenkirchen hatten ihre Nerven besser unter Kontrolle als die Essener. Verdutzte Gesichter bei den Rot-Weißen, als es bereits nach vier Minuten 1:0 für die Schalker stand. Erstaunlich, wie schnell die Essener diesen Schock überwinden hatten. Mit viel Einsatz und Kampfkraft erzwangen sie gegen die technisch stärkeren Gelsenkirchener eine offene Feldschlacht.

Verlief diese Begegnung auch ganz nach dem Geschmack der Zu-

schauer, so darf doch nicht übersehen werden, daß beide Abwehrreihen es den gegnerischen Stürmern leicht machten. Fast allen Treffern gingen schwere Fehler voraus. Zudem hatten beide Torhüter nicht ihren besten Tag erwischt. Besonders Norbert Nigbur leistete sich krasse Schnitzer und sah bei drei Treffern alles andere als gut aus. Aber auch Heinz Blasey, gestern "unter der Haube", war nicht so sicher wie in den letzten Begegnungen.

Weit von seiner Bestform entfernt war Werner Lorant, der sonstige Spezialist für Sonderaufgaben. Schalkes Regisseur Bongartz zeigte ihm mehr als einmal die Hacken. "Ich habe wohl zur Zeit eine leichte Krise, aber die wird bald behoben sein", meint der ehrgeizige RWE-Mittelfeldspieler.

Einen arbeitsreichen Nachmittag erlebte RWE-Vorstopper Werner Schalkes brandgefährlicher Torjäger Klaus Fischer hielt ihn während der gesamten 90 Minuten in Atem. Fischer war es auch, der den Rot-Weißen vier Minuten vor dem Abpfiff die "Siegessuppe" versalzte. Als viele Rot-Weiß-Fans schon den ersten RWE-Sieg seit neun Jahren über Schalke feierten, stand Fischer goldrichtig und markierte das 4:4.

Rot-Weiß-Stürmer-Star "Ente" Lippens war diesmal etwas flügellahm. "Eine Oberschenkel-Prellung behinderte mich mehr als ich anfänglich annahm", erklärte der Publikumsliebling. Außerdem hatte Lippens mit Rohde einen Gegenspieler, der über ihn hinauswuchs.

Bester Mann bei den Gastgebern war Mannschaftskapitän Dieter Bast. Beispiellos sein Einsatz. Der kleine Mittelfeldspieler tauchte überall auf und verhinderte selbst im eigenen Strafraum durch entschlossenes Eingreifen Tore der Schalker.

Hat es auch diesmal wieder nicht zu einem Sieg über die Schalker gereicht, so haben die Rot-Weißen, die keinen Ausfall in ihren Reihen hatten, doch bewiesen, daß sie sich vor keinem Gegner zu verstecken brauchen ...

dennoch gab es am Ende auf beiden Seiten nur zufriedene Gesichter. Der RWE-Kassierer rieb sich die Hände, immerhin klingelten hinterher fast 250 000 DM im Rot-Weiß-Vereinssäckel und RWE-Trainer "Didi" Ferner meinte nicht ohne Stolz: "Meine Mannschaft hat heute hervorragend gespielt und bewiesen, daß sie selbst gegen Spitzenmannschaften mithalten kann."

WAZ, 17.02.1975

die Abwehr öffnen und die Gäste zu Kontern einladen, der sah sich getäuscht. Grund hierfür war der schnelle Essener Ausgleichstreffer durch einen vehementen 20-Meter-Schuss durch Günter Fürhoff. Als Werner Lorant Mitte der zweiten Hälfte nach einem Fehler von Nigbur die erneute Essener Führung erzielte, gab es im Stadion kein Halten mehr. Im Stakkato dröhnte es von den Tribünen: „Essen, Essen!!!" Als alle schon mit einem RWE-Sieg rechneten, als die ersten Schalker schon ihre Fahnen einrollten, da schlug Fischer aus einem Getümmel im Fünfmeterraum zu: 4:4. Das war der Endstand in einem unvergesslichen Derby.

> „Das war ein Bombenspiel, da haben wir 4:4 gespielt. Für mich als Libero war das natürlich nicht gut, aber auf der anderen Seite hat der Fichtel gespielt, der war Nationalspieler, für den war das auch nicht gut (lacht). Und was sollte man machen? Ich konnte doch nicht dem Willi sagen, dass er mit nach hinten kommen soll. Der hätte dann geantwortet, ob ich nicht einen an der Birne habe (lacht)."
>
> Gert Wieczorkowski

Die überdachte Gegengerade.

Interview mit Hartmut Huhse

Herr Huhse, Sie haben sowohl für Schalke als auch für Rot-Weiss gespielt. Waren das für Sie besondere Spiele?

Ja klar, schließlich kannten wir Spieler uns untereinander und da wurde vor den Spielen immer ganz schön gefrozzelt.

Wer war der Favorit in den Spielen?

Das war immer Schalke.

Lag es daran, dass Schalke immer die bessere Mannschaft hatte?

Ich will nicht sagen, dass Schalke als Mannschaft grundsätzlich immer besser war, aber von der Anzahl der Nationalspieler war Schalke immer besser als Rot-Weiss besetzt.

Gehen wir mal die beiden Mannschaften im Zeitraum von 1973-77 durch. Gab es zwischen den beiden Torhütern Nigbur und Blasey gravierende Unterschiede?

Ja natürlich. Norbert Nigbur war nicht umsonst im Kader der Nationalmannschaft und wenn Heinz Blasey, den ich damals als Torhüter sehr geschätzt habe, auf dem gleichen Level gewesen wäre, dann hätte er logischerweise auch im Kader der Nationalmannschaft stehen müssen. Der lange Nigbur war auf der Linie fast unschlagbar und gehörte für mich zur damaligen Zeit zur absoluten Weltspitze! Der Heinz war zwar auch ein guter Torwart, in den ich hundertprozentiges Vertrauen hatte, aber Nigbur war besser.

Kommen wir zu den Abwehrreihen, Schalke '74 gegenüber RWE '75: Huhse, Fichtel, Rüssmann, Helmut Kremers auf der einen und Neues, Wieczorkowski, Wörmer und Huhse auf der anderen Seite. Gab es aus Ihrer Sicht hier einen großen Qualitätsunterschied?

Groß vielleicht nicht, aber es gab einen Unterschied. Nehmen wir nur Rüssmann und Fichtel, da sind wir wieder bei der Nationalmannschaft, und Nationalspieler wird man nicht aus Jux und Dollerei. Von Rüssmann seinem Kopfballspiel träumen die anderen. Gut, der Wietsche war von allen sieben Leuten technisch der mit Abstand beste Spieler, aber er alleine konnte aus meiner Sicht nicht den Qualitätsunterschied der beiden Abwehrreihen auffangen. Punkt für Schalke.

Die Unterschiede im Tor und in der Abwehr sind für mich noch einleuchtend, aber schon im Mittelfeld sehe ich von den Namen her keinen Unterschied. Schalke: Budde, Bongartz und Lütkebohmert. RWE: Bast, Fürhoff und Lorant.

Ja, Sie haben Recht, da gibt es nichts auszusetzen. Aber natürlich kommt es auch immer darauf an, wie die einzelnen Spieler in das Gesamtsystem eingebunden sind. Da ich ja mit beiden Mittelfeldreihen zusammen gespielt habe sind die Merkmale recht schnell erklärt. Man konnte den Werner Lorant, wenn man jetzt die direkte Gegenüberstellung hat, mit dem „Aki" Lütkebohmert vergleichen: Läuferisch waren beide nicht kaputt zu kriegen, die hätten im Notfall vier Spiele hintereinander absolvieren können, allerdings war die fußballerische Klasse vom „Aki" im Vergleich zum Werner einfach besser. Beim „Nobby" Fürhoff war dagegen die fußballerische Klasse gegenüber allen anderen besser. Im Vergleich zu ihm war Budde ein ganz einfacher Spieler und Bongartz konnte den Übersteiger machen, aber das war es dann auch schon. Negativ war natürlich beim „Nobby", dass er kaum mit nach hinten gearbeitet hat. Tja, und Dieter Bast war pfeilschnell und hatte auch eine gewisse Klasse, ist ja später nicht umsonst B-Nationalspieler geworden. Nein, insgesamt gesehen muss ich schon sagen, dass das Essener Mittelfeld zur damaligen Zeit eine gewisse Klasse verkörperte, ganz klar. Allerdings kommt es natürlich auch drauf an, wie der jeweilige Mannschaftsteil ins Gesamtgefüge passt und da passte es bei Schalke irgendwie ein Ticken besser.

Als Letztes kommen wir zum Sturm. Schalke spielte mit Rüdiger Abramczik, Klaus Fischer und Erwin Kremers, RWE mit Manni Burgsmüller, Horst Hrubesch und Willi Lippens. Von den Namen her läuft es für mich auf ein Unentschieden hinaus.

Kann ich akzeptieren, wenn man sich die weitere Entwicklung der jeweiligen Spieler anschaut, dann könnte man sogar sagen, dass der Essener Sturm der bessere gewesen ist. Gucken wir mal zum Schalker Sturm. Der Rüdiger hatte ein paar gute Jahre und ist dann in der Versenkung verschwunden, über den Klaus Fischer brauchen wir nicht zu diskutieren und der Erwin Kremers hatte so seine Eigenarten, die ansonsten keiner von den anderen Fünf hatte. Die defensiven Defizite sind bei allen fast gleich, aber der Willi hat von allen schon am wenigsten nach hinten gearbeitet und das habe ich zu Schalker Zeiten oftmals ausgenutzt. Ich kann mich an ein Spiel in Essen erinnern, da haben wir mit 5:2 gewonnen und ich hatte die beiden ersten Tore durch Klaus Fischer vorbereitet. Ich würde schlussendlich sagen, dass es im Sturm zu einem Unentschieden der beiden Mannschaften kommt.

Kann man sagen, dass sich die bessere Qualität von Schalke dahingehend bemerkbar gemacht hat, dass es dort im Verbund besser lief als bei Rot-Weiss?

Ja, das genau kann man sagen. Von den einzelnen Spielern war Rot-Weiss fast gleichwertig besetzt, aber die Spielmaschinerie lief in Schalke besser.

1973-75 haben Sie in Schalke gespielt und dabei alle vier Spiele gegen RWE absolviert. In Schalke gab es zwei klare S04-Siege, in Essen gab es einen 5:2-Erfolg für S04 und ein 4:4 Unentschieden. Hatten Sie speziell bei diesem 5:2 den Willi Lippens gut im Griff?

Ja schon, aber ich war ja nur ein Mosaiksteinchen. Wir hatten damals einfach eine hervorragende Mannschaft und waren sehr schwer zu schlagen. Grundsätzlich muss ich sagen, dass diese Derbys, Schalke gegen RWE, immer tolle, stimmungsvolle Spiele waren. Mir persönlich haben diese Spiele immer sehr viel Spaß gemacht.

War der Willi Lippens in allen vier Spielen gegen RWE Ihr Gegenspieler?

Nein, einmal habe ich auf der anderen Seite gespielt und da habe ich dann gegen Harry de Vlugt gespielt. Das war natürlich vom Läuferischen her ein Unterschied, denn der Harry hatte schon ein anderes Tempo und eine andere Ausdauer als der Willi vorzuweisen.

War es für Sie als Abwehrspieler leichter gegen Lippens oder gegen de Vlugt zu spielen?

Also für mich persönlich, andere Abwehrspieler sehen das mit Sicherheit anders, war es gegen den Willi einfacher. Er war läuferisch schwach und auf seine Mätzchen bin ich nicht reingefallen, der Harry war da schon unkonventioneller und außerdem war er mir als Spieler fast gänzlich unbekannt.

Zweikampf Lippens/Huhse.

Im Sommer '75 sind Sie von Schalke nach RWE gewechselt und haben in den folgenden beiden Bundesligajahren noch dreimal gegen Ihren Ex-Verein gespielt. Das erste Spiel endete 0:0. Wie war Ihr Gefühl, als Sie nun gegen die Leute spielen mussten, mit denen sie jahrelang zusammen gespielt haben?

Das war dahingehend ein besonderes Gefühl, weil ich ja nun im rot-weissen Trikot und nicht im blauen Trikot auflief. Ansonsten war es für mich ein normales Spiel und im Gegensatz zu vielen anderen Bundesligaspielern, die gewechselt sind und dann auf ihren alten Verein trafen, wollte ich keine persönlichen Rechnungen begleichen. Das war mir völlig fremd. Der Horvat, mittlerweile RWE-Trainer, hat mich gegen den Rüdiger Abramczik eingeteilt und das hat auch hervorragend geklappt. Ich hatte den Abi die ganze Zeit im Griff und habe somit meinen Teil zu diesem 0:0 beigetragen. Im Grunde hätten wir das Spiel sogar gewinnen müssen, denn Horvat hatte uns optimal eingestellt und in der sengenden Hitze hatten wir konditionell einfach mehr zuzusetzen.

Sie haben in Schalke und in Essen gespielt, sind Sie froh darüber oder hätten Sie auch mal gerne bei einem anderen Verein gespielt?

Nein, für mich war das optimal, denn so konnte ich als Kind des Ruhrgebiets auch hier wohnen bleiben und mich weiterhin mit meinem Freundeskreis treffen. Außerdem hatte RWE damals noch ein ganz anderes Standing. Damals war der Ruf des Vereins noch über die Landesgrenze hinaus intakt, im Gegensatz zu heute …, das ist ja eine Schande!

Dramatisch: 1:0 - 1:3 - 5:3

Duell der Nachbarn Schalke und Essen ein Klassespiel

FC Schalke 04 — Rot-Weiß Essen 5:3 (1:3)

Von waz-Redakteur HEINZ KOTTEK   GELSENKIRCHEN

Von diesem Fußballdrama bester Qualität, das an Spannung kaum noch zu überbieten war, wird im Ruhrgebiet sicher noch nach Weihnachten gesprochen. Beide Mannschaften servierten trotz des leicht gefrorenen und tückisch glatten Bodens alle Zutaten zu einem spektakulären Schauspiel: Kampf, Technik, Tempo und acht Tore.

Blasey hält kurz nach seiner Einwechslung den Elfmeter von „Aki" Lütkebomert",
05.03.1971.

„Na, alles klar?" Helmut Kremers und
Wolfgang Rausch bei der Seitenwahl im
Parkstadion, 22.09.1973.

Bast trifft am 22.09.1973 vom Punkt zur 1:0-
Führung für RWE. Endstand 3:1 für S04.

„In Halbzeit zwei gingen die Schalker schne mit 4:3 in Führung und irgendwann stande dann bestimmt ca. 100 Schalker vor unsere Kurve und stürmten diese, Polizei und Ord nungskräfte gab es da noch gar nicht so richtig Ich weiß noch wie heute, die Schalker sind a ihrer Kurve gekommen, sind über die Ascher bahn im Innenraum gelaufen und haben dan die Zäune in unserer Kurve überklettert. Dan ging es natürlich furchtbar zur Sache und ic habe meine Fahne vom Stiel gemacht, diese u ter meine Jacke gesteckt und bin auf direkte Wege zum Bahnhof gerannt. Ich muss scho sagen, da hatte ich regelrecht Angst und w froh, als ich wieder zu Hause war."

RWE-Fan Hans-Joachim Goertz

„Die Schalker hatten eine gute Mannschaft, kamen wir nicht gegen an. Muss man neidl anerkennen."

Hans-Günter Neues

Bei dem 2:5 hat man nur die Schalker gehö Bei dem 0:0 habe ich gehört, dass es ein lan weiliges Spiel mit einer langweiligen Stimmu war. Bei dem 2:2 war die Stimmung ganz g vor allen Dingen natürlich, weil uns noch Ausgleichstreffer gelungen ist. Die beste Sti mung war bei dem 4:4, da wurde fast das S dion abgerissen. Da haben zum Schluss Sch ker und Essener gemeinsam „Zugabe, Zug be" gerufen. Bei diesem Spiel war fast die Hä te der Zuschauer Schalker.

RWE-Fan Frank Mühlsiepen über die Atmo phäre in Essen

Die Schalker haben immer viele Leute mitge-
*bracht. Da war die ganze Ostkurve gerammelt
*voll, zusätzlich standen einige auch auf der Ge-
*engraden und etliche Leute von denen saßen
*auf der Tribüne. War schon beeindruckend und
*ein Vergleich zu den Spielen gegen die ande-
en Mannschaften."

WE-Fan Bernd Struwe

*Duisburg und Schalke waren immer stim-
*ungsvolle und aggressive Spiele. Bochum
war dagegen harmlos."

WE-Fan Hans-Joachim Goertz

*Schalke und Dortmund haben immer sehr
*viele Fans mitgebracht, da konnten die ande-
en Ruhrgebietsvereine nicht mithalten."

WE-Fan Klaus Schroer

*Essen gegen Schalke war immer ein Highlight
*und das Stadion war bei diesen Spielen sehr gut
gefüllt und es herrschte eine gute Atmosphäre."

*Hermann Lindner

*Tja, wieso kam ich nicht mit dem Klaus zu-
*recht? Bei meinem ersten Spiel gegen ihn habe
*ich noch bei RWO gespielt. Und wie der Teufel
*will steht es schon nach fünfzehn Minuten
*0 für Schalke und noch schlimmer, ich ste-
*he dreimal falsch! Noch vor der Pause wurde
*ich ausgewechselt. Was ich damit sagen will,
*das erste Spiel gegen Fischer verlief aus meiner
*Sicht sehr schlecht und vielleicht hatte ich die
*Gedanken daran bei den nächsten Spielen ge-
gen ihn immer im Kopf."

*Gerd Wörmer

Fußballfieber steigt:
Die Schalker kommen

Fichtel kommt zu spät, Lorants Schuss rauscht
in Richtung S04-Tor, 15.02.1975.

Eine Anzeigetafel kann nicht lügen.
07.02.1976.

„Macht zuschauen Spaß?" Gerd Wörmer verliert mal wieder ein Kopfballduell gegen Klaus
Fischer. 28.08.1976

Sa, 23.08.1975, Georg-Melches-Stadion
RWE (12.) – Schalke 04 (8.) 0:0

RWE: Rynio, Neues, Wieczorkowski, Wörmer, Huhse, Dörre, Lorant, Bast, Lindner, Burgsmüller, Lippens
Trainer: Horvat
Schalke: Nigbur, Sobieray, Rüssmann, Fichtel, H. Kremers, Lütkebohmert (83. Dubski), Thiele, Bongartz, R. Abramczik (46. Elgert), Fischer, E. Kremers
Trainer: Merkel
Schiedsrichter: Aldinger
Zuschauer: 31.076
Tore: Fehlanzeige

Sieben Rowdys festgenommen

Soweniq sich beim 0:0 zwischen RWE und Schalke 04 auf dem Rasen tat, soviel spielte sich beim Zusammentreffen der beiden Erzrivalen unter einem Teil der Anhänger beider Vereine ab. Der Wachdienst Arnolds hatte genau 130 Ordner und 14 Hunde aufgeboten, die dann auch schon etwa zwei Stunden vor Beginn des Spiels eingreifen mußten.

Eine Gruppe von etwa 100 Schalkern hatte einigen Essener Fans mit Schlagstöcken und ähnlicher Bewaffnung über den Zaun in der Westkurve gejagt. Dabei wurde ein Essener so schwer verletzt, daß er ins Krankenhaus eingeliefert werden mußte. Sieben junge Männer wurden festgenommen.

WAZ, 25.08.1975

Neue Saison, neues Glück. Nur ein knappes halbes Jahr nach dem grandiosen 4:4 hieß es erneut an der Hafenstraße: „Die Schalker kommen!" Schon am 3. Spieltag fand das Kohlenpottderby Nr. 1 statt. Während bei den Gästen die üblichen Verdächtigen aufliefen, hatte sich bei Rot-Weiss einiges verändert. Jürgen Rynio hatte nach einer starken Rückrunde zunächst im Tor den Vorzug gegenüber Heinz Blasey erhalten. Hans-Günter Neues, der teuerste Verteidiger der Bundesliga, ersetzte den technisch limitierten Eberhard Strauch und der Ex-Schalker Hartmut Huhse spielte linker Verteidiger. Neben diesen Neuerungen kam hinzu, dass Nobby Fürhoff mit einem grippalen Infekt nicht einsatzfähig war und Trainer Ivica Horvat freiwillig auf den neuen Kometen am Essener Fußballhimmel, Horst Hrubesch, verzichtete. Die Mannschaften waren noch gar nicht im Stadion, da spielten sich zwei Stunden vor Spielbeginn auf den noch schwach besetzten Rängen dramatische Szenen ab. Die schon in großer Anzahl anwesenden Schalker stürmten die spärlich besetzte Westkurve, indem sie diese von zwei Seiten angriffen. Während die eine „Kampftruppe" über die Gegengerade in die Westkurve stürmte, kam der andere Teil durch den Tunnel hinein. Die wenigen RWE-Fans sprangen panikartig über den Maschendrahtzaun am oberen Ende der Westkurve, rutschten den Hang hinunter und verließen fluchtartig das Stadion. Diejenigen, die es nicht schafften, wurden mit Schlagstöcken oder Fahrradketten zusammengeschlagen. Ein RWE-Fan wurde schwerverletzt ins Krankenhaus eingeliefert, sieben Schalker wurden festgenommen. Nach diesen Vorkommnissen war die Atmosphäre zu Spielbeginn hasserfüllt. Aufgrund des sehr schwachen Spiels kühlte diese aber im Laufe der neunzig Minuten merklich ab. Rot-Weiss hatte in Halbzeit eins deutlich mehr vom Spiel, nutzte aber die wenigen Chancen nicht. In der zweiten Halbzeit plätscherte das Spiel nur noch vor sich hin. Für Aufregung sorgte allein die Tatsache, dass RWE-Trainer Horvat die stürmischen „Hrubesch, Hrubesch"-Rufe aus der Westkurve ignorierte. Zu gern hätte jeder Essener im Stadion den „Langen" auf dem Platz gesehen, schließlich hatte dieser in den ersten beiden Spielen gegen Uerdingen und in Düsseldorf schon dreimal getroffen. Nur Horvat sah das anders: „Hrubesch ist kein Weltstar und wenn wir 0:1 verloren hätten, dann wäre ich gesteinigt worden."

Aus der Sicht eines Schalkers ...

Interview mit dem ehemaligen Vorstandsvorsitzenden des Schalker Fanclub-Dachverbandes, Rolf Rojek (57 J.)

Auf welche Auswärtsspiele hast Du Dich als S04-Fan Ende der 60er/Anfang der 70er Jahre gefreut?

Zur damaligen Zeit gab es zwei Highlights bei den Auswärtsspielen: Zum einen war da das Spiel in Dortmund und zum anderen das Spiel in Essen gegen Rot-Weiss. Heute sagen manche, dass es gegen den BVB gefährlich sei, aber das war und ist nichts gegen seinerzeit in Essen. Wenn Schalke gegen RWE spielte, dann war die Atmosphäre wesentlich aggressiver und gefährlicher als bei den Spielen gegen den BVB, das konnte man gar nicht vergleichen. Zwar flogen in den 60er Jahren nur Schneebälle und wurde verbal gepöbelt, aber mit Beginn der 70er Jahre fing es dann mit den großen Schlägereien an.

Hast Du noch Erinnerungen an die Spiele gegen RWE in der Glückauf-Kampfbahn?

Ja klar. Als RWE Ende der 60er Jahre in der Bundesliga spielte, war das genau die Zeit, als die Gästefans in die gegenüberliegende Kurve untergebracht wurden. Ich kann mich da noch genau dran erinnern, denn die Essener hatten sehr viele Fans mitgebracht und die ganze Südkurve war damals rot-weiss. Das waren wesentlich mehr als die Dortmunder mitbrachten.

Ab der Saison 72/73 wurden die S04-Heimspiele im Parkstadion ausgetragen ...

Also, ich bin ja ein Fan des Ruhrgebietsfußballs und bin zu Zeiten aufgewachsen, als Schalke, Dortmund, Essen und Duisburg in der Bundesliga gespielt haben. Das war als Jugendlicher toll: Du konntest ohne viel Geld mit der Straßenbahn zu den einzelnen Spielen fahren. Ich persönlich habe damals auch viele Spiele von Bochum und RWE in den Aufstiegsrunden gesehen, das waren schon Erlebnisse und selbst von den Zuschauerzahlen her enorm. Die Essener Fans waren ja vom Gewaltpotential unsere Konkurrenz und auf eine gewisse Art und Weise habe ich die damals oft bewundert. Wenn nämlich die Gästezüge am Bhf Bergeborbeck ankamen, dann standen da schon mehrere hundert Essener Fans und haben die Gäste „freundlich" begrüßt. Ich weiß noch, dass auch die Südkurve im Parkstadion immer voll mit Essener Fans belegt war, das war schon imposant. Allerdings fing es aber auch schon so ab Mitte der 70er Jahre an, dass wir uns eine Stufe über den Essenern gefühlt haben ..., bedingt natürlich dadurch, dass RWE mal ein paar Jahre in der Regionalliga West spielte und dass sie in der Bundesliga zumeist unten in der Tabelle standen. Was allerdings Ausschreitungen wie z.B. Blocksturm oder Schalklauen anging, hatten wir weiterhin großen Respekt vor denen, denn die Essener hatten in den 70er und später auch in den 80er Jahren in Bezug auf Gewalt einen guten Ruf.

Kommen wir nun zu den Spielen in Essen an der Hafenstraße. Warst du damals oft bei diesen Auswärtsspielen in Essen?

Fast bei jedem Spiel. Wir sind immer mit dem Zug gefahren und da so viele Schalker zur Hafenstraße fuhren, musste man auch keinen Sonderzug nehmen, sondern konnte mit jedem x-beliebigen Zug fahren. Allerdings mussten wir schon darauf achten, dass wir als Gruppe zusammen blieben. Auffällig war bei diesen Spielen in Essen, dass zwar viele Schalker dort, aber in der Gästekurve kaum Fahnen vorhanden waren. Denn das, was wir den Essenern bei uns angetan haben, haben wir bei denen immer wiederbekommen, es war jedes Mal ein Spießrutenlaufen. Oftmals gab es obendrein noch eines auf die Nase.

Hast Du an gewisse Spiele Erinnerungen?

Besondere Erinnerungen habe ich an ein Freitagspiel im Winter. Vor dem Spiel hatten wir überlegt, ob wir unsere Fahnen mitnehmen sollen. Ich hatte eine Fahne mit einem Sechs-Meter-Stiel und sagte ganz klar, das ich die nicht mitnehmen, zumindest nicht persönlich tragen, für die Gruppe aber zur Verfügung stellen würde. Einer von uns wollte seine Fahne mitnehmen und den haben wir dann auch in Essen prompt verloren, der lag' nämlich schneller im Krankenhaus als er und wir gucken konnten. Na ja, die Hinfahrt verlief noch sehr entspannt, wir waren ja in einer großen Gruppe unterwegs und so konnten wir auch in Essen nach außen Stärke zeigen. Im Stadion standen wir dann in der alten Gästekurve und hörten schon während der ersten Halbzeit die Westkurve: „Schalke wir kommen!" Dazu muss man wissen, dass wir alle damals sehr genau wussten, das dies keine leeren Drohungen waren und das es nicht lange dauern würde, bis die bei uns in der Kurve waren, denn auch in Essen konnte man damals von der einen in die andere Kurve gelangen. In der Halbzeit hat die Polizei zwar versucht, den Kurveneingang abzuriegeln, aber trotzdem gab es schnell die ersten Verletzten zu beklagen, das ging ruckzuck. Vielen Leuten von uns wurden die Schals abgenommen und zusätzlich gab es viele blaue Augen. Ich war da sehr froh, dass RWE zur Halbzeit mit 1:0 geführt hat, denn ansonsten hätte es wohl für wesentlich mehr Schalkern eins auf die Rübe gegeben. Ich persönlich hatte damals oft eine große Klappe, aber bei diesem Spiel ging mir ganz schön der Stift.

Und wie ging es weiter?

In der 2. Halbzeit hat der Klaus Fischer drei Tore geschossen und wir haben das Spiel schlussendlich mit 3:1 gewonnen. Dazu muss ich sagen, dass aber auch Leute von uns, die normalerweise keine Angst hatten, das 3:1 kurz vor Schluss gar nicht mehr im Stadion gesehen haben, weil sie es vor dem Schlusspfiff verlassen hatten. Der Grund hierfür war sehr einleuchtend, denn wir konnten sehr gut erkennen, dass sich die Westkurve immer mehr leerte und ein jeder wusste, was nun passieren würde. Wir also alle uns noch verbliebenen blau-weißen Sachen unter die Jacke und dann ab zum Bahnhof. Dort standen wir dann mit 50, 60 Mann oben auf dem Bahnsteig, als wie in den alten Indianerfilmen die Rot-Weissen von rechts und links kamen. Tja, dann sind Steine und Flaschen geflogen, etliche von uns haben was abbekommen und bluteten. Aber nicht genug, dass sie uns bewarfen, nein, es kamen dann auch lauter Kleiderschränke den Bahnsteig hoch und haben jeden von uns, bei dem irgendwas blau-weißes aus der Jacke guckte, rechts und links eine gescheuert. Niemand von uns konnte was machen, die meisten lagen auf dem

Boden und waren verletzt. Irgendwann sind die Essener abgehauen und wenig später kam unser Zug nach Gelsenkirchen. Tja, und dann gab es ein paar RWE-Idioten, die auch in diese Richtung nach Hause mussten und die sind hinten in den Zug eingestiegen ..., ja die haben gekriegt (*lacht*). Ich werde nie vergessen, was die armen Jungs bekommen haben ..., aber ich werde auch nie vergessen, welche Ängste wir zuvor am Bahnhof ausgestanden hatten!

Zieh mal ein Vergleich zwischen den Auswärtsspielen in Essen und in Dortmund.

Ich muss ganz klar sagen, dass zu jener Zeit das Spiel gegen Rot-Weiss mit Abstand ein gefährlicheres und heißeres Derby war! Dortmund war zwar Rivalität, aber wesentlich ruhiger. Dorthin bin ich nie mit einem schlechten Gefühl gefahren, nach Essen dagegen jedes Mal.

Hättest du dir damals einen Spieler gewünscht, der von Essen nach Schalke hätte wechseln sollen?

Nein, habe ich mir nie gewünscht, dennoch fand ich „Ente" Lippens ganz gut, der hatte schon Klasse. Außerdem war es damals nicht vorstellbar, dass wir einen Spieler aus Essen holen, denn das hätte böses Blut gegeben. Umgekehrt wechselte allerdings der ein oder andere nach Essen: Erlhoff, Huhse, Ehmke, um nur einige zu nennen.

Wie ist heutzutage die Einstellung der Schalker Fanszene in Bezug auf Rot-Weiss Essen?

Die Älteren denken so wie ich und ich bin überzeugt davon, dass alle hier es sich wünschen, dass RWE wieder mindestens zwei Klassen höher spielt. Ich persönlich denke, dass es bestimmt ein schönes, emotionales Derby würde, wenn wir mal wieder gegeneinander spielen würden. Und wenn RWE wie im Februar 2009 mal hier auf Schalke spielt, dann spürt man die Rivalität auch bei uns, aber halt mit der Großkotzigkeit eines drei Klassen höher spielenden Vereins. Beim Pokalspiel 1992, dem letzten Pflichtspiel gegeneinander, hat man gemerkt, was für ein Hass uns in Essen entgegenschlägt und was es den Essenern bedeutet, uns zu schlagen.

Zu Dortmund besteht eine große Rivalität, Essen ist im Moment kein Thema, wie aber ist die Rivalität zu Bochum und zum MSV?

Also, Rivalität ist im gewissen Maß vorhanden, aber wir fahren da immer mit so einer großen Anzahl an Fans hin, dass es für uns praktisch ein Heimspiel ist und wir überhaupt keine Angst haben müssen. Deshalb sind diese Spiele etwas anderes als die Spiele heutzutage in Dortmund und früher in Essen.

Das waren die rot-weissen 70er!

Im Stadionbereich gab es mehrere Verkäufer: Den Kokusnussverkäufer mir seinem markanten Ruf: „Kokusnüsse jemand hier?" Dann den Erdnussverkäufer. Der hatte immer eine weiße Weste an und einen kleinen Hund mit rot-weissem Pullover dabei. Der verkaufte seine Tütchen durch den Zaun an die Leute auf den Rängen. Wenn RWE ein Tor erzielte, dann hat er die auch mal in hohem Bogen auf die Ränge geworfen. Und dann gab es noch „Charly", der war Kaugummiverkäufer.

Sein Leitspruch war immer: „Wer auf Rot-Weiss vertraut, der Kaugummi kaut." Oder „Kaugummi mit Torgeschmack."

„Wenn du damals aus dem Hauptbahnhof in Richtung Innenstadt raus kamst, dann war neben der Hauptpost ein riesiges Leuchtband, auf dem immer die neuesten Nachrichten liefen, und dort wurde abends ab 18:00 Uhr das Endergebnis des RWE-Spiels angezeigt. Heute lacht man darüber, aber damals war das die einzige Informationsquelle für mich, wenn ich von der Arbeit kam. Vor dem Hauptbahnhof verkaufte dann ein älterer Herr mit weißer Jacke und Mütze sonntagabends ab 20:00 Uhr den neuesten Sportbeobachter. Diese Zeitung gibt es heute nicht mehr, damals war das die Fußballzeitschrift schlechthin. Ja, das war schon irgendwo eine kultige Zeit, die ich nicht missen möchte. RWE hatte da einen ganz hohen Stellenwert in der Stadt!"

RWE-Fan Hans-Joachim Goertz

Dauerkartenantrag per Post,
1977/78.

Schöne
Grüße
vom langen
Blonden
mit dem
tollen Bums

Blau-weiße Auswärtstrikots in der Saison 73/74.
Schlechter geht's nimmer!

Spielplakate gehörten damals einfach dazu. In der Saison 76/77 war
jeder Spieler zu einem bestimmten
Heimspiel als Karikatur abgebildet.
Hier Heinz Blasey gegen Kaiserslautern

Interview mit RWE-Fan Frank Mühlsiepen

Seit über 25 Jahren Dauerkartenbesitzer, seit 1993 Mitglied im Verein und über 700 RWE-Spiele gesehen. Das sind Fakten, die überzeugen. Genauso überzeugend und hochinteressant war der Geschichtsabend mit Frank im Bahnhof Essen-Süd.

Wann bist du geboren und wo bist du aufgewachsen?

Ich bin am 01. Juni 1961 in Essen-Borbeck geboren und anschließend in Essen-Bedingrade aufgewachsen.

Wann bist du zum ersten Mal mit dem Verein in Kontakt gekommen?

Hm, das kann ich gar nicht so genau sagen. Bei uns in der Familie war Rot-Weiss eigentlich seitdem ich denken kann präsent. Mein Vater war schon seit den 50er Jahren RWE-Fan, der war auch beim Meisterschaftsendspiel in Hannover und beim Pokalfinale in Düsseldorf, und dadurch habe ich schon als kleiner Junge mitbekommen und als völlig normal erachtet, wenn er samstags zum Fußball ging und sich auch die Nachbarn regelmäßig über Fußball unterhalten haben. Fußball, speziell Rot-Weiss, war ein beherrschendes Thema bei uns, obwohl ich sagen muss, dass ich zu dieser Zeit noch kein persönliches Interesse am Fußball hatte. Zum ersten Mal mit zum Platz gegangen bin ich dann am 1.Mai 1971 gegen Hertha BSC. Ich kann mich noch ganz gut daran erinnern. Mein Vater, meine Mutter und ich saßen beim Mittagsessen und dann kam der Vorschlag von meinem Vater, ob wir nicht alle mal zusammen nach Rot-Weiss gehen sollten. Das haben wir dann auch gemacht und haben das Spiel aus der Ostkurve angeschaut. Das Spiel haben wir mit 0:3 verloren

und ich habe da auch keine besonderen Erinnerungen mehr dran. Die drei Gegentore waren mir auch völlig egal.

Das nächste Heimspiel fand dann gegen Kickers Offenbach statt.

Genau, und da hat mich mein Vater gefragt, ob ich Lust hätte mitzukommen. Ich habe zugesagt, nicht weil ich so positive Eindrücke von dem Hertha-Spiel hatte, sondern einfach nur, weil ich mit meinem Vater zusammen sein konnte. Bei dem Spiel sind wir dann auf die Haupttribüne, Block B, gegangen und dieses Spiel war auch wesentlich emotionaler als das Hertha-Spiel. Ich kannte zu diesem Zeitpunkt noch keine Regeln und hatte auch sonst noch keine richtige Ahnung, aber die ganze Emotionalität im Stadion ist mir doch aufgefallen. Als Rot-Weiss die beiden Tore erzielte war das Stadion ein Hexenkessel. Die Leute sind ausgeflippt vor Freude, auch mein Vater. Der hat mich bei den Toren in die Luft geworfen und wieder aufgefangen. Da habe ich dann so für mich gedacht, dass jetzt etwas ganz Wichtiges passiert sein musste.

Das Spiel wurde zwar mit 2:3 verloren, was mich auch noch nicht interessiert hat, aber die Emotionalität hat mich dort gepackt, der Funke ist übergesprungen und irgendwie war ich ab diesem Zeitpunkt infiziert *(lacht)*. Beim letzten Spiel gegen den HSV war ich dann wieder mit meinem Vater im Stadion, da waren wir aber schon abgestiegen. Strömender Regen, knapp 5.000 Zuschauer und in der „kurze fuffzehn" stand die Schlagzeile: „Tschüss, aber wir kommen wieder", daran kann ich mich noch gut erinnern. Wir standen dann wieder in der Ostkurve, es regnete durchgehend, und irgendwann hat der Stadionsprecher gesagt, dass alle Zuschauer auf die Haupttribüne kommen könnten, was wir dann auch gemacht haben. Der HSV führte schnell mit 3:0, ehe dann der Roland Peitsch aus 30 Metern einen Schuss unter die Latte jagte. Jubel im Stadion, obwohl es ja um nichts mehr ging, und das hat mich wieder begeistert. Dass Leute sich so für ein Tor begeistern konnten …, das fand ich toll. Auch als nach Spielende der zweite Absteiger verkündet wurde, Kickers Offenbach, wurde wieder gejubelt. Tja, ab dieser Zeit habe ich mich dann für Fußball interessiert. Ich habe mit den Nachbarskindern auf dem Bolzplatz mitgespielt, was ich vorher nie gemacht habe, habe mir die Kickersonderhefte und die Sammelalben gekauft und wusste ziemlich schnell, wo welcher Spieler spielt, wie groß der war usw.! In der nächsten Saison, dass war ja dann die Regionalliga West, bin ich zusammen mit meinem Vater bei jedem Heimspiel und bei etlichen Auswärtsspielen gewesen.

Hast du spezielle Erinnerungen an die beiden Regionalligajahre 1971-73?

Ja klar, besonders gut kann ich mich an unsere hohen Siege erinnern. Gegen Styrum haben wir mal mit 10:1 gewonnen, gegen Klafeld mit 8:0, gegen Bayer Leverkusen, die waren damals ein Klümpchenverein, mit 8:1, gegen Erkenschwick auch und dann gab es auch noch viele Spiele, wo wir mit fünf, sechs Toren Unterschied gewonnen haben. Einmal haben wir gegen DJK Gütersloh mit 6:0 zur Halbzeit geführt und da hat sich mein Vater hinterher fürchterlich aufgeregt. Er stand nämlich auf der Gegengeraden zur Westkurve hin und die Tore sind alle in der Ostkurve gefallen. In der zweiten Halbzeit fiel dann kein Tor mehr und da hat er sich schwarz geärgert. Das waren so Merkwürdigkeiten, wo man sich heute fragt, über welche Kleinigkeiten man sich damals geärgert hat. Heute wären wir ja froh, wenn wir überhaupt mal sechs Tore in einem Spiel schießen würden.

Bist du in der Regionalliga auch zu den Auswärtsspielen gefahren?

Ja, aber immer mit meinem Vater. Wir waren in Lünen, in Gütersloh, in Mülheim und noch in etlichen anderen Städten. Teilweise, wie in Lünen, waren das ja so gerade mal Bezirkssportanlagen und dass wir da immer gewonnen haben, ist leider ein Trugschluss. Auswärtssiege, auch in der Regionalliga, waren für Rot-Weiss nie selbstverständlich. Zumindest im ersten Jahr, im zweiten lief es da besser, da habe ich Siege in der alten Kölner Radrennbahn gegen Fortuna Köln und im Stadion Rote Erde gegen Borussia Dortmund gesehen. Der Sieg in Dortmund gehört für mich in die Rubik „Siege, an die man sich gerne erinnert". Das war ein tolles Spiel in einem vollbesetzten Stadion und daran denke ich gerne zurück.

Was hast du denn noch für Erinnerungen an die Aufstiegsrunde '72?

Ich weiß noch, dass das Heimspiel gegen Offenbach der Höhepunkt der Saison war. Zu diesem Spiel kamen auch circa 500 Bochumer, die gut sichtbar ein Plakat mitführten, auf dem stand: „Der VfL Bochum grüßt RWE". Damit sind die dann in die Westkurve gegangen und waren dort auch willkommen. Bei diesem Spiel war ich auf der Tribüne, da das Stadion im Gegensatz zu den anderen drei Heimspielen aus allen Nähten platze. Wir lagen da relativ schnell durch einen Innenpfostenschuss vom Semlitsch auf das Westkurventor zurück und dann mussten wir lange zittern, ehe dem „Nobby" Fürhoff eine Viertelstunde vor Schluss der Ausgleichtreffer mit einem angedeuteten Fallrückzieher gelang. Der Jubel war da wieder so groß wie im Jahr zuvor. Nach dem Schlusspfiff haben sich dann aber viele Leute geärgert, denn jeder hatte ja darauf gehofft, dass wir mit einem Sieg die Vorentscheidung um den Aufstieg herbeiführen.

In der Aufstiegsrunde '73 lief es dann besser und am Ende stand der Aufstieg.

Da hatten wir den Vorteil, dass wir im ersten Spiel gegen den vermeintlich stärksten Gegner, Darmstadt 98, zu Hause antreten durften. An einem Mittwochabend haben wir dann mit 3:1 ziemlich ungefährdet gewonnen und es herrschte wieder großer Jubel. Da war im Grunde schon fast klar, dass wir aufsteigen würden, denn die anderen Gruppengegner hatten doch ein weitaus schlechteres Niveau. Das zweite Heimspiel haben wir gegen den VfL Osnabrück mit 4:1 gewonnen und da ist mir eine Szene vom „Nobby" Fürhoff in Erinnerung geblieben. Der „Nobby" hatte eine linke Klebe, da macht man sich kein Bild von. In diesem Spiel hat er fast von der Mittellinie abgezogen, der Osnabrücker Torwart kam da noch mit der Hand hin, aber aufgrund der Wucht des Schusses knickte seine Hand um und der Ball schlug im Winkel ein. Der Torwart musste danach mit gebrochener Hand ausgewechselt werden *(lacht)*.

Rot-Weiss ist am Ende aufgestiegen und spielte ab der Saison 73/74 wieder in der Bundesliga. War RWE in der Schule ein Thema?

Ja sicher. Ich war auf dem Humboldtgymnasium in der Innenstadt und da gab es in meiner Klasse eigentlich nur Schalke- oder Rot-Weiss-Fans, wobei es mehr Schalker waren. Hatte Rot-Weiss am Wochenende verloren, dann habe ich mir schon im Stadion Ausreden für den folgenden Montagmorgen zurechtgelegt. Besonders schlimm waren für mich die regelmäßigen Niederlagen in den direkten Vergleichen gegen Schalke, da musstest du immer mit einem besonders dicken Fell in die Schule kommen. Die Schalker Mitschüler kannten da kein Pardon! Eines fällt mir noch zum Thema Schalke ein: Ich erinnere mich an ein Pokalspiel von Schalke gegen Köln, da hat man sich auch als RWE-Fan gefreut, dass Schalke gewonnen hat. Heute unvorstellbar, damals war das normal. Das Pendel gegen Schalke schlug dann erst aus, als im Jahr 1972 herauskam, wie stark die Schalker eigentlich in den Skandal verwickelt waren. Ab dieser Zeit habe ich mich dann über jede Niederlage der Blau-Weißen gefreut.

War es für dich in den 70er Jahren normal, dass Rot-Weiss in der Bundesliga spielte?

Man gehörte dazu, ja. Aber ich wusste auch vor jeder Saison, dass es gegen den Abstieg gehen würde. Mittlerweile hatte ich so viel Ahnung vom Fußball, dass ich wusste, dass man sich mit manchen Mannschaften auf lange Sicht gar nicht messen konnte. Problematisch war für uns, dass wir keinen richtigen Regisseur im Mittelfeld hatten.

Hattest du Lieblingsspieler in der Mannschaft?

Ich fand Lippens, Bast, natürlich auch „Nobby" Fürhoff und den Peter Dahl, der leider nur eine Saison bei uns gespielt hat, ganz gut. Das non plus ultra war dann der Horst Hrubesch, der kam aber erst 1975 zu uns.

Warst du grundsätzlich mit den Spielern, die bei Rot-Weiss spielten, einverstanden?

Auf jeden Fall, dieses Wechselfieber, das heutzutage in den Internetforen herrscht, das gab es damals gar nicht. Außerdem blieben die Leute auch über Jahre im Verein und demzufolge baute man zu ihnen eine Beziehung auf. Ganz wichtig war, dass die Leistungsträger dem Verein erhalten blieben und nur die Spieler wechselten, die eh auf der Kippe standen. Aus diesem Grund kann man es sich ja vorstellen, was es für ein Akt war, als mit Lippens und Burgsmüller nach der Saison 75/76 zwei absolute Leistungsträger den Verein verließen. Das waren wir gar nicht gewohnt und hat schon tiefe Narben bei uns Fans hinterlassen. Zuvor ist nur der Wolfgang Rausch gegangen und der wurde von Gert Wieczorkowski gut ersetzt und dann mussten wir auf den Harry de Vlugt verzichten, aber das lag daran, dass er Sportinvalide wurde.

Rot-Weiss hatte damals meistens einen Zuschauerschnitt von 13.000 bis 15.000. Gab es Gründe dafür?

Also, im ganzen Jahr 1974 wurde die neue Gegengerade gebaut und dadurch hatte das Stadion eine wesentlich geringere Kapazität. Der obere Teil der Gegengerade konnte nicht genutzt werden, da stand nur ein Holzzaun. Diese Baustelle hat dann etliche

Leute vom Stadionbesuch abgehalten. Oftmals wurden die Leute auch vom Regen abgehalten, denn damals war ja nur die Tribüne überdacht. Viele Leute sind auch nicht gekommen, weil es einfach zu wenige Sitzplätze gab. Die standen vielleicht mal bei einem attraktiven Spiel auf einer der Stehtribünen, aber dort war es dann zu eng, man konnte sich nicht bewegen und wenn es ganz schlimm kam, dann wurde man auch noch im Eifer des Gefechts nach vorne gedrückt und lag dann vielleicht auf dem Boden. Diese Leute, wenn sie denn schon was älter waren, sind natürlich beim nächsten Spiel nicht mehr ins Stadion gekommen. Der entscheidende Grund für viele niedrige Zuschauerzahlen war aber die oft fehlende Attraktivität der Gegner und besonders das Ergebnis des vorherigen Spiels. Dieses fand meistens auswärts statt und Auswärtsspiele verliefen für Rot-Weiss in der Regel nicht gut, so dass viele Leute nicht zum nächsten Heimspiel kamen. Ja, das war früher wirklich so, dass die Zuschauer auf die Ergebnisse der vorherigen Spiele reagiert haben.

Waren deine Stadionbesuche auch abhängig von den vorherigen Ergebnissen?

Nein, nie. Ich bin zu Bundesligazeiten immer gegangen, es sei denn, ich war im Urlaub oder krank.

Frank Mühlsiepen, 2010.

Wie war denn die Atmosphäre bei ca. 12.000 Zuschauern im Stadion?

Das kam entscheidend auf den Spielverlauf an. Gab es ein trübes 0:0, oder haben wir verloren, dann war die Stimmung wie auf dem Friedhof. Im Grunde ging es aber, wir hatten damals schon einen Stamm an Zuschauern, der auch bedingungslos hinter dem Verein stand.

Es gab allerdings auch ein paar Spiele, da war das Stadion regelmäßig gut besucht.

Gegen Schalke und Bayern und mit Abstrichen noch gegen Mönchengladbach. Gegen Schalke und Bayern war die Westkurve und auch die Gegengerade manchmal so voll, dass man wirklich Probleme hatte, sich zu bewegen. Insbesondere bei dem 4:4 gegen Schalke und bei der 0:1-Niederlage gegen Bayern konnte man sich gar nicht mehr bewegen. Man bekam auch kaum die Hände zum Klatschen in die Höhe *(lacht)*.

Was war das für ein Gefühl für dich, wenn es so eng im Stadion war?

Bei dem Spiel gegen Schalke hatte ich schon Panik …, da sind öfter diese Wellen durch die Westkurve gegangen und dann lagen 50 Leute übereinander. Zum Glück lag ich da

Essener Torjubel beim Spiel RWE – 1. FC Köln, 25.01.1975.

ziemlich weit oben und mir ist nichts passiert. Mit Böllern wurde auch fleißig um sich geworfen und Feuerwerkskörper wurden auch abgeschossen. Ich kann mich daran erinnern, dass ein kleiner Junge mit seiner größeren Schwester unten am Zaun der Westkurve stand und bei diesem Spiel eine Rakete ins Gesicht bekommen hat. Sanitäter: Fehlanzeige, und geholfen hat auch niemand. Die Schwester hat mit ihm das Stadion verlassen und Fall war erledigt. Überhaupt kam zu dieser Zeit das Werfen von Chinaböllern oder von Gegenständen auf den Platz ganz groß in Mode. Ich kann mich an ein Spiel gegen den HSV erinnern, da stand der Rudi Kargus im Tor und der stand ständig „unter Feuer" Das war schon Wahnsinn.

Damals gab es ja nur den Stadionausgang Gegengerade/Ostkurve zur Hafenstraße hin.

Hm, hundertprozentig weiß ich das nicht mehr, kann sein, dass es da auch schon den Ausgang Sulterkamp gab, ich habe aber immer das Stadion durch den Ausgang Gegengerade/Ostkurve verlassen, da ich ja Richtung Bahnhof Bergeborbeck musste.

Ich kann mir vorstellen, dass es in diesem Bereich manchmal auch zu Auseinandersetzungen kam!?

Ja, klar, besonders gegen Schalke musste man aufpassen, dort war ja die ganze Ostkurve und Teile der Gegengeraden blau-weiß. Auch gegen Köln war es gefährlich. Ich kann mich an ein Spiel gegen den 1. FC Köln zu Beginn unserer Abstiegssaison 76/77 erinnern, das haben wir mit 0:3 verloren und da sind nach dem Spiel die Fetzen geflogen. Die Kölner haben auf der Hafenstraße gefeiert und dann kamen die Essener von hinten und haben sie angegriffen. Polizei war damals nicht zu sehen und auf dem Stück zwischen Stadion und Bottroper Straße gab es unzählige Schlägereien, das kann man sich heute gar nicht mehr vorstellen. Das war echt heftig und da lagen dann im Anschluss im Abstand von wenigen Metern viele Verletzte auf der Straße.

Standen die Gästefans immer in der Ostkurve?

Meistens, manchmal standen die aber auch auf der Gegengeraden. Das konnten die sich ja aussuchen, es gab da keine Trennung. Erst als die Gegengerade das Dach bekam, hat man zur Ost- und zur Westkurve hin einen Zaun errichtet. Wollte man von der einen Kurve in die andere gehen, musste man hinter der Gegengeraden entlanglaufen. Von der Westkurve in die Ostkurve ist man zum Beispiel dann gegangen, wenn Rot-Weiss in der zweiten Halbzeit aufs Ostkurventor gespielt hat. Manchmal sind damals tatsächlich 2000 Leute aus der Westkurve in die Ostkurve gezogen.

Frank Mühlsiepen, 2010.

Das war für die Gästefans aber nicht ungefährlich, oder?

Kommt darauf an, wenn Hannover, Offenbach oder Bielefeld mit vielleicht 30 bis 50 Leuten hier waren, dann sind die im Grunde nie attackiert worden. Attackiert worden sind natürlich Schalker, Kölner und Duisburger. Die Duisburger haben sich mal einen ganz üblen Scherz erlaubt. Die kamen einmal mehrere Stunden vor Spielbeginn zum Stadion und als ich circa eine Stunde vor Spielbeginn die Westkurve betrat, da standen schon etliche Duisburger da und ich habe zur Begrüßung erst einmal einen Kopfstoß verpasst bekommen. Zum Glück war nichts gebrochen, aber gewundert habe ich mich schon, was die Duisburger in der Westkurve machen. Beim nächsten Spiel in Duisburg haben wir es denen aber zurückgezahlt. Nee, Duisburg war immer schon ein Hassverein.

Kann man sagen, wann das mit den Schlägereien anfing?

Ich würde sagen, das war so Mitte der 70er Jahre. Am Anfang meiner RWE-Zeit wurde noch gar nicht geprügelt, aber hinterher war das die Regel.

Du warst ja auch bei den Auswärtsspielen im Westen. Gab es dort ebenfalls diese Probleme mit den Schlägereien?

Im Großen und Ganzen nicht. Ich hatte oft meinen Parka mit dem aufgenähten RWE-Emblem an und grundsätzlich gab es nie Probleme. An eine richtig große Schlägerei kann ich mich nur in unserem Abstiegsjahr in Duisburg erinnern. Mit einem Freund bin ich nach dem Spiel zur S-Bahnstation Großenbaum gelaufen und wir konnten aus der Ferne sehen, wie mehrere Essener einen Duisburger in der Mangel hatten. Die haben ihm den Schal abgenommen und dann hat er Dresche bekommen. Das ist mir noch lebhaft in Erinnerung, da einer der Essener wesentlich kleiner war als der Duisburger und immer hochgesprungen ist, um ihn ins Gesicht zu schlagen.

Wie bist du zu den Auswärtsspielen gefahren?

Ich bin ja nur im Westen gewesen und da war es üblich, dass man sich mit ein paar Freunden am Hauptbahnhof getroffen hat und mit der S-Bahn in die Nachbarstadt gefahren ist. Also, wir haben da nie gewartet, bis wir vielleicht 500 Mann waren, sondern man ist damals fast immer in Kleingruppen losgefahren.

Wie war die Atmosphäre bei den Spielen gegen Schalke im Stadion?

Bei dem 2:5 hat man nur die Schalker gehört, bei dem 0:0 weiß ich vom Hörensagen, dass es ein langweiliges Spiel mit einer langweiligen Stimmung war, bei dem 2:2 war die Stimmung ganz gut, vor allen Dingen natürlich, weil uns noch der Ausgleichstreffer gelungen ist. Die beste Stimmung war bei dem 4:4, da wurde fast das Stadion abgerissen. Da haben zum Schluss Schalker und Essener gemeinsam „Zugabe, Zugabe" gerufen. Bei diesem Spiel war fast die Hälfte der Zuschauer Schalker.

Zu Beginn der Saison 75/76 ist Horst Hrubesch aus Westtünnen verpflichtet worden. Bekam man diese Verpflichtung als Fan vor der Saison mit?

Gar nicht, erst mit seinen beiden Toren im ersten Spiel gegen Uerdingen ist er bekannt geworden. Ich kann mich gut daran erinnern, dass ich bei diesem Spiel noch im Urlaub auf Föhr war und dann das Endergebnis mit dem Torschützen gehört habe. Da haben sich mein Vater und ich mich schon gefragt, wer denn dieser Hrubesch sei. Das war schon spannend, man wusste ja überhaupt nichts über den. Beim nächsten Spiel in Düsseldorf war natürlich jeder heiß darauf, den Hrubesch zu sehen und da hat er ja erneut ein Tor gemacht. In den folgenden Spielen ist er aber kaum noch eingesetzt worden. Wenn er aber mal eingewechselt wurde, dann hat er meistens auch direkt getroffen …, das war schon erstaunlich. Diese Kopfballstärke …, diese unglaubliche Kopfballstärke. Das Problem war aber damals, dass Hrubesch eigentlich nichts konnte. Der konnte nicht mal eine Mülltonne umspielen und demzufolge war er nur sehr schwer ins Spielgeschehen zu integrieren. Der hat zwar ohne Ende geackert, aber er konnte kaum einen Ball über zehn Meter zum Mitspieler bringen. Wenn aber Flanken kamen, dann hat er oft Tore gemacht. Er ist ja mit solch einer Wucht in die Flanken gesprungen, fast schon hineingestürzt, da wurde jeder Gegner aus dem Weg gerammt.

75/76 war ja die erfolgreichste Saison, trotzdem gab es oft hohe Niederlagen. Wie lässt sich das erklären?

Wir hatten mit Hrubesch, Burgsmüller und Lippens einen super Sturm, aber in der Abwehr und im zentralen Mittelfeld hatten wir Probleme. In dieser Saison haben wir zwar auswärts oft gewonnen; in Frankfurt mit 3:1, in Karlsruhe mit 2:1; aber dann haben wir unerklärlicherweise zu Hause gegen z.B. Hannover Punkte liegen lassen. Nein, die Saison war schon wenig konstant, allerdings mit dem Vorteil, dass man nie Angst haben musste abzusteigen. Zum Schluss hatten wir ja noch die Chance, in den UEFA-Cup zu kommen, aber da hat uns Schalke mit dem Sieg in Kaiserslautern ja einen Strich durch die Rechnung gemacht.

Eines der besten Spiele in der Saison war das Spiel in Mönchengladbach.

Bei dem Spiel war ich auch, da bin ich mit meinem Vater und seinem Freund zum Bökelberg gefahren. Wir haben mit 2:1 gewonnen. Das war ein denkwürdiges Spiel, denn die Gladbacher waren deutscher Meister und wir der krasse Außenseiter. Die Schlagzeile am nächsten Tag in der Bild am Sonntag habe ich immer noch vor Augen: „10 Essener stürmen den Bökelberg". Nicht so schön war übrigens eine Geschichte nach dem Spiel. Mein Vater hatte mir vor dem Spiel ein rot-weisses Käppi gekauft, das ich auch stolz auf meinem Kopf trug, aber nach dem Spiel kam ein

BILD, 23.02.1976

Gladbacher vorbei, riss mir das Käppi vom Kopf und rannte davon. Auf der Flucht hat er seine Geldbörse verloren und mein Vater hat sie aufgehoben und ihm nachgerufen, dass er sie bei ihm abholen könne. Hat er aber nicht gemacht, hatte wohl keine Traute *(lacht)*. Was danach mit der Geldbörse passiert ist, kann ich dir nicht mehr sagen.

76/77 war die letzte Bundesligasaison, nach dem Abstieg '77 spielte Rot-Weiss wieder in der 2. Liga. Bist du weiter hingegangen oder warst du so frustriert, dass du zu Hause geblieben bist?

Nein, 77/78 bin ich noch fast zu jedem Heimspiel gegangen, dass war ja auch noch eine gute Saison, in der wir am Ende die Aufstiegsspiele gegen den 1.F C Nürnberg erreicht haben. Wir haben viele Spiele gewonnen und schossen auch jede Menge Tore. Hrubesch hat da über 40 Tore erzielt, das war der Wahnsinn.

Bist du optimistisch in die Aufstiegsspiele gegen Nürnberg gegangen?

Puh, das weiß ich gar nicht mehr so. Optimistisch waren wir auf jeden Fall nach der knappen 0:1-Niederlage im Hinspiel, da habe ich, und wohl auch alle anderen, mit dem Aufstieg gerechnet. Beim Rückspiel an der Hafenstraße waren wir auch schon frühzeitig in der Nähe des Stadions. Am frühen Nachmittag kam der Sonderzug der Nürnberger am Bahnhof Bergeborbeck an …, und dann hat es öfter gerappelt.

Das Spiel beginnt mit einem brutalen Foul …

Hrubesch hatte den Ball und da kam ihm sofort ein Nürnberger in Kung-Fu-Manier entgegen geflogen. Anschließend musste Hrubesch vom Platz getragen werden. Der Nürnberger sah dafür die gelbe Karte, obwohl das ganz klar rot war. Ich bekam bei dieser Szene einen Tobsuchtsanfall und wäre da durchaus zu einigen Gewalttaten bereit gewesen. Ist aber auch klar, denn wenn der Horst nicht mehr hätte weiterspielen können, dann hätte es übel für uns ausgesehen.

Beim Stand von 2:2 gibt es kurz vor Spielende den zweiten Elfmeter für Rot-Weiss.

Genau, der Frank Mill ist gefoult worden, der konnte sich ja immer gut fallen lassen, und dann hat der Hrubesch in die rechte Ecke geschossen und der Müller konnte den Ball abwehren. Das war schon bitter, aber niemand hat ihm einen Vorwurf gemacht. Im Grunde war diese Szene typisch für die Partie, denn das Spiel ist aus unserer Sicht mehr als dumm gelaufen. Naja, und nach dem Spiel ging es wieder rund.

Die Nürnberger wurden von zahlreichen Fans unterstützt ...

Ja, das waren unheimlich viele, viel mehr als die Karlsruher zwei Jahre später. Die ganze Ostkurve war voll und etliche Nürnberger befanden sich auch noch auf der Gegengeraden und der Haupttribüne. Solche Massen waren wir eigentlich nur von den Schalkern gewohnt. Eine Nürnbergerin hat bei diesem Spiel in voller Fanmontur die einzige zur Verfügung stehende Toilette hinter der Gegengeraden betreten und dann ist ein Essener hinter ihr her und hat ihr mehrere Schläge ins Gesicht verpasst, so dass ich mir dann gedacht habe, dass nun wohl endgültig eine Grenze überschritten worden ist. Ja, da ging es hoch her.

78/79 lief es dann nicht mehr so gut. Bist du da auch noch ins Stadion gegangen?

In der Hinrunde schon, aber dann war relativ schnell klar, dass die beiden Bayer-Vereine den Aufstieg unter sich ausmachen werden. Wir haben noch bis in den Februar hinein oben mitgespielt, aber dann ging es nach unten. Die letzten Spiele der Saison habe ich mir auch nicht mehr angeschaut. Gegen Solingen und Wuppertal kamen nur noch ein paar hundert Zuschauer.

In der folgenden Saison 79/80 lief es dann wieder besser ...

Wir hatten einen guten Start, dann kam der Willi Lippens im Herbst aus den USA zurück und durch seine Rückkehr kamen auch wieder wesentlich mehr Zuschauer ins Stadion. Das war wirklich gigantisch, als wir bei seinem ersten Spiel gegen den Tabellenletzten WSV über 12.000 Zuschauer hatten. Mit Lippens und natürlich mit Mill und dem mittlerweile überragend spielenden Matthias Herget haben wir uns vorne festgebissen. Leider war Arminia Bielefeld mit Eilenfeld, Sackewitz und Uli Stein im Tor so stark, dass sie unerreichbar für uns waren und frühzeitig als Aufsteiger in die Bundesliga feststanden. Wir haben uns dann mit Hannover 96 und Fortuna Köln einen dramatischen Kampf um Platz 2 geliefert, wobei ich sagen muss, dass Hannover eigentlich schon enteilt war. Aber nach dem 3:2 im direkten Duell gegen die 96er sind wir am Ende doch noch Zweiter geworden und hatten die Relegationsspiele gegen den KSC erreicht.

Im Hinspiel setzte es eine 1:5-Packung, eine Woche später, am Freitag, den 13. Juni, fand das Rückspiel an der Hafenstraße statt.

Bei diesem Spiel stand ich mit vielen Schulfreunden in Höhe der Mittellinie auf der Gegengeraden. Das Spiel ging direkt mit einer Dramatik los, die unbeschreiblich war. Schon in der ersten Minute erzielte Meininger unsere 1:0-Führung und ich stand vor Jubel und Aufregung zum ersten und letzten Mal kurz vor einem Herzkasper. Dieses Tor wurde so frenetisch bejubelt …, das war der reinste Wahnsinn. Im Grunde hätten wir dieses Spiel schon in der ersten Halbzeit entscheiden müssen, so viele Torchancen hatten wir. Auch in der zweiten Halbzeit ging es nur in eine Richtung und als Frank Mill mit zwei Toren unsere 3:0-Führung erzielt hatte, da waren wir alle davon überzeugt, dass auch noch das notwendige 4:0 fallen würde. Leider bekamen wir ja dann dieses abgefälschte Tor zum 3:1 und alles war entschieden.

Kann man sagen, dass die Stimmung im Stadion auf „180" war?

Nein, auf „360". Ich habe vorher und nachher nie so ein Spiel gesehen, in dem es so sehr auf den Rängen rundgegangen ist. Die Spieler kamen aus den Umkleidekabinen, da war schon das ganze Stadion am Brüllen. Nach dem 3:0 schrie das ganze Stadion: „Nur noch eins, nur noch eins!" Auch nach dem Schlusspfiff gab es Applaus, denn die Spieler hatten bravourös gekämpft und wirklich alles gegeben. Dieses Spiel war der größte Sturmlauf aller Zeiten!

Wie ist Dein Fazit der 70er Jahre bei Rot-Weiss?

Das war ein Wechselbad der Gefühle, mit zwei, drei schönen Jahren Mitte der 70er. Hätte uns damals jemand gesagt, dass wir mal in der 5. Liga spielen würden, dem hätte ich den Vogel gezeigt. Das schlechteste der Gefühle wäre damals gewesen, dass man dauerhaft in der 2. Liga hätte spielen müssen. Der Anspruch war damals immer, wenn schon 2. Liga, dann aber mit der Möglichkeit, am Ende wieder aufsteigen zu können. Objektiv betrachtet waren die 70er Jahre natürlich die besten Jahre von Rot-Weiss, aber subjektiv habe ich das nicht immer so empfunden.

FCN-Fans beim Aufstiegsspiel 1978 in der Ostkurve.

Willi aus der Westkurve & Günner

Günter Justen schaute dem gemeinen RWE-Fan auf dem Mund und brachte anschließend seine Erlebnisse aus dem Stadion im typischen Ruhrgebietsdialekt zu Papier. Seine Kommentare, die bei der NRZ unter dem Pseudonym „Willi aus der Westkurve" und bei der WAZ unter dem Namen „Günner" erschienen, sind untrennbar mit den rot-weissen Bundesligazeiten verbunden. Zum Leidwesen der Leser wurde der „Willi aus der Westkurve" im Winter 1973/74 und „Günner" im Abstiegsjahr '77 eingestellt. Hier noch mal ein paar Kostproben …

Hier spricht Willi aus der Westkurve

Ne wilde Sache, unser Lokaldörbi

Hallo Fans!

Wir in Essen brauchen kein „Hasch", kein „Marrihujanna" oder wie der Käse sonst heißt. Wir kommen auch so in Stimmung.

Bei uns gibbet die berühmte Kraftprobe am Rio de la Ruhra, RWE gegen ETB. Und dat is' Berauschgift genug!

3:2 für die rot-weißen Kinder von Bullerbü!

Mensch, ers' waren wir hungrig — dann bei hoch drei — und jetzt müde, müde, müde ...

War einfach zuville, wat man uns zugemutet hat.

Zu massig war et auch für die Kleinsten, für die „Wir-wachsen-noch-Fans". Und denn beim Farbtest an der Hafenstraße 'ne ganze Menge 'rum.

So rechts, halbschräg unter mir, erblicken meine verliebten Lider drei bis zwölf von dene.

Freunde, ich hab' ein Herz für so' Jungs. Auch wenn'se mal mit ihrer Meinung 'n Tück daneben liegen und krähen wie 'n Gockel auffem Mist.

Sie war'n rot-weiß, die Lütten. Kann man inner Westkurve überhaupt anders sein?

Kerl, wie die mitgingen, die kleenen Agenten, wie sie die Mini-Fäustke ballten, wenn 'n RWE-Kicker 'mal gefault wurde.

Wie die Milchzähne klapperten, wenn Pommes und Co. die rot-weiße Abwehr mit Schlucken machten.

So war dat schon inner vierten Minute, als Holger Haftschal', genannt Trimmi, das 1:0 für den kleinen, großen Gegner hineinwuschelte.

Der winzigste von den Mini-Fans sprang regelrecht aus seinem Parker heraus, um dann postgewendet in sich zusammenzufallen.

Ein echtes Häufchen Elend. 'n blauer Brief hätt' ihn nicht schlimmer treffen können.

„Komm an mein Herz', hab' ich ihm zugeflüstert. (Edel sei der rot-weiße Mensch, hülfreich und gut ...)

Doch er schluchzte mich nur maxitraurig an: „Wat denkste, Onkel, wat morgen bei uns inne Klasse anner Tafel steht? 'RWE wird Mei-ster!" Und alle werden lachen, lachen, lachen — furchtbar!"

Freunde, da blieb einem der Speichel weg.

Na, der Hexensabbat ging ja noch weiter. Aus dem 0:1 wurd'n 1:1, aus dem 1:1 ein 1:2, aus dem 1:2 ein 2:2, und am Ende stand dat rot-weiße Siegeshaus. Nobby legte beim 3:2 den letzten Balken auf'n Dachfirst, und inner Westkurve zog man den Richtkranz hoch.

Mittendrin mein kleiner Freund. Er, der mit seinen kurzen Kamera-den mindestens 40 Prozent des Spiels inner Luft verbracht hatte — immer hochspringen und kurz gucken, von wegen der langen Vorderleut' —, war schlicht reif für die großen Ferien.

Vereint putzten sich sechs Mann' an seiner RWE-Fahne die Tränekes ausse Augen, und sopranisierten wie der Steeler Kinderchor ihr „Aber eins, aber eins ..."

Da fragt' man sich nur, wie's den Kurzen auf der gestreiften Gegenseite gegangen sein muß. Arme Bengels!

Amr? Freunde, irgendwie sind wir doch alle so 'n bißchen „bi"-veranlagt.

Dat heißt, wir haben als Essener auch heimlich schwarz-weiße Gefühle.

Na kommt, ein Pünktchen hatten die Geringelten doch auch verdient?

Jetzt hört bloß auf mit Kloppen und Hacktick und so. Die Kollegen von drüben haben sich eben gewehrt, wie'se konnten.

Oder wollter'n alles geschenkt haben?

Wir sind doch hier nicht in Bielefeld!

Ich fand, dat war schon 'ne wilde Sache, unser Lokaldörbi. Dat war Lederverführung höchsten Grades! Mein vorletzter Nervenstrang is' angeknackst. Alfred Kitschkock war in Essen!

Brüder, der Bausparvertrag für die Bundesliga läuft. Hoffentlich löhnen unsere Rot-Weißen auch schön ihre Prämien.

Und der ETB wird auch bald wieder inner Sonne stehen. So wie die gespielt haben ...?

Das meint nich' nur

Euer
Willi aus der Westkurve

Hier spricht Willi aus der Westkurve

Lieber DFB, laß uns noch in der Regionalliga gurken!

Hallo Fans!

0:5!!! Feunde, da brauch'se nicht mehr viel zu quaken. Dat reicht!

Mann, habt'r unsere (Bundesliga-)Heimatvertriebenen gesehen? Da konnteste ja rot (-weiß) werden!

Bitte, bitte, lieber DFB, laß uns noch ein paar Monate in der Regionalliga herumgurken. Nimm uns bloß nich' sofort zurück ins Fußball-Kino Nr. 1.

Dort würden'se unseren Film nur im Rahmenprogramm laufen lassen. Und zwar dann, wenn'se schon alle nach Haus' gegangen sind.

Leute, et war furchtbar, furchtbar schön das Spiel des WSV. Ehrlich, die Wuppertaler haben die Bundesliga schon auf dem Postsparbuch!

Während unsere Experten nur gegrast haben, wurde beim WSV echt gespielt.

Und dann der Günner, der Meister Pröpper. Mösjö Hunderttausendvolt müßten'se den nennen. Der hat Saft inne Knochen. Der macht et nicht nur im Stehen. Der kann's im Liegen und im Sitzen, mit dem Anisplätzchen und mit den Plantschhaben. Eine eizige Augenweide!

Sowas haben wir in Essen damals ziehen lassen! In Wuppertal brauch' er jetzt schon'ne zweite Steuerkarte für Tore und den Kopp läßt er sich demnächst patentieren.

Hab' ich gehört, sagt man.

Wenn'de da zum Beispiel dat doppelte Lottchen, die Hermanns, bei RWE gesehen has', krieg'ste Hörner.

Klarer Fall, ich will diese Pleite nicht nur Tevje Bredenfeld und Gräfin Veruschka vom Erlenhoff in die Filzlatschen schieben.

Aber die zwei waren sümptomatisch für die rot-weißen Wackelparade.

Wat nützte et da, daß der Nobby, der Wolfgang und der Didi sich die Lungenflügel nach vorne hogen.

Die Rumbakugel hatten die Wuppertaler immer wieder in Beschlag genommen, weil vorn bei uns keiner war, der einen auf der Pfanne hatte.

Schußpech? Nee, Brüder, ich glaub', man nennt sowat Impotenz. Dat soll zwar nich' ganz Schlimmes sein, ich laß es aber trotzdem stehen!

Moment, eben mal Tränen wegwischen. So, jetzt geht's wieder.

Was sagt'r mir über den Boxer-Hebbert? Ein mit mir befreundeter Freund: „Ich glaub', ich hab'n doofen Opa im Sauerland. Der kann dem Reichert noch nich' so einfach eine schmieren!"

Kann er nicht, darf er nicht, tat er aber doch. Kerl, Herbert, du mit deiner Erfahrung! Schönen Gruß an Ente. Setzt euch zusammen und lutscht 'mal ein Fläschen Baldrian.

0:5! Ich glaube, dat hatte ich vorhin schonmal. Ist aber egal.

Sicher, die ersten drei Dinger rochen nach Schlaf.

Aber gemacht hat der WSV sie. Genauer gesagt der Torvampir-Pröpper, der uns damit dat rotweiße Blut aus denAdern raussaugte.

Soll'n wir jetzt einpacken? Sollen wir jetzt die Hafenstraße in Weinstraße umtaufen? Aus unserem einstigen Freudenhaus ein Trauerhaus machen?

Wie sagte ein Kumpel aus dem Vorort von Hückeswagen, aus Wuppertal, torbeschickert vom WSV-Knicker-Likör: „Wir haben bei uns an der Wupper ein Müllmuseum. Da könnt'r eure Jokertruppe noch unterbringen!"

Genossen, ich bin da anderer Meinung. RWE hat einfach gegen eine Traum-Elf verloren. Auffe Aschenkippe gehören unsere Verwandten vierten Grades noch lange nicht.

Wenn die sich ers'mal alle den Blinddarm rausnehmen haben lassen und zwei-, dreimal zum TÜV waren, wird's schon wieder werden.

Kameraden, wir haben in den Himmel reingucken dürfen, in den Wuppertaler. Dafür ein herzliches Danke!

Händchenschütteln auch für unseren ETB, der von Erkenschwick einen Punkt mitschleppte. Na, wenigstens etwas für Essen.

Es sind kalte Nacht Senorita, seht ihr nicht, wie er friert.

Euer Willi aus der Westkurve

Links: NRZ, 21.02.1972
Rechts: NRZ, 01.11.1971

Günner sieht dat anders

Karstadt Pelzmäntel für einsachtzig."

Mann, hätt' ich doch auf mein Weib jehört. Wat wär' mir alles erspart jeblieben. Aber der Günner kriegt den Schnüffel doch nie voll.

Also hab' ich mich auf die Neilons gemacht; früh versteht sich, weil gegen Düsseldorf, da kommen doch bestimmt so umme 18 000–20 000. Glasleim, Scheibenkleister. 12 000 war'n nur da. Et gibt doch noch vernünftige Menschen in Essen, die lieber mitte Kinder Canasta oder mitte Mutter Maumau spielen, als im Melches-Stadion sich'n seelischen Knacks zu holen.

Kerl, wat war ich wieder sauer. Erst mal dat Wetter. Föhn, Regen, Wind, der Matsch vor de Tribüne, die Preise. Von Arbeitslosenunterstützung will man bei RWE ja auch nix hören. „Geht technisch nich'", so heißt et. Wat geht dann technisch überhaupt bei RWE, bei mein' Lieblingssorgenkind?

Junge, dann fingen se auch noch an zu spielen, so als wenn se gewinnen wollten. Ich hab' mir gleich gedacht, dat dat nur arglistige Täuschung is'. Herrlich, wie der Ball über acht Stationen auf zwei Quadratmeter weitergereicht wurde. Und dann die saftigen Torschüsse...!

14 Tore hatten unsere ja schon in 12 Spielen reingelullt. Dat is'n Schnitt, wat? Dat is' gar keiner. Höchstens einer, womit man den Fans den letzten Nerv wegoperiert.

WC, Verzeihung 0:0 stand et bei Halbzeit. Wat heißt hier schönes Spiel. Schön is' dat für mich einzige, wat mich freute, waren der Schiedsrichter und die Linienrichter, der vor der Tribüne.

Der Mann mit der ulkigen Pfeife hieß Gabor und kam aus Berlin. Et wird Zeit, dat die DDR die Paßkontrollen verschärft und den Flugverkehr sperrt. Kerl, lieber keinen Kontakt mehr mitte Verwandten, als noch mal so'n Schiri!

Also 1:2 ging's aus. Warum?

Weil wir keine Torschützen haben — aber bald 'ne neue Tribüne. Da holen sich die Bochumer einen Kaczor (haben wir in Essen auch, aber nur mit ‚tz'), die Bayern einen Rummenigge... und wir? Wir haben MM, Manni Murksmüller. Armer Manni, bei Bayer so außer Tiefe war dat anders. Bei RWE inner Spitze, da bisse fehl vor Ort.

Warum schickt dat Präsidium seinen Präsidenten Big Will nach Brasilien und nich' nach Heessen, Lippstadt, Werdohl, Kleinkleckersdorf? Daa sind die Leute, mit denen unsere Ente Fußball spielen könnt'. Wo is' bei Rot-Weiß dat Huhn, dat die saftigen Körner picken geht? Wo?

So, meine Leber is' jetzt wieder geschwollen, mein Blutdruck auf 180 und meine Magenschleimhäute klatschen vor Begeisterung.

Ich geh' nich' mehr hin. Ich geh' doch wieder hin. Ich kann ja gar nich' anners, als wieder hingehn. Über irgendwat muß man sich doch ärgern können.

Günner

Mensch, jetz' is' endgültig Sense. Jetz' geh' ich endgültig nich' mehr hin zur Hafenstraße. Sowat wie gegen Düsseldorf, dat peitscht doch den dicksten Eskimo aussem Iglu. Wat hat meine Frau, mein Moos- und Kiesverzehrer, Samstag mittag gesagt? — „Bleib' weg von dort! Die kriegen sowieso wieder wat vor dat Mäppken. Gegen Fortuna gewinnen? Nee, eher verkaufen se bei

WAZ, 18.11.1974

Günner sieht dat anders

RWE, der Meister von dat Revier, hat mal wieder zugeschlagen.

5:1 gegen die Deibels vom Betzenberg, vierter Platz. Wat da fühlen wir uns vielleicht?

Also Günner, fühlt sich gar nich' so.

Am Anfang war dat große Ballaballa. Da legten die Jungs los, als wenn se nur fünf Minuten Zeit hätten, die Punkte nach Hause zu segeln.

Hartmut, der Knabe mit der blau-weißen Vergangenheit haute den Jonny zum 1:0 rein. King-Willi ließ den Knicker die Latte küssen, und Manni köppte nur um vierzehntel Millimeter vorbei.

Ein Festessen schien uns zu drohen — doch alle Herrlichkeit is' nix, wenn die Scheibe gegen so 'ne schlappe Truppe aus Bettlerslautern nich' den Weg inne Kiste findet.

Genauso muß auch der Hellström im Tor vonne Gäste gegrübelt haben.

Plötzlich fiel dem ein, dat der Burgsmüller 'n prima Kerl is', dem man mal einen gönnen kann.

Flugs legte er Manfred das Bällchen vor die Füßchen, und dat 2:0 war unser.

„Wer wird Deutscher Meister? Nur der RWE!" So klangen die Töne inner akademischen Ecke dieser schönen städtischen Anlage.

3:0 durch den lieben Werner: Die Freunde ausser Pfalz kamen immer näher an da Niveau von unsere Bezirksklasse heran.

3:1 — ein kleiner Irrtum vom RWE-Abwehramt. 4:1 — Zucker der Pass von Burgi an Didder.

Aber dann: Sandberg — von Neues zum Krümelhügel abgebaut — machte die große Wildtaube. Herrlich sein Anflug zum Elfmeter.

Doch Maxe schmiß sich schneidig in die sehr gekonnte Rückgabe. Manni konnte dat besser. 5:1!

Das war's dann. Oder? Nein da kommt doch noch wat?

Ach so, Waller hat noch nich' gesprochen, mein drittbester Kumpel.

Also, ein Auge glänzend — dat annere voller Tränen zog er die Schließklappen vor seiner Futterluke aussenander: „Endlich mal wat Neues von uns'ren Hannes. Ährlich, war Klasse der Bengel. Original so stell ich mir dat für 420 000 Mark vor."

Tja, der Waller hat schon 'n Auge. Der hat auch geseh'n, dat Willimann, Nobby und 'n paar andere mehr bei solchen Freundschaftsspielen auch schon mal besser ausgesehen ham.

Abba wie eklig muß da den Freunden vom ETBers' beim 0:2-Gemeimel in Münster ergangen sein?

Sei gegrüßt Mittelprächtigkeit da hasse uns Schwarz-Weiße wieder. War ja nur'n kleiner Ausrutscher, die Leistung gegen Solingen. — Schade d'rum.

WAZ, 15.09.1975

Die Frau im Hintergrund

Frau Sonja Breitbach, die Frau von Platzwart Jupp Breitbach, hat vieles miterlebt in ihrer Zeit bei RWE. Für dieses Buch hat sie noch mal in ihren Erinnerungen gekramt und die eine oder andere Anekdote zu Tage gefördert.

„Einmal lagen die Bayern zur Halbzeit gegen uns zurück und da hat der Beckenbauer dann mit den Worten „Scheiß Rot-Weisse" gegen die Kabinentür getreten. Das hat der Paul (Anm. d. Autors: gemeint ist Nikelski) mitbekommen und zum Beckenbauer gesagt, dass er das noch mal sagen soll. Anschließend hat er dem Beckenbauer rechts und links eine gelangt. Dafür musste er später vor Gericht und sich beim Beckenbauer entschuldigen."

„Meinen Mann haben viele nicht gemocht, weil er auf alles achtete. Wenn ein Spieler eine Tür mit dem Fuß zugemacht hat, dann gab es gleich einen Anpfiff und die Frage, ob er zu Hause die Türen auch mit den Füßen zumacht."

„Trotz allem war es eine schöne Zeit. Klar, wir hatten oft schwer zu malochen, aber es gab auch oft Zeiten, wo wir lachen konnten."

über Heinz Blasey

„Er war ein schöner Kerl, muss man wirklich sagen, und deshalb waren auch die Weiber immer so hinter ihm her."

Wenn mein Mann ihm manchmal untersagt hat auf dem Hauptplatz zu trainieren, dann hat der Horvat geantwortet: „Okay Chef, dann trainieren wir ohne Schuhe, nur barfuss." Das durften die dann, dazu hat mein Mann die Erlaubnis gegeben."

über Horst Hrubesch

„Mit meinen Mann hat sich der Hrubesch gut vertragen, die waren wie Kopp und Arsch. Es gab Zeiten, da hat kein Spieler neue Schuhe von meinen Mann bekommen, aber der Hrubesch bekam welche. Wenn Andere dann neidisch gesagt haben: „Der bekommt ja alles.", dann hat mein Mann geantwortet: „Der kann ja auch alles."

„Einmal ist über die Fliesen im Spielergang eine unbekannte Flüssigkeit gelaufen und die Fliesen wurden ganz dreckig. Da musste ich natürlich was dagegen tun, der Gastverein sollte ja nicht denken, dass wir hier in Essen unser Stadion verkommen lassen. Ich habe dann den Gang gebohnert, geschruppt und gefettet, so lange bis die Fliesen wieder geglänzt haben. Als dann aber die Spieler kurz vor Spielbeginn mit ihren Stollenschuhen nach draußen wollten, da legte sich einer nach dem anderen auf den Boden nieder. Habe ich gar nicht daran gedacht, dass die mit ihren Stollen gar keinen Halt haben ..., ist ja wie auf Eis gehen. Auje, dass gab dann Theater, ist mir danach aber nie mehr passiert."

„Damals war der Bast Mannschaftskapitän und da fragt der Präsident Naunheim den Paul auf der Tribüne: „Paul, ist der Bast in Trauer?" Der Paul guckt und fragt: „Warum?", darauf der Naunheim: „Weil der eine Binde trägt." Nach dem Spiel kam der Paul dann zu mir und sah ein wenig nachdenklich aus. Da hab ich ihn natürlich gefragt, was denn los sei. Darauf der Paul zu mir: „Sonja, ich werd hier noch bekloppt, das ist ein Irrenhaus. Der Präsident weiß noch nicht mal, wer der Mannschaftskapitän ist."

„Naunheim hat den Spielern mal zu Weihnachten einen weißen Bademantel und ein Handtuch geschenkt. Sehr schön, hat sich jeder drüber gefreut. Ein paar Tage später kommt der Paul zu mir: „Hör ma, der Naunheim ist einer," und zeigt mir eine Rechnung für die Bademäntel und die Handtücher. „Der Verein Rot-Weiss muss jetzt das bezahlen, was er in seinem Namen den Spielern geschenkt hat."

"Der Horvar war ein guter Trainer, der hatte auch Ahnung von der Welt. Er hat böse ausgeschaut, war aber zu den Spielern so, als ob diese seine Kinder wären. Im Grunde war er zu gut zu denen. Mit meinem Mann konnte er sehr gut.

über Wolfgang Rausch

"Er war ein lieber, anständiger Junge und ein guter Spieler. Mein Mann und ich konnten ihn gut leiden. Vor jedem Spiel musste er aber immer ein Stück trockenes Brot haben. Je älter das Brot war desto besser, da konnte er dann immer dran rumknabbern. Einmal hatte ich das Brot vergessen, da hat mein Mann aber Theater gemacht und zu mir gesagt: "Wenn wir heute verlieren, dann bist du Schuld.""

er Werner Lorant

gendwann hat er mal dieses Wurzelzeug, Ginng, mitgebracht und oben auf der Geschäfts-lle stehen lassen. Die Frau Pape (Sekretärin) d ich haben das dann mal heimlich probiert, rauf uns im Anschluss ganz schlecht wurde. nau zu diesem Zeitpunkt kam der Lorant wie-r hoch und stellte lachend fest: "Ihr habt das g genommen, dabei ist das doch nur für Leis-gssportler." Der Lorant hat das oft genom-n, denn auf dem Platz war der nur am ren- ..., der ist gerannt wie wild.."

nochmal Lorant

"Wenn Rot-Weiss verloren hat, dann hat der Lorant unten im Spielergang einen Riesenterror gemacht. Der Gegner hat dann bestimmt gedacht, dass bei Rot-Weiss Bekloppte mitspielen (lacht)."

Über Hans Dörre

"Vor den Spielen war der Hansi in der Kabine immer so nervös, dass er sein Trikot zigmal aus- und angezogen hat, außerdem ist er immer wie ein Tiger im Flur rauf und runter gelaufen. Sobald er dann aber den Ball auf dem Platz gesehen hat, ist er ganz ruhig geworden."

über Egbert-Jan Ter Mors

"Er war ein ganz Lieber, der immer mit dem Auto aus Holland kam. Hat man aber mal in sein Auto hineingeguckt, dann konnte man meinen, dass dort Indianer drin gezeltet haben. So eine Unordnung. Mit dem Aufräumen hat er es nicht so genau genommen, aber auf dem Platz war er ein guter Spieler."

über Gert Wieczorkowski

"Er kam oft erst auf den letzten Drücker zu den Spielen ..., hatte vorher bei irgendwelchen Frauen übernachtet und sich dann von denen zum Stadion bringen lassen."

rd Wörmer

ar ein ganz normaler lieber Junge, der lange bei eiss gespielt hat. Geköpft hat er allerdings nicht rne, er hat ja immer seine Haare toupiert und die dann nicht struwwelig werden. Das Hochtoupie-er Haare war ja damals Mode, aber der Wörmer daraus eine Kunst gemacht (lacht)."

nochmal Wieczorkowski

"Bei ihm konnte man immer lachen, er hat oft erzählt, was er so am Wochenende für Klöpse gedreht hat. Einmal kam morgens die Polizei zu uns und hat gesagt: "Jupp, heute Nacht hat der Wietsche wieder den Verkehr geregelt. In Rüttenscheid, mitten auf der Straße." Der Wietsche hatte da wohl ganz gut einen getrunken, denn er ist gerne in die Kneipen gegangen. Mit dem Lorant konnte er ganz gut, wahrscheinlich hatten beide die gleichen Interessen (lacht)."

Statistikanhang

Aufstiegsrunde zur Bundesliga 1969

1. Rot-Weiss Essen	6	2	0	28-9	14:2
2. VfL Osnabrück	4	3	1	13-8	11:5
3. Karlsruher SC	3	2	3	14-15	8:8
4. Tasmania Berlin	2	0	6	5-17	4:12
5. TuS Neuendorf	1	1	6	8-19	3:13

24.5.1969 RWE – TuS Neuendorf   4:2 (3:0)
Bockholt, Glinka, Kik, Peitsch, Stauvermann, Jung, Ter Mors, Weinberg, Wagner (73. Pröpper), Littek, Lippens – Tore: 1:0 Littek (21.), 2:0 Lippens (34./FE), 3:0 Littek (43.), 3:1 Vogtmann (54.), 4:1 Littek (80.), 4:2 Hölzenbein (81.) – SR: Heumann – ZU: 21.666

28.5.1969 Tasmania Berlin – RWE   0:3 (0:1)
Bockholt, Glinka, Kik, Peitsch, Stauvermann, Jung, Ter Mors, Weinberg, Wagner, Littek, Lippens – Tore: 0:1 Weinberg (7.), 0:2 Glinka (63.), 0:3 Ter Mors (65.) – SR: Riegg – ZU: 6.000

1.6.1969 RWE – Karlsruher SC   5:0 (2:0)
Bockholt, Glinka, Kik, Peitsch, Stauvermann, Jung, Ter Mors, Weinberg, Wagner (74. Dörre), Littek, Lippens – Tore: 1:0 Lippens (25.), 2:0 Littek (43.), 3:0 Ter Mors (60./FE), 4:0, 5:0 Lippens (63., 70.) – SR: Schulenburg – ZU: 24.650

8.6.1969 VfL Osnabrück – RWE   3:3 (0:2)
Bockholt, Glinka, Kik, Rausch, Stauvermann, Jung, Ter Mors, Weinberg, Wagner, Littek, Lippens – Tore: 0:1 Jung (4.), 0:2 Lippens (9.), 0:3 Littek (49.), 1:3 Müller (69.), 2:3, 3:3 Baumann (81., 89.) – SR: Biwersi –ZU: 30.000

11.6.1969 RWE – Tasmania Berlin   3:1 (3:0)
Bockholt, Glinka, Kik, Rausch, Stauvermann, Jung, Ter Mors, Weinberg, Wagner (16. Fürhoff), Littek, Lippens (54. Dörre) – Tore: 1:0 Lippens (22.), 2:0 Kik (36.), 3:0 Fürhoff (44.), 3:1 Herlemann (47.) – SR: Betz – ZU: 18.786

15.6.1969 TuS Neuendorf – RWE   0:5 (0:3)
Bockholt, Glinka (72. Peitsch), Kik, Rausch, Stauvermann, Jung, Ter Mors, Weinberg (19. Pöhling), Fürhoff, Littek, Lippens – Tore: 0:1 Weinberg (12.), 0:2 Fürhoff (27.), 0:3, 0:4 Lippens (44., 65.), 0:5 Jung (72.) – SR: Herden – ZU: 8.000

18.6.1969 RWE – VfL Osnabrück   3:1 (3:0)
Bockholt, Glinka, Kik, Rausch, Stauvermann, Jung, Ter Mors, Weinberg (85. Pöhling), Fürhoff, Littek, Lippens – Tore: 1:0 Lippens (21.), 2:0 Fürhoff (38.), 3:0 Weinberg (44.), 3:1 Baumann (54.) – SR: Tschenscher – ZU: 31.662

25.6.1969 Karlsruher SC – RWE   2:2 (1:1)
Roß, Glinka, Kik, Rausch, Stauvermann, Jung (71. Dörre), Ter Mors, Weinberg, Fürhoff, Littek (71. Pöhling), Lippens – Tore: 0:1 Lippens (7.), 1:1 Ripp (10.), 2:1 Ehmann (52.), 2:2 Fürhoff (68.) – SR: O. Fritz – ZU: 3.000

Saison 1969/70

1.	Borussia Mönchengladbach	23	5	6	71-29	51:17
2.	FC Bayern München	21	5	8	88-37	47:21
3.	Hertha BSC Berlin	20	5	9	67-41	45:23
4.	1. FC Köln	20	3	11	83-38	43:25
5.	Borussia Dortmund	14	8	12	60-67	36:32
6.	Hamburger SV	12	11	11	57-54	35:33
7.	VfB Stuttgart	14	7	13	59-62	35:33
8.	Eintracht Frankfurt	12	10	12	54-54	34:34
9.	Schalke 04	11	12	11	43-54	34:34
10.	1. FC Kaiserslautern	10	12	12	44-55	32:36
11.	Werder Bremen	10	11	13	38-47	31:37
12.	Rot-Weiss Essen	8	15	13	41-54	31:37
13.	Hannover 96	11	8	15	49-61	30:38
14.	RW Oberhausen	11	7	16	50-62	29:39
15.	MSV Duisburg	9	11	14	35-48	29:39
16.	Eintracht Braunschweig	9	10	15	40-49	28:40
17.	TSV 1860 München	9	7	18	41-56	25:43
18.	Alemannia Aachen	5	7	22	31-83	17:51

16.8.1969 Bayern München – RWE   4:0 (2:0)
Bockholt, Czernotzky, Rausch, Kik, Stauvermann, Jung (68. Peitsch), Ferner, Ter Mors, Weinberg, Littek (30. Fürhoff), Lippens – Tore: 1:0, 2:0, 3:0 G. Müller (2., 18., 56./FE), 4:0 Ohlhauser – SR: Biwersi – ZU: 30.000

23.8.1969 RWE – Alemannia Aachen 2:0 (2:0)
Bockholt, Czernotzky, Rausch, Kik, Stauvermann, Jung, Ferner, Ter Mors, Weinberg (76. Littek), Beer, Lippens – Tore: 1:0, 2:0 Lippens (18., 25.) – SR: Fritz – ZU: 19.557

30.8.1969 Bor. M'gladbach – RWE   2:1 (0:1)
Bockholt, Czernotzky (25. Peitsch), Rausch, Kik, Stauvermann, Jung, Ferner, Ter Mors, Weinberg (60. Littek), Beer, Lippens – Tore: 0:1 Beer (4), 1:1 Kaiser (52.), 2:1 Schäfer (75.) – SR: Linn – ZU: 25.000

6.9.1969 RWE – Hertha BSC Berlin   5:2 (3:2)
Bockholt, Peitsch, Rausch, Kik, Stauvermann, Jung, Ferner, Ter Mors, Littek (60. Weinberg), Beer, Lippens – Tore: 1:0, 2:0 Lippens (2., 9.), 2:1 Horr (20.), 3:1 Littek (29.), 3:2 B. Patzke (34./HE), 4:2 Lippens (67.), 5:2 Jung (73.) – SR: Ohmsen – ZU: 23.640

12.9.1969 Eintracht Frankfurt – RWE 2:1 (1:1)
Bockholt, Peitsch (31. Czernotzky), Rausch, Kik, Stauvermann, Jung, Ferner, Ter Mors, Weinberg, Beer, Lippens – Tore: 1:0 Trinklein (30.), 1:1 Weinberg (38.), 2:1 Heese (86.) – SR: Ott – ZU: 21.000

27.9.1969 RWE – VfB Stuttgart   3:3 (3:2)
Bockholt, Czernotzky, Rausch, Kik (17. Burgsmüller/ 46. Littek), Stauvermann, Jung, Ferner, Ter Mors, Weinberg, Beer, Lippens – Tore: 1:0 Weinberg (16.), 2:0 Lippens (25.), 3:0 Beer (30.), 3:1 Haug (32.), 3:2 Weidmann (42.), 3:3 Entenmann (50.) – SR: Bien – ZU: 18.256

4.10.1969 1. FC Kaiserslautern – RWE   0:0
Bockholt, Czernotzky, Rausch, Koch (60. Fürhoff), Stauvermann, Dörre, Ferner, Ter Mors, Weinberg, Beer, Lippens – Tore: Fehlanzeige – SR: Heumann – ZU: 18.000- BV: Krafczyk verschießt FE (Bockholt hält, 80.)

11.10.1969 RWE – 1. FC Köln   0:0
Bockholt, Czernotzky, Rausch, Peitsch, Stauvermann, Dörre (13. Jung), Ferner, Ter Mors, Fürhoff, Beer, Lippens (74. Koch) – Tore: Fehlanzeige – SR: Biwersi – ZU: 29.010

15.10.1969 Borussia Dortmund – RWE 4:1 (2:1)
Bockholt, Czernotzky, Rausch, Koch (62. Peitsch), Stauvermann, Jung, Ferner, Ter Mors, Weinberg (47. Fürhoff), Beer, Lippens – Tore: 0:1 Littek (8.), 1:1 Held (29.), 2:1 Schütz (40.), 3:1 Neuberger (58.), 4:1 Weist (77.) – SR: Schröck – ZU: 35.000

25.10.1969 RWE – Hannover 96   1:0 (1:0)
Bockholt, Czernotzky, Rausch, Kik, Stauvermann, Peitsch, Ferner, Ter Mors, Weinberg, Beer (56. Burgsmüller), Lippens – Tore: 1:0 Weinberg (12.) – SR: Aldinger – ZU: 18.000

1.11.1969 Eintracht Braunschweig – RWE 0:0
Bockholt, Czernotzky, Rausch, Kik, Stauvermann, Peitsch, Ferner, Ter Mors (78. Jung), Weinberg, Littek (46. Burgsmüller), Fürhoff – Tore: Fehlanzeige – SR: Betz – ZU: 11.000

8.11.1969 RWE – Hamburger SV 2:2 (2:0)
Bockholt, Czernotzky (46. Jung), Rausch, Kik, Stauvermann, Peitsch, Ferner, Ter Mors, Weinberg, Beer, Fürhoff – Tore: 1:0, 2:0 Fürhoff (36., 37.), 2:1, 2:2 H. Schulz (49., 87.) – SR: Seiler – ZU: 16.793

15.11.1969 Werder Bremen – RWE 2:1 (1:0)
Bockholt, Czernotzky, Rausch, Kik, Stauvermann, Peitsch (40. Littek), Ferner, Ter Mors (60. Jung), Weinberg, Beer, Fürhoff – Tore: 1:0 H-D Hasebrink, 1:1 Littek, 2:1 Björnmose – SR: Binder – ZU: 9.000

29.11.1969 RWE – RW Oberhausen 1:0 (0:0)
Bockholt, Czernotzky, Rausch, Kik, Stauvermann, Fürhoff, Ferner, Ter Mors, Weinberg, Beer, Lippens – Tore: 1:0 Lippens (62.) – SR: Mühling – ZU: 22.000

6.12.1969 RWE – MSV Duisburg 0:0
Bockholt, Czernotzky, Rausch, Kik, Stauvermann, Fürhoff, Ferner, Ter Mors, Weinberg, Beer, Lippens – Tore: Fehlanzeige – SR: Riegg – ZU: 18.000

13.12.1969 Schalke 04 – RWE 5:3 (1:3)
Bockholt, Czernotzky, Rausch, Kik, Stauvermann, Fürhoff, Ferner (74. Jung), Ter Mors, Weinberg, Beer, Lippens – Tore: 1:0 Pohlschmidt (6.), 1:1 Lippens (38.), 1:2 Beer (41.), 1:3 Czernotzky (45.), 2:3 Galbierz (55.), 3:3 Lütkebohmert (56.), 4:3 Slomiany (58.), 5:3 van Haaren (81./FE)

20.12.1969 RWE – 1860 München 3:0 (1:0)
Bockholt, Czernotzky, Rausch, Kik, Stauvermann, Fürhoff, Ferner, Ter Mors, Englert, Beer, Lippens – Tore: 1:0 Englert (40.), 2:0 Fürhoff (63.), 3:0 Englert (89.) – SR: Regely – 11.500

17.1.1970 Alemannia Aachen – RWE 0:0
Bockholt, Czernotzky, Rausch, Kik, Stauvermann, Fürhoff (65. Englert), Ferner, Ter Mors, Weinberg, Beer, Lippens – Tore: Fehlanzeige – SR: Tschenscher – ZU: 11.000

7.2.1970 RWE – Eintracht Frankfurt 1:1 (0:0)
Bockholt, Czernotzky, Rausch, Weinberg (71. Peitsch), Stauvermann, Jung, Ferner, Ter Mors, Englert (36. Littek), Beer, Fürhoff – Tore: 0:1 Hölzenbein (49.), 1:1 Schämer (56./ET) – SR: Horstmann – ZU: 11.452

14.2.1970 VfB Stuttgart – RWE 4:1 (2:0)
Bockholt, Czernotzky, Rausch, Kik, Stauvermann, Jung, Littek, Ter Mors (34. Ferner), Englert (45. Peitsch), Beer, Fürhoff – Tore: 1:0 Weidmann, 2:0 Stauvermann (27./ET), 3:0, 4:0 Haug (61./FE, 76.), 4:1 Littek (83.) – SR: Fritz – ZU: 10.000

25.2.1970 Hertha BSC Berlin – RWE 4:0 (1:0)
Bockholt, Czernotzky, Rausch, Kik, Stauvermann (46. Peitsch), Jung, Ferner, Fürhoff (58. Burgsmüller), Weinberg, Beer, Littek – Tore: 1:0 Brungs (15.), 2:0 Horr (54.), 3:0 Brungs (65.), 4:0 Horr (81.) – SR: Berner – ZU: 30.000

28.2.1970 1. FC Köln – RWE 5:2 (2:1)
Bockholt, Czernotzky, Rausch, Kik, Stauvermann, Jung, Ferner, Peitsch, Weinberg (71. Burgsmüller), Beer, Littek – Tore: 1:0 Flohe (9.), 1:1 Jung (37.), 2:1 Rupp (42.), 3:1, 4:1 C-H Rühl (49., 57.), 5:1 Hemmersbach (65.), 5:2 Beer (78.) – SR: Herden – ZU: 22.000

7.3.1970 RWE – Borussia Dortmund 3:3 (3:2)
Bockholt, Czernotzky, Rausch, Kik, Stauvermann, Jung, Ferner, Peitsch, Weinberg (70. Fürhoff), Beer (65. Burgsmüller), Littek – Tore: 1:0 Peitsch (8.), 1:1 Heeren (9.), 2:1 Beer (37.), 2:2 Weist (42.), 3:2 Beer (44.), 3:3 Heidkamp (88.) – SR: Schulenburg – ZU: 20.000

11.3.1970 RWE – Bayern München 1:1 (0:1)
Bockholt, Czernotzky, Rausch, Kik, Stauvermann, Jung, Ferner (72. Burgsmüller), Peitsch, Weinberg (25. Fürhoff), Beer, Littek – Tore: 0:1 Kupferschmidt (8.), 1:1 Fürhoff (53.) – SR: Lutz – ZU: 30.000

14.3.1970 Hannover 96 – RWE 3:0 (1:0)
Bockholt, Czernotzky, Rausch, Kik, Stauvermann, Jung, Ferner (26. Ter Mors), Peitsch, Weinberg, Beer (60. Burgsmüller), Littek – Tore: 1:0 Breuer (42.), 2:0 Brune (73.), 3:0 Siemensmeyer (90./FE) – SR: Heumann – ZU: 12.000

28.3.1970 Hamburger SV – RWE 1:0 (1:0)
Bockholt, Czernotzky, Rausch, Kik, Stauvermann, Jung, Ter Mors, Peitsch, Englert (46. Fürhoff), Beer, Littek – Tore: Hönig (13.) – SR: Betz – ZU: 7.000

11.4.1970 RW Oberhausen – RWE 1:1 (1:0)
Bockholt, Czernotzky, Rausch, Peitsch, Stauvermann, Jung, Ter Mors, Ferner (46. Fürhoff), Littek, Beer, Lippens – Tore: 1:0 Dausmann (44.), 1:1 Beer (53.) – SR: Voss – ZU: 26.000

15.4.1970 RWE – Eint. Braunschweig 1:1 (1:1)
Bockholt, Czernotzky, Rausch, Kik, Stauvermann, Jung, Ter Mors, Weinberg, Littek, Beer, Lippens – Tore: 1:0 Ter Mors (14./FE), 1:1 Ulsaß (17./FE) – SR: Fritz – ZU: 13.000

18.4.1970 MSV Duisburg – RWE 0:1 (0:1)
Bockholt, Czernotzky, Rausch, Kik, Stauvermann, Jung (72. Englert), Ter Mors, Weinberg (64. Fürhoff), Littek, Beer, Lippens – Tore: 0:1 Lippens (31.) – SR: Dr. Siepe – ZU: 16.000

21.4.1970 RWE – Bor. M'gladbach 1:0 (0:0)
Bockholt, Czernotzky, Rausch, Kik, Stauvermann, Jung, Ter Mors, Beer, Weinberg, Littek, Lippens – Tore: 1:0 Lippens (77.) – SR: Siebert – ZU: 25.000

24.4.1970 RWE – Schalke 04 1:1 (0:0)
Bockholt, Czernotzky, Rausch, Kik, Stauvermann, Jung, Ter Mors, Beer, Weinberg, Littek, Lippens – Tore: 1:0 Ter Mors (65./FE), 1:1 Wittkamp (89.) – SR: Kindervater – ZU: 20.000

27.4.1970 RWE – Werder Bremen 3:2 (1:1)
Bockholt, Czernotzky, Rausch, Kik, Stauvermann (63. Peitsch), Jung (82. Fürhoff), Ter Mors, Beer, Weinberg, Littek, Lippens – Tore: 1:0 Beer (2.), 1:1 Görts (24.), 1:2 Lorenz (59.), 2:2 Lippens (62.), 3:2 Littek (89.) – SR: Tschenscher – ZU: 16.287 im Uhlenkrugstadion

30.4.1970 RWE – 1. FC Kaiserslautern 1:1 (1:1)
Bockholt, Czernotzky, Rausch, Kik, Stauvermann (63. Peitsch), Jung (82. Fürhoff), Ferner (57. Ter Mors), Beer, Weinberg (57. Fürhoff), Littek, Lippens – Tore: 1:0 Lippens (23.), 1:1 Pirrung (24.) – SR: Basedow – ZU: 6.210 im Uhlenkrugstadion

3.5.1970 TSV 1860 München – RWE 0:0
Bockholt, Czernotzky, Rausch, Weinberg, Stauvermann, Ter Mors, Ferner, Fürhoff, Beer, Littek, Lippens- Tore: Fehlanzeige – SR: Quindeau – ZU. 4.500

DFB-Pokal

1. Runde

24.3.1970 RWE – 1. FC Köln 3:3 n.V. (1:1)
Bockholt, Czernotzky, Kik, Rausch, Stauvermann (96. Fürhoff), Peitsch, Ter Mors (96. Ferner), Jung, Englert, Littek, Beer – Tore: 0:1 Hemmers (23.), 1:1 Littek (28.), 1:2 Rupp (94.), 2:2 Beer (107.), 2:3 Rupp (116.), 3:3 Fürhoff (120.) – SR: Fork – ZU: 20.000

25.7.1970 1. FC Köln – RWE 5:1 (2:0)
Bockholt, Czernotzky, Erlhoff, Rausch, Stauvermann, Peitsch (33. Dörre), Ter Mors, Beer, Dausmann (33. Hohnhausen), Littek, Lippens – Tore: 1:0 Parits (29.), 2:0 Overath (32.), 3:0, 4:0 Biskup (48./HE, 59.), 4:1 Lippens (80.), 5:1 Parits (84.) – SR: Redelfs – ZU: 24.000

Meisterschaftseinsätze

Spieler	Spiele	/Tore
Fred Bockholt	34	0
Wolfgang Rausch	34	0
Heinz Stauvermann	34	0
Peter Czernotzky	33	1
Erich Beer	32	8
Egbert-Jan Ter Mors	30	2
Herbert Weinberg	28	3
Werner Kik	28	0
Diethelm Ferner	28	0
Georg Jung	27	2
Günter Fürhoff	25	4
Helmut Littek	24	5
Willi Lippens	21	12
Roland Peitsch	21	1
Manfred Burgsmüller	8	0
Fred Englert	7	2
Heinz Koch	3	0
Hans Dörre	2	0

Trainer
Herbert Burdenski

Interview mit Werner Kik

Herr Kik, nach jahrelangen Aufs und Abs erreichte Rot-Weiss im Sommer 1969 mal wieder die Aufstiegsrunde zur Bundesliga. Die Gegner waren Tasmania Berlin, TuS Neuendorf, VfL Osnabrück und der Karlsruher SC. Haben Sie noch Erinnerungen daran?

Wir haben in dieser Aufstiegsrunde den Rekord geholt: 14:2 Punkte. Die beiden Minuspunkte waren zwei Unentschieden. Einmal in Osnabrück nach einer 3:0-Führung, da träumen die Leute in Osnabrück noch heute von ..., fünf Minuten länger und wir hätten noch mit 3:4 verloren. Das andere Unentschieden gab es am letzten, unbedeutenden Spieltag in Karlsruhe. Favorit waren in dieser Runde neben uns der VfL und der KSC. Wir haben direkt zu Beginn der Runde TuS Neuendorf an der Hafenstraße klar geschlagen, haben den KSC mit 5:0 überrannt, haben in Neuendorf ebenfalls mit 5:0 gewonnen und haben im entscheidenden Spiel den VfL Osnabrück mit 3:1 geschlagen. Das war dann auch der Aufstieg.

Nochmal zum Spiel in Osnabrück: RWE hatte schon zur Halbzeit mit 3:0 geführt, wie kann man da das Spiel noch aus den Händen geben?

Also, wenn ich das heutzutage mal an der Hafenstraße erlebe, dass eine Mannschaft einen Drei-Tore-Vorsprung abgibt, dann muss ich immer an Osnabrück denken. Ich habe dafür keine Erklärung, wir bekamen keinen Ball mehr über die Mittellinie. Es war wie verhext. Ich habe dann versucht Ruhe reinzubringen, das Spiel zu verzögern. Da hat dann später unser Geschäftsführer gesagt, dass ich Schuld gewesen sei, dass wir nur 3:3 gespielt haben. Auch Leute aus dem Vorstand haben sich aufgeregt. Der Willi Vordenbäumen war damals unser Interimstrainer, der hat dazu nur gesagt: „Vollkommener Blödsinn. Was wollen Sie eigentlich? Wir haben gut gespielt und sowas passiert halt mal." Gott sei Dank haben wir es später auch mit dem Aufstieg bestätigt.

In den Aufstiegsrunden war das Stadion an der Hafenstraße immer gut besucht, aber wie sah es auswärts aus? Sind dort auch viele Essener mitgefahren?

In Osnabrück haben die fast das Stadion abgerissen *(lacht)*. Die mussten noch Zusatztribünen aufstellen. Man kann sagen, dass bis auf die Auswärtsspiele in Berlin immer mindestens 5.000 Essener mitgefahren sind.

In den Aufstiegsspielen war das Stadion in Essen immer ziemlich gut besucht. Ist man da als Spieler mehr motiviert als bei Spielen wie z.B. bei Tasmania, wenn nur 3.000 Zuschauer anwesend sind?

Motiviert? Wenn ich auf den Sportplatz gegangen bin, war ich immer motiviert. Da hat es mich nicht interessiert, ob das Stadion voll war oder nur schwach besucht. Natürlich ist die Atmosphäre eine andere, wenn z.B. wie gegen Hertha 86.000 Zuschauer im Stadion sind, da hat man kaum den Pfiff vom Schiedsrichter gehört. Klar, es macht mehr Spaß, aber wenn ich manchmal so höre: „Ich konnte mich nicht motivieren." *(schüttelt den Kopf)* Wenn ich auf den Platz ging, dann wollte ich nicht, dass einer sagt: „Was hat der für einen Mist gespielt." Das war immer meine Motivation. Und an Geld denkt man erst hinterher.

Zu Beginn der Saison 69/70 hatten Sie das erste Spiel in München gegen die Bayern. RWE hat mit 0:4 verloren, Ihr Gegenspieler Gerd Müller hat drei Tore geschossen. Da stellt sich die Frage, ob man als Abwehrspieler gegen Gerd Müller nie eine Chance hatte?

Als Abwehrspieler hatte man immer eine Chance gegen den Gerd. Hört sich jetzt komisch an, war aber so. An diese drei Tore kann ich mich noch gut erinnern: Eins war ein Elfmeter, den ich nicht verursacht habe. Bei einem anderen Tor kommt eine Flanke flach hinein, ich habe das Bild noch vor Augen, und der Müller und ich grätschen beide im Fünfmeterraum hinein. Der Müller war dann eine Fußspitze eher am Ball. Beim dritten Tor schießt ein Münchener den Ball gegen die Latte, der Ball fliegt dann im hohen Bogen bis zur Sechzehnerlinie und dort stand Gerd Müller. Fred Bockolt lag noch auf dem Boden und Müller köpft von der Sechzehnerlinie eine Bogenlampe, wobei sich der Ball dann ins Tor senkt. Trotzdem habe ich immer gerne gegen Gerd Müller gespielt, weil der nie versucht hat, den Abwehrspieler zu umspielen ..., und der konnte auch kaum jemanden umspielen. Er war so dieser Typ mit dem sogenannten Näschen. Denken Sie mal an das Tor 1974 gegen die Holländer: Der Bonhof flankt flach hinein und so aus der Drehung, der Müller hat den Ball gar nicht richtig getroffen, macht er das Tor. Das sind so Dinger, die kann man nicht erklären. Ich habe im Rückspiel an der Hafenstraße auch gegen ihn gespielt, da haben wir hier 1:1 gespielt und er hat kein Tor gemacht. Aufpassen musste man allerdings immer, wenn er Doppelpass mit Beckenbauer gespielt hat. Das ging dann patsch, patsch *(lacht)*.

Am 4. Oktober spielte RWE auswärts in Kaiserslautern und Sie haben gefehlt. Was war passiert?

Da war ich auf der Zeche „Emil-Emscher", denn dort sind 16 oder 17 Bergleute eingeschlossen worden. Ich war ja in der Vermessungsabteilung von Emil-Emscher und da wurde ein Loch gebohrt von einer oberen Sohle bis dahin, wo man die Eingeschlossenen vermutete. Da muss natürlich ein gewisser Winkel immer kontrolliert werden, damit es keine Abweichungen gibt. Dort habe ich dann auch teilweise in Nachtarbeit aufgepasst, dass dieses Bohrgerät immer die richtige Neigung hatte. Allerdings muss ich auch sagen, dass ich zu diesem Zeitpunkt auch verletzt war und eigentlich primär deshalb das Spiel in Kaiserslautern verpasst habe. Bei einem späteren Vorstellungsgespräch bei einer Firma hat dann der dortige Professor zu mir gesagt: „Das fand ich damals gut, dass Sie ihre Kameraden nicht im Stich gelassen haben." Ich habe es auch nicht richtig gestellt *(lacht)*.

Mitte Dezember kam es dann zu diesem dramatischen Spiel in der Glückauf-Kampfbahn in Gelsenkirchen. Alleine die Torfolge war schon bemerkenswert: 1:0 Schalke, dann innerhalb von sieben Minuten 3:1 für RWE und dann in der zweiten Halbzeit wiederum in

kürzester Zeit 5:3 für Schalke. Sie haben gegen den Schalker Stürmer Pohlschmidt gespielt und sahen dabei nicht so gut aus. Was war Pohlschmidt für ein Typ?

Och, der war okay. Der war jetzt kein „Mieser", der war in Ordnung. Menschlich gab es zwischen uns keine Probleme. Es gibt aber so einige Spiele wie dieses 3:5, daran habe ich gar keine Erinnerungen mehr. Vielleicht weil ich schlecht ausgesehen habe *(lacht)*.

Aber Sie haben ja öfter in der Glückauf-Kampfbahn gespielt.

Mein erstes Tor habe ich in der Glückauf-Kampfbahn geschossen. Das war zu meinen Anfangszeiten bei Rot-Weiss in der damaligen Oberliga West. Der damalige Schalker-Torwart war Jupp Brode, der Legende nach genannt: „Wachholder-Jupp". Ich habe da noch ein Erlebnis: Der Vater von einem Berufskollegen von mir war ein tausendprozentiger Schalker und bei einem Spiel gegen Schalke mache ich einen Einwurf und auf einmal ruft der aus der Schalker Ecke: „Hallo Werner", ich drehe mich um und sage: „Och, Herr Hartmann." Bestimmt ist Herr Hartmann danach von den anderen Schalker Fans beschimpft worden *(lacht)*.

In der Westkurve in Essen standen damals die „härtesten" Fans. Gab es Probleme mit ihnen?

Nein, habe ich zumindest nicht mitbekommen. Die Westkurve war ja unsere Kurve, da standen ja die heißesten Fans. Ich bin heute mit Leuten befreundet, die früher noch nicht so viel Geld hatten. Heutzutage sitzen die auf der Tribüne, aber früher standen die in der Westkurve. Kann ich mir manchmal gar nicht vorstellen. Einer hat mal zu mir gesagt: „Werner, du musst mich doch kennen, ich habe früher in der Westkurve gestanden." Da muss ich den kennen, weil der in der Westkurve gestanden hat … *(lacht)*.

Zu Beginn der Rückrunde sind mehrere Spiele ausgefallen und in Aachen sind Strohballen angezündet worden. Wie kam denn das?

Ja, die Strohballen sind angezündet worden, um damit den Nebel zu vertreiben, denn ansonsten hätte dieses Spiel nicht angepfiffen werden können und das wollte natürlich keiner.

Im Februar und März sind viele Spiele an der Hafenstraße ausgefallen und auswärts hagelte es weiterhin Niederlagen. Somit standen Sie Anfang April auf einem Abstiegsplatz und hatten noch jede Menge Spiele nachzuholen. Der Verein entschied dann, dass die Mannschaft für mehrere Wochen in der Sportschule Duisburg-Wedau einquartiert wird ....

Ja, das stimmt. Das wurde deshalb gemacht, weil wir dort auf anständigen Plätzen trainieren konnten. Angenehm ist so eine Einquartierung aber nicht. Das ist todlangweilig und da ich kein so großer Pokerspieler war, bin ich schon mal in die Büros und habe mit den Geschäftsführern vom Westdeutschen Sportbund gesprochen, um einfach auch mal andere Gesichter zu sehen. Die anderen Spieler haben zum Teil Karten gespielt, nicht alle, aber ein Teil. Willi Lippens hat zum Beispiel gerne Karten gespielt, Stauvermann auch. Dem Stauvermann haben die das dann irgendwann verboten. Der war so nervös und da haben die gedacht, das überträgt sich dann auf den Fußballplatz, weil der da schon einiges an Geld verloren hat.

Haben die um Geld gespielt?

Ja klar und den Heinz haben die da schön „ausgezogen" *(lacht)*.

Wie war denn grundsätzlich die Belastung zu der Zeit? Spielleiter Baresel hat ja für Rot-Weiss acht Spiele in 22 Tagen angesetzt.

Die Belastung war ungeheuerlich, auch natürlich im Hinblick auf die Gegner, die wir vor der Brust hatten. Aber der Zusammenhalt und die Bereitschaft, bis zum Letzten zu kämpfen, hat uns ja damals ausgezeichnet und deshalb denken die älteren Leute heute noch immer gerne daran. Klar, wir sind früher auch mal ausgepfiffen worden, aber zu der Zeit der Schlammspiele wurden wir mit anerkanntem Applaus von den Rängen überhäuft. Das war ja im Grunde kein Fußball mehr *(schüttelt den Kopf)*. Ich kann mich erinnern, da spielte der Erich Beer gegen den Günther Netzer und machte ein Riesenspiel. Erich Beer kam als Mittelstürmer aus Nürnberg, wurde aber hier in Essen als Mittelfeldspieler eingesetzt. Nun ja, der Erich war ja einer, der pausenlos marschieren konnte und der Netzer eben nicht. Da war der Netzer ganz schön sauer, denn der Erich lief den in Grund und Boden und der Netzer war das ganze Spiel über abgemeldet.

Das erste von diesen letzten acht Spielen hatten Sie in Oberhausen und holten dort mit dem 1:1 einen wertvollen Auswärtspunkt. Im anschließenden Heimspiel gegen Eintracht Braunschweig wurden am morgen des Spiels 72 Kubikmeter Sand auf den Platz geschüttet, wie kann man da spielen?

Ich übertreibe jetzt mal ein wenig: Wir haben immer schwer unsere Beine aus dem Schlamm ziehen müssen *(lacht)*. Die ersten Minuten waren ja immer in Ordnung, der Platz war gewalzt und alles war gut, aber nach zehn Minuten schon war das ein Acker. Flachpässe konnten wir gar nicht mehr spielen, es ging immer nur alles halbhoch. Dann hatten wir natürlich auch Standschwierigkeiten, der Ball wurde immer schwerer, der Schlamm hing an den Schuhen ..., das war eine Katastrophe. Die Leute schwärmen deshalb noch heute von den Spielen, weil wir einen riesengroßen Kampfgeist hatten. Das ist wie beim Schwergewichtsboxen: Das ist nicht immer ästhetisch wie bei Ali, aber da wurde immer ordentlich gefightet. Zusätzlich kam ja auch immer die Spannung dazu, ob wir es noch schaffen würden, die Klasse zu halten.

Das nächste Spiel war dann die Partie beim MSV Duisburg, direkt neben der Sportschule, also praktisch ein Heimspiel!?

Kann man so nicht sagen *(lacht)*. Das Stadion haben wir ja während unseres Aufenthaltes in der Schule nie gesehen.

Anschließend folgten dann vier Heimspiele innerhalb von neun Tagen. Der erste Gegner war Borussia Mönchengladbach, zum damaligen Zeitpunkt Tabellenführer. Die Stars um Netzer, Sieloff, Laumen und Co. liefen ganz in weiß auf. Der Platz war eine Schlammkuhle und es regnete in Strömen.

Wir waren sicher als die technisch unterlegene Mannschaft im Vorteil bei so einem Boden. Gerne hat aber auch keiner von uns darauf gespielt, das ist auch klar. Wir haben dann das Spiel der Gladbacher regelrecht zerstört. Es war ja auch so: Hat mal jemand der Gladbacher einen von uns umspielt, dann kam der umspielte Spieler von uns aber wieder schnell hinterher, denn der vorbei gespielte Ball blieb natürlich spätestens fünf Meter weiter im Morast stecken. Hinzu kam bei diesem Spiel, dass der Erich Beer den Günther Netzer „platt" gelaufen hat und Netzer dadurch nicht mehr das Spiel der Gladbacher lenken konnte. Knapp 'ne Viertelstunde vor Schluss hat dann Willi Lippens mit dem Kopf unseren 1:0-Siegtreffer erzielt. Das war natürlich für uns sehr wichtig, wir brauchten ja in der Endphase der Meisterschaft jeden Punkt.

Drei Tage nach dem Gladbach-Spiel kam Schalke an die Hafenstraße. Ist es richtig, dass Sie genau vor diesem Spiel gemeinsam mit denen zusammen in der Sportschule waren?

Ja, das stimmt. Das gab aber keine Probleme, wir haben geflachst und auch gegeneinander Tischtennis gespielt. Im Grunde haben wir ja alle nicht weit voneinander entfernt gewohnt und sind uns auch schon mal privat über den Weg gelaufen.

Das Spiel war dann wieder ein Schlammspiel und Rot-Weiss führte mit 1:0.

Genau, aber irgendwann hat der Trainer Gutendorf den Wittkamp eingewechselt und der macht dann auch kurz vor Schluss den Ausgleichstreffer.

Schalke-Trainer Gutendorf rannte danach wie von einer Tarantel gestochen auf den Platz und führte eine Jubelarie sondergleichen auf. Das hat Ihnen doch bestimmt nicht geschmeckt?

Ich habe ihn dann im Gang unterhalb der Tribüne in den Hintern getreten, wobei man der Meinung war, dass wäre der Fred Bockholt gewesen. Ich habe das nie aufgeklärt *(lacht)*.

Das entscheidende Spiel fand am darauf folgenden Montag im Uhlenkrugstadion statt. War der „Rasen" an der Hafenstraße endgültig hinüber?

Man hat von der Vereinsspitze wohl eingesehen, dass der Platz an der Hafenstraße niemandem mehr zuzumuten war. Wir gingen ja alle auf dem Zahnfleisch. Ja, und dann zogen wir eben um ins ETB-Stadion. Das Stadion war bei diesem Spiel auch proppevoll. Das Spiel an sich ist dann erstmal nicht so gut gelaufen. Nach unserer 1:0-Führung machten die Bremer zwei Tore und führten mit 2:1. Einer dieser Treffer ging ganz klar auf meine Kappe und somit war ich schön am Zittern. Willi Lippens hat dann den Ausgleich und Helmut Littek in der 89. Minute den Siegtreffer erzielt. Da fiel eine große Last von meinen Schultern, können sie sich ja vorstellen. Ich wollte in meiner letzten Saison nicht Schuld sein, falls wir absteigen würden. Ist ja dann auch nicht passiert und wir haben hinterher in der Kabine noch laut gefeiert *(lacht)*. Mein letztes Spiel für Rot-Weiss habe ich dann ein paar Tage später gegen Kaiserslautern gemacht, wieder im Uhlenkrugstadion. Beim letzten Saisonspiel in München, gegen 1860, bin ich dann nur noch mitgeflogen, habe aber nicht mehr gespielt.

Wann stand eigentlich Ihr Entschluss fest, dass Sie zum Ende dieser Saison aufhören würden?

Den Zeitpunkt, wann ich den Entschluss gefasst habe, kann ich Ihnen nicht mehr genau nennen, nur dürfen Sie nicht vergessen: Die Doppelbelastung Beruf und Fußball, und ich war voll in den Arbeitsprozess bei dieser Vermessung unter Tage eingebunden. Sicher bekam ich auch schon mal frei, das war zum Beispiel bei den Aufstiegsrunden so. Da bekam ich vier Wochen unbezahlten Urlaub, wobei ich aber sagen muss, dass mir das fehlende Geld dann Rot-Weiss ersetzt hat. Wie gesagt, ich habe zunächst unter Tage Vermessungen gemacht, anschließend ging es hoch in ein Büro, da mussten die Arbeiten dokumentiert werden, dann war gegen 16 Uhr Feierabend und um 18 Uhr stand schon wieder das Training an. In dieser Zeit wurde nur einmal am Tag trainiert. Aber in der Saison 69/70 fing es dann mit zweimal Training am Tag an. Irgendwann habe ich gedacht, dass nicht alles vom Geld bestimmt sein kann, denn ich wollte endlich auch mal „leben". Vor 20 Uhr gab es an keinem Tag in der Woche Feierabend. Vergessen darf man auch nicht die nervliche Belastung: Immer raus vor 30.000 Zuschauer und sich dann beweisen, dass ist nicht zu unterschätzen. Beruflich konnte ich nach Feierabend durchaus mal abschalten, aber der Fußball lässt Dich ja nicht los ..., abends, nachts. Ich war jedenfalls so ein Typ. Ich habe meine Entscheidung dann dem Vorstand und dem Trainer Burdenski mitgeteilt. Burdenski hat versucht, mich zum Weiterspielen zu überreden, der Vorstand dagegen hat das einfach so hingenommen. Es gab dann in meinem letzten Spiel einen Blumenstrauß und das war es. Kein Abschiedsspiel oder so. Trotzdem, Trainer Burdenski war ja ein Schlitzohr und in der Vorbereitung zur neuen Saison kam er zu mir und meinte, dass ihm ein Spieler fehle und ob ich nicht mal in so einem Freundschaftsspiel mitspielen könne. „Ja Trainer, mach' ich." Da habe ich dann gegen einen Mann, der später auch für Rot-Weiss spielte, mit dem Namen Brosda gespielt. Das war so ein Dauerläufer und ich ohne Training *(lacht)*. Da war ich ganz schön am Pusten und ich habe gemerkt, wie schnell es ohne Training abwärts geht. Gut, mit Routine konnte ich dann noch einiges retten, aber ich habe gemerkt, dass meine Zeit zu Ende war. Das war so und ich habe es auch bis zum heutigen Tage nie bereut.

Herr Kik, wer war in all den Jahren Ihr liebster Gegenspieler?

Die liebsten Gegenspieler waren mir im Grunde die, die mich gefordert haben. Ich habe mal gegen Libuda gespielt und da lag ich den Abend zuvor im Bett und habe mir überlegt, wie ich den packen könnte. Der Stan hat immer den gleichen Trick gemacht: Innen antäuschen und außen vorbeigehen. Da habe ich mir gedacht, den Weg nach innen stelle ich ihm zu, da wird er dann erstmal verblüfft sein. So war es dann auch und ich hatte einen schönen Tag erlebt. Zwar hochkonzentriert, aber das war in Ordnung. Gerne habe ich auch gegen die „Fummelbuchsen" gespielt, diejenigen, die nicht damit zufrieden waren, dass sie einen schon halb umspielt hatten, sondern dann nochmal einen Kringel machen wollten.

Gegen wen haben Sie nicht so gerne gespielt?

In meiner Erinnerung haben mich zwei so richtig „nass" gemacht: Der Rupp von Mönchengladbach und der Nafziger von Bayern München. Der Rupp vor allen Dingen im Zusammenspiel mit dem Netzer hat mich richtig „fertig" gemacht. Ich habe damals noch oft linker Verteidiger gespielt, aber für dieses Spiel hat der Trainer gewechselt.

Ich musste auf die rechte Seite, da ich gegen Rupp spielen sollte. Obwohl ich Rechtsfüßler war, war dies komischerweise meine schwächere Seite. Netzer war dann am Ball und ich habe den Rupp kurz gedeckt ..., dann hat der Netzer lang gespielt und der Rupp ging dann ab. Oder ich habe den Rupp etwas Luft gelassen ..., war auch verkehrt, dann haben die mich im Doppelpass ausgespielt. Also da habe ich ganz schlecht ausgesehen.

Haben Sie noch zu ehemaligen Mitspielern Kontakt?

Manfred Frankowski kommt immer noch zu den Heimspielen, dann treffen wir uns dort im VIP-Zelt. Vor einem halben Jahr habe ich mal eine Zusammenkunft arrangiert und da waren dann Willi Koslowski, Klaus Fetting, Adolf Steinig, Fred Bockolt und ich dabei. Da haben wir mal zusammengesessen und gequatscht. Dabei kommen dann auch mal so Dinger raus, die der Willi Koslowski erzählt hat: „Ich habe bei Schalke immer erzählt, dass die Zeit bei Rot-Weiss Essen einfach klasse war." Das freut einen dann auch, wenn das ein ehemaliger Mannschaftskamerad erzählt. Ja, der hat den Aufstieg mitgemacht und dann ein Jahr Bundesliga 66/67 gespielt. Kameraden zeigen sich auf dem Platz. Auf ihn konnte man sich verlassen, wenn man an ihm vorbei lief und als Abwehrspieler mit nach vorne ging, dann blieb er schon direkt stehen und orientierte sich nach hinten. Das war einfach so und das war wirklich kameradschaftlich. Vom Mannschaftsspieler her war er der Beste mit dem ich je zusammengespielt habe. Kontakt habe ich im Moment noch ab und an mit Egbert Ter Mors. Mal fahre ich nach Holland und mal kommt er nach Essen. Grundsätzlich hält sich aber der Kontakt zu früheren Mitspielern in Grenzen. Es ist eigentlich schade. Schade ist auch, dass der Verein noch nicht mal Notiz davon genommen hat, dass sich im Jahre 2006 der Tag des ersten Bundesligaaufstiegs zum vierzigsten Male gejährt hat. Das war doch sicherlich ein Anlass, bei dem Rot-Weiss nach langen Jahren mal wieder in den Blickpunkt der deutschen Öffentlichkeit hätte rücken können. Aber darüber ist überhaupt gar nicht gesprochen worden. Kein Mensch ist da beim Verein mal auf die Idee gekommen zu sagen: „Komm wir holen alle damaligen Spieler mal zusammen." Gar nichts. Wobei ich aber auch sagen muss, dass wir uns immer freuen, wenn wir uns sehen, aber keiner da ist, der mal die Initiative ergreift und sagt, dass wir uns mal treffen.

Saison 1970/71

1.	Borussia Mönchengladbach	20	10	4	77-35	50:18
2.	FC Bayern München	19	10	5	74-36	48:20
3.	Hertha BSC Berlin	16	9	9	61-43	41:27
4.	Eintracht Braunschweig	16	7	11	52-40	39:29
5.	Hamburger SV	13	11	10	54-63	37:31
6.	Schalke 04	15	6	13	44-40	36:32
7.	MSV Duisburg	12	11	11	43-47	35:33
8.	1. FC Kaiserslautern	15	4	15	54-57	34:34
9.	Hannover 96	12	9	13	53-49	33:35
10.	Werder Bremen	11	11	12	41-40	33:35
11.	1. FC Köln	11	11	12	46-56	33:35
12.	VfB Stuttgart	11	8	15	49-49	30:38
13.	Borussia Dortmund	10	9	15	54-60	29:39
14.	Arminia Bielefeld	12	5	17	34-53	29:39
15.	Eintracht Frankfurt	11	6	17	39-56	28:40
16.	Rot-Weiß Oberhausen	9	9	16	54-69	27:41
17.	Kickers Offenbach	9	9	16	49-65	27:41
18.	Rot-Weiss Essen	7	9	18	48-68	23:45

15.8.1970 RWE – Hannover 96   2:0 (0:0)
Bockholt, Link (68. Koch), Rausch, Erlhoff, Stauvermann, Jung, Ter Mors, Beer, Littek (74. Fürhoff), Hohnhausen, Lippens – Tore: 1:0 Hohnhausen (79.), 2:0 Lippens (88.) – SR: Fuchs – ZU: 15.139 im Grugastadion

22.8.1970 Arminia Bielefeld – RWE   0:0
Bockholt, Koch (31. Littek/60. Fürhoff), Rausch, Erlhoff, Stauvermann, Jung, Ter Mors, Beer, Weinberg, Hohnhausen, Lippens – Tore: Fehlanzeige – SR: Wengenmeyer – ZU: 19.700

29.8.1970 RWE – 1. FC Kaiserslautern4:0 (2:0)
Bockholt, Czernotzky, Rausch, Erlhoff, Stauvermann, Jung (75. Bast), Ter Mors, Beer, Weinberg (55. Fürhoff), Hohnhausen, Lippens – Tore: 1:0, 2:0 Lippens (27., 42.), 3:0 Beer, 4:0 Fürhoff – SR: Betz – ZU: 22.000 im Grugastadion

5.9.1970 Bayern München – RWE   2:2 (2:0)
Bockholt, Czernotzky (29. Peitsch), Rausch, Erlhoff, Stauvermann, Jung, Ter Mors (59. Fürhoff), Beer, Weinberg, Hohnhausen, Lippens – Tore: 1:0 Roth, 2:0 G. Müller, 2:1 Hohnhausen, 2:2 Lippens – SR: Gabor – ZU: 15.000

12.9.1970 RWE – RW Oberhausen   3:3 (1:2)
Bockholt, Czernotzky, Rausch, Erlhoff (69. Peitsch), Stauvermann, Jung, Ter Mors, Beer, Weinberg (38. Fürhoff), Hohnhausen, Lippens – Tore: 0:1 Schumacher (7.), 1:1 Lippens (17.), 1:2 Brozulat (21.), 1:3 Karbowiak (56.), 2:3 Fürhoff (73.), 3:3 Lippens (80.) – SR: Aldinger – ZU: 28.000 im Grugastadion

19.9. Schalke 04 – RWE   4:1 (2:1)
Bockholt, Czernotzky, Rausch, Erlhoff, Stauvermann, Jung, Ter Mors, Beer (63. Burgsmüller), Weinberg (46. Fürhoff), Hohnhausen, Lippens – Tore: 0:1 Lippens (15.), 1:1 van Haaren (25./FE), 2:1 Rüssmann (42.), 3:1 van Haaren (57.), 4:1 Pohlschmidt (79.) – SR: Dittmer – ZU: 38.000

23.9.1970 RWE – 1. FC Köln   2:0 (1:0)
Bockholt, Czernotzky, Rausch, Erlhoff, Stauvermann, Jung, Ter Mors, Beer, Littek (49. Fürhoff), Hohnhausen, Lippens – Tore: 1:0 Jung (3.), 2:0 Lippens (71.) – SR: Schröck – ZU: 33.654

26.9.1970 Werder Bremen – RWE   1:1 (1:1)
Bockholt, Czernotzky, Peitsch, Erlhoff, Stauvermann, Jung, Ter Mors (69. Weinberg), Beer, Littek, Hohnhausen (58. Fürhoff), Lippens – Tore: 1:0 Björnmose, 1:1 Hohnhausen (36.) – SR: Seiler – ZU: 15.000

3.10.1970 RWE – Eintr. Braunschweig 0:1 (0:1)
Bockholt, Czernotzky, Peitsch, Erlhoff, Stauvermann, Jung, Ter Mors (72. Weinberg), Beer, Littek (46.Hohnhausen), Fürhoff, Lippens – Tore: Gersdorff (14.) – SR: Heckeroth – ZU: 20.000

7.10.1970 MSV Duisburg – RWE   1:0 (1:0)
Bockholt, Czernotzky, Peitsch, Erlhoff, Stauvermann, Jung (66. Fürhoff), Ter Mors, Bast, Beer, Hohnhausen, Lippens – Tore: 1:0 Budde (26.) – SR: Hamer – ZU: 24.000

10.10.1970 RWE – VfB Stuttgart   1:1 (1:0)
Bockholt, Czernotzky, Peitsch, Erlhoff (24. Bast/62. Ferner), Stauvermann, Fürhoff, Ter Mors, Beer, Weinberg, .Hohnhausen, Lippens – Tore: 1:0 Lippens (5.), 1:1 Olsson (88.) – SR: Redelfs – ZU: 25.000

24.10.1970 Hertha BSC Berlin – RWE 1:1 (0:1)
Bockholt, Czernotzky, Rausch, Erlhoff, Stauvermann, Fürhoff, Ter Mors, Peitsch (71. Jung), Beer, Weinberg, Lippens – Tore: 0:1 Lippens (35.), 1:1 Steffenhagen (54.) – SR: Biwersi – ZU: 35.000

31.10.1970 RWE – Borussia Dortmund 0:1 (0:1)
Bockholt, Czernotzky, Rausch, Peitsch, Stauvermann, Erlhoff, Ter Mors, Dörre, Weinberg (53. Littek), Fürhoff (46. Hohnhausen), Lippens – Tore: 0:1 Trimhold (14.) – SR: Bonacker – ZU: 16.568

7.11.1970 Kickers Offenbach – RWE 1:2 (1:1)
Bockholt, Czernotzky, Rausch, Erlhoff, Stauvermann, Jung (63. Bast), Ter Mors, Peitsch, Beer, Hohnhausen, Lippens – Tore: 1:0 Jung (11./ET), 1:1 Ter Mors (19.), 1:2 Hohnhausen (71.) – SR: Biwersi – ZU: 14.000

14.11.1970 RWE – Eintracht Frankfurt 2:0 (1:0)
Bockholt, Czernotzky, Rausch, Erlhoff, Stauvermann, Jung, Ter Mors, Fürhoff (58. Bast), Beer, Hohnhausen, Lippens – Tore: 1:0 Hohnhausen (17.), 2:0 Lippens (62.) – SR: Schäfer – ZU: 22.000

28.11.1970 RWE – Bor. M'gladbach   1:2 (1:0)
Bockholt, Czernotzky, Rausch (80. Ferner), Erlhoff, Stauvermann, Jung, Ter Mors, Peitsch, Beer (24. Fürhoff), Hohnhausen, Lippens – Tore: 1:0 Fürhoff (42.), 1:1 Le Fevre (53.), 1:2 Heynckes (66.) – SR: Tschenscher – ZU: 30.000

5.12.1970 Hamburger SV – RWE   2:1 (0:0)
Bockholt, Czernotzky, Rausch, Erlhoff, Stauvermann, Jung, Ter Mors, Peitsch, Bast (46. Weinberg), Hohnhausen, Lippens – Tore: 0:1 Lippens (50.), 1:1 Nogly (57.), 2:1 Dörfel (87.) – SR: Riegg – ZU: 11.000

23.1.1971 Hannover 96 – RWE   3:1 (0:0)
Bockholt, Link, Rausch, Erlhoff, Czernotzky, Jung, Peitsch, Beer, Littek (71. Bast), Hohnhausen, Lippens – Tore: 1:0, 2:0 Keller (61., 65.), 2:1 Lippens (71.), 3:1 Bertl (89.) – SR: Frickel – ZU: 20.000

30.1.1971 RWE – Arminia Bielefeld   2:1 (2:0)
Bockholt, Czernotzky, Rausch, Erlhoff, Stauvermann, Jung, Beer, Peitsch, Littek (72. Weinberg), Hohnhausen (46. Bast), Lippens – Tore: 1:0 Lippens (14.), 2:0 Littek (35.), 2:1 Braun (65.) – SR: Aldinger – ZU: 16.000

6.2.1971 1. FC Kaiserslautern – RWE 5:2 (3:0)
Bockholt, Czernotzky, Rausch, Erlhoff (46. Hohnhausen), Stauvermann, Jung (73. Fürhoff), Beer, Peitsch, Littek, Bast, Lippens – Tore: 1:0, 2:0 Vogt (1., 12.), 3:0 Hosic (13.), 3:1 Lippens (51.), 3:2 Bast (60.), 4:2 Vogt (66.), 5:2 Friedrich (78.) – SR: Heckeroth – ZU: 17.000

13.2.1971 RWE – Bayern München   3:1 (0:1)
Bockholt, Czernotzky, Rausch, Erlhoff, Stauvermann, Ferner (46. Hohnhausen), Beer, Peitsch, Littek, Bast, Lippens – Tore: 0:1 G. Müller, 1:1 Lippens (59.), 2:1, 3:1 Hohnhausen (65., 66.) – SR: Redels – ZU: 25.000

27.2.1971 Rot-Weiß Oberhausen – RWE   0:0
Bockholt, Czernotzky, Rausch (59. Jung), Erlhoff, Stauvermann, Bast, Beer, Peitsch, Littek, Hohnhausen (77. Fürhoff), Lippens – Tore: Fehlanzeige – SR: Betz – ZU: 25.000

5.3.1971 RWE – Schalke 04   1:3 (0:0)
Bockholt (62. Blasey), Czernotzky, Peitsch, Erlhoff, Stauvermann, Bast, Beer, Jung, Littek, Hohnhausen, Fürhoff – Tore: 1:0 Hohnhausen (48.), 1:1, 1:2, 1:3 Fischer (63., 86., 88.) – SR: Riegg, ZU: 30.000

19.3.1971 RWE – Werder Bremen   2:2 (1:1)
Bockholt, Czernotzky, Peitsch, Erlhoff, Stauvermann, Bast, Beer, Ferner, Littek, Hohnhausen, Lippens (70. Fürhoff) – Tore: 1:0 Erlhoff (22.), 1:1 Lorenz (28.), 2:1 Beer (56.), 2:2 Björnmose (86.) – SR: Tschenscher – ZU: 17.000

27.3.1971 Eintr. Braunschweig – RWE 1:0 (1:0)
Bockholt, Czernotzky, Weinberg, Erlhoff, Stauvermann, Peitsch (46. Dörre), Beer, Ferner, Littek (61. Burgsmüller), Hohnhausen, Bast – Tore: 1:0 Ulsaß (34.) – SR: Wengenmeyer – ZU: 15.000

3.4.1971 RWE – MSV Duisburg   1:1 (1:1)
Bockholt, Czernotzky, Weinberg, Erlhoff, Stauvermann, Peitsch, Beer, Ferner, Littek, Hohnhausen (70. Bast), Lippens – Tore: 0:1 Kentschke (13.), 1:1 Lippens (33.) – SR: Lutz – ZU: 20.000

17.4.1971 VfB Stuttgart – RWE   5:1 (3:0)
Bockholt, Czernotzky, Weinberg, Erlhoff, Stauvermann, Peitsch, Beer, Ferner (46. Bast), Dörre (46. Littek), Hohnhausen, Lippens – Tore: 1:0 Enten-

mann (12.), 2:0, 3:0 Olsson (26., 34.), 4:0 Weiß (51.), 4:1 Hohnhausen (67.), 5:1 Weidmann (88.) – SR: Picker – ZU: 10.000

1.5.1971 RWE – Hertha BSC Berlin   0:3 (0:1)
Bockholt, Czernotzky, Rausch, Peitsch, Stauvermann, Jung, Erlhoff (74. Bast), Ferner, Weinberg (46. Littek), Hohnhausen, Beer – Tore: 0:1 Horr (12.), 0:2 Steffenhagen (74.), 0:3 Gayer (79.) – SR: Schulenburg – ZU: 25.000

5.5.1971 1. FC Köln – RWE   3:2 (0:1)
Bockholt, Czernotzky, Rausch, Erlhoff, Stauvermann, Jung, Beer (57. Peitsch), Ferner, Littek, Hohnhausen, Lippens – Tore: 0:1 Lippens (45.), 1:1 Overath (59.), 2:1 Hemmersbach (63.), 3:1 Flohe (80.), 3:2 Peitsch (83.) – SR: Frickel – ZU: 12.000

8.5.1971 Borussia Dortmund – RWE   7:2 (4:0)
Bockholt, Czernotzky, Rausch, Weinberg (65. Bast), Stauvermann, Jung, Erlhoff, Ferner, Littek, Hohnhausen, Lippens – Tore: 1:0 Schütz (12.), 2:0 Held (18.), 3:0 Neuberger (27.), 4:0 Schütz (38.), 5:0 Neuberger (50.), 5:1 Littek (57.), 6:1 Schütz (60.), 6:2 Rausch (82.), 7:2 Neuberger (86.) – SR: Aldinger – ZU: 18.000

15.5.1971 RWE – Kickers Offenbach 2:3 (0:1)
Bockholt, Czernotzky, Rausch, Peitsch, Stauvermann, Jung, Beer (70. Erlhoff), Ferner, Littek, Hohnhausen (19. Bast), Lippens – Tore: 0:1 Gecks (33.), 0:2 Bechtold (58.), 1:2 Lippens (66.), 1:3 E. Kremers (68.), 2:3 Stauvermann (86.) – SR: Regely – ZU: 26.000

22.5.1971 Eintracht Frankfurt – RWE 3:2 (0:1)
Blasey, Peitsch, Rausch, Erlhoff, Stauvermann, Dörre, Beer, Ferner, Littek (63. Weinberg), Bast, Lippens (70. Fürhoff) – Tore: 0:1 Bast (7.), 1:1 Kalb (53./FE), 1:2 Bast (57.), 2:2 D. Lindner (60.), 3:2 B. Nickel (62.) – SR: Ohmsen – ZU: 32.000

29.5.1971 Borussia Mönchengladbach – RWE 4:3 (2:1)
Blasey, Czernotzky, Erlhoff, Peitsch, Stauvermann, Beer, Ferner, Dörre, Littek, Bast (63. Jung), Fürhoff (55. Weinberg) – Tore: 1:0 Laumen (7.), 1:1 Erlhoff (20.), 2:1 Laumen (30.), 3:1, 4:1 Heynckes (48., 56.), 4:2 Stauvermann (72.), 4:3 Ferner (83.) – SR: Betz – ZU: 23.000

5.6.1971 RWE – Hamburger SV   1:3 (0:0)
Blasey, Czernotzky, Peitsch, Erlhoff, Stauvermann, Dörre, Beer, Ferner, Bast (60. Weinberg), Hohnhausen, Fürhoff – Tore: 0:1 Beer (53./ET), 0:2 Klier (55.), 0:3 Nogly (83.), 1:3 Peitsch (87.) – SR: Berner – ZU: 7.000

DFB-Pokal

1. Runde
12.12.1970 RW Oberhausen – RWE   4:3 (1:2)
Bockholt, Czernotzky, Erlhoff, Rausch, Stauvermann, Peitsch, Ter Mors, Jung (74. Fürhoff), Beer, Hohnhausen, Lippens – Tore: 1:0 L. Kobluhn (10.), 1:1, 1:2 Hohnhausen (36., 40.), 1:3 Beer (47.), 2:3 Lücke (57.), 3:3 Sühnholz (85.), 4:3 Fröhlich (88.) – SR: Basedow – ZU: 18.000

Meisterschaftseinsätze

Spieler	Spiele	/Tore
Hermann Erlhoff	34	2
Heinz Stauvermann	33	2
Walter Hohnhausen	31	9
Erich Beer	31	1
Peter Czernotzky	31	0
Fred Bockholt	31	0
Willi Lippens	29	19
Roland Peitsch	27	2
Georg Jung	25	1
Wolfgang Rausch	23	1
Günter Fürhoff	22	3
Dieter Bast	22	3
Helmut Littek	22	2
Herbert Weinberg	20	0
Egbert-Jan Ter Mors	17	1
Diethelm Ferner	15	1
Hans Dörre	5	0
Heinz Blasey	4	0
Manfred Burgsmüller	2	0
Klaus Link	2	0
Heinz Koch	2	0

Trainer
Herbert Burdenski
Willi Vordenbäumen   ab 11.5.1971

Interview mit Willi Lippens

Herr Lippens, haben Sie noch Erinnerungen an die Bundesligasaison 70/71?

Ja, in dieser Saison sind wir gut gestartet und dann leider zum Schluss in eine Abwärtsspirale gekommen und schließlich abgestiegen.

Wie Sie schon sagten, war der Saisonstart richtig gut. Am dritten und vierten Spieltag stand Rot-Weiss an der Spitze der Bundesliga …

Am 4. Spieltag haben wir bei Bayern München 2:2 gespielt und da habe ich zum Beckenbauer gesagt, dass es keine Schande ist, gegen den Spitzenreiter Unentschieden zu spielen *(lacht)*.

Was war das für ein Gefühl, nun Tabellenführer zu sein?

Man hat das nicht so wahrgenommen und wir wussten ja auch, dass das auf Dauer nicht gut gehen würde. Es hat ja auch nicht lange gedauert, da sind schon die ersten Fehler gemacht worden. Ter Mors, unser Mittelfeldstratege, wurde während der Winterpause abgegeben. Unglaublich.

Die ersten drei Saisonspiele haben sie im Grugastadion absolviert. Warum?

Unser schlechter Platz an der Hafenstraße musste ausgebessert werden, aber der DFB dachte natürlich nicht daran, aufgrund dieses Problems den Saisonstart zu verschieben *(lacht)*. Tja, da blieb uns nur übrig, ins Grugastadion zu gehen. Wir haben da direkt zu Saisonbeginn gegen Kaiserslautern gespielt …, das war ein Bombenspiel und wir haben mit 4:0 gewonnen. Ich habe da übrigens gegen Otto Rehhagel gespielt und er hatte keine Chance und sucht mich bestimmt heute noch *(lacht)*.

War es denn für Sie als Mannschaft ein Problem, die Heimspiele an der Gruga auszutragen?

Nein, überhaupt nicht, denn unsere Zuschauer haben den zeitlich begrenzten Umzug mitgetragen und sind in Massen ins Grugastadion gekommen. Für uns Spieler war es von der Kraft und vom Energieaufwand auf dem wesentlich besseren Rasen natürlich auch besser.

Nach der 1:4-Auswärtsniederlage am 6. Spieltag in Schalke ging es dann in der Tabelle langsam abwärts.

Das war ein Spiel, an das ich mich noch ganz gut erinnere. Dort habe ich nämlich unsere 1:0-Führung erzielt und im Laufe des Spiels gibt der Schiedsrichter nicht nur einen unberechtigten Elfmeter für Schalke, sondern erkennt auch zwei von mir erzielte Tore aus unerklärlichen Gründen ab. Tja, und da haben wir dann wieder in Schalke verloren …, wie so oft.

Am 9. Spieltag ging dann eine unglaubliche Heimserie zu Ende: Mit einer 0:1-Niederlage gegen Eintracht Braunschweig gab es die erste Heimniederlage seit 52 Spielen.

Ja, die Braunschweiger haben da eine gute Saison gespielt und mit ihren langen Kerls waren die immer ganz unbequem zu spielen. Die standen hinten gut und hatten vorne immer zwei gute Leute, die bei Zeiten auch ein Tor erzielten.

Wie harmonierten Sie in dieser Saison mit Ihren Sturmpartnern Weinberg und Hohnhausen?

Mit dem Herbert kam ich immer gut zurecht, obwohl er ja Rechtsaußen und ich Linksaußen gespielt habe und wir demzufolge kaum Verknüpfungspunkte hatten. Der Walter Hohnhausen war ein uriger Typ, der technisch nicht so gut war, aber einen Bombenschuss hatte. Auf meine Vorlagen hin hat er dann auch einige Tore erzielt. Nicht vergessen sollte man den Helmut Littek, der war ein guter und schneller Stürmer, mit dem ich immer gut harmoniert habe. Leider war der Helmut sehr verletzungsanfällig.

In der Winterpause befand sich RWE auf Platz 8, das war gut. Weniger gut war dann, dass der Verein Ter Mors nach Holland hat ziehen lassen.

Ja, genau. Sein Weggang war ein richtiger Verlust für uns. Der Egbert konnte den so genannten Killerpass spielen und ich brauchte dann meistens nur noch den Ball einzuschieben. Nein, das war eine ganz schlechte Entscheidung vom Vorstand.

Zu Beginn der Rückrunde führten Sie Verhandlungen mit Hertha BSC, sind aber nach Rücksprache mit Ihrer Frau und nach eigenen Äußerungen auch aufgrund der Rufe der Westkurve: „Willi, Du darfst nicht gehen" bei Rot-Weiss geblieben. Beeinflussen die Zuschauerrufe wirklich einen wechselwilligen Spieler?

Ja klar, zu meiner Zeit schon, heute nicht mehr.

Aber damals ging es auch um Geld …

Ja richtig, aber damals habe ich das für meine Familie und für mich entschieden und heute entscheidet das der Spielerberater. Der kassiert ja nur seine Prozente, wenn sein Spieler wechselt und nicht wenn er beim eigenen Verein den Vertrag verlängert. Also ganz andere Zeiten, nicht mehr zu vergleichen. Und deshalb kann ich nur nochmals betonen, dass die Rufe der Zuschauer schon eine Wirkung bei mir hinterlassen haben und diese Rufe tatsächlich mit einer der Gründe waren, warum ich nicht nach Berlin gewechselt bin.

Beim Rückspiel gegen Bayern München gab es einen tollen 3:1-Sieg und einen sagenumwobenen Messerwurf auf Sepp Maier. Haben Sie das eigentlich damals auf dem Spielfeld mitbekommen?

Dass der Sepp das Messer zum Schiedsrichter gebracht hat, haben wir schon registriert, aber für mich war das ein Messer aus der Pommesbude, das war stumpf und damit konntest du keinen gefährden. Die Zeitungen haben das Thema natürlich aufgebauscht, aber das war im Grunde gar nicht das Papier wert, auf welches es gedruckt wurde. Ab diesem Zeitpunkt war die Westkurve natürlich berühmt berüchtigt *(lacht)*.

Nach diesem Spiel befanden Sie sich mit 16 Toren auf dem 2. Platz der Torschützenliste. Warum kamen in den nächsten dreizehn Spielen nur noch mickrige drei Treffer hinzu?

Wie schon gesagt, ich hatte mich ja verletzt und habe sechs Wochen nicht spielen können. Dadurch bin ich in der Torschützenliste abgesackt und Rot-Weiss ist abgestiegen …, das steht fest. Ich muss zugeben, dass das Ganze ein Blödsinn war. Wir waren im Trainingslager und sind nach dem Essen ein wenig spazieren gegangen. Bei diesem Spaziergang sind wir auch in eine Halle gegangen, in der die Damen-Hockey-Nationalmannschaft trainiert hat. Damit fing dann das ganze Unglück an. Wir natürlich hin zu den jungen Frauen, nach der Devise: „Gib mal her den Knüppel, dass können wir auch." Tja, und dann haben wir ein wenig Hockey gespielt und ich mache einen langen Schritt und habe mir prompt eine Zerrung geholt. Die Folge davon: Ich musste das Länderspiel mit Holland in Split gegen Jugoslawien absagen, Rot-Weiss steigt ab und ich bin nicht Torschützenkönig geworden …, alles wegen einer Partie Hockey *(schüttelt den Kopf)*.

Am 31. Spieltag kam es zum entscheidenden Spiel gegen Kickers Offenbach. Da lief es nicht so gut …

Ja genau, da haben wir mit 2:3 verloren und bei dem letzten Gegentor sind die Arme vom Fred immer kürzer geworden. Aufgrund dieser Szene sind wir uns hinterher in der Kabine an die Wäsche gegangen, da mussten wir von den Mitspielern getrennt werden. Für mich war das dritte Tor haltbar und da lass' ich mich auch nicht von abbringen. Merkwürdig war dann auch, dass nach dem Spiel raus kam, dass er nach Offenbach wechselte.

Wobei man aber auch sagen muss, dass wenn man ein Spiel verliert, die ganze Mannschaft verliert.

Natürlich, aber wenn dieses dritte Tor nicht gefallen wäre, dann hätten wir zumindest Unentschieden gespielt. Für mich persönlich war es dann eine Genugtuung, dass auch Offenbach abgestiegen ist.

Abgestiegen ist Rot-Weiss aber erst am vorletzten Spieltag, nach einer 3:4-Niederlage in Mönchengladbach. Da haben Sie gar nicht mehr mitgespielt. Warum eigentlich? Setzte Vordenbäumen nicht mehr auf Sie?

Doch, er hätte mich gerne spielen lassen, aber zu diesem Zeitpunkt wollte ich endlich meine Verletzung ganz auskurieren, damit ich in der folgenden Saison wieder loslegen konnte.

Herr Lippens, was waren die Gründe für den Abstieg? Lag es eher an den verschobenen Spielen im Rahmen des Bundesligaskandals oder lag es vielmehr an den Reibereien innerhalb der Mannschaft?

Reibereien werden aus meiner Sicht immer von außen hineingetragen, Fußballer die auf den Platz miteinander zu tun haben, werden persönliche Probleme vergessen. Natürlich gibt und gab es Neid und natürlich ist auch mir klar, dass die eine oder andere Frau eines damaligen Mitspielers bestimmt ihren Mann darauf hingewiesen hat, was da für Summen beim Gehalt vom Lippens im Raume stehen. Konnte ich nichts machen, Fußball war unser Job und da versucht jeder für sich das Beste rauszuholen. Ich bin mir aber auch sicher, dass unser Abstieg nichts mit etwaigen Reibereien in der Mannschaft zu tun hatte, vielmehr lag es daran, dass die hinter uns stehenden Mannschaften Spiel für Spiel gewannen und wir immer tiefer in den Keller rutschten und irgendwann mal abgestiegen waren. Das war das Ausschlaggebende.

War dies Ihre bitterste Saison?

Ach, jede Saison, in der man absteigt, ist bitter. Für mich stellte sich immer wieder aufs Neue die Frage, ob ich wechseln oder bleiben sollte. Ich hab dann immer gesagt, dass ich bleibe und habe dabei, obwohl ich natürlich gut verdiente, auf Geld verzichtet …, Nationalmannschaftskarriere war ebenfalls im Arsch. Ja, das waren schon harte Stunden. Trotzdem muss ich sagen, dass ich die elf Jahre in Essen nicht missen möchte. Dass ich danach noch nach Dortmund und nach Dallas gewechselt bin, das lag einzig und alleine am Geld, denn kurz vor Feierabend musste ich noch schauen, dass ich noch ein wenig Geld auf die Seite bringe und die Grundlage für mein weiteres Leben schaffen konnte.

Was sagen Sie zu den damaligen RWE-Vorständen?

Die ganze Vorstandsetage hatte zu keiner Zeit groß Ahnung gehabt. Die waren die Hauptschuldigen für all das, was in den nächsten drei Jahrzehnten folgte. Stellen Sie sich nur mal vor, was wir für eine Mannschaft gehabt hätten, wenn die den Rausch, den Beer, Burgsmüller und mich gehalten hätten. Wir hätten dann zusammen mit Hrubesch und Mill die Bundesliga aufgemischt.

Herr Lippens, Sie haben ja noch guten Kontakt zum Verein. Ist das ein guter Kontakt?

Ich würde sagen, dass ist ein so Lala-Kontakt.

Haben Sie noch Kontakt zu ehemaligen Mitspielern?

Ja, zu Dieter Bast.

Saison 1971/72

1.	Wuppertaler SV	28	4	2	111-23	60:8
2.	Rot-Weiss Essen	24	6	4	113-37	54:14
3.	Fortuna Köln	21	6	7	76-41	48:20
4.	Alemannia Aachen	14	14	6	51-38	42:26
5.	ETB SW Essen	15	9	10	57-48	39:29
6.	SpVgg Erkenschwick	13	10	11	41-52	36:32
7.	Bayer Uerdingen	13	9	12	49-51	35:33
8.	Bayer Leverkusen	15	5	14	41-49	35:33
9.	SVA Gütersloh	12	7	15	48-56	31:37
10.	Eintr. Gelsenkirchen	11	9	14	50-60	31:37
11.	Preußen Münster	12	7	15	43-57	31:37
12.	Wattenscheid 09	9	12	13	43-49	30:38
13.	DJK Gütersloh	12	5	17	44-75	29:39
14.	Westfalia Herne	9	10	15	39-52	28:40
15.	Lüner SV	10	7	17	34-50	27:41
16.	VfR Neuss	8	5	21	42-69	21:47
17.	Viktoria Köln	6	9	19	34-62	21:47
18.	VFL Klafeld	5	4	25	24-71	14:54

15.8.1971 RWE – DJK Gütersloh 5:0 (2:0)
Blasey, Czernotzky, Erlhoff, Rausch (84. Koch), Stauvermann, Dörre, Ferner, Fürhoff, Weinberg, Littek, Lippens – Tore: 1:0 Lippens (32.), 2:0 Fürhoff (38./FE), 3:0 Littek (58.), 4:0 Weinberg (62.), 5:0 Ferner (82.) – SR: Rieb – ZU: 5.868

22.8.1971 Wattenscheid 09 – RWE 2:3 (1:0)
Blasey, Czernotzky, Erlhoff, Rausch, Stauvermann, Dörre, Ferner, Fürhoff, Weinberg, Littek (46. Bast), Lippens – Tore: 1:0 Klee (35.), 2:0 Werner (55.), 2:1, 2:2 Fürhoff (58., 65.), 2:3 Lippens (79.) – SR: Ortmanns – ZU: 11.000

29.8.1971 RWE – Bayer Uerdingen 5:0 (1:0)
Blasey, Czernotzky, Erlhoff, Rausch, Stauvermann, Dörre, Ferner (66. Littek), Fürhoff, Falter, Bast, Lippens – Tore: 1:0, 2:0 Rausch (35., 49.), 3:0 Falter (67.), 4:0 Lippens (86.), 5:0 Falter (88.) – SR: Plänk – ZU: 10.329

1.9.1971 Erkenschwick – RWE 1:0 (1:0)
Blasey, Czernotzky, Erlhoff (77. Bast), Rausch, Stauvermann, Dörre (46. Bredenfeld), Ferner, Fürhoff, Falter, Littek, Lippens – Tore: 1:0 Koschmieder (28.) – SR: Bonacker – ZU: 7.000

5.9.1971 RWE – Alemannia Aachen 2:2 (1:1)
Blasey, Koch, Bredenfeld, Rausch, Stauvermann, Erlhoff (76. Dörre), Ferner, Fürhoff, Falter, Bast, Lippens – Tore: 0:1 Lenzen (34.), 1:1, 2:1 Lippens (41., 54./FE), 2:2 Ferdinand (87.) – SR: Fromme – ZU: 11.850

12.9.1971 ETB SW Essen – RWE 1:0 (1:0)
Blasey, Koch, Bredenfeld, Rausch, Stauvermann, Erlhoff (64. Dahl), Ferner, Fürhoff, Falter, Bast (72. Czernotzky), Lippens – Tore: 1:0 Kaufmann (41.) – SR: Wennig – ZU: 18.000

19.9.1971 RWE – Fortuna Köln 4:1 (2:0)
Blasey, Czernotzky, Bredenfeld, Rausch, Stauvermann, Ferner, Fürhoff, Bast (78. Erlhoff), Dahl (70. Falter), Littek, Lippens – Tore: 1:0 Fürhoff (11.), 2:0, 3:0 Littek (35., 49.), 3:1 Kucharski (70.), 4:1 Fürhoff (75.) – SR: Werthmann – ZU: 7.988

26.9.1971 Bayer Leverkusen – RWE 2:1 (1:0)
Blasey, Czernotzky, Bredenfeld, Rausch, Stauvermann, Fürhoff, Bast, Erlhoff, Dahl (46. Weinberg), Falter (63. Dörre), Lippens – Tore: 1:0 Segler (27.), 2:0 Kowalski (53.), 2:1 Erlhoff (64.) – SR: Hamer – ZU: 6.000

3.10.1971 RWE – SVA Gütersloh 3:0 (1:0)
Blasey, Czernotzky, Bredenfeld, Rausch, Stauvermann, Erlhoff (56. Bast), Ferner, Fürhoff, Weinberg, Littek (63. Dörre), Lippens – Tore: 1:0 Lippens (18.), 2:0 Rausch (47.), 3:0 Stauvermann (62./FE) – SR: Schwabe – ZU: 6.883

10.10.1971 Eintr. Gelsenkirchen – RWE 0:4 (0:1)
Blasey, Czernotzky, Bredenfeld, Rausch, Stauvermann, Erlhoff (25. Fürhoff), Ferner, Lippens, Weinberg (72. Falter), Bast, Dahl – Tore: 0:1 Thon (2./ET), 0:2 Rausch (52.), 0:3 Dahl (74.), 0:4 Fürhoff (83.) – SR: Kindervater – ZU: 5.000

17.10.1971 RWE – VfR Neuss 7:1 (4:1)
Blasey, Czernotzky, Erlhoff, Rausch, Stauvermann, Fürhoff, Ferner, Lippens, Weinberg (79. Falter), Bast, Dahl – Tore: 1:0 Bast (5.), 2:0 Ferner (13.), 3:0 Lippens (28.), 4:0 Fürhoff (31.), 5:0 Stauvermann (55.), 6:0 Dahl (81.), 7:0 Lippens (84.) – SR: Merx – ZU: 7.550

24.10.1971 Westfalia Herne – RWE 1:2 (1:1)
Blasey, Czernotzky, Bredenfeld, Rausch, Stauvermann, Fürhoff, Ferner, Erlhoff, Bast, Dahl, Lippens – Tore: 1:0 Pureber (42.), 1:1 Ferner (45.), 1:2 Erlhoff (84./FE) – SR: Küppers – ZU: 15.000

31.10.1971 RWE – Wuppertaler SV 0:5 (0:3)
Blasey, Czernotzky, Bredenfeld (46. Koch), Rausch, Stauvermann, Fürhoff, Ferner, Erlhoff, Weinberg, Bast (78. Falter), Dahl – Tore: 0:1, 0:2, 0:3 G. Pröpper, 0:4 Lömm (56.), 0:5 G. Pröpper (63.) – SR: Kristen – ZU: 26.155

7.11.1971 Lüner SV – RWE 2:2 (2:1)
Blasey, Czernotzky (41. Koch), Bredenfeld, Rausch, Stauvermann, Fürhoff, Ferner, Peitsch, Littek, Bast, Dahl – Tore: 0:1 Fürhoff (18.), 1:1 Seipelt (32.), 2:1 Reiners (45.), 2:2 Fürhoff (88.) – SR: Pesch – ZU: 3.500

14.11.1971 RWE – VfL Klafeld 8:0 (2:0)
Blasey, Czernotzky, Bredenfeld, Rausch, Stauvermann, Fürhoff, Ferner, Erlhoff (41. Peitsch), Littek, Bast, Dahl – Tore: 1:0 Bast (5.), 2:0 Fürhoff (13.), 3:0 Peitsch (48.), 4:0 Czernotzky (50.), 5:0 Dahl (59.), 6:0, 7:0 Fürhoff (68., 70.), 8:0 Ferner (86.) – SR: Bonacker – ZU: 5.533

28.11.1971 RWE – Viktoria Köln 1:1 (0:0)
Blasey, Czernotzky, Bredenfeld, Rausch, Stauvermann, Fürhoff, Ferner, Erlhoff (68. Falter), Littek, Dahl (80. Peitsch), Lippens – Tore: 1:0 Lippens (48.), 1:1 Surbach (86.) – SR: Hövel – ZU: 5.697

12.12.1971 Pr. Münster – RWE 1:1 (0:1)
Blasey, Czernotzky, Bredenfeld, Rausch, Stauvermann, Fürhoff, Ferner, Erlhoff, Littek (46. Bast), Dahl (77. Weinberg), Lippens – Tore: 0:1 Fürhoff (21.), 1:1 Büscher (90.) – SR: Kropmanns – ZU: 4.000

9.1.1972 DJK Gütersloh – RWE 2:3 (0:1)
Blasey, Czernotzky, Erlhoff, Rausch, Stauvermann, Fürhoff (61. Peitsch), Ferner, Bast (73. Falter), Weinberg, Dahl, Lippens – Tore: 0:1 Dahl (16.), 1:1 Kurrat (60.), 2:1 Pickert (64.), 2:2 Erlhoff (79.), 2:3 Rausch (82.) – SR: Dr. Stäglich – ZU: 6.000

16.1.1972 RWE – Wattenscheid 09 3:2 (1:2)
Blasey, Czernotzky, Erlhoff, Rausch (69. Falter), Stauvermann, Fürhoff, Ferner, Bast, Weinberg, Dahl, Lippens – Tore: 1:0 Bast (2.), 1:1 Rück (25.), 1:2 Hammes (30.), 2:2 Lippens (68.), 3:2 Dahl (83.) – SR: Kindervater – ZU: 8.427

23.1.1972 Bayer Uerdingen – RWE 2:3 (1:1)
Langanki, Peitsch, Erlhoff, Rausch, Stauvermann, Fürhoff, Ferner, Bast, Weinberg, Dahl, Lippens – Tore: 0:1 Dahl (25.), 1:1 Ling (44.), 1:2 Dahl (75.), 2:2 Burgsmüller (79./HE), 2:3 Weinberg (81.) – SR: Grans – ZU: 11.500

30.1.1972 RWE – Erkenschwick 8:1 (4:0)
Langanki, Peitsch (78. Bredenfeld), Erlhoff, Rausch, Stauvermann, Fürhoff, Ferner, Bast, Weinberg, Dahl, Lippens – Tore: 1:0 Fürhoff (3.), 2:0 Dahl (8.), 3:0, 4:0 Lippens (38., 41.), 5:0 Fürhoff (51.), 6:0 Ferner (57.), 7:0 Rausch (63.), 7:1 Schwamberger, 8:1 Dahl (79.) – SR: Dr. Siepe – ZU: 6.710

6.2.1972 Alemannia Aachen – RWE 0:1 (0:0)
Blasey, Peitsch (69. Czernotzky), Erlhoff, Rausch, Stauvermann, Ferner, Fürhoff, Bast, Weinberg (80. Dörre), Dahl, Lippens – Tore: 0:1 Erlhoff (68./FE) – SR: Lühling – ZU: 12.000

20.2.1972 RWE – ETB SW Essen 3:2 (1:2)
Blasey (46. Langanki), Peitsch, Erlhoff, Rausch, Stauvermann, Ferner, Fürhoff, Bast, Weinberg, Dahl, Lippens – Tore: 0:1 Trimhold (4.), 1:1 Dahl (17.), 1:2 Mertes (34.), 2:2 Erlhoff (62./FE), 3:2 Fürhoff (78.) – SR: Overberg – ZU: 15.829

27.2.1972 Fortuna Köln – RWE 3:4 (0:2)
Blasey, Czernotzky, Erlhoff, Rausch, Stauvermann, Ferner, Fürhoff, Bast, Weinberg, Dahl, Lippens – Tore: 0:1 Dahl (30.), 0:2 Weinberg (36.), 1:2 Campbell (51.), 1:3 Lippens (59.), 2:3 Kucharski (67.), 3:3 Blotenberg (72.), 3:4 Dahl (91.) – SR: Müller – ZU: 11.000

5.3.1972 RWE – Bayer Leverkusen 7:0 (2:0)
Blasey, Czernotzky, Erlhoff, Rausch, Stauvermann, Ferner, Fürhoff, Bast (67. Falter), Weinberg (23. Peitsch), Dahl, Lippens – Tore: 1:0, 2:0 Dahl (13., 27.), 3:0 Erlhoff (60./FE), 4:0 Bast (61.), 5:0 Dahl (68.), 6:0 Falter (81.), 7:0 Fürhoff (89.) – SR: Milkert – ZU: 14.270

12.3.1972 SVA Gütersloh – RWE 1:3 (0:1)
Blasey, Czernotzky, Erlhoff, Rausch, Stauvermann, Ferner, Fürhoff, Peitsch, Bast, Dahl, Lippens – Tore: 0:1 Fürhoff (35.), 0:2 Bast (55.), 1:2 Brylewski (73.), 1:3 Dahl (75.) – SR: Eschweiler – ZU: 8.000

19.3.1972 RWE – Eintr. Gelsenkirchen 8:1 (3:0)
Blasey, Czernotzky, Erlhoff, Rausch, Stauvermann, Ferner, Fürhoff, Peitsch (78. Dörre), Bast, Dahl (74. Falter), Lippens – Tore: 1:0 Fürhoff (3.), 2:0 Lippens (26.), 3:0 Dahl (35.), 4:0 Lippens (52.), 5:0 Dahl (56.), 6:0 Bast (64.), 7:0 Fürhoff (68.), 7:1 Meiners (71./FE), 8:1 Bast (85.) – SR: Nohr – ZU: 14.086

26.3.1972 VfR Neuss – RWE 0:2 (0:1)
Blasey, Czernotzky, Erlhoff, Rausch, Stauvermann, Ferner, Fürhoff, Peitsch, Bast, Dahl, Lippens (34. Falter) – Tore: 0:1 Rausch (20.), 0:2 Fürhoff (82.) – SR: Weiland – ZU: 8.000

2.4.1972 VfL Klafeld – RWE 0:5 (0:2)
Blasey, Czernotzky, Erlhoff, Rausch (75. Koch), Stauvermann, Ferner, Fürhoff, Peitsch, Bast, Dahl, Lippens – Tore: 0:1 Bast (3.), 0:2 Lippens (38.), 0:3 Dahl (47.), 0:4 Ferner (64.), 0:5 Grieger (87./ET) – SR: Winke – ZU: 7.000

9.4.1972 RWE – Westfalia Herne 6:0 (3:0)
Blasey, Czernotzky, Erlhoff, Rausch (73. Peitsch), Stauvermann, Ferner, Fürhoff, Bast, Weinberg (78. Falter), Dahl, Lippens – Tore: 1:0 Lippens (23.), 2:0 Fürhoff (32.), 3:0, 4:0, 5:0, 6:0 Dahl (40., 65., 70., 75.) – SR: Kindervater – ZU: 13.610

16.4.1972 Wuppertaler SV – RWE 0:0
Blasey, Czernotzky, Erlhoff, Rausch, Stauvermann, Ferner, Fürhoff, Bast (68. Peitsch), Weinberg (79. Dörre), Dahl, Lippens – Tore: Fehlanzeige – SR: Hennig – ZU: 36.000

23.4.1972 RWE – Lüner SV 3:1 (2:0)
Blasey, Czernotzky, Erlhoff, Rausch, Stauvermann, Ferner, Fürhoff, Bast, Weinberg (13. Falter/77. Peitsch), Dahl, Lippens – Tore: 1:0 Stauvermann (3.), 2:0 Fürhoff (26.), 2:1 Kuhnert (54.), 3:1 Ferner (71.) – SR: Rieb – ZU: 11.467

7.5.1972 Viktoria Köln – RWE 2:2 (2:0)
Blasey, Peitsch, Erlhoff, Rausch, Stauvermann, Ferner, Fürhoff, Bast, Littek (76. Weinberg), Dahl (46. Falter), Lippens – Tore: 1:0 Pütz (3.), 2:0 Mödrath (63.), 2:1, 2:2 Lippens (54., 70.) – SR: Waltert – ZU: 4.000

14.5.1972 RWE – Pr. Münster 4:0 (3:0)
Blasey, Czernotzky, Erlhoff, Rausch, Stauvermann, Ferner, Fürhoff, Bast (18. Peitsch/75. Dörre), Falter, Dahl, Lippens – Tore: 1:0 Lippens (34.), 2:0, 3:0 Dahl (42., 43.), 4:0 Fürhoff (75.) – SR: Kohnen – ZU: 3.487

Aufstiegsrunde zur Bundesliga

22.5.1972 RWE – Wacker 04 Berlin 5:0 (2:0)
Blasey, Czernotzky, Erlhoff, Rausch, Stauvermann, Ferner, Fürhoff, Peitsch (65. Dörre), Weinberg, Falter (64. Littek), Lippens – Tore: 1:0 Fürhoff (3.), 2:0 Rausch (15.), 3:0, 4:0 Erlhoff (84., 86./FE), 5:0 Lippens (88.) – SR: Redelfs – ZU: 20.388

28.5.1972 Kickers Offenbach – RWE 2:2 (1:1)
Blasey, Czernotzky, Erlhoff, Rausch, Stauvermann, Ferner, Fürhoff, Peitsch, Dörre (68. Dahl), Weinberg, Lippens – Tore: 0:1 Lippens (4.), 1:1 Weida (17.), 2:1 Kostedde (46.), 2:2 Lippens (55.) – SR: Biwersi – ZU: 34.000

31.5.1972 RWE – Röchling Völklingen 2:1 (1:1)
Blasey, Czernotzky, Erlhoff, Rausch, Stauvermann, Ferner, Fürhoff, Peitsch, Weinberg (60. Littek), Dahl, Lippens – Tore: 1:0 Fürhoff (6.), 1:1 Rosellen (41.), 2:1 Dahl (66.) – SR: Gabor – ZU: 14.027

7.6.1972 FC St. Pauli – RWE 0:0
Blasey, Czernotzky, Erlhoff, Rausch, Stauvermann, Ferner, Fürhoff, Peitsch, Weinberg (75. Bast), Dahl, Lippens – Tore: Fehlanzeige – SR: Heckeroth – ZU: 18.500

11.6.1972 RWE – Kickers Offenbach 1:1 (0:1)
Blasey, Czernotzky, Erlhoff, Rausch, Stauvermann, Ferner, Fürhoff, Peitsch (56. Bast), Weinberg (75. Dörre), Dahl, Lippens – Tore: 0:1 Semlitsch (11.), 1:1 Fürhoff (68.) – SR: Schulenburg – ZU: 29.678

14.6.1972 Wacker 04 Berlin – RWE 0:4 (0:3)
Blasey, Czernotzky, Erlhoff, Rausch, Stauvermann, Ferner (75. Littek), Fürhoff, Peitsch, Dörre, Dahl (46. Bast), Lippens – Tore: 0:1 Rausch (12.), 0:2 Lippens (36.), 0:3 Erlhoff (39./FE), 0:4 Lippens (77.) – SR: Riegg – ZU: 1.192

17.6.1972 RWE – FC St. Pauli 6:1 (2:1)
Blasey, Czernotzky, Erlhoff, Peitsch (69. Bast), Stauvermann, Ferner, Fürhoff, Dörre (76. Littek), Rausch, Dahl, Lippens – Tore: 0:1 Bayer (23.), 1:1 Rausch (28.), 2:1 Fürhoff (38.), 3:1 Erlhoff (48./FE), 4:1, 5:1 Fürhoff (52., 56.), 6:1 Dahl (59.) – SR: Aldinger – ZU: 17.426

25.6.1972 Röchling Völklingen – RWE 1:2 (0:1)
Blasey, Czernotzky, Erlhoff, Rausch, Stauvermann, Ferner, Dörre, Peitsch, Fürhoff, Dahl (61. Bast), Lippens – Tore: 0:1 Schuchmann (31./ET), 0:2 Erlhoff (56./FE), 1:2 Schuchmann (79./FE) – SR: Ohmsen – ZU: 4.234

Tabelle

1.	Kickers Offenbach	5	3	0	29-7	13:3
2.	Rot-Weiss Essen	5	3	0	22-6	13:3
3.	FC St. Pauli	2	3	3	7-16	7:9
4.	Wacker 04 Berlin	2	1	5	8-29	5:11
5.	Röchling Völklingen	1	0	7	14-22	2:14

Meisterschaftseinsätze

Spieler	Spiele	/Tore
Günter Fürhoff	34	/ 24
Heinz Stauvermann	34	/ 3
Wolfgang Rausch	34	/ 7
Hermann Erlhoff	33	/ 6
Diethelm Ferner	33	/ 7
Heinz Blasey	32	/ 0
Willi Lippens	31	/ 20
Dieter Bast	32	/ 8
Peter Czernotzky	29	/ 1
Peter Dahl	28	/ 25
Roland Peitsch	19	/ 1
Herbert Weinberg	20	/ 3
Peter Falter	19	/ 3
Helmut Littek	11	/ 3
Hermann Bredenfeld	14	/ 0
Hans Dörre	11	/ 0
Heinz Koch	6	/ 0
Rolf Langanki	3	/ 0

Trainer

Willi Vordenbäumen
Janos Bedl   ab 07.11.1971

Interview mit Heinz Blasey

Wenn Sie an die Saison 71/72 zurückdenken, was ist Ihnen da besonders in Erinnerung geblieben?

Zum einen unsere Abschlussfahrt im Sommer '71 nach Amerika und zum anderen natürlich die Aufstiegsrunde am Ende der Saison, wo wir unglücklich an Kickers Offenbach gescheitert sind.

Nachdem die eigentliche Nr. 1, Fred Bockholt, im Sommer '71 nach Offenbach wechselte, stand es da im Grunde schon fest, dass Sie der Nachfolger werden?

Ja, das stand fest. Ich hatte ja schon die letzten drei Spiele in der vorherigen Saison absolviert und war zwei Jahre lang die Nummer 2 hinter Fred, so dass ich nun folgerichtig die Nummer 1 wurde. Ersatztorwart war in dieser Saison Rolf Langanki, der kam von unseren Amateuren und hatte noch keinerlei Erfahrung.

Haben Sie sich speziell auf diese für Sie neue Situation vorbereitet?

Nein, im Grunde nicht. Das Training war immer hart und ich habe mich immer reingehängt. Wichtig war im Grunde nicht allein, dass man fit war, sondern dass man als Torwart mit dem psychischen Druck klar kam.

Konnten Sie denn mit diesem psychischen Druck umgehen? Denn gerade zu Regionalligazeiten waren Sie fast immer beschäftigungslos, mussten aber in den zwei, drei gefährlichen Situationen hellwach sein.

Das war schwierig und deshalb wollte ich immer in der Bundesliga spielen, denn dort wurde ich auch bei Heimspielen regelmäßig gefordert. Die meisten Leute sahen einen ja nur zu Hause spielen, auswärts ist damals nur der harte Kern der Fans mitgefahren, und da war ich in der Regionalliga ja fast beschäftigungslos und wenn ich dann mal ein Gegentor kassierte, dann hieß es gleich: „Der kann ja gar nix."

Wurden Sie als junger Mann denn von den erfahrenen Abwehrrecken Rausch, Czernotzky, Stauvermann und Erlhoff unterstützt?

Was heißt unterstützt? Die haben ihren Job gemacht, gut gemacht, und hatten Vertrauen in mich als Torwart. Mehr kann man auch nicht von seinen Mannschaftskollegen erwarten.

Nach einem guten Start lief es mitten in der Hinrunde nicht mehr so rund und Sie verloren gegen SW Essen mit 0:1. Ist diese Niederlage in einem Lokalderby noch frustrierender als eine normale" Niederlage?

Natürlich, aber man muss auch sagen, dass Schwarz-Weiss damals eine relativ gute Mannschaft hatte, die uns besonders in den Lokalkämpfen das Leben immer schwer gemacht hat. Wir als Favorit konnten in diesen Spielen nur verlieren …, war nicht leicht und wir haben gegen die auch nicht gerne gespielt.

Ihr Hauptkonkurrent in dieser Saison war der Wuppertaler SV.

Ja, mit Meister Pröpper, der hat in der Saison über 50 Tore geschossen.

Genau, und in dem Heimspiel gegen den WSV gab es eine 0:5-Niederlage …

Das war ein totaler Flop! Das Spiel fing im Grunde auch ganz schlecht an, der Hermann Bredenfeld spielt einen zu kurzen Rückpass, der Pröpper sprintet dazwischen und hebt den Ball an mir vorbei ins Tor. Wer war der Blöde? Ich. Naja, im weiteren Verlauf des Spiels machte der Pröpper aus jeder Chance ein Tor und schon hatte man das Spiel mit 0:5 verloren. Das war natürlich frustrierend, denn abschlachten lassen wollte sich natürlich keiner von uns. Im Rückspiel waren wir aber wieder auf voller Höhe und erreichten ein 0:0-Unentschieden.

Konnten Sie persönlich mit so einer hohen Niederlage umgehen?

Ja, im Grunde schon. Mein Problem war eigentlich nur, dass ich zu sehr selbstkritisch war und mir zu viele Gegentreffer ankreidete. Das war nicht gut, denn es gab Mitspieler, die nahmen sich immer gleich aus der Schusslinie und lasteten die Fehler, sprich Gegentore, den anderen an. Und wenn man dann wie ich etliche Gegentreffer auf seine Kappe nahm, dann wurde man auch schnell für Gegentreffer verantwortlich gemacht, an denen man nichts machen konnte und war schlussendlich der Depp, an dem alles hängen blieb.

Nach dem WSV-Spiel ging es zum Lüner SV und dort kam die Mannschaft nicht über ein 2:2 hinaus. Sie selbst kamen in der Presse nicht gut weg, dort hieß es: „Blasey war nervös, unsicher und seine Strafraumbeherrschung dilettantisch."

Ja ja, das kann sein, an dieses Spiel kann ich mich noch erinnern.

Für Willi Vordenbäumen war dies sein letztes Spiel als RWE-Trainer und auch er war nicht gut auf Sie zu sprechen: „Unsere Torwartschwäche ist eklatant."

Das war grad eine Phase, wo ich kaum beschäftigt wurde und wenn, dann lag das Leder meistens im Tor und ich sah nicht so gut aus. Daraus folgend kommt man dann schnell in eine Abwärtsspirale. Man denkt bei jeder Flanke, dass man die nun runterpflücken muss, ansonsten ist man wieder der Depp. Tja, und ehe man sich versieht, steht man unter permanentem, auch innerlich auferlegtem, Druck. Die Folge ist, dass das Selbstvertrauen schwindet, man anfängt an sich zu zweifeln und man dann ganz schnell auf der Bank sitzt.

Nicht grade vorteilhaft in solch einer Situation ist dann, wenn sogar der eigene Trainer nicht mehr an einen glaubt.

Das stimmt und das finde ich persönlich auch nicht gut. Kritik ja, aber in den eigenen

Wänden. Aber zu diesem Zeitpunkt, und da kann ich mich wirklich ganz gut erinnern, waren der Trainer und der Vorstand mit mir nicht zufrieden und leider wurde das auch, besonders vom Vorstand, permanent nach außen getragen. So eine Situation wünsche ich meinen schärfsten Torwartkonkurrenten nicht …, das war ziemlich hart.

Zum Ende der Hinserie befanden Sie sich auf Platz 5 und das war für Fußball-Essen sehr enttäuschend. Zu Beginn der Rückserie lief es direkt besser, aber statt Blasey stand nun Amateur Langanki im Tor. Als Krönung wurden Sie am 23. Spieltag beim 3:2 Erfolg gegen SW Essen zur Halbzeit ausgewechselt.

Ja, das war eine ganz harte Phase für mich, da steckte ich mitten in einer Krise. Aus den o.a. Gründen hielt ich wirklich nicht besonders gut und folgerichtig spielte Langanki. An das ETB-Spiel kann ich mich nicht erinnern, aber ich denke mal, der Janos Bedl wollte mir mit der Auswechslung zeigen, dass ich jetzt wirklich was ändern müsse. Aber das ist leichter gesagt als getan, trainingsmäßig kann man nicht viel tun, sondern man muss einfach mal wieder das nötige Quäntchen Glück haben. Tja, und die Portion Glück kam dann im nächsten Spiel. Dort spielten wir bei Fortuna Köln und die standen auf dem 3. Platz. Vor dem Spiel hat der Janos Bedl dann in der Kabine begründet, warum er mich wieder einsetzen wollte. Aus seiner Sicht war ich der bessere Torwart, der einfach nur mal wieder Selbstbewusstsein braucht.

Das Spiel haben Sie dann durch ein Tor von Peter Dahl in der 91. Minute mit 4:3 gewonnen.

Zu diesem Spiel kam mein Vater extra mit und ich habe dort ein sehr gutes Spiel gemacht und ab diesem Moment war alles wieder in Ordnung. Von da an hatte ich beim Janos einen Stein im Brett und ein Torwartwechsel war unter ihm kein Thema mehr.

Am Ende der Saison standen Sie auf Platz 2 hinter dem Wuppertaler SV und nahmen an der Aufstiegsrunde zur Bundesliga teil. Hatten sie mit dem Erreichen der Aufstiegsrunde das Saisonziel erreicht?

Nein, noch nicht, denn unser Ziel war ja der Aufstieg in die Bundesliga. Ich würde eher sagen, wir hatten mit der Aufstiegsrunde unser Mindestziel erreicht. Mehr aber noch nicht.

In der Aufstiegsrunde '72 spielten in Ihrer Gruppe folgende Mannschaften: Wacker 04 Berlin, Röchling Völklingen, FC St. Pauli und Kickers Offenbach …

Ja, und im ersten Spiel haben wir Wacker 04 mit 5:0 geschlagen. Das war aber auch von allen erwartet worden, denn die Berliner Mannschaften, bis auf Hertha BSC, waren eigentlich immer Fallobst. Unser großer Konkurrent war in dieser Saison Kickers Offenbach. Bei denen spielten Erwin Kostedde, Pille Gecks, Fred Bockholt, Siggi Held, Niko Semlitsch und viele andere. Tja, und in unserem ersten Auswärtsspiel mussten wir direkt zum Bieberer Berg. Ich weiß noch genau, dass wir voller Selbstvertrauen dort hingefahren sind und ein starkes Spiel gemacht haben. 2:2, das war für uns wie ein Sieg, denn somit mussten wir aus unserer Sicht nur noch das Rückspiel gegen Offenbach an der Hafenstraße gewinnen und wir würden wieder in die Bundesliga aufsteigen.

Ich glaube, dass hat jeder gedacht, aber das Zünglein an der Waage wurde dann der FC St. Pauli.

Genau, denn am Millerntor haben wir nur 0:0 gespielt. Normalerweise hätten wir damit leben können, aber da Offenbach alles gewann, war dies am Ende zu wenig. Festgestellt haben wir das aber erst nach dem Rückspiel gegen Offenbach, als uns an der Hafenstraße nur ein 1:1 gelang. Somit lief schlussendlich alles auf das bessere Torverhältnis hinaus und da haben wir gegenüber Offenbach zu wenig Tore geschossen.

Sind die Aufstiegsrunden von den Zuschauern in Essen gut angenommen worden?

Auf jeden Fall, das war immer ein Highlight, die Hütte war immer voll. Ich kann mich noch dran erinnern, dass ich in der Aufstiegsrunde '66 selbst in der Westkurve stand und dort eine fantastische Atmosphäre herrschte. Das war schon grandios.

Wie war denn das Zusammengehörigkeitsgefühl innerhalb der Mannschaft?

Das war ganz gut. Klar gibt es immer mal wieder ein paar Spiele, wo der eine über den anderen meckert, aber schlussendlich hatten wir immer ein gutes Verhältnis innerhalb der Mannschaft und nach diesem verpassten Aufstieg haben wir uns geschworen, dass wir dann eben im nächsten Jahr aufsteigen werden …, ist ja dann auch passiert.

Ich habe mal gelesen, dass Sie diese Aufstiegsrunde mit Ihrer Schmalfilmkamera gefilmt haben. Ist das richtig?

Nein, in dieser Aufstiegsrunde hat Willi Lippens gefilmt. Der hat alles mögliche gemacht *(lacht)*. Wie der Willi so vom Typ ist, so hat er auch gefilmt. Der hat auch unter der Dusche gefilmt, aber den Film habe ich nie gesehen. Ich selbst habe bei unserer Abschlussfahrt '71 in Amerika gefilmt, habe im Anschluss den Film geschnitten und ihn vertont. Das war früher schon mein Hobby und ist es jetzt noch. Manchmal schaue ich mir diese Filme auch noch mal an …, sind sehr schöne Erinnerungen.

Saison 1972/73

1.	Rot-Weiss Essen	26	3	5	104-40	55:13
2.	Fortuna Köln	21	8	5	85-29	50:18
3.	Bayer Uerdingen	16	11	7	73-50	43:25
4.	Borussia Dortmund	16	9	9	77-45	41:27
5.	Wattenscheid 09	16	8	10	70-60	40:28
6.	Alemannia Aachen	15	9	10	66-50	39:29
7.	Sportfreunde Siegen	14	11	9	55-53	39:29
8.	1. FC Styrum	13	12	9	46-56	38:30
9.	DJK Gütersloh	14	9	11	51-56	37:31
10.	SpVgg Erkenschwick	16	4	14	73-60	36:32
11.	Arminia Bielefeld	9	12	13	46-66	30:38
12.	ETB SW Essen	11	7	16	41-58	29:39
13.	Preußen Münster	11	7	16	47-66	29:39
14.	Eintr. Gelsenkirchen	10	6	18	44-65	26:42
15.	Westfalia Herne	7	10	17	34-52	24:44
16.	SVA Gütersloh	7	10	17	44-68	24:44
17.	Bayer Leverkusen	6	7	21	38-76	19:49
18.	Lüner SV	1	11	22	43-87	13:55

30.7.1972 Lüner SV – RWE 0:1 (0:1)
Blasey, de Vlugt, Erlhoff, Rausch, Stauvermann, Bast, Ferner, Fürhoff (81. Bredenfeld), Gecks, Brosda, Weiss – Tore: 0:1 Gecks (24.) – SR: Eschweiler – ZU: 8.000

6.8.1972 RWE – Fortuna Köln 0:2 (0:1)
Blasey, Strauch, Erlhoff, Rausch, Stauvermann (34. Lippens), Bast (67. Weinberg), Ferner, Fürhoff (81. Bredenfeld), Gecks, Brosda, Weiss – Tore: 0:1 Bauerkämpfer (39.), 0:2 Kucharski (55.) – SR: Voss – ZU: 15.372

13.8.1972 Wattenscheid 09 – RWE 1:3 (0:3)
Blasey, Bredenfeld, Erlhoff, Rausch, Stauvermann (34. Lippens), Mertes, Ferner, Fürhoff, Gecks, Littek (73. Brosda), Lippens – Tore: 0:1 Stauvermann (2.), 0:2 Lippens (31.), 0:3 Mertes (43.), 1:3 Bongartz (65./FE) – SR: Dr. Siepe – ZU: 10.000

20.8.1972 RWE – 1. FC Styrum 10:1 (7:1)
Blasey, Bredenfeld, Erlhoff, Rausch (46. de Vlugt), Stauvermann (34. Lippens), Mertes, Ferner, Weiss, Gecks, Bast, Lippens – Tore: 0:1 Schlimm (2.), 1:1 Rausch (4.), 2:1, 3:1 Bast (10., 11.), 4:1 Lippens (33.), 5:1 Gecks (38.), 6:1, 7:1 Lippens (42., 44.), 8:1, 9:1 de Vlugt (67., 83.), 10:1 Bast (85.) – SR: Plänk – ZU: 11.552

17.9.1972 RWE – Spfr. Siegen 4:1 (2:0)
Blasey, Bredenfeld, Erlhoff, Rausch, Stauvermann, Mertes, Brosda, Bast (70. de Vlugt), Gecks, Weiss, Lippens (70. Finnern) – Tore: 1:0 Rausch (3.), 2:0 Mertes (28.), 3:0 Bast (51.), 4:0 Weiss (77.), 4:1 Scholtyschik (77.) – SR: Winke – ZU: 6.204

24.9.1972 SVA Gütersloh – RWE 1:3 (0:0)
Blasey, Bredenfeld, Erlhoff, Rausch, Stauvermann, Mertes (68. Fürhoff), Brosda, Weiss (70. de Vlugt), Bast, Gecks, Lippens – Tore: 1:0 Michalzyk (62.), 1:1 Stauvermann (73.), 1:2 Bast (84.), 1:3 de Vlugt (86.) – SR: Kropmanns – ZU: 5.000

1.10.1972 RWE – Alemannia Aachen 3:2 (2:0)
Blasey, Bredenfeld, Erlhoff, Rausch, Stauvermann, Mertes (46. Bast), Fürhoff, Dörre, de Vlugt, Gecks (72. Ferner), Lippens – Tore: 1:0 de Vlugt (20.), 1:1 Böhnen (22.), 2:1 Lippens (45.), 2:2 Ferdinand (66.), 3:2 Erlhoff (86./FE) – SR: Müller – ZU: 10.079

8.10.1972 Arminia Bielefeld – RWE 1:3 (0:1)
Blasey, Bredenfeld, Erlhoff, Rausch, Stauvermann, Ferner, Fürhoff, Dörre (76. Finnern), de Vlugt, Bast, Lippens – Tore: 0:1 Rausch (12.), 0:2 Bredenfeld (62.), 1:2 Brei (83.), 1:3 Lippens (85.) – SR: Kindervater – ZU: 10.000

15.10.1972 RWE – Erkenschwick 4:1 (2:0)
Blasey, Bredenfeld, Erlhoff, Rausch, Stauvermann, Ferner, Fürhoff, Dörre (30. Weiss), de Vlugt (81. Gecks), Bast, Lippens – Tore: 1:0 Bast (27.), 2:0 Erlhoff (36.), 3:0 Lippens (79.), 3:1 Pfahl (86.), 4:1 Erlhoff (89./FE) – SR: Pesch – ZU: 9.349

22.10.1972 Pr. Münster – RWE   3:2 (1:1)
Blasey, Bredenfeld, Erlhoff, Rausch, Stauvermann, Ferner, Fürhoff (70. Gecks), Bast (70. Finnern), de Vlugt, Brosda, Lippens – Tore: 0:1 Erlhoff (8.), 1:1 Lorenz (12.), 2:1 Moors (53.), 3:1 Lorenz (87.), 3:2 Gecks (90.) – SR: Eschweiler – ZU: 10.000

29.10.1972 RWE – Eintr. Gelsenkirchen 5:1 (2:0)
Blasey, Bredenfeld, Erlhoff, Peitsch, Stauvermann, Ferner, Fürhoff, Finnern, Gecks, Bast, Lippens – Tore: 1:0 Fürhoff (38.), 2:0 Rausch (41.), 3:0 Lippens (59.), 4:0 Bast (78.), 5:0 Lippens (81./FE), 5:1 Krause (82./FE) – SR: Rieb – ZU: 7.461

5.11.1972 Borussia Dortmund – RWE 2:3 (1:1)
Blasey, Bredenfeld, Erlhoff, Rausch, Stauvermann, Ferner, Fürhoff, Dörre, Gecks, Bast, Lippens – Tore: 1:0 Czernotzky, 1:1 Lippens (18.), 2:1 Wolf (41.), 2:2 Lippens (53.), 2:3 Bast (74.) – SR: Dr. Stäglich – ZU: 32.000

12.11.1972 RWE – ETB SW Essen   6:5 (3:1)
Blasey, Bredenfeld, Peitsch, Rausch, Stauvermann, Ferner, Fürhoff, Dörre, Gecks, Bast, Lippens – Tore: 1:0 Fürhoff (6.), 1:1 Lausen (21.), 2:1 Fürhoff (27./FE), 3:1 Stauvermann (28.), 4:1 Rausch (47.), 4:2 Szech (51.), 5:2 Rausch (61.), 5:3 Szech (65.), 6:3 Gecks (79.), 6:4 Lausen (81.), 6:5 Szech (83.) – SR: Weyland – ZU: 10.845

19.11.1972 DJK Gütersloh – RWE   0:4 (0:2)
Blasey, Bredenfeld, Peitsch, Rausch, Stauvermann, Ferner, Fürhoff, Dörre, Gecks, Bast, Lippens – Tore: 0:1 Lippens (7.), 0:2 Gecks (43.), 0:3 Lippens (76.), 0:4 Gecks (86.) – SR: Winke – ZU: 8.500

25.11.1972 RWE – Bayer Leverkusen 4:1 (3:1)
Blasey, Bredenfeld (29. Finnern), Peitsch, Rausch, Stauvermann, Ferner, Fürhoff, Dörre, Gecks, Bast, Lippens – Tore: 1:0 Fürhoff (3.), 2:0 Dörre (22.), 3:0 Bast (38.), 3:1 Richter (38.), 4:1 Ferner (48.) – SR: Lüling – ZU: 6.528

3.12.1972 Bayer Uerdingen – RWE   1:2 (1:0)
Blasey, Strauch, Peitsch (57. Finnern), Rausch, Stauvermann, Ferner, Fürhoff, Dörre, Gecks (74. Brosda), Bast, Lippens – Tore: 1:0 Sondermann (18.), 1:1 Fürhoff (75.), 1:2 Lippens (82.) – SR: Merx – ZU: 10.000

17.12.1972 RWE – Westfalia Herne   3:0 (3:0)
Blasey, Strauch, Erlhoff, Rausch (58. Brosda), Stauvermann, Ferner, Finnern, Dörre, Gecks, Bast, Lippens – Tore: 1:0 Bast (4.), 2:0 Ferner (23.), 3:0 Erlhoff (31.) – SR: Dr. Siepe – ZU: 8.895

7.1.1973 RWE – Lüner SV   4:2 (1:2)
Blasey, Strauch, Erlhoff (38. Finnern), Rausch, Stauvermann, Ferner, Fürhoff, Weiss (46. Brosda), Gecks, Littek, de Vlugt – Tore: 0:1 Urban (11.), 1:1 de Vlugt (32.), 1:2 Reiners (33.), 2:2 Fürhoff (46.), 3:2 Stauvermann (70.), 4:2 Gecks (86.) – SR: Kohnen – ZU: 4.343

14.1.1973 Fortuna Köln – RWE   1:2 (0:1)
Blasey, Strauch, Erlhoff, Rausch, Stauvermann, Ferner, Fürhoff, Brosda, Gecks, Bast, de Vlugt – Tore: 0:1 Bast (27.), 1:1 Kucharski (72.), 1:2 Bast (75.) – SR: Wichmann – ZU: 12.000

21.1.1973 RWE – Wattenscheid 09   2:2 (1:0)
Blasey, Strauch, Erlhoff, Rausch (89. Dörre), Stauvermann, Ferner, Fürhoff, Brosda, Gecks, Bast, de Vlugt (46. Lippens) – Tore: 1:0 Bast (15.), 2:0 Brosda (62.), 2:1 Jendrossek (78.), 2:2 Hammes (88.) – SR: Nohr – ZU: 4.480

28.1.1973 1. FC Styrum – RWE   0:4 (0:2)
Blasey, Strauch, Erlhoff, Dörre, Stauvermann, Ferner, Fürhoff, Brosda, Gecks (78. Peitsch), Bast (83. Mertes), de Vlugt – Tore: 0:1 Fuchs (27./ET), 0:2 Gecks (32.), 0:3 Fürhoff (65.), 0:4 Bast (69.) – SR: Ahlenfelder – ZU: 18.000

4.2.1973 Sportfreunde Siegen – RWE 1:2 (0:1)
Blasey, Strauch, Erlhoff, Bast, Stauvermann, Ferner, Fürhoff, Dörre, Gecks, Brosda, de Vlugt – Tore: 0:1 de Vlugt (8.), 0:2 Ferner (62.), 1:2 Schmidt (72.) – SR: Dr. Stäglich – ZU: 25.000

11.2.1973 RWE – SVA Gütersloh   4:2 (1:0)
Blasey, Strauch, Erlhoff (77. Finnern), Rausch, Stauvermann, Ferner, Fürhoff, Dörre, Gecks, Bast, Brosda – Tore: 1:0 Bast (38.), 1:1 Srowig (65.), 2:1, 3:1 Bast (76., 77.), 4:1 Fürhoff (85.), 4:2 Hoff (88.) – SR: Kuchen – ZU: 8.212

18.2.1973 Alemannia Aachen – RWE   2:1 (2:0)
Stefens, Strauch, Erlhoff (38. Lippens), Rausch, Stauvermann, Ferner, Fürhoff, Dörre (80. Weiss), Gecks, Bast, Brosda – Tore: 1:0, 2:0 Thelen (7., 42.), 2:1 Bast (73.) – SR: Henke – ZU: 12.000

25.2.1973 RWE – Arminia Bielefeld   2:0 (2:0)
Stefens, Strauch, Erlhoff, Rausch, Stauvermann, Ferner, Fürhoff (76. Weiss), Brosda, Gecks, Bast, Lippens – Tore: 1:0 Gecks (16.), 2:0 Bast (30.) – SR: Rieb – ZU: 8.319

11.3.1973 Erkenschwick – RWE   1:1 (0:1)
Stefens, Strauch, Erlhoff (82. Peitsch), Rausch, Stauvermann, Ferner, Fürhoff, Brosda, Gecks, Bast (55. de Vlugt), Lippens – Tore: 0:1 Gecks (5.), 1:1 Porschke (56./FE) – SR: Schulte – ZU: 11.000

237

18.3.1973 RWE – Pr. Münster 5:1 (2:1)
Blasey, Strauch, Bredenfeld, Rausch, Stauvermann, Ferner, Fürhoff , Weiss, Gecks, Bast, Lippens – Tore: 0:1 Moors (12.), 1:1, 2:1, 3:1 Lippens (16., 28., 69./FE), 4:1 Bast (76.), 5:1 Lippens (88.) – SR: Kindervater – ZU: 8.274

25.3.1973 Eintr. Gelsenkirchen – RWE 0:1 (0:0)
Stefens, Strauch, Bredenfeld, Rausch, Stauvermann, Ferner, Fürhoff , Weiss, Gecks (68. de Vlugt), Bast, Lippens – Tore: 0:1 Lippens (61.) – SR: Winke – ZU: 6.000

1.4.1973 RWE – Borussia Dortmund 0:1 (0:0)
Blasey, Strauch, Bredenfeld, Rausch, Stauvermann, Ferner, Dörre (63. Fürhoff), Weiss (73. Brosda), Gecks, Bast, Lippens – Tore: 0:1 Ondera (46) – SR: Eschweiler – ZU: 12.326

8.4.1973 ETB SW Essen – RWE 1:1 (1:1)
Stefens, Strauch, Bredenfeld (77. Weiss), Rausch, Brosda, Ferner, Fürhoff, Dörre, Gecks, Bast, de Vlugt (46. Lippens) – Tore: 1:0 Trimhold (29./FE), 1:1 Gecks (41.) – SR: Hermanns – ZU: 20.000

15.4.1973 RWE – DJK Gütersloh 6:0 (6:0)
Blasey, Dörre, Bredenfeld, Rausch, Stauvermann, Fürhoff, Weiss, Brosda, de Vlugt, Bast, Lippens – Tore: 1:0 de Vlugt (5.), 2:0 Weiss (6.), 3:0 Bast (12.), 4:0 Brosda (30.), 5:0, 6:0 Lippens (32., 43.) – SR: Kohnen – ZU: 4.845

29.4.1973 Bayer Leverkusen – RWE 1:4 (0:1)
Blasey, Bredenfeld, Erlhoff, Rausch, Stauvermann, Ferner, Fürhoff, Strauch, de Vlugt, Bast, Lippens – Tore: 0:1 de Vlugt (2.), 1:1 Mühlenberg (63.), 1:2 Ferner (68.), 1:3 Lippens (71.), 1:4 Fürhoff (77.) – SR: Risse – ZU: 2.000

6.5.1973 RWE – Bayer Uerdingen 4:0 (3:0)
Stefens, Strauch, Erlhoff, Rausch, Stauvermann, Ferner, Fürhoff, de Vlugt (83. Dörre), Gecks (83. Brosda), Bast, Lippens – Tore: 1:0 Rausch (25.), 2:0 Fürhoff (30.), 3:0 Lippens (37.), 4:0 Fürhoff (60.) – SR: Hennig – ZU: 12.005

13.5.1973 Westfalia Herne – RWE 2:1 (1:0)
Blasey, Strauch, Erlhoff, Rausch (46. Dörre), Stauvermann, Fürhoff, Brosda, de Vlugt (58. Weiss), Gecks, Bast, Lippens – Tore: 1:0, 2:0 Kosien (9., 64.), 2:1 Strauch (78.) – SR: Pesch – ZU: 5.000

23.5.1973 RWE – Darmstadt 98 3:1 (2:0)
Stefens, Strauch (60. Dörre), Erlhoff, Rausch, Stauvermann, Ferner, Fürhoff, de Vlugt, Gecks, Bast, Lippens – Tore: 1:0 Gecks (3.), 2:0 Rausch (17.), 2:1 Schmiedl (45.), 3:1 Dörre (85.) – SR: Horstmann – ZU: 25.849

27.5.1973 Wacker 04 Berlin – RWE 2:2 (1:2)
Stefens, Strauch, Erlhoff (63. Weiss), Rausch, Stauvermann, Ferner, Fürhoff (74. de Vlugt), Dörre, Gecks, Bast, Lippens – Tore: 0:1 Lippens (9.), 0:2 Fürhoff (30.), 1:2, 2:2 Lunenburg (45., 73) – SR: Schulenburg – ZU: 7.000

3.6.1973 RWE – VfL Osnabrück 4:1 (1:1)
Blasey, Dörre (70. Brosda), Erlhoff, Rausch, Stauvermann, Ferner, Fürhoff, Weiss, Gecks, Bast, Lippens – Tore: 0:1 Segler (6.), 1:1 Bast (12.), 2:1 Gecks (48.), 3:1 Fürhoff (60.), 4:1 Erlhoff (89./FE) – SR: Schröck – ZU: 20.871

6.6.1973 Röchling Völklingen – RWE 0:4 (0:1)
Blasey, Dörre, Strauch, Rausch, Stauvermann (72. Erlhoff), Ferner, Fürhoff, Weiss, Gecks (79. de Vlugt), Bast, Lippens – Tore: 0:1 Fürhoff (6.), 0:2 Link (46./ET), 0:3, 0:4 Lippens (77., 82.) – SR: Betz – ZU: 20.000

13.6.1973 RWE – Wacker 04 Berlin 3:0 (1:0)
Blasey, Dörre, Strauch, Rausch, Erlhoff, Ferner, Fürhoff, Weiss (33. de Vlugt), Gecks (75. Finnern), Bast, Lippens – Tore: 1:0, 2:0 Bast (41., 47.), 3:0 de Vlugt (53.) – SR: Wengenmayer – ZU: 16.688

17.6.1973 Darmstadt 98 – RWE 2:2 (1:1)
Blasey, Dörre (62. Stauvermann), Strauch, Rausch, Erlhoff, Ferner, Fürhoff, de Vlugt, Gecks (69. Finnern), Bast, Lippens – Tore: 1:0 Metz (2.), 1:1 de Vlugt (13.), 1:2 Gecks (61.), 2:2 Koch (70.) – SR: Biwersi – ZU: 17.000

20.6.1973 RWE – Röchling Völklingen 3:1 (1:0)
Blasey, Strauch, Erlhoff, Rausch, Stauvermann, Peitsch, Brosda, Finnern, de Vlugt, Bast (64. Littek), Lippens (66. Bredenfeld) – Tore: 1:0, 2:0, 3:0 de Vlugt (14., 57., 63.), 3:1 Fuhrmann (89.) – SR: Aldinger – ZU: 12.255

24.6.1973 VfL Osnabrück – RWE 1:2 (0:1)
Stefens, Strauch, Erlhoff, Rausch, Bredenfeld, Fürhoff, Brosda, Finnern, de Vlugt (73. Peitsch), Bast, Lippens – Tore: 0:1 de Vlugt (34.), 1:1 Kaumkötter (53.), 1:2 Finnern (61.) – SR: Wolfarth – ZU: 5.000

Tabelle

1.Rot-Weiss Essen	6	2	0	23-8	14:2
2.Darmstadt 98	2	4	2	18-14	8:8
3.Röchling Völklingen	3	1	4	10-17	7:9
4.VfL Osnabrück	3	0	5	17-23	6:10
5.Wacker 04 Berlin	1	3	4	8-13	5:11

DFB-Pokal

1. Runde

10.12.1972 RWE – Hamburger SV   5:3 (5:0)

Blasey, Strauch, Peitsch, Rausch, Stauvermann, Ferner, Fürhoff, Dörre, Gecks, Bast, Lippens – Tore: 1:0 Gecks (24.), 2:0 Fürhoff (25.), 3:0 Rausch (33.), 4:0 Lippens (37.), 5:0 Bast (39.), 5:1 Lübeke (48.), 5:2 Krause (54.), 5:3 Winkler (75.) – SR: Linn – ZU: 8.000

20.12.1972 Hamburger SV – RWE   5:0 n.V. (2:0)

Blasey, Strauch, Erlhoff, Rausch, Stauvermann, Ferner, Fürhoff (98. Peitsch), Dörre, Gecks, Bast, Lippens (51. de Vlugt)) – Tore: 1:0, 2:0 Volkert (29., 37.), 3:0 Nogly (94.), 4:0, 5:0 Hönig (97., 117.) – SR: Zühlke – ZU: 7.000

Meisterschaftseinsätze

Spieler	Spiele	/Tore
Heinz Stauvermann	33	/ 4
Dieter Bast	32	/ 22
Wolfgang Rausch	32	/ 7
Günter Fürhoff	31	/ 11
Horst Gecks	31	/ 11
Diethelm Ferner	30	/ 4
Willi Lippens	28	/ 23
Heinz Blasey	28	/ 0
Hermann Erlhoff	23	/ 5
Werner Brosda	22	/ 2
Harry de Vlugt	20	/ 7
Eberhard Strauch	20	/ 1
Hermann Bredenfeld	20	/ 1
Willibald Weiss	15	/ 2
Uwe Finnern	9	/ 0
Roland Peitsch	7	/ 0
Heiko Mertes	6	/ 2
Fritz Stefens	6	/ 0
Helmut Littek	2	/ 0
Herbert Weinberg	1	/ 0

Trainer

Horst Witzler

Interview mit Horst Gecks

Herr Gecks, haben Sie noch Erinnerungen an Ihre erste Saison bei RWE?

Ja klar. Ich bin ja im Sommer '72, nachdem ich mit Kickers Offenbach in die Bundesliga aufgestiegen bin, wieder zurück in den Westen gegangen, da unser Sohn Michael nach dem Sommer eingeschult werden sollte. Horst Witzler, der damalige RWE-Trainer, wollte mich schon länger zu sich holen und deshalb passte es. In Essen kam ich auch direkt mit meinen Mitspielern zurecht, da ich ja immer frei und offen war. Mit einigen Journalisten dagegen war nicht gut Kirschen essen, die hatten mich aus unerfindlichen Gründen direkt auf dem Kieker ..., das war für mich keine leichte Zeit. Als wir dann aber am Ende in die Bundesliga aufgestiegen sind, hatten mich auch die kritischsten Journalisten wieder lieb.

Zu welchem Spieler hatten Sie denn direkt guten Kontakt?

Och, das waren mehrere, wobei ich zu Beginn zwischen den Stühlen saß, da es zwei Grüppchen gab. Die einen scharten sich um Willi Lippens, die anderen um Wolfgang Rausch. Wo gehst du da als Neuling hin?

Sie waren ja flexibel einsetzbar, welche Position spielten Sie in Essen?

Rechtsaußen. Manchmal habe ich aber auch im Mittelfeld gespielt, dann spielten vorne Lippens, Bast und de Vlugt. Das war auch nicht schlimm, denn aufgrund meiner Flexibilität machte es mir auch nichts aus, etwas defensiver zu spielen.

Sie sagen ja selbst, dass Sie flexibel einsetzbar waren und auch jahrelange Bundesligaerfahrung vorweisen konnten. Warum hatten es dann einige Journalisten auf sie abgesehen?

Damals war es ja so: Mit 30 Jahren, das war die Schallgrenze, gehörte man schon zum alten Eisen. Begründet oder nicht, das war einfach so. Ich war dann auch noch ein Spieler, der ab und zu mal einen umspielte und wenn dann kein Mitspieler frei war oder sich anbot, dann habe ich auch den zweiten Mann umspielt, allerdings war dann die Wahrscheinlichkeit höher, auch mal hängen zu bleiben und wenn dies so war, dann hieß es gleich „der alte Pille" soll in Rente gehen. Aus meiner Sicht eine völlig unakzeptable Sichtweise.

Da habe ich ein Zitat aus der NRZ vom 25.9.1972 gefunden: „Pille Gecks ging mal wieder schnell die Luft aus." War das die Realität?

Ganz bestimmt nicht. Ich wog zu der Zeit 66 kg, ich war schnell und konditionsstark, was glauben Sie, wie fit ich war? Das alles war einfach nur nerviges Pressegelaber, zumeist auch nur von einem bestimmten Journalisten *(sehr ärgerlich)*. Irgendwann habe ich den angesprochen und ihm gesagt, dass er auf sportlicher und nicht auf persönlicher Ebene, so von wegen „… trifft auf drei Meter Entfernung keinen Möbelwagen", seine Berichte schreiben soll, ansonsten würde ich ihm mal richtig eine langen. Daraufhin wurde es ein wenig besser und hinterher in der Aufstiegsrunde war ich dann ja fast Weltmeister *(lacht)*. Kann ja auch nicht sein.

Können Sie sich an Ihr erstes Saisonspiel bei RWE erinnern?

Ja, das war in Lünen, wir haben da 1:0 gewonnen und ich habe das Siegtor geschossen *(lacht)*.

War es für Sie, als Bundesligaspieler, auch vom Kopf schwer, gegen so unbekannte Mannschaften wie den Lüner SV oder VfL Klafeld zu spielen?

Klar, die richtige Einstellung musstest du auf jeden Fall mitbringen, denn sonst hätten wir auch gegen solche Mannschaften verloren. Wichtig war aber auch der körperliche Einsatz, denn es war ja so, Lünen hatte zum Beispiel gegen uns 15.000 Zuschauer, wo sonst vielleicht nur 5.000 Leute kamen, dadurch waren deren Spieler eh schon motiviert, dann hatten wir ja auch mit Lippens, Rausch oder meine Wenigkeit nicht gerade unbekannte Spieler-Persönlichkeiten, woraufhin die Motivation beim Gegner noch größer wurde. Tja, und wenn das Spiel angepfiffen wurde, dann ging es direkt auf die Knochen …, 90 Minuten lang. Da mussten wir stets dagegenhalten und das über 34 Spieltage, da blieb es ja nicht aus, dass auch wir als Topmannschaft mal eine schwächere Phase in der Saison hatten.

Am 3. Spieltag gelang Ihnen der höchste Meisterschaftssieg von Rot-Weiss Essen in den letzten 60 Jahren.

10:1 gegen Styrum, das werde ich nie vergessen. Wir lagen zunächst mit 0:1 zurück, aber dann ging es rund. Der Willi hat da Bälle mit dem Hintern gestoppt und die Tribüne wollte gar nicht mehr aufhören mit ihren „Williiiiiiii"-Rufen. Unvergesslich.

Sie haben zu Beginn gesagt, dass RWE eine gute und erfahrene Mannschaft hatte. Wer stand denn in der Hierarchie ganz oben?

Natürlich die, die schon lange im Verein waren. Zum einen Lippens und zum anderen Rausch, das waren die Platzhirsche.

Mit wem hatten Sie am meisten Kontakt?

Mit Willi Weiss, der kam aus Ingolstadt und wohnte in Reken, und da ich in Rhade wohnte, hatten wir eine Fahrgemeinschaft. Auch mit dem Werner Brosda hatte ich einen guten Kontakt, mit ihm und unseren Frauen haben wir uns auch mal unterhalb der Woche zum Kartenspielen getroffen. Ansonsten bin ich aber auch mit anderen Mitspielern am Wochenende in die Discos und Kneipen gegangen.

In Discotheken?

Ja klar, die ganze Woche über habe ich abstinent gelebt, aber am Wochenende musste ich mir was gönnen. Das war ganz normal. In Offenbach zum Beispiel waren immer die Zuhälter mit ihren Nutten im Stadion und die haben dann oft gefragt, wo wir denn abends hingehen würden …, da sind wir natürlich nach Frankfurt in deren Läden gegangen, da mussten wir nix bezahlen *(lacht)*. Das gab es in Essen aber nicht, da lief alles ganz artig ab.

Nach gutem Hinrundenverlauf kam es am 13. Spieltag zum Lokalderby gegen SW Essen. Sie waren Erster, Schwarz-Weiß Letzter. Eigentlich eine klare Angelegenheit, aber das Spiel endete äußerst knapp 6:5.

Ja, das war schon ein ständiges rauf und runter, aber es war nun mal ein Derby, da herrschen andere Gesetze, da will auch der Kleinere gewinnen. Diese beiden Spiele sagen auch nichts über den Saisonverlauf aus, da geht es nur ums Prestige. Hinzu kam, dass wir das ganze Spiel über klar geführt haben. 4:1 oder 5:2, aber immer bekamen wir kurz darauf einen eingeschenkt, weil bei solch einer hohen Führung schon mal der ein oder andere das Spiel abgehakt hatte. Tja, und so passieren dann im Grunde Sensationen.

Am Ende der Hinrunde gab es einen deutlichen 4:1-Sieg gegen Bayer Leverkusen, aber die Fans pfiffen Sie aus. Hatten Sie dafür Verständnis?

Es ist ja immer so, wenn sie zu Beginn des Spiels direkt loslegen und reinhauen, dann wird es später weniger …, das ist einfach so. Und wenn es eine halbe Stunde vor Schluss 4:1 steht, dann wollen die Fans natürlich noch das eine oder andere Tor sehen. Leider wird da nicht beachtet, dass der Gegner nur noch hinten drinsteht, da er ja eine dicke Klatsche vermeiden will, und es dadurch natürlich unheimlich schwer ist, noch ein Tor zu schießen. Hinzu kommt natürlich, dass man sich als Spieler, dessen Mannschaft hoch führt, sagt, dass es eh nicht mehr so wichtig ist, noch ein Tor zu schießen, da man die Punkte eh schon im Sack hat. Das alles zusammen ist keine gute Kombination und somit gibt es dann Pfiffe von den Fans. Im Grunde wird man dann am Ende dafür bestraft, dass man am Anfang so gut gespielt hat. Naja, ich konnte damit leben und ich hoffe, die Fans auch *(lacht)*.

Sie haben in Duisburg, Offenbach und Essen gespielt. Gab es da Unterschiede beim Publikum?

Nein, das Publikum will nur Siege sehen. Das war überall so. Die Unterschiede lagen vielleicht darin, dass wir in Offenbach mit Erwin Kostedde und Siggi Held eine für Regionalligaverhältnisse saugute Mannschaft hatten und von 38 Spielen nicht ein einziges Spiel verloren haben. Allerdings spielten wir ab und an mal Unentschieden und dann war direkt Weltuntergang, dann haben die Zuschauer gepfiffen. Das gab es in Duisburg so nicht, da wir in den Bundesligajahren ja meistens gegen den Abstieg spielten und Niederlagen waren völlig normal. In Essen war dann schon fast eine neue Zeit, mitte der 70er, da wurde das Publikum generell in Deutschland kritischer und aufgrund der größeren Freizeitmöglichkeiten waren auch die Stadien nicht mehr so voll.

Im Winter '72 gab es zwei Pokalspiele gegen den HSV.

Das Hinspiel war granatenhaft ..., da haben wir die auseinander genommen! Wir haben 5:0 geführt, dass war wie im Rausch ..., das muss man erlebt haben. Wir haben den HSV so was von nass gemacht, leider haben wir uns in der ersten Halbzeit auch konditionell übernommen und mussten dann in der zweiten Halbzeit noch drei Gegentreffer schlucken. Wir wollten ja weitere Tore erzielen, aber da wäre es besser gewesen, wir hätten hinten dicht gemacht, dann wären wir im Rückspiel weitergekommen. So haben wir dann in Hamburg mit 0:5 nach Verlängerung verloren und sind ausgeschieden.

Im Winter '73 haben Sie zwei Hallenturniere in der Gruga gewonnen, und das, obwohl Sie eine Mannschaft waren, die in der Bundesliga meistens gegen den Abstieg oder ab und zu auch in der Regionalliga gespielt hat ...

Ja, aber wir hatten tolle Fußballer, tolle Techniker. Dazu gehörten der Nobby Fürhoff, tolles Auge und toller linker Fuß, die Ente, Wolfgang Rausch, Hermann Erlhoff, der ein begnadeter Techniker war, Heinz Stauvermann und meine Wenigkeit. Meistens haben wir mit vier Feldspielern und einem Torwart gespielt, das passte dann. Zu der guten Technik kam dann auch, dass wir in der Halle immer uneigennützig gut kombiniert haben. Ja man kann sagen, hätte es damals eine Hallenbundesliga gegeben, RWE wäre Meister geworden. Der „Nobby" war eine absolute Granate, der hat nach links geguckt und nach rechts gespielt, meistens mit dem Außenrist, und einen Spannstoß hatte er ... *(schüttelt den Kopf).*

Ich sehe, Sie haben heute noch großen Spaß, wenn Sie von Ihren Vorlagen erzählen. Waren sie auf dem Platz kein Egoist?

Nein und genau das war mein Fehler. Die haben vorne drin auf meine Vorlage die Dinger gemacht und dann bei den Gehaltsverhandlungen richtig abkassiert, ich dagegen musste zwar nicht am Hungertuch nagen, aber die Anerkennung für die Vorbereiter war damals beileibe nicht so hoch wie heute.

Nach dem 28. Spieltag stand dann fest, dass RWE an der Aufstiegsrunde zur Bundesliga teilnehmen würde. Ist das eigentlich ein Vor- oder Nachteil, wenn man so früh qualifiziert ist?

Hm, für uns eher ein Vorteil, denn so konnten wir uns ein wenig vom Druck erholen, der ja die ganze Saison über auf uns lastete und dann wieder mit neuem Schwung in die Aufstiegsrunde einsteigen.

Wenn Sie an die Aufstiegsrunden denken, haben Sie sich darauf gefreut oder haben Sie diesen Stress eher verflucht?

Das war einfach Scheiße! Denn meine Kumpels, die meisten haben ja Bundesliga gespielt, die lagen schon schön an der Costa Brava und haben Urlaub gemacht und ich musste noch vier Wochen ackern und konnte dann später mit dem Auto nachkommen. Nee, das war scheiße.

Das erste Spiel fand zu Hause gegen Darmstadt 98 statt.

Genau, da waren 30.000 Zuschauer im Stadion, da war der Teufel los. Meine ehemaligen Mitstreiter aus Offenbach, Walter Bechtold und Rudi Koch, spielten bei 98 und wussten gar nicht, wie ihnen geschah *(lacht)*.

Sie persönlich hatten ja zu der Zeit eine Achillessehnenreizung. Haben Sie sich fit spritzen lassen? Gab es das damals?

Ja, das gab es schon. Ich habe mich auch fit spritzen lassen und habe dann erst nach der Saison die Verletzung richtig auskuriert. Leider dauerte es länger als ich vermutet hatte und somit kam ich in den ersten Spielen der neuen Saison nicht zum Einsatz und hing dann ein wenig hinten dran.

Die Aufstiegsrunden haben im Juni stattgefunden …

Genau und da war es meistens 30 Grad oder noch wärmer. Heutzutage werden ja bei der kleinsten Unterbrechung jederzeit Trinkflaschen aufs Feld geworfen, aber früher gab es das nicht. Da hieß es immer „Bloß nichts trinken, man schwitzt ja!" Ein Senfglas voll mit Wasser durften wir in den 90 Minuten bei 30 Grad trinken …, das muss man sich mal vorstellen. Unglaublich.

Gegner in der Aufstiegsrunde '73 waren Darmstadt 98, VfL Osnabrück, Wacker 04 Berlin und Röchling Völklingen …

In Völklingen haben wir ein wunderbares Spiel gemacht und die mit 4:0 abgeschossen *(lacht)*.

…, das waren ja nicht unbedingt Top-Mannschaften. Oder?

Vielleicht, aber zu diesem Zeitpunkt waren die da. Wacker 04 hatte immer viele Spieler in der Mannschaft, die bei Hertha BSC nicht mehr zurecht kamen oder schon die 30 überschritten hatten. Deshalb wurden die immer als Fallobst bezeichnet, aber so schlecht waren die nie. Wir haben im Hinspiel dort auch nur 2:2 gespielt und zu Hause musstest du auch immer eine konzentrierte Leistung bringen, sonst wären die Spiele schneller in die Hose gegangen als man hätte gucken können.

Und der VfL Osnabrück?

Die haben wir im Hinspiel mit 4:1 vom Platz gefegt und ich habe da ein wichtiges Tor zur 2:1-Führung erzielt. Im Rückspiel stand unser Aufstieg ja schon fest und da habe ich dann aufgrund meiner Achillessehnenprobleme nicht mehr gespielt.

Ihr drittes Tor in der Aufstiegsrunde erzielten Sie beim entscheidenden Spiel in Darmstadt.

Ja, da haben wir 2:2 gespielt und sind damit aufgestiegen. Hinterher war ich noch beim Hessischen Rundfunk im Fernsehen.

Gab es denn eine Aufstiegsfeier?

Doch, aber keine offizielle vom Verein. Wir Spieler sind nach unserer Ankunft in Essen nach Rüttenscheid in die Discotheken gegangen und hatten dort unseren Spaß.

Wenn Sie die Aufstiegsrunden '70, '72 und '73 miteinander vergleichen, an welche Aufstiegsrunde haben Sie die schönsten Erinnerungen?

Die schönsten Erinnerungen habe ich zweifelsfrei an die Aufstiegsrunde '70, als wir uns mit Kickers Offenbach gegen den VfL Bochum ein Duell auf Biegen und Brechen geliefert haben. Besonders unsere beiden Spiele gegeneinander waren richtige Schlachten und der Punktgewinn in Bochum war dann für uns Gold wert. '72 war auch sehr spannend, ich spielte da ja immer noch in Offenbach und wir haben uns einen Zweikampf mit RWE geliefert. Am Ende sind wir dann nur aufgrund des besseren Torverhältnisses aufgestiegen. Die '73er Runde war da doch schon lockerer, da wir in Essen so eine starke Mannschaft hatten und deshalb im Grunde ohne größere Probleme den Aufstieg schafften.

Haben Sie noch Kontakt zum Verein Rot-Weiss Essen?

Nein, gar nicht mehr.

Haben Sie noch Kontakt zu ehemaligen Mitspielern?

Mit Herbert Weinberg gehe ich ja noch jede Woche in Duisburg in der Halle Fußball spielen. Ab und zu habe ich noch was mit Werner Brosda zu tun und dann bin ich noch mit Willi LIppens und Vlado Saric ab und zu in der Fußballschule von Klaus Fischer tätig.

Wie sind Sie eigentlich an den Spitznamen „Pille" gekommen?

Den Namen bekam ich 1963 in der Oberligazeit des MSV von Trainer Fischken Multhaupt. Im Training mussten wir „überkreuz" laufen und mein Laufstil gefiel ihm wohl nicht und er sagte zu mir: „Du läufst da rum wie ein Pillekamp!" Obwohl ich auch aus dem Ruhrgebiet kam, wusste ich nicht, was dieser Name zu bedeuten hatte. Naja, war auch nicht wichtig, entscheidend war, dass ein Mitspieler das mitbekommen hatte, das „-kamp" hinten wegließ und mich ab diesem Zeitpunkt nur noch „Pille" nannte. Noch heute nennt mich jeder „Pille" ..., nur meine Frau sagt Horst *(lacht)*.

Saison 1973/74

1.	FC Bayern München	20	9	5	95-53	49:19
2.	Borussia Mönchengladbach	21	6	7	93-52	48:20
3.	Fortuna Düsseldorf	16	9	9	61-47	41:27
4.	Eintracht Frankfurt	15	11	8	63-50	41:27
5.	1. FC Köln	17	7	11	69-56	39:29
6.	1. FC Kaiserslautern	15	8	11	80-69	38:30
7.	Schalke 04	16	5	13	72-68	37:31
8.	Hertha BSC Berlin	11	11	12	56-60	33:35
9.	VfB Stuttgart	12	7	15	58-57	31:37
10.	Kickers Offenbach	11	9	14	56-62	31:37
11.	Werder Bremen	9	13	12	48-56	31:37
12.	Hamburger SV	13	5	16	53-62	31:37
13.	Rot-Weiss Essen	10	11	13	56-70	31:37
14.	VfL Bochum	9	12	13	45-57	30:38
15.	MSV Duisburg	11	7	16	42-56	29:39
16.	Wuppertaler SV	8	9	17	42-65	25:43
17.	Fortuna Köln	8	9	17	46-79	25:43
18.	Hannover 96	6	10	18	50-66	22:46

11.8.1973 Kickers Offenbach – RWE   1:1 (1:0)
Stefens, Senger, Rausch, Wörmer, Lorant, Fürhoff, Ferner, Finnern, De Vlugt (78. Brosda), Bast, Lippens – Tore: 1:0 Hickersberger (16.), 1:1 Lippens (68.) – SR: Zuchantke – ZU: 14.000

18.8.1973 RWE – Bor. M'gladbach   2:6 (2:2)
Stefens, Strauch, Rausch, Senger, Lorant, Fürhoff (71. Brosda), Ferner, Finnern (65. Weiss), De Vlugt, Bast, Lippens – Tore: 1:0 De Vlugt (7.), 1:1 Danner (36.), 1:2 Heynckes (36.), 2:2 De Vlugt (37.), 2:3, 2:4, 2:5 Heynckes (48./FE, 53., 71.), 2:6 Wimmer (76.) – SR: Betz – ZU: 23.257

22.8.1973 Bayern München – RWE   2:0 (0:0)
Blasey, Senger, Rausch, Wörmer, Lorant, Fürhoff (77. Weiss), Ferner, Finnern, De Vlugt (60. Brosda), Bast, Lippens – Tore: 1:0, 2:0 G. Müller (60./FE, 72.) – SR: Fuchs – ZU: 35.000

25.8.1973 RWE – Fortuna Köln   0:2 (0:1)
Blasey, Senger (58. Weiss), Rausch, Wörmer, Lorant, Fürhoff (77. Weiss), Ferner, Finnern, Brosda (54. De Vlugt), Bast, Lippens – Tore: 0:1 G. Zimmermann (2.), 0:2 Struth (55.) – SR: Seiler – ZU: 15.088

1.9.1973 RWE – Fortuna Düsseldorf   1:4 (0:1)
Blasey, Senger, Rausch, Wörmer, Lorant (46. Dörre), Fürhoff, Ferner, Erlhoff, Weiss (55. Ochmann), Bast, Lippens – Tore: 0:1 Brei (37.), 0:2 Hesse (53.), 0:3 Geye (60.), 1:3 Lippens (67.), 1:4 Herzog (75./FE) – SR: Dr. Siepe – ZU: 16.713

8.9.1973 Hertha BSC Berlin – RWE   1:1 (0:0)
Blasey, Senger, Rausch, Wörmer, Lorant, Erlhoff, Ferner, De Vlugt (85. Dörre), Bast, Lippens – Tore: 0:1 De Vlugt (57.), 1:1 Hermandung (82.) – SR: Nützel – ZU: 63.000

15.9.1973 RWE – Wuppertaler SV   2:1 (0:1)
Blasey, Senger, Rausch, Wörmer, Lorant, Erlhoff (46. Fürhoff), Ferner, Finnern (32. Gecks), De Vlugt, Bast, Lippens – Tore: 0:1 Cremer (7.), 1:1 Bast (49./FE), 2:1 De Vlugt (53.) – SR: Schäfer – ZU: 14.380

22.9.1973 Schalke 04 – RWE   3:1 (1:1)
Blasey, Senger (78. Sikora), Rausch, Wörmer, Lorant, Erlhoff, Ferner, Fürhoff, De Vlugt (54. Gecks), Bast, Lippens – Tore: 0:1 Bast (26./HE), 1:1 H. Kremers (28.), 2:1 Scheer (56.), 3:1 H. Kremers (84./FE) – SR: Kindervater – ZU: 50.000

28.9.1973 RWE – Werder Bremen   3:1 (0:0)
Blasey, Senger, Rausch, Wörmer, Lorant, Erlhoff, Weiss, Fürhoff, De Vlugt, Bast, Lippens – Tore: 1:0 De Vlugt (58.), 1:1 Dietrich (59.), 2:1, 3:1 Lippens (71., 85.) – SR: Tschenscher – ZU: 10.292

6.10.1973 Hannover 96 – RWE   1:2 (1:1)
Blasey, Senger, Rausch, Wörmer, Lorant, Erlhoff, Weiss, Fürhoff, De Vlugt (63. Gecks), Bast, Lippens – Tore: 0:1 Kaemmer (20./ET), 1:1 Kasperski (24.), 1:2 Bast (76.) – SR: Schmoock – ZU: 22.000

16.10.1973 RWE – Eintracht Frankfurt 6:3 (3:2)
Blasey, Strauch, Rausch, Wörmer, Senger, Erlhoff, Weiss, Fürhoff, De Vlugt, Bast, Lippens – Tore: 1:0 Fürhoff (16.), 1:1 Grabowski (19.), 2:1 Lippens (31.), 2:2 Senger (31./ET), 3:2, 4:2 De Vlugt (45., 50.), 5:2 Fürhoff (75.), 6:2 Weiss (77.), 6:3 Hölzenbein (90.) – SR: Roth – ZU: 17.844

20.10.1973 1. FC Köln – RWE   3:2 (2:1)
Böhs, Strauch, Rausch, Wörmer, Senger, Erlhoff, Dörre, Fürhoff (84. Finnern), De Vlugt (86. Gecks), Bast, Lippens – Tore: 1:0 Weber (3.), 1:1 De Vlugt (5.), 2:1, 3:1 Löhr (10., 65.), 3:2 Lippens (88.) – SR: Biwersi – ZU: 13.000

27.10.1973 RWE – MSV Duisburg   4:2 (4:0)
Böhs, Strauch, Rausch, Wörmer, Senger, Erlhoff, Weiss (80. Finnern), Fürhoff, De Vlugt (46. Gecks), Bast, Lippens – Tore: 1:0, 2:0 Lippens (11., 13.), 3:0 Fürhoff (22.), 4:0 De Vlugt (28.), 4:1, 4:2 Lehmann (75., 80.) – SR: Riegg – ZU: 17.854

3.11.1973 1. FC Kaiserslautern – RWE   0:0
Böhs, Strauch, Rausch, Wörmer, Senger, Erlhoff, Weiss, Fürhoff, De Vlugt, Bast, Lippens – Tore: Fehlanzeige – SR: Berner – ZU: 18.000

10.11.1973 RWE – VfB Stuttgart   3:3 (1:1)
Böhs, Strauch, Rausch, Wörmer, Senger, Erlhoff, Weiss, Fürhoff (67. Finnern), De Vlugt, Bast (67. Sikora), Lippens – Tore: 1:0 Weiss (20.), 1:1 Stickel (36.), 1:2 Ettmayer (65.), 2:2, 3:2 Erlhoff (66., 81./FE), 3:3 Ohlicher – SR: Ohmsen – ZU: 14.148

17.11.1973 VfL Bochum – RWE   1:2 (1:2)
Böhs, Strauch, Rausch, Wörmer, Senger, Erlhoff, Weiss, Fürhoff, De Vlugt, Bast (87. Gecks), Lippens – Tore: 0:1 Fürhoff (7.), 1:1 Tenhagen (11.), 1:2 Lippens (36.) – SR: Dreher – ZU: 20.000

8.12.1973 RWE – Hamburger SV   1:1 (1:1)
Blasey, Strauch, Rausch, Wörmer, Senger, Erlhoff, Weiss (67. Lorant), Fürhoff, De Vlugt, Bast, Lippens – Tore: 1:0 De Vlugt (4.), 1:1 Volkert (11.) – SR: Frickel – ZU: 11.739

5.1.1974 RWE – Kickers Offenbach   1:2 (1:1)
Blasey, Strauch, Rausch, Wörmer, Lorant, Erlhoff (58. Dörre), Weiss, Fürhoff, De Vlugt (80. Gecks), Bast, Lippens – Tore: 1:0 Bast (10./FE), 1:1 Theis (19.), 1:2 Kostedde (75.) – SR: Gabor – ZU: 13.104

12.1.1974 Bor. M'gladbach – RWE   2:2 (1:1)
Blasey, Strauch, Rausch, Wörmer, Lorant, Dörre, Fürhoff, De Vlugt (76. Gecks), Bast, Lippens – Tore: 0:1 De Vlugt (22.), 1:1 Bonhof (31.), 2:1 Danner (75.), 2:2 Bast (88./FE) – SR: Aldinger – ZU: 21.000

19.1.1974 RWE – Bayern München   0:1 (0:0)
Böhs, Strauch, Rausch, Wörmer, Lorant, Dörre, Weiss, Fürhoff, De Vlugt (76. Gecks), Bast, Lippens – Tore: 0:1 Torstensson – SR: Kollmann – ZU: 26.677

26.1.1974 Fortuna Köln – RWE   1:3 (0:1)
Böhs, Strauch, Rausch, Wörmer (49. Erlhoff), Lorant, Dörre, Weiss, Fürhoff, De Vlugt, Bast, Lippens – Tore: 0:1 Dörre (33.), 0:2 Lippens (67.), 0:3 Gecks (77.), 1:3 Kucharski (90./FE) – SR: Redelfs – ZU: 13.000

2.2.1974 Fortuna Düsseldorf – RWE   3:0 (0:0)
Böhs, Strauch, Rausch, Erlhoff (55. Senger), Lorant, Dörre, Weiss, Fürhoff, Gecks, Bast, Lippens – Tore: 1:0 Zewe (48.), 2:0 Budde (73.), 3:0 Zewe (80.) – SR: Hilker – ZU: 23.000

23.2.1974 RWE – Hertha BSC Berlin   3:2 (2:1)
Böhs, Strauch, Rausch, Erlhoff, Lorant, Dörre (76. Senger), Weiss, Fürhoff, Finnern, Bast, Lippens – Tore: 1:0, 2:0 Erlhoff (10., 23.), 2:1 L. Müller (30./FE), 2:2 Riedl (59.), 3:2 Bast (67.) – SR: Basedow – ZU: 10.315

1.3.1974 Wuppertaler SV – RWE   2:0 (2:0)
Böhs, Strauch, Rausch, Erlhoff, Lorant, Dörre, Weiss, Fürhoff (63. Sikora), Finnern (63. Gecks), Bast, Lippens – Tore: 1:0 G. Pröpper (5.), 2:0 G. Jung (19.) – SR: Horstmann – ZU: 18.000

9.3.1974 RWE – Schalke 04   2:5 (0:2)
Böhs, Strauch, Rausch, Wörmer, Lorant, Dörre, Erlhoff (46. Sikora), Weiss, Fürhoff, Bast (65. Gecks), Lippens – Tore: 0:1 Fischer (21.), 0:2 Rüssmann (45.), 0:3 H. Kremers (51.), 1:3 Lorant (68.), 1:4 Scheer (72.), 2:4 Gecks (88.), 2:5 Scheer (90.) – SR: Eschweiler – ZU: 24.134

16.3.1974 Werder Bremen – RWE   1:1 (1:0)
Blasey, Strauch, Rausch, Wörmer, Lorant, Dörre (72. Sikora), Weiss, Senger (87. Erlhoff), Fürhoff, Bast, Lippens – Tore: 1:0 Höttges (29.), 1:1 Wörmer (51.) – SR: Haselberger – ZU: 8.000

23.3.1974 RWE – Hannover 96   1:1 (1:0)
Blasey, Strauch, Rausch, Wörmer, Lorant, Weiss (70. Gecks), Senger, Fürhoff (46. Dörre), Bast, Sikora, Lippens – Tore: 1:0 Bast (31./FE), 1:1 Kaemmer (89.) – SR: Seiler – ZU: 12.425

30.3.1974 Eintracht Frankfurt – RWE 6:0 (2:0)
Blasey, Strauch, Rausch, Wörmer, Lorant, Weiss, Senger (59. Gecks), Fürhoff, De Vlugt (65. Sikora), Bast, Lippens – Tore: 1:0 Nickel (8.), 2:0 Kalb (19.), 3:0 Nickel (57.), 4:0 Kalb (58.), 5:0 Rohrbach (64.), 6:0 Parits (90.) – SR: Picker – ZU: 10.000

6.4.1974 RWE – 1. FC Köln 1:1 (1:0)
Blasey, Strauch (74. Dörre), Rausch (42. Weiss), Wörmer, Lorant, Erlhoff, Senger, Fürhoff, Bast, Sikora, Lippens – Tore: 1:0 Wörmer (7.), 1:1 Simmet (67.) – SR: Lutz – ZU: 11.376

19.4.1974 MSV Duisburg – RWE 1:0 (1:0)
Blasey, Senger, Rausch, Wörmer, Lorant, Erlhoff, Dörre, Fürhoff, Gecks (82. Sikora), Bast, Lippens – Tore: 1:0 Dietz (14.) – SR: Fork – ZU: 27.000

27.4.1974 RWE – 1. FC Kaiserslautern 3:3 (1:1)
Böhs, Strauch, Rausch, Wörmer, Lorant, Dörre, Erlhoff (73. Finnern), Fürhoff, De Vlugt (75. Gecks), Bast, Lippens – 1:0 Fürhoff (4.), 1:1 Schwarz (16.), 1:2 Sandberg (69.), 2:2 Lippens (72.), 3:2 Lorant (74.), 3:3 Toppmöller (86.) – SR: Frickel – ZU: 11.126

4.5.1974 VfB Stuttgart – RWE 0:3 (0:1)
Blasey, Strauch, Rausch, Wörmer, Lorant, Dörre, Erlhoff, Fürhoff, Gecks, Bast (63. J. Hasebrink), Lippens – Tore: 0:1 Lippens (5.), 0:2 Bast (62.), 0:3 J. Hasebrink (86.) – SR: Linn – ZU: 6.700

11.5.1974 RWE – VfL Bochum 2:2 (2:1)
Blasey, Strauch, Rausch, Wörmer, Lorant, Erlhoff, Finnern (46. Weiss), Fürhoff, Gecks (71. De Vlugt), Bast, Lippens – Tore: 0:1 Tenhagen (35.), 1:1 Lippens (36.), 2:1 Bast (40./FE), 2:2 Balte (76.) – SR: Riegg – ZU: 10.005

18.5.1974 Hamburger SV – RWE 2:3 (1:1)
Blasey, Strauch (46. Senger), Rausch, Wörmer, Lorant, Erlhoff, Dörre, Fürhoff, Gecks (71. De Vlugt), Bast, Lippens (67. Weiss) – Tore: 0:1 Gecks (3.), 1:1 Zaczyk (22.), 1:2 Bast (73.), 2:2 Nogly (78.), 2:3 Gecks (88.) – SR: Zuchantke – ZU: 13.000

DFB-Pokal

1. Runde

1.12.1973 1. FC K'lautern – RWE 5:3 n.V. (2:2)
Blasey, Strauch, Wörmer, Rausch, Senger, Erlhoff, Lorant, Weiss, Fürhoff, Bast, Gecks – Tore: 1:0 R. Meier (15.), 1:1 Bast (23.), 2:1 Laumen (48.), 2:2 Gecks (89.), 3:2 Wörmer (92./ET), 4:2 Pirrung (95.), 5:2 Bitz (104.), 5:3 Erlhoff (111.) – SR: Dreher – ZU: 5.000

Meisterschaftseinsätze

Spieler	Spiele	/Tore
Willi Lippens	34	13
Dieter Bast	34	10
Wolfgang Rausch	34	0
Günter Fürhoff	33	4
Gerd Wörmer	30	2
Werner Lorant	28	2
Hermann Erlhoff	26	4
Willibald Weiss	26	2
Klaus Senger	25	0
Eberhard Strauch	24	0
Harry de Vlugt	22	11
Horst Gecks	20	4
Heinz Blasey	20	0
Hans Dörre	18	1
Uwe Finnern	13	0
Udo Böhs	12	0
Alfons Sikora	9	0
Diethelm Ferner	8	0
Werner Brosda	4	0
Fritz Stefens	2	0
Jürgen Hasebrink	1	1
Bernhard Ochmann	1	0

Trainer
Horst Witzler
Diethelm Ferner   ab 28.9.1973

Interview mit Willibald Weiss

Herr Weiss, was war Ihr persönliches Ziel für die Bundesligasaison 73/74?

Ich wollte zum engeren Kader gehören und so oft wie möglich spielen. Klar war mir natürlich auch, dass dies, bei dem damaligen guten Kader in Essen, nicht so einfach werden würde, und dass man dazu auch immer das notwendige Glück haben muss fit zu sein.

Können Sie sich noch an das Trainingslager unter Trainer Witzler vor der Saison erinnern?

Ich weiß wohl, dass das Training unter Witzler, für eine Bundesligamannschaft, nicht so konditionslastig war wie ich es mir vorgestellt hatte. Auch hat Witzler nicht so sehr auf Disziplin geachtet. Man konnte ohne große Probleme auch mal aus dem Trainingslager ausbüxen und geraucht werden durfte auch.

Wissen Sie noch mit wem Sie auf dem Zimmer lagen?

Das weiß ich nicht mehr so genau, entweder war es der Werner Brosda oder Horst Gecks.

Gab es vom Verein eine Zielvorgabe für die Bundesligasaison 73/74?

Gab es, und die lautete eindeutig Klassenerhalt. Größere Erwartungen als Aufsteiger hatte der Vorstand da nicht.

Warum ist der Saisonstart so schlecht verlaufen?

Ich denke mal, das lag daran, dass wir nicht so fit waren, um mit den anderen Mannschaften mithalten zu können. Wir waren langsam, nicht so spritzig und sind immer einen Schritt zu spät gekommen. Wir haben ja nicht grundlos am zweiten Spieltag zu Hause gegen Borussia Mönchengladbach, nach einem 2:2-Halbzeitstand, mit 2:6 verloren.

Sie persönlich hatten bis zum 8. Spieltag nur Teileinsätze. Waren Sie sehr frustriert und kamen Sie mit Witzler zurecht?

Mit Witzler kam ich zurecht, da gab es keine Probleme. Und ob ich frustriert gewesen bin, weil ich kaum gespielt habe? Nein, kann ich nicht sagen. Es lief zu dieser Zeit nicht in der Mannschaft und da wäre es als Einzelperson sehr schwierig, wenn nicht sogar unmöglich gewesen, dort was Positives zu bewegen. Es gab ja auch Differenzen in der Mannschaft und ständig kreisten die Gespräche darum, warum es nicht läuft oder warum wir immer verlieren. Die Zeit war auch für mich schwierig, weil ich jemand war, der nicht so etabliert war in der Mannschaft.

Gab es da Differenzen zwischen den einzelnen Spielern?

Nein, es ging immer um die Sache. Der Rausch, der Erlhoff, der Fürhoff und der Lippens haben ja schon jahrelang zusammen gespielt, und gerade deshalb machte es sie stutzig, dass es nicht lief.

Kann es sein, dass die kräftezehrende Aufstiegsrunde im Sommer ein Grund war, dass es nicht so lief?

Nein, die Aufstiegsrunde war kräftemäßig nicht so anstrengend, das war eigentlich eine ganze klare Sache für uns.

Nach der 1:3-Niederlage am 8. Spieltag auf Schalke wurde Witzler entlassen und Diethelm Ferner, bis dato noch Spieler, übernahm das Traineramt. Wissen Sie noch, wie der Trainerwechsel vonstatten ging? Angeblich soll es ja zu einer Mannschaftssitzung gekommen sein ...

Von einer Mannschaftssitzung weiß ich nichts und wenn es so gewesen ist, dann war ich nicht dabei. Allerdings hatte es sich schon vorher angedeutet, dass Ferner auf lange Sicht andere Ambitionen hatte, als weiter auf dem Platz rum zu laufen. Er hatte ja das Talent, auf der Tribünenseite immer Gas zu geben, aber wenn er auf der anderen Seite spielte, weit weg vom Vorstand und vom Trainer, dann kam da oft nichts mehr. Was ich damit sagen will ist, ihm fehlte in diesem Jahr die nötige Power. Ein weiteres Indiz für seine anderen Ambitionen war, dass er schon Wochen vorher zu mir gekommen ist und mich immer aufgefordert hat, dass ich mich richtig reinhängen soll. Das war für mich sehr positiv und als Ferner Trainer war, hat er mich auch sofort eingesetzt und spielen lassen. Auch Pille Gecks war übrigens ein Spieler, der mir immer Mut gemacht hat.

Als Trainer Ferner die Mannschaft übernommen hatte, lief es direkt besser. Woran lag es? Hat er das Training umgestellt?

Ja, das hat er. Wir haben von jetzt auf gleich viel mehr auf Spritzigkeit trainiert. Hinzu kam, dass wir wieder ausschließlich an der Hafenstraße trainiert haben ..., dort hinten auf dem Pseudorasenplatz. Vorher haben wir oft in der Gruga trainiert, aber nun war unsere Heimstätte auch beim Training die Hafenstraße. Das kam bei der Mannschaft ganz gut an und hat auch wieder für ein Gemeinschaftsgefühl gesorgt. Es kam dann auch direkt der Erfolg in den Bundesligaspielen.

Das erste Spiel unter Ferner wurde mit 3:1 gegen Werder Bremen gewonnen und im Mittelfeld spielten Erlhoff, Weiss und Fürhoff. Passte dies?

Ja, das hat gepasst. Der Nobby war derjenige, der offensiv ausgerichtet war, die Stürmer in Szene setzen konnte, einen Bombenschuss hatte, aber nicht der laufstärkste war. Der Erlhoff hat im defensiven Mittelfeld den Laden dicht gemacht. Ich konnte viel laufen und eine gewisse Zweikampfhärte in die Waagschale werfen.

Haben Sie sich auch privat mit Ihren Mittelfeldkollegen verstanden?

Mit dem Hermann schon, mit ihm und Pille Gecks hatte ich ja eine Fahrgemeinschaft und wir haben uns auch abends mal zusammen mit unseren Frauen getroffen. Dazu kam dann auch der Werner Brosda mit seiner Frau.

Nach dem Bremen-Spiel wurde auch in Hannover gewonnen und dann kam es zum Heimspiel gegen den Tabellenführer Eintracht Frankfurt. Das war Ihr Spiel.

Das war ein Flutlichtspiel und bei den Frankfurtern stand der Doktor Kunter im Tor und der hatte bei solchen Spielen immer Probleme mit seinen Kontaktlinsen. Diejenigen, die schon öfter gegen Frankfurt gespielt hatten, wussten das, und so hat der Willi zu uns gesagt, dass wir aus jeder Entfernung aufs Tor schießen und jede Menge Flanken in den Strafraum schlagen sollten …, hat ja dann auch gut geklappt. Hinzu kam, dass es bei diesem Spiel regnete, der Rasen feucht war und die Bälle unheimlich schnell wurden. Das war deshalb so gut für uns, weil wir in Essen immer mit Bällen gespielt haben, die unheimlich hart aufgepumpt waren und deshalb umso mehr abgegangen sind *(lacht)*. Hinzu kam natürlich, dass der Nobby und der Harry auf der Flucht relativ schnell Tore geschossen haben. Ja, das war ein Riesenspiel.

Sind Sie, als Person und als Mannschaft, in diesem Spiel über Ihre Leistungsfähigkeit hinausgewachsen?

Kann sein, wir haben an dem Tag alle hervorragend gespielt …, ohne taktische Zwänge. Auch die Atmosphäre war super. Als Spieler konnte man bei diesem Funzellicht die Zuschauer auf den Rängen gar nicht erkennen, dass war eine riesige, wogende Wand, aber man hörte aus der Dunkelheit die ohrenbetäubenden Gesänge …, das war wirklich sehr beeindruckend.

Zum Ende der Hinrunde stand der Verein auf Platz 9 und Sie gingen als Stammspieler in die Winterpause. Waren Sie zufrieden?

Ja natürlich. Wer wäre das nicht gewesen?

Der Beginn der Rückrunde verlief mit einem 2:2 in Mönchengladbach relativ gut. Danach gab es aber eine 0:1-Heimniederlage gegen Bayern München.

Das war ein Skandalspiel. Da gibt uns der Schiedsrichter ein Tor nicht und verweigert uns auch noch mehrere klare Strafstöße. Daran kann ich mich noch gut erinnern, da war auch in unserer Kabine nach dem Spiel die Hölle los. Klar, die Bayern waren stark, die waren immer stark, aber an diesem Tag hätten wir sie schlagen können.

Wie haben sich die Bayernspieler verhalten?

Die sind schnurstracks in die Kabine. Der Beckenbauer war auf dem Platz eh unnahbar, ganz im Gegensatz dazu, wie er privat war, der Müller war froh, dass er nichts sagen musste und der Rest hat das Spiel einfach als einen normalen Sieg abgehakt. Ich muss allerdings sagen, dass die bayerischen Spieler, bis auf den Beckenbauer, nie arrogant rüber kamen, das waren ganz normale Jungs. Der Beckenbauer zum Beispiel hat bei einem Fehlpass der eigenen Spieler immer direkt mit seinem Arm abgewunken, so als wollte er sagen „Mach nicht das, was du nicht kannst, spiel lieber mich an". Überhaupt war der

Blickkontakt und die Körperhaltung immer geringschätzig gegenüber den anderen Spielern, auch seinen Mannschaftskameraden gegenüber.

Konnte man, wenn Beckenbauer den Ball führte, überhaupt an diesen ran kommen?

Das war sehr schwer, besser man hat ihn nicht angegriffen, denn ansonsten hat er dich auf engstem Raum umspielt und der Lächerlichkeit des Publikums preisgegeben. Er hatte ein wahnsinnig gutes Auge und eine überragende Technik. Der einzige der bei uns da mithalten konnte, war der Lippens. Wenn er einmal den Ball hatte, dann hat er ihn auch nicht verloren. Hinzu kam, dass der Willi immer einen Zug zum Tor hatte und dadurch natürlich für den Gegner unheimlich gefährlich war. Für unsere Mannschaft war er sehr wichtig, weil man sich auf ihn immer verlassen konnte.

Kamen Sie mit Lippens gut aus?

Zunächst nicht, denn seine Art mit den Mitspielern umzugehen, war immer sehr fragwürdig. Wenn man ihn länger kannte, dann wusste man auch, dass er viele Dinge gar nicht so böse meinte wie sie rüber gekommen sind.

In dieser Rückrunde gab es keine Konstanz in der Mannschaft, es ging immer rauf und runter, wechselhafte Leistungen. Woran lag das?

Die Spiele haben Kraft gekostet und Ferner hatte den Nachteil, dass er noch nicht so viel Erfahrung hatte, um unsere Leistungen über einen längeren Zeitraum zu stabilisieren. Hinzu kam natürlich, dass er die Versäumnisse von Witzler in der Vorbereitung nicht hundertprozentig aufarbeiten konnte.

Kann es vielleicht sein, dass die Mannschaft am Ende der Saison, nachdem der Klassenerhalt perfekt war, innerlich gesagt hat, „das Ziel ist erreicht" und es deshalb etwas schleifen ließ?

Um Gottes Willen nein …, wir wollten doch alle Geld verdienen. Damals gab es schließlich um die 1000 DM Siegprämie.

Ab dem 29. Spieltag saßen Sie wieder auf der Ersatzbank. War der Trainer mit Ihnen nicht mehr zufrieden?

Ich hatte zu dieser Zeit eine Knochenablagerung am Fersenbein, das wurde aber erst später in Darmstadt herausgefunden. Der Essener Vereinsarzt hat mich die ganze Zeit auf Achillessehnenprobleme behandelt. So konnte ich zwar meistens eine Stunde trainieren, aber dann hatte ich wieder unheimliche Schmerzen. Ich musste mir also Gedanken über meine zukünftige Karriere machen. Ich war ja schließlich schon 26, und kam dann relativ schnell zu der Entscheidung, dass ich auf jeden Fall mein Studium (Mathematik und Sport) zu Ende bringen wollte, um bei einem möglichen Ende meiner Karriere zumindest einen ordentlichen Beruf erlernt zu haben, indem ich dann arbeiten könnte. Dafür nahm ich auch in Kauf, dass ich zu einem Verein in die zweite Liga wechseln musste. Ferner wusste davon und hat dann natürlich am Ende der Saison andere Spieler eingesetzt, um zu sehen, wer noch das Zeug hat, Bundesliga zu spielen und wer den Verein verlassen musste. Da ich also nicht mehr eingesetzt wurde, war keine böse Absicht von Ferner *(lacht)*.

Warum sind Sie ausgerechnet zu Darmstadt 98 gewechselt?

Ich hatte zwei Angebote, eins aus Darmstadt und eins aus Saarbrücken. Da Darmstadt eine Universität hatte und ich überhaupt keine Lust verspürte, ins Saarland zu wechseln, habe ich mich dann für Darmstadt entschieden.

Was für ein Fazit ziehen Sie über Ihre Essener Zeit?

Ich habe mich dort fußballerisch weiterentwickelt, habe ab dieser Zeit auch wesentlich mehr Zweikämpfe bestritten, denen ich vorher eigentlich immer aus dem Weg gegangen bin. Privat habe ich etliche Leute kennen gelernt, mit denen ich noch heute Kontakt habe und ferner war es auch mal gut für mich, weg vom Elternhaus zu sein und zu lernen auf eigenen Beinen zu stehen. Negativ in Essen war eigentlich nur, dass ich schnell gemerkt habe, dass der Profifußball bei RWE nicht mit meinem Studium vereinbar war, aber das habe ich dann später in Darmstadt nachgeholt *(lacht)*.

Haben Sie noch Kontakt zum Verein RWE?

Nein.

Haben Sie noch Kontakt zu ehemaligen RWE-Mitspielern?

Auch nicht mehr. Eine Zeit lang hatte ich noch Kontakt zum Werner Brosda, aber der ist dann auch irgendwann eingeschlafen.

Saison 1974/75

1.	Borussia Mönchengladbach	21	8	5	86-40	50:18
2.	Hertha BSC Berlin	19	6	9	61-43	44:24
3.	Eintracht Frankfurt	18	7	9	89-49	43:25
4.	Hamburger SV	18	7	9	55-38	43:25
5.	1. FC Köln	17	7	10	77-51	41:27
6.	Fortuna Düsseldorf	16	9	9	66-55	41:27
7.	Schalke 04	16	7	11	52-37	39:29
8.	Kickers Offenbach	17	4	13	72-62	38:30
9.	Eintracht Braunschweig	14	8	12	52-42	36:32
10.	FC Bayern München	14	6	14	57-63	34:34
11.	VfL Bochum	14	5	15	53-53	33:35
12.	Rot-Weiss Essen	10	12	12	56-68	32:36
13.	1. FC Kaiserslautern	13	5	16	56-55	31:37
14.	MSV Duisburg	12	6	16	59-77	30:38
15.	Werder Bremen	9	7	18	45-69	25:43
16.	VfB Stuttgart	8	8	18	50-79	24:44
17.	Tennis Borussia Berlin	5	6	23	38-89	16:52
18.	Wuppertaler SV	2	8	24	32-86	12:56

24.8.1974 1. FC Köln – RWE   0:1 (0:1)
Blasey, Strauch, Wieczorkowski, Wörmer, Senger, Dörre, Lorant, Fürhoff, Bast, Burgsmüller, Lippens – Tore: 0:1 Burgsmüller (35.) – SR: Gabor – ZU: 16.000

31.8.1974 RWE – Wuppertaler SV   2:0 (0:0)
Blasey, Dörre, Wieczorkowski, Strauch, Senger, Lorant, Fürhoff (77. Erlhoff), Bast, De Vlugt (60. Lindner), Burgsmüller, Lippens – Tore: 1:0 Lippens (59.), 2:0 Burgsmüller (71.) – SR: Frickel – ZU: 14.000

11.9.1974 Schalke 04 – RWE   3:0 (0:0)
Blasey, Strauch, Wieczorkowski, Wörmer, Senger, Dörre, Lorant, Fürhoff, Bast, Burgsmüller, Lippens – Tore: 1:0 H. Kremers (57.), 2:0 Fischer (65.), 3:0 H. Kremers (75.) – SR: Engel – ZU: 50.000

14.9.1974 RWE – Eintr. Braunschweig 1:2 (0:1)
Blasey, Strauch, Wieczorkowski, Wörmer, Senger (64. De Vlugt), Dörre (43. Lindner), Lorant, Fürhoff, Bast, Burgsmüller, Lippens – Tore: 0:1 Erler (26.), 0:2 Gersdorff (62.), 1:2 Lippens (76.) – SR: Klauser – ZU: 10.600

21.9.1974 Werder Bremen – RWE   0:0
Rynio, Strauch, Wieczorkowski, Wörmer, Senger (86. Erlhoff), Lindner, Lorant, Fürhoff (64. De Vlugt), Bast, Burgsmüller, Lippens – Tore: Fehlanzeige – SR: Schmoock – ZU: 10.000

28.9.1974 RWE – Bor. M'gladbach   1:3 (1:1)
Rynio, Strauch, Wieczorkowski, Wörmer, Lorant, Lindner (46. Senger), Bast, Fürhoff, De Vlugt (63. Finnern), Burgsmüller, Lippens – Tore: 0:1 Jensen (31.), 1:1 Lippens (34.), 1:2, 1:3 Heynckes (62., 86.) – SR: Tschenscher – ZU: 13.000 im Gelsenkirchener Parkstadion

5.10.1974 Eintracht Frankfurt – RWE 9:1 (4:1)
Rynio, Strauch (53. Dörre), Wieczorkowski, Wörmer, Senger, Erlhoff, Lorant (81. Lindner), Fürhoff, Bast, Burgsmüller, Lippens – Tore: 1:0 Beverungen (2.), 2:0 Nickel (15.), 3:0, 4:0 Hölzenbein (28., 31.), 4:1 Lippens (43.), 5:1 Körbel (51./FE), 6:1 Hölzenbein (53.), 7:1 Kraus (76.), 8:1 Körbel (83.), 9:1 B. Lorenz (88.) – SR: Basedow – ZU: 13.000

9.10.1974 RWE – Tennis Borussia Berlin   3:2 (1:0)
Rynio, Senger (90. Strauch), Wieczorkowski, Wörmer, Lorant, Erlhoff, Dörre, Fürhoff (80. Finnern), Bast, Burgsmüller, Lippens – Tore: 1:0 Dörre (24.), 2:0 Lorant (56.), 3:0 Lippens (64./FE), 3:1 P. Geyer (74.), 3:2 Stolzenburg (87.) – SR: Riegg – ZU: 8.006

12.10.1974 1. FC K'lautern – RWE   2:0 (0:0)
Rynio, Senger (52. Strauch), Wieczorkowski, Wörmer, Lorant, Erlhoff, Dörre, Fürhoff, Bast (11. Finnern), Burgsmüller, Lippens – Tore: 1:0 Riedl (77.), 2:0 P. Schwarz (80.) – SR: Betz – ZU: 10.000

19.10.1974 RWE – MSV Duisburg   3:0 (2:0)
Blasey, Strauch, Wieczorkowski, Wörmer, Dörre, Erlhoff, Lorant, Fürhoff, De Vlugt (74. Finnern), Burgsmüller, Lippens – Tore: 1:0 Burgsmüller (30.), 2:0, 3:0 Lippens (31., 90.) – SR: Meßmer – ZU: 12.700

2.11.1974 RWE – Hamburger SV   0:0
Blasey, Strauch, Wieczorkowski, Wörmer, Dörre, Erlhoff, Lorant, Fürhoff, Lindner, Burgsmüller, Lippens – Tore: Fehlanzeige – SR: Zuchantke – ZU: 14.490

9.11.1974 VfL Bochum – RWE   2:2 (2:1)
Blasey, Strauch, Wieczorkowski, Wörmer, Dörre, Erlhoff, Lorant, Fürhoff (77. Bast), Lindner, Burgsmüller, Lippens – Tore: 0:1 Fürhoff (13.), 1:1 P. Holz (28.), 2:1 Tenhagen (40.), 2:2 Erlhoff (63.) – SR: Picker – ZU: 17.000

16.11.1974 RWE – Fortuna Düsseldorf 1:2 (0:0)
Blasey, Strauch, Wieczorkowski, Wörmer, Dörre, Erlhoff, Lorant, Lindner, Bast, Burgsmüller, Lippens – Tore: 0:1 Seel (64.), 1:1 Burgsmüller (69.), 1:2 Geye (72.) – SR: Gabor – ZU: 9.830

23.11.1974 Bayern München – RWE 2:2 (1:2)
Blasey, Strauch, Wieczorkowski, Wörmer, Dörre, Erlhoff, Lorant, Lindner (73. Senger), Bast, Burgsmüller, Lippens – Tore: 0:1 Burgsmüller (18.), 0:2 Dörre (34.), 1:2, 2:2 G. Müller (40., 85.) – SR: Ohmsen – ZU: 20.000

30.11.1974 RWE – Kickers Offenbach 5:1 (2:1)
Blasey, Strauch, Wieczorkowski, Wörmer, Senger, Fürhoff, Dörre, Lindner, Bast, Burgsmüller, Lippens – Tore: 1:0, 2:0 Burgsmüller (27./FE, 34.), 2:1 Held (44.), 3:1 Fürhoff (64.), 4:1 Bast (76.), 5:1 Fürhoff (82.) – SR: Roth – ZU: 12.571

14.12.1974 RWE – VfB Stuttgart   3:1 (2:1)
Blasey, Strauch, Wieczorkowski, Wörmer, Dörre, Erlhoff (76. Senger), Fürhoff, Lindner, Bast, Burgsmüller, Lippens – Tore: 1:0 Burgsmüller (11.), 1:1 Weller (14.), 2:1 Dörre (43.), 3:1 Lippens (90.) – SR: Redelfs – ZU: 9.000

20.12.1974 Hertha BSC Berlin – RWE 4:2 (1:1)
Blasey, Strauch, Wieczorkowski, Wörmer, Senger, Dörre, Fürhoff, Erlhoff, Bast, Burgsmüller, Lippens – Tore: 0:1 Burgsmüller (12.), 1:1 K. Müller (38.), 2:1 Grau (59.), 2:2 Bast (62./FE), 3:2 K. Müller (87.), 4:2 Beer (88.) – SR: Biwersi – ZU: 30.000

25.1.1975 RWE – 1. FC Köln   1:1 (0:0)
Blasey, Strauch, Wieczorkowski, Wörmer, Dörre, Erlhoff (79. Senger), Lorant, Fürhoff, Bast, Burgsmüller, Lippens – Tore: 1:0 Lippens (79.), 1:1 D. Müller (90.) – SR: Tschenscher – ZU: 10.900

1.2.1975 Wuppertaler SV – RWE   0:2 (0:1)
Blasey, Strauch, Wieczorkowski, Wörmer, Senger, Dörre, Fürhoff, Lorant, Bast, Burgsmüller, Lippens – Tore: 0:1 Burgsmüller (44.), 0:2 Wieczorkowski (81.) – SR: Fork – ZU: 15.000

15.2.1975 RWE – Schalke 04   4:4 (2:3)
Blasey, Strauch, Wieczorkowski, Wörmer, Dörre, Fürhoff, Lorant, Lindner, Bast, Burgsmüller, Lippens – Tore: 0:1 Bongartz (5.), 1:1 Burgsmüller (8.), 2:1 Bast (18.), 2:2 Bongartz (26.), 2:3 Budde (30.), 3:3 Fürhoff (52.), 4:3 Lorant (66.), 4:4 Fischer (84.) – SR: Betz – ZU: 30.107

22.2.1975 Eintr. Braunschweig – RWE 4:2 (2:1)
Blasey, Strauch, Wieczorkowski, Wörmer, Dörre, Fürhoff, Lorant, Lindner (85. Finnern), Bast, Burgsmüller, Lippens – Tore: 1:0 Erler (20.), 2:0 Frank (34.), 2:1 Lippens (39.), 3:1 Frank (72.), 4:1 Merkhoffer (79.), 4:2 Lippens (82.) – SR: Schröder – ZU: 12.000

1.3.1975 RWE – Werder Bremen   1:1 (1:1)
Rynio, Senger (46. Erlhoff), Wieczorkowski, Wörmer, Dörre, Fürhoff, Lorant, Lindner (80. Finnern), Bast, Burgsmüller, Lippens – Tore: 0:1 Kamp (3.), 1:1 Fürhoff (34.) – SR: Aldinger – ZU: 11.703

8.3.1975 Bor. M'gladbach – RWE   1:1 (1:1)
Rynio, Senger, Wieczorkowski, Wörmer, Dörre, Fürhoff, Lorant, Erlhoff, Bast, Burgsmüller, Lippens – Tore: 1:0 Heynckes (14.), 1:1 Wörmer (25.) – SR: Lutz – ZU: 21.500

22.3.1975 RWE – Eintracht Frankfurt 0:5 (0:1)
Rynio, Senger, Wieczorkowski, Wörmer (4. Strauch), Dörre, Fürhoff, Lorant, Erlhoff (67. Lindner), Bast, Burgsmüller, Lippens – Tore: 0:1 Beverungen (21.), 0:2 Rohrbach (58.), 0:3, 0:4 Beverungen (74., 79.), 0:5 Grabowski (89.) – SR: Roth – ZU: 16.506

27.3.1975 Tennis Bor. Berlin – RWE 1:0 (1:0)
Rynio, Senger, Wieczorkowski, Erlhoff, Dörre, Fürhoff, Lorant, Lindner, Bast, Burgsmüller, Lippens – Tore: 1:0 Stolzenburg (39.) – SR: Berner – ZU: 4.900

1.4.1975 RWE – 1. FC Kaiserslautern 3:1 (2:0)
Rynio, Senger, Wieczorkowski (82. Strauch), Erlhoff, Dörre, Fürhoff, Lorant, Lindner, Bast, Burgsmüller, Lippens – Tore: 1:0 Burgsmüller (12.), 2:0 Lippens (32.), 3:0 Burgsmüller (69.), 3:1 Diehl (89./FE) – SR: Haselberger – ZU: 8.000

5.4.1975 MSV Duisburg – RWE   3:3 (2:0)

Rynio, Senger, Wieczorkowski, Strauch, Dörre, Fürhoff (89. Finnern), Lorant, Erlhoff, Bast, Burgsmüller, Lippens – Tore: 1:0 Worm (4.), 2:0 Bücker (11.), 2:1 Burgsmüller (52.), 2:2 Lippens (58.), 3:2 Krause (70.), 3:3 Burgsmüller (84./FE) – SR: Frickel – ZU: 18.000

19.4.1975 Hamburger SV – RWE   2:2 (1:0)

Rynio (85. Blasey), Senger, Wieczorkowski, Strauch, Dörre (61. Lindner), Fürhoff, Lorant, Erlhoff, Burgsmüller, Lippens – Tore: 1:0 Volkert (41./FE), 1:1 Lippens (48.), 2:1 Krobbach (72.), 2:2 Bast (83.) – SR: Schmoock – ZU: 16.000

3.5.1975 RWE – VfL Bochum   1:1 (0:0)

Rynio, Senger, Wieczorkowski, Strauch, Dörre, Fürhoff (47. Lindner), Lorant, Erlhoff, Bast, Burgsmüller, Lippens – Tore: 1:0 Wieczorkowski, 1:1 Versen (83.) – SR: Kindervater – ZU: 9.139

10.5.1975 Fortuna Düsseldorf – RWE 4:0 (2:0)

Rynio, Senger, Wieczorkowski, Strauch, Dörre (59. Finnern), Fürhoff (61. Wörmer), Lorant, Erlhoff, Bast, Burgsmüller, Lippens – Tore: 1:0 Seel (13.), 2:0 Geye (16.), 3:0 Herzog (75.), 4:0 Brei (83.) – SR: Redelfs – ZU: 14.000

24.5.1975 RWE – Bayern München   2:2 (0:1)

Rynio, Senger, Wieczorkowski, Wörmer, Dörre, Fürhoff (86. Finnern), Lorant, Erlhoff, Bast, Burgsmüller, Lippens – Tore: 0:1, 0:2 Roth (3., 57.), 1:2 Wörmer (67.), 2:2 Lippens (83.) – SR: Basedow – ZU: 21.124

29.5.1975 Kickers Offenbach – RWE   1:3 (0:0)

Rynio, Senger, Wieczorkowski, Wörmer, Dörre (62. Strauch), Fürhoff, Lorant, Finnern, Bast (46. Erlhoff), Burgsmüller, Lippens – Tore: 0:1 Lorant (50.), 1:1 Kostedde (58.), 1:2 Strauch (82.), 1:3 Burgsmüller (90.) – SR: Picker – ZU: 12.000

7.6.1975 RWE – Hertha BSC Berlin   2:1 (0:1)

Rynio, Strauch, Wieczorkowski, Wörmer, Senger, Fürhoff (46. Dörre), Lorant, Finnern (87. Erlhoff), Bast, Burgsmüller, Lippens – Tore: 0:1 Beer (24.), 1:1 Burgsmüller (46./FE), 2:1 Bast (55./FE) – SR: Dreher – ZU: 9.375

14.6.1975 VfB Stuttgart – RWE   3:2 (3:1)

Rynio, Strauch, Wieczorkowski, Wörmer, Senger (46. Dörre), Fürhoff, Lorant, Finnern (67. Erlhoff), Bast, Burgsmüller, Lippens – Tore: 1:0 Weidmann (24.), 1:1 Fürhoff (27.), 2:1 Ohlicher (32.), 3:1 Tochtermann (40.), 3:2 Burgsmüller (52./FE) – SR: Dittmer – ZU: 5.000

DFB-Pokal

1. Runde

8.9.1974 OSV Hannover – RWE   2:5 (1:2)

Blasey, Strauch, Erlhoff, Wieczorkowski, Senger, Lorant (81. Finnern), Fürhoff, Dörre (46. Lindner), Bast, Burgsmüller, Lippens – Tore: 0:1 Lippens (5.), 0:2 Burgsmüller (26.), 1:2 Wolpert (37.), 1:3 Lindner (52.), 2:3 Henning (56.), 2:4 Burgsmüller (65.), 2:5 Lindner (75.) – SR: Hellwig – ZU: 4.000

2. Runde

26.10.1974 RWE – DJK Gütersloh   6:2 (2:1)

Blasey, Strauch, Wörmer, Wieczorkowski, Lorant (79. Ridderbusch), Erlhoff, Fürhoff (75. Hasebrink), Dörre, Lindner, Burgsmüller, Lippens – Tore: 0:1 Granitza (13.), 1:1 Burgsmüller (24.), 2:1 Lindner (38.), 3:1 Fürhoff (61.), 4:1 Lindner (69.), 5:1 Strauch (71.), 6:1 Erlhoff (75.), 6:2 Meis (85.) – SR: Horstmann – ZU: 5.000

3. Runde

8.2.1975 ETB SW Essen – RWE   1:2 (0:1)

Blasey, Strauch, Wörmer, Wieczorkowski, Dörre, Senger, Lorant, Fürhoff, Bast, Burgsmüller, Lippens – Tore: 0:1 Fürhoff (44.), 1:1 Riepert (47.), 1:2 Wörmer (52.) – SR: Quindeau – ZU: 18.000

Achtelfinale

15.3.1975 RWE – FK Pirmasens   6:0 (4:0)

Rynio, Senger, Wörmer (69. Strauch), Wieczorkowski, Dörre, Erlhoff, Lorant, Fürhoff, Bast, Burgsmüller, Lippens (46. Lindner) – Tore: 1:0 Fürhoff (4.), 2:0 Tretter (10./ET), 3:0 Burgsmüller (24.), 4:0 Lippens (27.), 5:0, 6:0 Lindner (54., 66.) – SR: Klauser – ZU: 10.800

Viertelfinale

12.4.1975 RWE – Fortuna Düsseldorf 1:0 (0:0)

Rynio, Senger, Erlhoff, Wieczorkowski, Strauch, Dörre, Lorant, Fürhoff, Bast, Burgsmüller, Lippens – Tore: 1:0 Lorant (74.) – SR: Tschenscher – ZU: 25.000

Halbfinale

29.4.1975 Eintracht Frankfurt – RWE   3:1 n.V. (1:1)

Rynio, Senger, Wieczorkowski, Strauch, Dörre (76. Lindner), Erlhoff, Lorant, Fürhoff, Bast, Burgsmüller, Lippens – Tore: 1:0 Beverungen (69.), 1:1 Burgsmüller (85.), 2:1 Beverungen (111.), 3:1 Lorenz (116.) – SR: Schröder – ZU: 22.000

Meisterschaftseinsätze

Spieler	Spiele	/Tore
Manfred Burgsmüller	34	/ 18
Willi Lippens	34	/ 15
Gert Wieczorkowski	34	/ 2
Günter Fürhoff	32	/ 6
Dieter Bast	32	/ 5
Hans Dörre	32	/ 3
Werner Lorant	31	/ 3
Eberhard Strauch	30	/ 1
Gerd Wörmer	28	/ 2
Klaus Senger	28	/ 0
Hermann Erlhoff	26	/ 1
Heinz Blasey	19	/ 0
Hermann Lindner	19	/ 0
Jürgen Rynio	16	/ 0
Uwe Finnern	11	/ 0
Harry de Vlugt	5	/ 0

Trainer
Diethelm Ferner

Interview mit Jürgen Rynio

Herr Rynio, wie ist Ihr Wechsel von Borussia Dortmund nach RWE verlaufen?

Der Diethelm Ferner war zu der Zeit Trainer in Essen und er hat mich angesprochen, ob ich mir einen Wechsel nach Rot-Weiss vorstellen könnte. Da ich zu dieser Zeit permanente Rückenprobleme hatte und mit mir selbst sehr unzufrieden war, habe ich relativ schnell „ja" gesagt. Bei einem Wechsel sieht man ja andere Gesichter und kann sich dadurch auch von den eigenen Problemen ablenken, so war mein Denken damals.

Gab Ihnen Ferner zu verstehen, dass Sie seine Nummer 1 sein werden?

Nein, das gab es nicht, darüber wurde auch nicht gesprochen. Es war von Anfang an ein gesunder Zweikampf zwischen Heinz Blasey und mir und dann sollte zu Saisonbeginn der Bessere im Tor stehen. So soll es aus meiner Sicht auch sein.

Schlussendlich stand Blasey zu Saisonbeginn in Köln im Essener Tor.

Genau und das auch verdient. Ich persönlich hatte weiterhin dauerhafte Probleme mit meinem Rücken, Bandscheiben und Ischias, und musste mich dauernd spritzen lassen. Ich bin ja 1972 an der Bandscheibe operiert worden und hatte seitdem Angst mich zu bücken, weil ich immer dachte, dass die Bandscheibe wieder herausspringen würde. Ich habe eigentlich nur mit Cortison spielen können, was mir die Ärzte aber irgendwann nicht mehr gegeben haben. Da ich schon immer ein sehr ehrgeiziger Typ war, bekam ich dann psychische Probleme und hätte Wände eintreten können. Relativ schmerzfrei wurde ich erst zwei Jahre später in St. Pauli, dort hat mir der Vereinsarzt Voltarentabletten gegen Schmerzen im Ellenbogengelenk gegeben und diese Tabletten haben dann auch meine Rückenschmerzen gelindert. War Zufall, aber seitdem ging es wieder bergauf bei mir.

Kannte RWE-Trainer Ferner Ihre körperlichen Probleme?

Nein, zum Glück nicht. Ich habe ihm auch mit Absicht nichts gesagt, weil ich ja permanent hoffte, dass meine Schmerzen wieder verschwinden würden.

Wie sind Sie von den Essenern Spielern aufgenommen worden?

Gut, zumindest hatte ich diesen Eindruck. Mit Lippens, Burgsmüller, Wieczorkowski und Hrubesch bin ich sogar sehr gut ausgekommen. Mit dem Horst und Lorant hatte ich sogar später eine Fahrgemeinschaft.

Wie war Ihr Kontakt zum direkten Kontrahenten Heinz Blasey?

Wir beide hatten ein gutes Verhältnis zueinander, im Trainingslager lagen wir beide sogar auf einer Bude. Ich fand das sogar eine gute Idee vom Ferner, dass er uns beide auf eine

Bude gelegt hat, denn so konnten wir miteinander reden und uns auch persönlich besser kennenlernen, was dann dazu führte, dass wir ein gutes, kameradschaftliches Verhältnis hatten und Neid und Missgunst keine Chance hatten. Nein, uns beiden war immer klar, dass der Bessere spielen sollte. Nur beim Publikum merkte ich dann, dass der Heinz beliebter war als ich. Aber das ist völlig normal, so ist nun mal das Geschäft.

Blasey spielte die ersten vier Saisonspiele, danach kamen Sie ins Tor und spielten vom 5. bis zum 7. Spieltag. An diesem 7. Spieltag kam es zum Spiel bei der Frankfurter Eintracht und RWE verlor mit 1:9.

Daran kann ich mich erinnern. Die Frankfurter hatten damals ja eine launische Mannschaft mit Grabowski, Hölzenbein, Nickel usw., die teils sensationell spielen konnte. Wenn die mal einen guten Tag erwischt hatten, dann konnten die ohne Ende aufdrehen. Leider hatten sie so einen Tag gegen uns erwischt und haben uns dann überrollt. Von unserer Seite kam da nicht viel Widerstand, obwohl wir ja eine Mannschaft hatten, die durchaus in der Lage war, jeden Gegner in der Bundesliga zu schlagen.

Nach diesem Spiel wurde wieder der Torwart gewechselt …

Aber das ist doch verständlich. Ist doch klar, dass der Trainer da den Torwart raus nimmt, auch um ihn in den nächsten Spielen zu schützen …, und wenn dann noch ein Mann mit Qualitäten auf der Bank sitzt, tut so ein Wechsel auch der Mannschaft nicht weh. Da kann der Trainer auf ein persönliches Schicksal keine Rücksicht nehmen, sondern da muss an das große Ganze denken.

Aber war es nicht für Sie problematisch, wieder auf der Bank zu sitzen? Ihre Chance war jetzt erstmal vorbei.

Das stimmt, aber ich wusste, wenn ich beim Training wieder gute Leistungen zeigen würde, dann könnte ich auch den Druck auf den Heinz wieder erhöhen und wenn er dann wieder schwächeln sollte, bekäme ich wieder meine Chance. Ansonsten war ich im Training dem Heinz gegenüber immer fair, denn ich konnte die allgemeine Situation eh nicht ändern und Intrigen spinnen war beileibe nicht mein Ding.

Wie ist zur damaligen Zeit das Training in Essen abgelaufen? Gab es einen Torwarttrainer?

Nein, einen Torwarttrainer gab es nicht. Der Didi Ferner hat mit uns trainiert …, wenn er Zeit hatte *(lacht)*. Meistens haben der Heinz und ich nach dem normalen Training noch da bleiben müssen und dann hat der Didi mit uns einige wenige spezielle Torwartübungen gemacht, die er sich von irgendwoher angeeignet hatte. Während des Trainings war es meistens so, dass die Feldspieler von der Strafraumgrenze aufs Tor hämmerten und wir uns nach zwanzig, dreißig Schüssen abwechselten. Abschließend feststellen möchte ich aber, dass es damals bei keinem Bundesligaverein spezielles Torwarttraining, geschweige denn einen Torwarttrainer gab. Das nur zur Ehrenrettung von Rot-Weiss *(lacht)*.

Zu Beginn der Rückrunde, am 22. Spieltag, standen Sie wieder im Tor und spielten dann bis zum Saisonende. Heinz Blasey kassierte zuvor beim 4:4 gegen Schalke und bei der folgenden 2:4-Niederlage in Braunschweig jeweils vier Tore.

Ja, für mich war das gut, für den Heinz nicht. Ich denke mal, der Didi hat auch nur deshalb, zum dritten Mal, den Torwart gewechselt, weil er mit mir einen gleichstarken Mann auf der Bank sitzen hatte, wenn dies nicht der Fall gewesen wäre, dann hätte auch der Didi nicht so oft gewechselt.

In diesem Zeitraum spielten Sie in Borussia Mönchengladbach 1:1, was ein Erfolg war, denn die Gladbacher hatten damals eine sehr gute Mannschaft. Wurden Sie am Bökelberg dauernd unter Druck gesetzt?

Ja klar, denn das Gladbacher Spiel war immer nach vorne ausgerichtet und die haben besonders in ihren Heimspielen das Zepter sofort in die Hand genommen. Bei denen haben sich auch immer die Verteidiger mit nach vorne eingeschaltet, so dass wir ständig unter Druck standen. Unser 1:1 gegen Gladbach kann man deshalb als großen Erfolg werten, wobei wir ja mit Rot-Weiss keine so schlechte Mannschaft hatten …, das sah man ja ein Jahr später.

Zum Ende der Saison befand sich die Mannschaft auf Platz 12 und Sie waren die Nummer 1 im Tor. Konnten Sie damit zufrieden sein?

Den 12. Platz mit Rot-Weiss erreicht zu haben, war völlig okay, denn unsere Zielsetzung in diesem Jahr war zunächst einmal, die Klasse zu halten und dann mal zu schauen, was noch ging. Mit meiner persönlichen Situation am Ende der Saison war ich, obwohl ich nun die Nummer 1 war, weiterhin sehr unzufrieden. Ich war ja nicht richtig fit, bekam Spritzen und wusste nicht, ob mein körperlicher Zustand in der nächsten Saison nicht noch schlechter werden würde. Im Grunde war ich einfach nur froh zu überleben, Geld mit dem Fußball verdienen und dadurch meine Familie ernähren zu können. Denn eine Alternative zum Fußball hatte ich mit 26, 27 Jahren nicht .., auf Zeche Ewald wollte ich nicht mehr als Elektriker arbeiten *(schüttelt den Kopf)*. Hinzu kam noch, dass ich mit ca. 20 Jahren zum erweiterten Kader der Nationalmannschaft zählte und mich nun immer weiter von meinem großen Ziel entfernte, ohne selbst dagegensteuern zu können. Das war wirklich sehr, sehr frustrierend.

Kann man sagen, dass Sie sich im Grunde gar keine Gedanken über die Abschlussplatzierung Ihres Vereins gemacht haben, sondern nur auf sich selbst fixiert waren?

Ja, kann man so sagen, mein persönlicher, schlechter Zustand überwog eindeutig die relativ gute Platzierung des Vereins. Und der Stress nahm für mich ja kein Ende, denn ich wusste, dass ich in der folgenden Saison, trotz meiner Probleme, gut spielen musste, ansonsten würde mein Vertrag, der ja bis zum Sommer '76 lief, nicht verlängert werden. Nur wie ich die erforderlichen guten Leistungen zeigen sollte, war mir schleierhaft.

Hatten Sie unter diesen Vorraussetzungen noch Zeit für Freundschaften in der Mannschaft?

Dass ich körperliche Probleme hatte, hatte ja nichts mit möglichen Freundschaften zu. Da war mein „Problem" eher, dass ich mit meiner Familie in Dortmund wohnte und dort im Grunde ein eigenes Leben führte. Wir hatten dort Freundschaften im Umfeld und demzufolge hatte ich eh keine Zeit, mich nach dem Training oder Spiel noch in Essen aufzuhalten. War auch nicht schlimm, denn so richtige Freundschaften entstehen eh meistens nicht beim Fußball. Wenn ich heute mal den Willi oder den Dieter Bast sehe, dann reden wir natürlich miteinander, aber Freundschaften sind aus meinen beiden Jahren in Essen nicht entstanden.

Damals trainierten Sie meistens zweimal am Tag (vormittags und nachmittags), wo haben Sie sich in der „Mittagspause" aufgehalten? Sind Sie nach Dortmund gefahren?

Nein, dass waren ca. 30 km und die A40 war auch damals schon viel befahren. Ich ging meistens mit Gert Wieczorkowski, Hans-Günter Neues, Dieter Bast und Werner Lorant auf die Kettwiger Straße ins Cafe Overbeck. Dort haben wir dann eine Kleinigkeit gegessen, Kaffee getrunken und die Zeit bis zum Nachmittagtraining überbrückt.

Zum Schluss noch ein kleiner Schwenk zum Pokal in der Saison. Nach Siegen über u.a. SW Essen, FK Pirmasens und Fortuna Düsseldorf spielten Sie im Halbfinale in Frankfurt gegen die dortige Eintracht …

Wir haben dort nach großem Kampf mit 1:3 nach Verlängerung verloren, aber ich kann mich gut erinnern, dass der Willi beim Stand von 1:1 in der 90. Minute alleine aufs Tor zulief. Normalerweise war das beim Willi eine Bank, aber in diesem Spiel hat er knapp vorbeigeschossen. In der Verlängerung haben wir dann zwei unglückliche Treffer bekommen und sind schließlich ausgeschieden. War wirklich ein gutes Spiel von uns und im Endspiel wären wir auf den MSV Duisburg getroffen. Kann sich ja jeder denken wie da die Chancen gestanden hätten. Schade, sollte nicht sein. Trotzdem waren wir nach diesem Spiel stolz auf uns. Stolz, weil wir so eine starke Mannschaft wie die Frankfurter am Rande der Niederlage hatten.

Zum Schluss noch eine Frage zu Ihrem Vertragsende im Sommer '76: Wollte der Verein mit Ihnen nicht verlängern oder haben Sie für sich persönlich eine bessere Perspektive beim Zweitligisten FC St. Pauli gesehen?

Hm, irgendwie gab es gar keine richtigen Gespräche mit RWE und ich hatte auch das Gefühl, dass ich es irgendwie nicht schaffen würde, dort die Nummer 1 zu bleiben oder wieder zu werden. Wenn man solche Gefühle hat, dann ist es immer besser, sich ordentlich zu verabschieden und woanders sein Glück zu versuchen. Da ich zu Didi Ferner einen guten Draht hatte und er mittlerweile Trainer in St. Pauli war, bot sich dieser Wechsel für mich an. Das war im Endeffekt auch die beste Entscheidung meines sportlichen Lebens. Ich bin direkt mit denen aufgestiegen, habe Bundesliga gespielt und den HSV geschlagen. Zusätzlich ging es mir gesundheitlich, aufgrund der Voltarentabletten, wieder wesentlich besser und ich habe bei dem Verein eine unheimliche persönliche Wärme gespürt, die mir sehr gut tat.

Haben Sie noch Kontakt zum Verein RWE?

Nein. Rot-Weiss ist der einzige meiner Vereine, der auf die Ehemaligen keinen Wert legt, wobei ich aber auch sagen muss, dass ich mich bei RWE auch aufgrund der geschilderten Probleme eh immer so auf der Durchreise gefühlt habe.

Haben Sie noch Kontakt zu ehemaligen RWE-Mitspielern?

Nein, gar nicht mehr.

Saison 1975/76

1.	Borussia Mönchengladbach	16	13	5	66-37	45:23
2.	Hamburger SV	17	7	10	59-32	41:27
3.	FC Bayern München	15	10	9	72-50	40:28
4.	1. FC Köln	14	11	9	62-45	39:29
5.	Eintracht Braunschweig	14	11	9	52-48	39:29
6.	Schalke 04	13	11	10	76-55	37:31
7.	1. FC Kaiserslautern	15	7	12	66-60	37:31
8.	Rot-Weiss Essen	13	11	10	61-67	37:31
9.	Eintracht Frankfurt	13	10	11	79-58	36:32
10.	MSV Duisburg	13	7	14	55-62	33:35
11.	Hertha BSC Berlin	11	10	13	59-61	32:36
12.	Fortuna Düsseldorf	10	10	14	47-57	30:38
13.	Werder Bremen	11	8	15	44-55	30:38
14.	VfL Bochum	12	6	16	49-62	30:38
15.	Karlsruher SC	12	6	16	46-59	30:38
16.	Hannover 96	9	9	16	48-60	27:41
17.	Kickers Offenbach	9	9	16	40-72	27:41
18.	Bayer Uerdingen	6	10	18	28-69	22:46

9.8.1975 RWE – Bayer Uerdingen 2:1 (2:0)
Rynio, Neues, Wieczorkowski, Wörmer, Huhse, Lorant, Fürhoff, Bast, Burgsmüller, Hrubesch, Lippens – Tore: 1:0, 2:0 Hrubesch (28., 42.), 2:1 F. Funkel (56.) – SR: Lutz – ZU: 13.292

16.8.1975 Fortuna Düsseldorf – RWE 5:2 (2:1)
Rynio, Neues, Wieczorkowski, Wörmer, Huhse, Lorant, Fürhoff (69. Dörre), Bast, Burgsmüller, Hrubesch (69. Finnern), Lippens – Tore: 0:1 Hrubesch (3.), 1:1 Geye (12.), 2:1 Baltes (34.), 3:1 Geye (53.), 4:1 Brei (65.), 4:2 Lippens (76.), 5:2 Seel (90.) – SR: Meuser – ZU: 15.000

23.8.1975 RWE – Schalke 04 0:0
Rynio, Neues, Wieczorkowski, Wörmer, Huhse, Lorant, Fürhoff, Lindner, Bast, Burgsmüller, Lippens – Tore: Fehlanzeige – SR: Aldinger – ZU: 31.076

27.8.1975 Kickers Offenbach – RWE 0:4 (0:2)
Rynio, Neues, Wieczorkowski, Wörmer, Huhse, Lorant, Fürhoff, Lindner, Bast, Burgsmüller, Lippens – Tore: 0:1 Burgsmüller (38.), 0:2 Dörre (43.), 0:3 Burgsmüller (73.), 0:4 Lorant (85.) – SR: Jensen – ZU: 12.000

30.8.1975 RWE – Bor. M'gladbach 1:3 (1:2)
Rynio, Neues, Wieczorkowski, Wörmer, Huhse, Lorant, Dörre, Bast, Lindner (57. Finnern), Burgsmüller, Lippens – Tore: 0:1 Wörmer (13./ET), 0:2 Jensen (30.), 1:2 Lippens (39.), 1:3 Simonsen (55.) – SR: Frickel – ZU: 23.849

6.9.1975 Hannover 96 – RWE 0:0
Rynio, Neues, Wieczorkowski, Wörmer, Huhse, Lorant, Fürhoff, Dörre, Bast, Burgsmüller, Lippens – Tore: Fehlanzeige – SR: Klauser – ZU: 29.500

13.9.1975 RWE – 1. FC Kaiserslautern 5:1 (1:0)
Rynio, Neues, Wieczorkowski, Wörmer, Huhse, Lorant, Fürhoff, Dörre, Bast, Burgsmüller, Lippens – Tore: 1:0 Huhse (2.), 2:0 Burgsmüller (55.), 3:0 Lorant (73.), 3:1 Toppmöller (78.), 4:1 Bast (85.), 5:1 Burgsmüller (90./FE) – SR: Picker – ZU: 12.962

20.9.1975 Hamburger SV – RWE 4:1 (1:0)
Rynio, Neues, Wieczorkowski, Wörmer, Huhse, Lorant, Fürhoff, Dörre, Bast, Burgsmüller, Lippens – Tore: 1:0 Ettmayer (10.), 1:1 Burgsmüller (68.), 2:1 Bertl (73.), 3:1 Björnmose (80.), 4:1 Ettmayer (85.) – SR: Scheffner – ZU: 26.000

27.9.1975 RWE – MSV Duisburg 5:2 (3:2)
Rynio, Neues, Wieczorkowski, Wörmer (46. Strauch), Huhse, Lorant, Fürhoff, Dörre, Bast, Burgsmüller, Lippens – Tore: 0:1 Bücker (5.), 1:1 Bast (24.), 2:1 Lippens (34.), 2:2 Worm (40.), 3:2 Lorant (44.), 4:2 Bast (75.), 5:2 Huhse (79.) – SR: Roth – ZU: 13.735

4.10.1975 1. FC Köln – RWE 3:0 (0:0)
Rynio, Neues, Wieczorkowski, Wörmer, Huhse, Lorant, Fürhoff, Dörre, Bast, Burgsmüller, Lippens – Tore: 1:0 Brücken (53.), 2:0 H. Simmet (58.), 3:0 Löhr (73.) – SR: Lutz – ZU: 16.000

24.10.1975 VfL Bochum – RWE   2:1 (0:0)
Blasey, Strauch, Wieczorkowski, Wörmer, Huhse, Neues, Dörre, Lorant, Bast (52. Finnern), Hrubesch, Lippens – Tore: 1:0 Ellbracht (47.), 1:1 Hrubesch (52.), 2:1 Köper (90.) – SR: Schmoock – ZU: 25.000

31.10.1975 RWE – Eintracht Frankfurt 4:3 (1:0)
Blasey, Strauch, Wieczorkowski, Wörmer, Huhse (21. Dörre), Neues, Lorant, Bast, Lindner (74. Hrubesch), Burgsmüller, Lippens – Tore: 1:0 Lippens (29.), 1:1 Wenzel (48.), 2:1 Burgsmüller (55.), 3:1 Lorant (63.), 3:2 B. Lorenz (67.), 3:3 Wenzel (70.), 4:3 Lorant (87.) – SR: Horstmann – ZU: 15.610

8.11.1975 Bayern München – RWE   5:1 (1:0)
Blasey, Strauch, Wieczorkowski, Wörmer, Huhse, Neues, Lindner, Lorant, Bast, Burgsmüller (15. Finnern), Lippens – Tore: 1:0 K. Wunder (18.), 2:0 Torstensson (50.), 3:0 Dürnberger (71./FE), 4:0 K-H. Rummenigge (76.), 5:0 K. Wunder (83.), 5:1 Lippens (84.) – SR: Roth – ZU: 17.500

15.11.1975 RWE – Hertha BSC Berlin 3:1 (2:1)
Blasey, Strauch, Wieczorkowski, Wörmer, Huhse, Neues, Lorant, Lindner (74. Finnern), Bast, Burgsmüller (30. Hrubesch), Lippens – Tore: 1:0 Lippens (10.), 1:1 Kostedde (20.), 2:1 Hrubesch (35.), 3:1 Bast (47./HE) – SR: Jensen – ZU: 15.059

22.11.1975 Eintr. Braunschweig – RWE 1:1 (0:0)
Blasey, Strauch (76. Dörre), Wieczorkowski, Wörmer, Huhse, Neues, Lorant, Lindner (66. Finnern), Bast, Hrubesch, Lippens – Tore: 1:0 Bründl (72./FE), 1:1 Lippens (85.) – SR: Meßmer – ZU: 17.000

29.11.1975 RWE – Karlsruher SC   1:0 (0:0)
Blasey, Neues, Wieczorkowski, Wörmer, Huhse, Lorant, Finnern, Lindner, Bast, Hrubesch, Lippens – Tore: 1:0 Hrubesch (70.) – SR: Picker – ZU: 11.190

6.12.1975 Werder Bremen – RWE   3:3 (2:1)
Blasey, Neues, Wieczorkowski, Wörmer, Huhse, Lorant, Finnern (65. Dörre), Lindner, Bast, Hrubesch, Lippens – Tore: 0:1 Hrubesch (7.), 1:1 J. Röber (15./FE), 2:1 W. Görts (33.), 3:1 Weist (77.), 3:2, 3:3 Hrubesch (79., 90.) – SR: Gabor – ZU: 12.000

17.1.1976 Bayer Uerdingen – RWE   1:1 (0:0)
Blasey, Neues, Wieczorkowski, Wörmer, Huhse, Lorant, Finnern (76. Fürhoff), Burgsmüller (64. Lindner), Bast, Hrubesch, Lippens – Tore: 1:0 Wloka, 1:1 Hrubesch (75.) – SR: Klauser – ZU: 15.000

24.1.1976 RWE – Fortuna Düsseldorf 2:2 (1:2)
Blasey, Strauch, Wieczorkowski, Wörmer, Huhse, Neues, Lorant, Lindner (46. Burgsmüller), Bast, Hrubesch, Lippens – Tore: 0:1, 0:2 Mattsson (1., 17.), 1:2 Lippens (38.), 2:2 Hrubesch (48.) – SR: Horstmann – ZU: 15.000

7.2.1976 Schalke 04 – RWE   5:1 (1:1)
Blasey, Neues, Wieczorkowski, Wörmer (57. Dörre), Huhse, Strauch, Lorant, Burgsmüller, Bast, Hrubesch, Lindner (68. Finnern) – Tore: 1:0 Fichtel (3./FE), 1:1 Bruns (11./ET), 2:1 H. Kremers (48.), 3:1 Oblak (50.), 4:1, 5:1 Fischer (52., 57.) – SR: Gabor – ZU: 30.000

17.2.1976 RWE – Kickers Offenbach 2:2 (0:1)
Blasey, Neues, Wieczorkowski, Wörmer (28. Strauch), Huhse, Lorant, Fürhoff, Burgsmüller, Bast, Hrubesch, Lippens – Tore: 0:1 Bastrup (8.), 1:1 Lorant (70.), 1:2 Janzon (88.), 2:2 Lippens (88.) – SR: Roth – ZU: 10.000

21.2.1976 Bor. M'gladbach – RWE   1:2 (1:2)
Blasey, Neues, Wieczorkowski, Strauch, Huhse, Lorant, Dörre, Burgsmüller, Bast, Hrubesch, Lippens – Tore: 1:0 Wimmer (22.), 1:1 Hrubesch (30.), 1:2 Lorant (31.) – SR: Schmoock – ZU: 15.000

6.3.1976 RWE – Hannover 96   1:0 (1:0)
Blasey, Strauch, Wieczorkowski, Wörmer, Huhse, Lorant, Dörre, Burgsmüller, Bast, Hrubesch, Lippens – Tore: 1:0 Hrubesch (24.) – SR: Dreher – ZU: 10.000

13.3.1976 1. FC Kaiserslautern – RWE 5:0 (3:0)
Blasey, Strauch, Wieczorkowski, Wörmer, Huhse, Finnern, Dörre, Burgsmüller, Lindner, Hrubesch, Lippens – – Tore: 1:0 Sandberg (5.), 2:0, 3:0 Toppmöller (16., 33.), 4:0 Frosch (55.), 5:0 Toppmöller (59.) – SR: Aldinger – ZU: 13.000

20.3.1976 RWE – Hamburger SV   1:1 (1:0)
Blasey, Strauch, Wieczorkowski, Wörmer, Huhse, Lindner, Dörre, Burgsmüller, Bast (83. Finnern), Hrubesch, Lippens – Tore: 1:0 Hrubesch (15.), 1:1 Nogly (61.) – SR: Meßmer – ZU: 18.000

26.3.1976 MSV Duisburg – RWE   4:0 (1:0)
Blasey, Strauch, Wieczorkowski, Wörmer, Huhse, Neues, Dörre (63. Finnern), Burgsmüller, Bast, Hrubesch, Lippens – Tore: 1:0 L. Schneider (3.), 2:0 Büssers (67.), 3:0 R. Seliger, 4:0 Bücker (79.) – SR: Riegg – ZU: 8.000

10.4.1976 RWE – 1. FC Köln   2:3 (0:3)
Blasey, Strauch, Wieczorkowski, Wörmer, Huhse,
Neues, Dörre, Burgsmüller, Lindner, Hrubesch,
Bast – Tore: 0:1, 0:2 D. Müller (28., 30.), 0:3 Dörre
(34./ET), 1:3 Hrubesch (72.), 2:3 Burgsmüller (87.)
– SR: Haselberger – ZU: 12.000

17.4.1976 RWE – VfL Bochum   1:0 (0:0)
Blasey, Strauch, Wieczorkowski, Wörmer, Huh-
se, Neues, Lorant, Burgsmüller, Bast, Hrubesch,
Lippens – Tore: Burgsmüller (84.) – SR: Klauser
– ZU: 9.000

30.4.1976 Eintracht Frankfurt – RWE 1:3 (0:2)
Blasey, Strauch, Wieczorkowski, Wörmer, Huhse,
Neues, Lorant, Burgsmüller, Lindner, Hrubesch,
Bast – Tore: 0:1 Hrubesch (8.), 0:2 Burgsmüller
(30.), 1:2 Hölzenbein (66.), 1:3 Hrubesch (80.) –
SR: Picker – ZU: 9.000

8.5.1976 RWE – Bayern München   3:3 (0:0)
Blasey, Strauch, Wieczorkowski, Wörmer, Huhse,
Neues, Lorant, Burgsmüller, Lindner (46. Dörre),
Hrubesch, Bast – Tore: 1:0, 2:0 Burgsmüller (55.,
65.), 2:1 G. Müller (72./FE), 3:1 Hrubesch (74./
FE), 3:2 G. Müller (75.), 3:3 Beckenbauer (81.) –
SR: Lutz – ZU: 25.000

15.5.1976 Hertha BSC Berlin – RWE 2:2 (1:1)
Blasey, Strauch, Wieczorkowski, Wörmer, Huh-
se, Neues, Dörre, Burgsmüller, Bast, Hrubesch,
Lippens – Tore: 0:1 Burgsmüller (24.), 1:1 Weiner
(31.), 2:1 Beer (67.), 2:2 Burgsmüller (74.) – SR:
Horstmann – ZU: 10.000

**28.5.1976 RWE – Eintracht Braunschweig 2:2
(1:0)**
Blasey, Strauch, Wieczorkowski, Wörmer, Huhse,
Neues, Dörre, Bast, Lindner, Burgsmüller, Lip-
pens – Tore: 1:0 Bast (38.), 1:1 W. Frank (50.), 2:1
Huhse (69.), 2:2 Popivoda (88.) – SR: Quindeau
– ZU: 12.000

4.6.1976 Karlsruher SC – RWE   1:2 (1:1)
Blasey, Strauch, Wieczorkowski, Wörmer, Huhse,
Neues, Dörre, Bast, Lindner, Burgsmüller, Lippens – Tore: 0:1 Lippens (39.), 1:1 Krauth (41.),
1:2 Burgsmüller (76.) – SR: Antz – ZU: 15.000

12.6.1976 RWE – Werder Bremen   2:0 (1:0)
Blasey, Strauch, Wieczorkowski, Wörmer, Huhse,
Neues, Dörre, Bast, Lindner, Burgsmüller, Lip-
pens – Tore: 1:0 Bast (25.), 2:0 Lindner (63.) – SR:
Frickel – ZU: 12.428

DFB-Pokal

1. Runde

2.8.1975 1. FC Nürnberg – RWE   2:1 (1:0)
Rynio, Neues, Wörmer, Wieczorkowski, Huhse,
Fürhoff, Lorant, Lindner (46. Dörre), Bast, Burgs-
müller, Lippens – Tore: 1:0 Pechtold (13.), 1:1
Lippens (57.), 2:1 Nüssing (62.) – SR: Haselber-
ger – ZU: 15.000

Meisterschaftseinsätze

Spieler	Spiele	/Tore
Hartmut Huhse	34	3
Gert Wieczorkowski	34	0
Dieter Bast	33	6
Gerd Wörmer	33	0
Hans-Günter Neues	31	0
Manfred Burgsmüller	30	14
Willi Lippens	30	10
Werner Lorant	26	7
Hans Dörre	25	1
Heinz Blasey	24	0
Horst Hrubesch	22	18
Eberhard Strauch	22	0
Hermann Lindner	20	1
Uwe Finnern	13	0
Jürgen Rynio	10	0
Günter Fürhoff	9	0
Hermann Erlhoff	1	0

Trainer
Ivica Horvat

Interview mit Hermann Lindner

Herr Lindner, welche Erinnerungen haben Sie an die Saison 75/76?

Diese Saison war die beste Bundesligasaison von RWE. Wir sind nur am Torverhältnis gegenüber Kaiserslautern und Schalke gescheitert. Im Nachhinein war das Verpassen des UEFA-Cups sehr bitter, denn nach unserem Sommerurlaub hatte der Verein eine nachträgliche Forderung vom Finanzamt auf dem Tisch und demzufolge mussten nach Lippens und Burgsmüller weitere Spieler verkauft werden, um an liquide Mittel zu kommen.

Sind Ihre Erinnerungen an diese Saison eher gut oder schlecht?

Ich habe gute Erinnerungen an diese Saison, weil wir insgesamt eine sehr homogene Mannschaft waren.

Nun haben Sie in der Saison 20 Meisterschaftsspiele absolviert und ein Tor geschossen. Waren Sie mit dieser Ausbeute zufrieden?

Nein, natürlich nicht. Allerdings hatte ich oft körperliche Probleme. Zu Saisonbeginn hatte ich eine Rippenfellentzündung, wo ich schon einen Schatten auf der Lunge hatte und dadurch erst ziemlich spät in die Vorbereitung einsteigen konnte, was mich dann eigentlich für die ganze Saison zurückgeworfen hat.

Was für Gründe waren dafür entscheidend, dass Sie auf Dauer kein Stammspieler waren?

Zum einen natürlich mein körperlicher Zustand und zum anderen hatten wir damals einen Sturm mit Burgsmüller, Hrubesch und Lippens. Die Konkurrenz war für mich also sehr stark, vielleicht sogar zu stark. Einzig und allein, dass ich manchmal auch zurückgezogen im Mittelfeld spielen konnte, garantierte mir dann doch in etlichen Spielen meinen Einsatz.

Wie war Ihr Verhältnis zu Trainer Ivica Horvat?

Ich hatte zu ihm immer ein gutes Verhältnis, obschon wir kaum miteinander gesprochen haben. Dadurch dass er mich aber relativ oft eingesetzt hat, habe ich schon gemerkt, dass er auch auf mich setzt. Das fand ich natürlich gut *(lacht)*.

Sie waren damals mit 22 Jahren relativ jung und kamen aus einer ganz anderen Ecke Deutschlands. Wo haben Sie gewohnt und zu welchen Spielern hatten Sie einen guten Kontakt?

Ich habe damals in der Nähe vom Grugapark gewohnt und hatte zu Hrubesch, Burgsmüller, Lorant und Bast einen sehr guten Kontakt. Wir waren eine verschworene Gemeinschaft und haben auch privat einiges unternommen.

Auffällig ist jetzt, dass Sie ausgerechnet zu Ihren eigentlichen Konkurrenten innerhalb der Mannschaft guten Kontakt hatten. Wie ist das zu erklären?

Ganz einfach ist das zu erklären: wir konnten unseren Konkurrenzkampf auf dem Platz sehr gut von unserem privaten Verhältnis trennen. Das war kein Problem.

Ihr erstes Bundesligaspiel in der Saison 75/76 absolvierten Sie am 3. Spieltag zu Hause an der Hafenstraße beim 0:0 gegen Schalke. Haben Sie noch Erinnerungen daran?

Schalke gegen Essen war immer ein Highlight und ich habe bei diesem Spiel gegen den Helmut Kremers gespielt und sah da doch relativ gut aus. Das Stadion war bei diesem Spiel sehr gut gefüllt und es herrschte eine gute Atmosphäre. Überhaupt muss ich sagen, dass RWE zu dieser Zeit ein gutes Publikum hatte, da herrschte oft gute Stimmung.

Am 4. Spieltag gab es einen 4:0-Erfolg in Offenbach und insgesamt lief es in dieser Saison auswärts sehr gut. Warum?

Weil wir im Vergleich zur vorherigen Saison wesentlich kompakter im Mittelfeld standen. Das war auch notwendig, denn unsere Stürmer, die zweifelsfrei vorne ihre Qualitäten hatten, arbeiteten naturgemäß nicht so viel mit nach hinten. Ivica Horvat erkannte deren Qualitäten, erkannte aber auch, dass wir im Mittelfeld demzufolge defensiver aufgestellt sein mussten und berücksichtigte dieses „Problem" dann in seiner Mannschaftsaufstellung.

Am 5. Spieltag gab es gegen Borussia Mönchengladbach eine 1:3-Niederlage. Waren die Gladbacher so stark?

Natürlich waren die stark, nicht nur in Deutschland zählten die Gladbacher zu den Spitzenvereinen, sondern in ganz Europa. Überraschend war es also nicht, dass wir gegen die verloren haben. Viel überraschender war es, dass wir auf dem Bökelberg immer gut ausgesehen haben. Das war schon eine Ehre, wenn man dort Unentschieden gespielt hat und in der Saison haben wir in der Rückrunde sogar dort mit 2:1 dort gewonnen.

Nach diesem Spiel wurden Sie dann zwei Monate nicht mehr eingesetzt. Woran lag das?

Das weiß ich nicht mehr so genau, aber ich denke, ich bin da in ein Leistungsloch gefallen, weil ich mich müde und abgekämpft gefühlt habe. Ich hatte ja nicht nur die Rippenfellentzündung vor der Saison gehabt, wo ich sechs Wochen im Krankenhaus lag, sondern ich hatte im Winter 74/75 auch eine beidseitige Leistenoperation über mich ergehen lassen müssen und aus diesen Gründen kam ich dann oftmals nicht mit meiner vorhandenen Kraft über die Runden. Das mag vielleicht auch eine Erklärung dafür sein, dass ich oft ein- oder ausgewechselt wurde.

Am Ende der Hinserie gab es ein 3:3-Unentschieden bei Werder Bremen.

Bremen war ein unangenehmer Gegner, der genauso wie Eintracht Braunschweig immer mit einer starken Defensive operiert hat. Da taten wir uns dann immer schwer. Aus diesem Grund war dieses 3:3 eigentlich schon ein Erfolg für uns. Horst Hrubesch hat dort alle drei Tore für uns erzielt.

In der Rückrunde gab es eine 1:5-Niederlage auf Schalke, bei der Sie die Note 6 bekamen.

Tja, so was gibt es immer. Auch auf dem Fußballplatz agieren Menschen und die sind nicht unfehlbar. Bei diesem Spiel musste ich im Mittelfeld spielen und sah da wirklich sehr schlecht aus.

In den folgenden Spielen wurde Sie nicht eingesetzt. Konnten Sie sich trotzdem im Training immer wieder motivieren?

Ja klar, dass ist die Grundvoraussetzung eines Profis. Wenn man diese Motivation nicht hat, dann hat man keine Chance, sich im Profibereich durchzusetzen.

Sie waren ein Spieler, der oftmals zwischen Auswechselbank und Stammformation gependelt ist. Wie war eigentlich Ihr Standing innerhalb der Mannschaft?

Ich war einer aus der großen Masse und so war auch mein Standing. Der absolute Leader in dieser Zeit war unser Kapitän Dieter Bast.

In der Rückrunde wurden viele Punkte gesammelt und plötzlich war sogar die Teilnahme am UEFA-Cup in Reichweite. War dies ein Thema innerhalb der Mannschaft?

Nein, eigentlich nicht. Wir haben gute Leistungen gezeigt, haben Punkt um Punkt gesammelt und waren zunächst mal froh, dass wir nichts mit dem Abstieg zu tun hatten. Erst vor dem letzten Spieltag ist uns dann bewusst geworden, dass wir in den UEFA-Cup einziehen könnten.

Am 34. Spieltag spielten Sie zu Hause gegen Werder Bremen und Kaiserslautern spielte gegen Schalke.

Ja, wir haben Werder mit 2:0 geschlagen, aber Schalke gewann überraschend in Kaiserslautern und damit war klar, dass wir nicht qualifiziert waren. Nach dem Spiel haben wir uns dann schon geärgert, denn diese Chance, dass wussten alle, würde so schnell nicht wieder kommen.

In diesem Spiel haben Sie Ihr einziges Meisterschaftstor für Rot-Weiss geschossen.

Genau, ist schon komisch. In all meinen Meisterschaftsspielen für Rot-Weiss habe ich nur dieses eine Tor erzielt, aber im DFB-Pokal der Saison 74/75 wurde ich mit sechs Toren Torschützenkönig. Manche Dinge kann man nicht erklären.

Nach der Saison 75/76 verließen mit Lippens und Burgsmüller zwei Leistungsträger den Verein. Hatte der Verein trotzdem genügend Potential, um weiter in der Bundesliga eine Rolle zu spielen?

Lippens und Burgsmüller waren Leistungsträger und nach deren Verkauf wusste jeder, dass es keine leichte Saison werden würde. Das Rot-Weiss schließlich abstieg, war allerdings nicht zu erwarten.

Zu Beginn der Saison 76/77 haben Sie noch ein Pokal- und ein Meisterschaftsspiel für Rot-Weiss absolviert, anschließend sind Sie nach Schwenningen gewechselt. Warum?

Der Verein brauchte Geld, sprich Ablösesummen, und zum anderen hatte ich vom Zweitligisten Schwenningen ein Angebot, welches finanziell wesentlich besser war als mein Vertrag beim Bundesligisten Rot-Weiss. Aus diesem Grund bin ich dann auch gewechselt.

Das heißt, Sie haben sich bewusst sportlich verschlechtert, um sich finanziell zu verbessern?

Genau, so war das. Da bin ich auch ganz ehrlich.

Was für ein Fazit ziehen Sie aus Ihrer Zeit bei Rot-Weiss?

Ich habe mich dort sehr wohl gefühlt und kam mit dem Menschenschlag im Ruhrgebiet immer gut zurecht. Besonders hängen geblieben ist bei mir, dass wir in der Mannschaft einen sehr guten und sehr starken Zusammenhalt hatten. Alle sind anständig miteinander umgegangen.

Saison 1976/77

1.	Borussia Mönchengladbach	17	10	7	58-34	44:24
2.	Schalke 04	17	9	8	77-52	43:25
3.	Eintracht Braunschweig	15	13	6	56-38	43:25
4.	Eintracht Frankfurt	17	8	9	86-57	42:26
5.	1. FC Köln	17	6	11	83-61	40:28
6.	Hamburger SV	14	10	10	67-56	38:30
7.	FC Bayern München	14	9	11	74-65	37:31
8.	Borussia Dortmund	12	10	12	73-64	34:34
9.	MSV Duisburg	11	12	11	60-51	34:34
10.	Hertha BSC Berlin	13	8	13	55-54	34:34
11.	Werder Bremen	13	7	14	51-59	33:35
12.	Fortuna Düsseldorf	11	9	14	52-54	31:37
13.	1. FC Kaiserslautern	12	5	17	53-59	29:39
14.	1. FC Saarbrücken	9	11	14	43-55	29:39
15.	VfL Bochum	11	7	16	47-62	29:39
16.	Karlsruher SC	9	10	15	53-75	28:40
17.	Tennis Borussia Berlin	6	10	18	47-85	22:46
18.	Rot-Weiss Essen	7	8	19	49-103	22:46

14.8.1976 Tennis Bor. Berlin – RWE   2:2 (1:1)
Blasey, Neues, Wörmer, Wieczorkowski, Huhse, Dörre, Lorant, Fürhoff, Lund (65. Lindner), Hrubesch, Bönighausen – Tore: 1:0 Wendt (13.), 1:1 Dörre (22.), 2:1 Wendt (55.), 2:2 Hrubesch (74.) – SR: Niemann – ZU: 22.000

21.8.1976 RWE – 1. FC Köln   0:3 (0:1)
Blasey, Neues, Wörmer, Wieczorkowski, Huhse, Dörre (80. Strauch), Lorant, Fürhoff (80. Surau), Lund, Hrubesch, Bönighausen – Tore: 0:1 van Gool (16.), 0:2 D. Müller (75.), 0:3 H. Zimmermann (83.) – SR: Quindeau – ZU: 18.956

28.8.1976 Schalke 04 – RWE   3:0 (3:0)
Blasey, Neues, Wörmer, Wieczorkowski, Huhse, Dörre, Lorant, Fürhoff, Lund (55. Mill), Surau, Bönighausen – Tore: 1:0 R. Abramczik (2.), 2:0, 3:0 E. Kremers (19., 45.) – SR: Zuchantke – ZU: 32.000

4.9.1976 RWE – Hamburger SV   1:2 (1:1)
Blasey, Neues, Wörmer, Wieczorkowski, Huhse, Dörre, Lorant, Strauch, Fürhoff, Lund, Bönighausen – Tore: 0:1 Reimann (15.), 1:1 Dörre (25.), 1:2 Reimann (82.) – SR: Haselberger – ZU: 10.736

11.9.1976 1. FC Saarbrücken – RWE   2:1 (0:0)
Spott, Neues, Wörmer, Wieczorkowski, Huhse, Dörre (66. Surau), Lorant, Fürhoff (66. Strauch), Lund, Bast, Bönighausen – Tore: 0:1 Bast (63.), 1:1 Denz (65.), 2:1 Traser (82./FE) – SR: Gabor – ZU: 29.000

18.9.1976 RWE – Karlsruher SC   3:2 (0:0)
Spott, Neues, Wörmer, Wieczorkowski, Huhse, Dörre (80. Surau), Strauch, Lorant, Fürhoff, Lund, Bast – Tore: 1:0 Fürhoff (57.), 2:0 Bast (59.), 3:0 Dörre (65.), 3:1, 3:2 Janzon (78., 87.) – SR: Jensen – ZU: 9.514

24.9.1976 Bor. M'gladbach – RWE   6:0 (3:0)
Spott, Neues, Wörmer, Wieczorkowski, Huhse, Dörre, Surau (60. Strauch), Lorant, Fürhoff (65. Mill), Lund, Bast – Tore: 1:0 Heynckes (22.), 2:0 Köppel (34.), 3:0 Wittkamp (38.), 4:0, 5:0 Heynckes (52., 56.), 6:0 Heidenreich (75.) – SR: Klauser – ZU: 21.200

2.10.1976 RWE – MSV Duisburg   1:5 (0:0)
Granzow, Strauch, Wörmer, Wieczorkowski, Huhse, Dörre, Lorant, Fürhoff (65. Surau), Bast, Lund (65. Mill), Hrubesch – Tore: 0:1 Seliger (54.), 0:2 Dietz (62./FE), 0:3 Bücker (72.), 0:4 Büssers (74.), 1:4 Hrubesch (79.), 1:5 Fruck (83.) – SR: Niemann – ZU: 14.800

9.10.1976 Hertha BSC Berlin – RWE   2:1 (0:0)
Granzow, Strauch, Wörmer, Wieczorkowski, Huhse, Dörre, Lorant, Surau (69. Fürhoff), Bast, Hrubesch, Krostina (77. Lund) – Tore: 1:0 Hermandung (56.), 1:1 Surau (58.), 2:1 Kristensen (75.) – SR: Engel – ZU: 18.000

23.10.76 RWE – VfL Bochum   3:3 (1:2)
Granzow, Strauch, Wörmer, Wieczorkowski, Huhse, Dörre (46. Lund), Lorant, Surau, Bast, Hru-

besch, Krostina (75. Fürhoff) – Tore: 0:1 Kaczor (4.), 0:2 Eggeling (9.), 1:2 Bast (39.), 2:2, 3:2 Hrubesch (48., 52./FE), 3:3 Kaczor (68.) – SR: Biwersi – ZU: 13.512

29.10.1976 Borussia Dortmund – RWE 4:2 (1:1)
Granzow, Strauch, Wörmer (46. Neues), Wieczorkowski, Huhse, Dörre, Lorant, Surau (83. Lund), Bast, Hrubesch, Krostina – Tore: 0:1 Lorant (20.), 1:1 Lippens (24.), 2:1 Hartl (64.), 2:2 Surau (67.), 3:2 Kostedde (83.), 4:2 Huber (90./FE) – SR: Walther – ZU: 45.000

6.11.1976 RWE – Werder Bremen 0:0
Granzow, Strauch, Huhse, Wieczorkowski, Neues, Dörre (61. Krostina), Lorant, Surau, Bast, Hrubesch, Lund (77. Mill) – Tore: Fehlanzeige – SR: Frickel – ZU: 9.760

13.11.1976 1. FC K'lautern – RWE 7:1 (1:1)
Granzow, Strauch, Wörmer, Wieczorkowski, Huhse, Lorant, Surau (31. Fürhoff), Bast, Lund, Hrubesch, Krostina (76. Bönighausen) – Tore: 1:0 Pirrung (6.), 1:1 Fürhoff (38.), 2:1 Riedl (47.), 3:1, 4:1 Metzler (54., 58.), 5:1, 6:1 Toppmöller (68., 75.), 7:1 Sandberg (81.) – SR: Walz – ZU: 11.000

20.11.1976 RWE – Bayern München 1:4 (0:1)
Granzow, Strauch, Wörmer, Wieczorkowski (82. Huhse), Bönighausen, Fürhoff, Lorant, Bast, Lund, Mill, Krostina – Tore: 0:1 G. Müller (21.), 0:2 Beckenbauer (50.), 0:3 G. Müller (76.), 0:4 U. Hoeneß (78.), 1:4 Bast (79.) – SR: Schröder – ZU: 16.995

27.11.1976 Eintracht Frankfurt – RWE 3:1 (2:0)
Granzow, Mill, Strauch, Wörmer, Huhse, Bönighausen, Lorant (46. Dörre), Fürhoff, Bast, Lund, Krostina (46. Wieczorkowski) – Tore: 1:0, 2:0 Hölzenbein (11., 18.), 3:0 H. Müller (88.), 3:1 Mill (90.) – SR: Roth – ZU: 8.000

4.12.1976 Fortuna Düsseldorf – RWE 4:4 (3:2)
Blasey, Neues, Wörmer, Huhse, Bönighausen, Wieczorkowski, Dörre (46. Surau), Fürhoff, Bast, Lund, Mill (46. Krostina) – Tore: 0:1 Wieczorkowski (5.), 0:2 Mill (14.), 1:2, 2:2 Brei (30., 35./FE), 3:2 Geye (40.), 4:2 G. Zimmermann (67.), 4:3 Bönighausen (74.), 4:4 Surau (79./FE) – SR: Wichmann – ZU: 16.000

11.12.1976 RWE – Eintr. Braunschweig 2:1 (2:0)
Blasey, Neues, Wörmer, Huhse, Bönighausen, Wieczorkowski, Lorant, Fürhoff, Bast, Hrubesch, Lund – Tore: 1:0 Lorant (8.), 2:0 Wieczorkowski (17.), 2:1 Handschuh (77.) – SR: Joos – ZU: 7.518

15.1.1977 RWE – Tennis Bor. Berlin 1:0 (0:0)
Blasey, Neues, Wörmer, Huhse, Bönighausen, Wieczorkowski, Lorant, Fürhoff, Bast, Hrubesch, Lund – Tore: 1:0 Wieczorkowski (90.) – SR: Meuser – ZU: 11.533

22.1.1977 1. FC Köln – RWE 2:2 (1:2)
Blasey, Mill (83. Zedler), Wörmer, Huhse, Bönighausen, Wieczorkowski, Lorant, Fürhoff, Bast, Hrubesch, Lund – Tore: 1:0 D. Müller (18.), 1:1 Hrubesch (22.), 1:2 Wieczorkowski (24.), 2:2 Overath (74.) – SR: Waltert – ZU: 15.000

5.2.1977 Hamburger SV – RWE 5:3 (3:2)
Blasey, Mill (73. Dörre), Wörmer, Huhse, Bönighausen, Wieczorkowski, Lorant, Fürhoff (87. Krostina), Bast, Hrubesch, Lund – Tore: 1:0, 2:0 Zaczyk (7., 23.), 2:1, 2:2 Hrubesch (35., 43.), 3:2 Volkert (45./FE), 4:2 Kaltz (55.), 5:2 Volkert (72.), 5:3 Hrubesch (83.) – SR: Gabor – ZU: 48.000 (davon 30.000 Freikarten)

12.2.1977 RWE – 1. FC Saarbrücken 1:0 (1:0)
Blasey, Neues (46. Dörre), Wörmer, Huhse, Bönighausen, Wieczorkowski, Lorant, Fürhoff, Bast, Hrubesch, Lund – Tore: 1:0 Hrubesch (19.) – SR: Ohmsen – ZU: 12.892

26.2.1977 Karlsruher SC – RWE 1:1 (1:0)
Blasey, Neues, Wörmer, Bast, Bönighausen, Wieczorkowski, Dörre, Fürhoff, Mill (76. Patzke), Hrubesch, Lund – Tore: 1:0 Berger (37.), 1:1 Wieczorkowski (80.) – SR: Horstmann – ZU: 15.000

1.3.1977 RWE – Schalke 04 2:2 (1:2)
Blasey, Neues, Wörmer, Bast, Bönighausen, Wieczorkowski, Dörre, Fürhoff (85. Patzke), Mill, Hrubesch, Lund – Tore: 0:1 Bittcher (12.), 1:1 Hrubesch (34.), 1:2 H. Kremers (40.), 2:2 Lund (55.) – SR: Walz – ZU: 29.605

5.3.1977 RWE – Bor. M'gladbach 1:0 (0:0)
Blasey, Neues, Wörmer, Bast, Bönighausen, Wieczorkowski, Dörre (46. Krostina), Lorant, Fürhoff, Hrubesch, Lund – Tore: 1:0 Hrubesch (73.) – SR: Schmoock – ZU: 21.243

12.3.1977 MSV Duisburg – RWE 4:0 (1:0)
Blasey, Neues (73. Dörre), Wörmer, Bast, Bönighausen, Wieczorkowski, Lorant, Fürhoff, Mill (31. Patzke), Hrubesch, Lund – Tore: 1:0 Worm (3.), 2:0, 3:0 Jara (79., 88.), 4:0 Pirsig (90.) – SR: Klauser – ZU: 23.000

19.3.1977 RWE – Hertha BSC Berlin 2:2 (1:1)
Blasey, Neues, Wörmer, Bast, Bönighausen, Wieczorkowski (57. Patzke), Lorant, Fürhoff, Mill, Hrubesch, Lund – Tore: 1:0 Hrubesch (41.), 1:1, 1:2 Horr (45., 66.), 2:2 Hrubesch (74./FE) – SR: Meßmer – ZU: 12.070

26.3.1977 VfL Bochum – RWE   2:1 (0:0)
Blasey, Neues, Wörmer, Bast, Bönighausen, Wieczorkowski, Lorant, Fürhoff, Krostina (66. Mill), Hrubesch, Lund – Tore: 1:0 Kaczor (62.), 2:0 Holz (63.), 2:1 Lund (67.) – SR: Dreher – ZU: 16.000

2.4.1977 RWE – Borussia Dortmund 1:5 (0:2)
Blasey, Neues, Wörmer, Bast, Bönighausen, Wieczorkowski, Lorant, Fürhoff, Dörre (55. Mill), Hrubesch, Lund – Tore: 0:1 Lippens (40.), 0:2 Burgsmüller (41.), 1:2 Hrubesch (56.), 1:3 Votava (67.), 1:4 Burgsmüller (78.), 1:5 Votava (85.) – SR: Frickel – ZU: 15.527

12.4.1977 Werder Bremen – RWE   3:1 (1:1)
Blasey, Neues, Wörmer, Huhse, Bönighausen, Zedler (68. Dörre), Lorant, Fürhoff, Bast, Hrubesch, Lund – Tore: 1:0 Röntved (15.), 1:1 Hrubesch (38.), 2:1 Röber (47.), 3:1 Wörmer (76./ET) – SR: Walther – ZU: 12.000

15.4.1977 RWE – 1. FC Kaiserslautern 3:2 (1:2)
Blasey, Neues, Wörmer (30. Wieczorkowski), Huhse, Bönighausen (60. Zedler), Lorant, Fürhoff, Bast, Mill, Hrubesch, Lund – Tore: 0:1 Briegel (4.), 1:1 Mill (20.), 1:2 Pirrung (37.), 2:2 Fürhoff (82.), 3:2 Lorant (85.) – SR: Redelfs – ZU: 3.522

23.4.1977 Bayern München – RWE   5:1 (1:0)
Blasey, Neues, Wörmer, Wieczorkowski, Huhse, Lorant, Fürhoff (58. Zedler), Bast, Mill, Hrubesch, Lund (69. Dörre) – Tore: 1:0 Beckenbauer (4.), 2:0, 3:0 G. Müller (55., 59.), 3:1 Hrubesch (64.), 4:1, 5:1 G. Müller (84./FE, 86.) – SR: Quindeau – ZU: 15.000

7.5.1977 RWE – Eintracht Frankfurt 1:8 (0:5)
Blasey, Mill, Zedler, Wieczorkowski, Huhse, Dörre (49. Krostina), Lorant, Fürhoff, Bast (75. Patzke), Hrubesch, Lund – Tore: 0:1 Kraus (19.), 0:2 Neuberger (31.), 0:3 Wenzel (32.), 0:4 Hölzenbein (42.), 0:5, 0:6 Wenzel (44., 46.), 0:7, 0:8 Grabowski (69., 72.), 1:8 Hrubesch (90./HE) – SR: Lutz – ZU: 4.201

14.5.1977 RWE – Fortuna Düsseldorf 5:3 (2:1)
Blasey, Neues, Wörmer, Huhse, Bönighausen, Wieczorkowski, Lorant, Fürhoff, Mill (67. Krostina), Hrubesch, Lund – Tore: 1:0 Hrubesch (21.), 1:1 K. Allofs (23.), 2:1 Hrubesch (36.), 3:1 Huhse (50.), 4:1 Hrubesch (56.), 4:2 Brei (58./FE), 4:3 Bommer (64.), 5:3 Lorant (73.) – SR: Kindervater – ZU: 3.487

21.5.1977 Eintr. Braunschweig – RWE   6:0 (1:0)
Blasey, Neues, Wörmer, Huhse, Bönighausen, Wieczorkowski, Lorant, Fürhoff, Krostina (62. Kaminsky/78. Zedler), Hrubesch, Lund – Tore: 1:0, 2:0 Frank (13., 49.), 3:0 Grzyb (58./FE), 4:0 Hollmann (65.), 5:0, 6:0 Frank (74., 87.) – SR: Dölfel – ZU: 15.000

DFB-Pokal

1. Runde

7.8.1976 SV Meppen – RWE   2:3 n.V. (2:2)
Blasey, Neues, Wörmer, Wieczorkowski, Huhse, Krostina (110. Dörre), Lorant, Fürhoff, Lund, Hrubesch, Bönighausen (83. Lindner) – Tore: 0:1 Lund (7.), 1:1, 2:1 de Graff (58., 70.), 2:2 Hrubesch, 2:3 Wörmer (97.) – SR: Eggert – ZU: 3.200

2. Runde

16.10.1976 1. FC Saarbrücken – RWE 0:3 (0:1)
Granzow, Strauch, Wörmer, Wieczorkowski, Huhse, Dörre, Lorant, Surau (78. Mill), Bast, Hrubesch, Krostina – Tore: 0:1 Hrubesch (43.), 0:2 Bast (59.), 0:3 Dörre (77.) – SR: Meßmer – ZU: 9.000

3. Runde

18.12.1976 RWE – VfL Bochum   5:1 (2:1)
Blasey, Neues, Wörmer, Huhse, Bönighausen (79. Mill), Wieczorkowski, Lorant, Fürhoff, Bast, Hrubesch, Lund – Tore: 1:0 Wieczorkowski (7.), 2:0 Hrubesch (16.), 2:1 Kaczor (23.), 3:1 Neues (53.), 4:1 Lorant (85.), 5:1 Mill (87.) – SR: Meuser – ZU: 11.500

Achtelfinale

8.1.1977 RWE – Arminia Bielefeld   2:0 (2:0)
Blasey, Neues, Wörmer, Huhse, Bönighausen, Wieczorkowski, Lorant, Fürhoff (81. Mill), Bast, Hrubesch, Lund – Tore: 1:0 Hrubesch (1.), 2:0 Lund (24.) – SR: Rieb – ZU: 13.100

Viertelfinale

19.2.1977 SpVgg Bayreuth – RWE   1:2 (0:1)
Blasey, Neues, Wörmer, Huhse (33. Mill), Bönighausen, Wieczorkowski, Dörre, Fürhoff, Bast, Hrubesch, Lund – Tore: 0:1 Bönighausen 18.), 1:1 Milardovic (73.), 1:2 Lund (82.) – SR: Quindeau – ZU: 10.000

Halbfinale

7.4.1977 1. FC Köln – RWE   4:0 (3:0)

Blasey, Neues, Wörmer, Bast, Bönighausen, Wieczorkowski, Lorant, Fürhoff, Mill, Hrubesch (77. Patzke), Lund – Tore: 1:0 H. Zimmermann (7.), 2:0 Simmet (34.), 3:0 D. Müller (44.), 4:0 Prestin (67.) – SR: Horstmann – ZU: 30.000

Meisterschaftseinsätze

Spieler	Spiele	/Tore
Fleming Lund	34	2
Gert Wieczorkowski	33	5
Günter Fürhoff	32	3
Gerd Wörmer	32	0
Werner Lorant	31	4
Dieter Bast	28	4
Hartmut Huhse	27	1
Horst Hrubesch	26	20
Siegfried Bönighausen	25	1
Hans-Günter Neues	25	0
Hans Dörre	24	3
Heinz Blasey	23	0
Frank Mill	19	3
Hans Krostina	14	0
Eberhard Strauch	13	0
Ulrich Surau	12	3
Ulrich Granzow	8	0
Klaus Zedler	6	0
Wolfgang Patzke	5	0
Roland Spott	3	0
Hermann Lindner	1	0
Jürgen Kaminsky	1	0

Trainer

Ivica Horvat
Hermann Erlhoff   ab 26.9.1976

Interview mit Trainer Hermann Erlhoff

Herr Erlhoff, worandenken Sie als Erstes, wenn Sie an die Saison 76/77 zurückdenken?

An die fehlenden Verstärkungen, was dann schließlich dazu führte, dass wir direkt zu Saisonbeginn eine Niederlage nach der nächsten kassierten, Trainer Horvat entlassen und ich Trainer wurde. Gebracht hat der Trainerwechsel nicht viel, denn bis auf eine kurze Phase zu Beginn der Rückserie konnten wir aufgrund der fehlenden Spielerqualität nie so richtig Anschluss an die rettenden Plätze herstellen und sind zum Schluss, leider, verdient abgestiegen.

Was für eine Funktion hatten Sie eigentlich zu Beginn der Saison im Verein?

Ich war seit Beginn der Saison 75/76 Assistenztrainer unter Ivica Horvat. Da er sehr eigenbrötlerisch war, war im Grunde meine einzige Aufgabe als Assistenztrainer immer die, mit den Reservespielern nach dem eigentlichen Training zu trainieren. Horvat schickte die Reservespieler immer nach dem eigentlichen Training zu einer Art Zusatztraining, damit diese an ihren Schwächen arbeiten konnten.

Wie lief die Saisonvorbereitung unter Horvat? Kann man sagen, dass er dort schon aus Verärgerung über fehlende Spielerverpflichtungen die Sache schleifen ließ?

Kann man so sagen, zumindest hatte ich damals den Eindruck. Horvat hat allerdings mit mir nie darüber gesprochen. Er hat ja generell wenig gesprochen und wenn es dann um taktische Sachen oder um die Mannschaftsaufstellung ging, dann hat er dies immer alleine entschieden und vorher auch nie mit mir gesprochen oder sich bei mir Rat geholt.

Am 7. Spieltag gab es eine 0:6-Niederlage in Mönchengladbach und RWE befand sich mit 3:11 Punkten auf dem letzten Platz. Konnte man da schon ahnen, dass sich Horvat nicht mehr lange halten würde?

Rein vom Gefühl her kann man das bejahen. Es fand ja schon länger im Grunde keine Kommunikation mehr statt, weder mit mir noch mit dem Vorstand, und da die Entwicklung der Mannschaft nicht voran kam und wir uns im Tabellenkeller festgespielt hatten, war mit irgendeiner Entscheidung des Vorstandes in absehbarer Zeit zu rechnen.

Schildern Sie doch mal wie der Trainerwechsel vonstatten ging.

Irgendwann kam einer vom Vorstand zu mir und teilte mit, dass Horvat nicht mehr die Mannschaft trainieren würde, stattdessen sollte ich das jetzt machen. Ein Grund, warum die Wahl auf mich fiel, war, dass ich schon lange im Verein tätig war und die Mannschaft kannte und eventuelle Strömungen vielleicht aufhalten könnte ..., so wurde mir das zumindest mitgeteilt. Vielleicht war aber zu dieser Zeit kein anderer adäquater Trainer frei, weiß ich nicht *(lacht)*.

Brauchten Sie Zeit zum Überlegen, um dieses Angebot anzunehmen?

Meine Entscheidung stand sehr schnell fest, denn ich hatte ja schon die A-Lizenz und wollte jetzt natürlich auch Verantwortung übernehmen und schauen, ob ich dazu in der Lage bin, eine Profimannschaft zu betreuen. Zusätzlich hatte ich auch eine Verantwortung gegenüber dem Verein, denn diese Verbindung bedeutete mir ob der langen Zugehörigkeit zum Verein schon sehr viel. Es herrschte damals eine familiäre Atmosphäre, die von Masseur Weinheimer und besonders von der gesamten Familie Breitbach geprägt war. Diese Leute, die rund um die Mannschaft tätig waren, wollte ich nicht enttäuschen. Die sind ja im Laufe der Jahre auch mit uns durch dick und dünn gegangen.

Hatten Sie, neben ihrer Verpflichtung dem Verein gegenüber, auch Hoffnung, dass Sie mit dieser Mannschaft durchaus noch die Klasse halten konnten?

Klar, durchaus, das hat man ja als Trainer immer, wenn man eine Mannschaft übernimmt, ansonsten braucht man ja das Angebot, Trainer zu werden, nicht anzunehmen.

Auf welche Spieler bauten Sie besonders?

Auf Horst Hrubesch, der zwar noch in der Entwicklung, aber trotzdem schon ein Leistungsträger in der Mannschaft war; auf Werner Lorant, der gerannt und gekämpft hat bis zum geht nicht mehr; auf Gert Wieczorkowski, der im Defensivbereich auch eine gewisse Qualität hatte, und auf Kapitän Dieter Bast, der aufgrund seiner Schnelligkeit und seiner mannschaftsdienlichen Art sehr wichtig war. Wichtig war auch Heinz Blasey, allerdings fiel er fast die komplette Vorrunde aufgrund eines Handbruches aus. Stattdessen haben wir kurzfristig Ulrich Granzow aus Gütersloh, einen Zweitligatorwart, verpflichtet.

Granzow hat 100.000 DM gekostet. Da stellt man sich die Frage, ob der Verein in seiner Panik gar nicht mehr aufs Geld geschaut hat?

Gut, das weiß ich nicht, aber man muss immer sehen, wer gerade auf dem Markt ist oder wen man relativ leicht aus dem Vertrag herauskaufen kann.

Können Sie sich noch an Ihr erstes Spiel als verantwortlicher Trainer erinnern?

Ja, dass war ein Heimspiel gegen den MSV Duisburg, das wir mit 1:5 verloren haben. Dazu muss ich aber sagen, dass ich erst seit einer Woche, seit der Entlassung Horvats nach dem Gladbach-Spiel, die Möglichkeit hatte, auf die Mannschaft einzuwirken.

Aber ist man da nicht als neuer Trainer enttäuscht, dass man von der Mannschaft direkt im ersten Spiel so hängen gelassen wird?

Natürlich ist das enttäuschend, aber wenn man die vorherige Entwicklung mitbekommen hat, und das habe ich, dann war mir schon klar, dass es eine aufwändige Sache werden würde, die Mannschaft auf Kurs zu bringen. Meine grad begonnene Arbeit war ja nicht auf ein Spiel ausgelegt, sondern wir wollten am Ende der Saison auf einem Nichtabstiegsplatz stehen. Das ist ja leider nicht passiert und das hat mich mehr frustriert als die erste, wenn auch hohe, Niederlage gegen den MSV.

Am 13. Spieltag gab es auf dem Betzenberg eine 1:7-Niederlage gegen den 1. FC Kaiserslautern. Folgende Mannschaft trat dort an: Granzow, Strauch, Wieczorkowski, Wörmer, Huhse, Surau, Lorant, Lund, Bast, Hrubesch, Krostina. War diese Mannschaft bundesligareif?

Auf den ersten Blick hört sich die Aufstellung nicht schlecht an, aber wenn man genauer hinschaut, dann stelle man fest, dass bei dieser Mannschaft keine richtige Struktur erkennbar war. Granzow kam aus der zweiten Liga, Strauch hatte immer zu kämpfen um überhaupt in die Mannschaft zu kommen, Surau kam aus Mönchengladbach und hat die Erwartungen zu keiner Zeit erfüllt, Lund war zwar schnell, aber aufgrund seiner Statur sehr zweikampfschwach und Krostina war im Grunde viel zu langsam. Fünf Schwachpunkte kann keine Mannschaft in der Bundesliga ausgleichen und dann muss man ehrlicherweise sagen, dass diese Mannschaft aus dem Kaiserslautern-Spiel eher eine Zweitligamannschaft war.

Am 17. Spieltag gelang Ihnen mit einem 2:1-Sieg gegen den damaligen Tabellenzweiten Eintracht Braunschweig der erste Meisterschaftssieg, trotzdem beendeten Sie die Hinrunde auf dem letzten Platz. Im Pokal dagegen stand der Verein nach einem 3:2 in Meppen, einem 3:0 in Saarbrücken und einem 5:1-Heimerfolg gegen den VfL Bochum im Achtelfinale. Warum lief es im Pokal so gut?

Vielleicht hatten wir im Pokal mehr die Leichtigkeit und haben uns nicht so sehr den Kopf gemacht, ob wir jetzt weiterkämen. Es ist ja auch immer so, dass man im Pokal an einem guten Tag gewinnt und direkt eine Runde weiter ist, in der Meisterschaft kann man mit einem Sieg nicht so viel anfangen.

Können Sie sich noch daran erinnern, ob Sie in der Winterpause in ein Trainingslager gefahren oder geflogen sind?

Das weiß ich nicht mehr, aber damals war es ja noch nicht üblich, dass man in die Sonne fuhr, vielmehr blieb man zu Hause und trainierte ganz normal auf den heimischen Plätzen. Manchmal konnte es vorkommen, dass man dann mal für zwei, drei Tage in eine Sportschule fuhr, um die Mannschaft auf gewisse Dinge besonders einzuschwören.

Ich frage deshalb, weil Sie ziemlich gut in die Rückrunde gestartet sind. U.a. sind sie ins Pokal-Viertelfinale eingezogen und haben aus den ersten sieben Meisterschaftsspielen beachtliche 9:5 Punkte geholt. Dabei gab es ein 2:2 gegen Schalke und einen 1:0-Sieg gegen den amtierenden deutschen Meister Borussia Mönchengladbach.

Das kann daran liegen, dass ich immer viel von einer guten Vorbereitung hielt. Vielleicht ist es mir zumindest für diese ersten Spiele gelungen, mehr mannschaftliche Geschlossenheit hineinzubringen und vielleicht hatten wir in manchen Spielen auch ein wenig mehr Glück als in der Hinrunde.

Mit einem 2:1-Erfolg in Bayreuth sind Sie in das Pokal-Halbfinale eingezogen, in der Meisterschaft gab es allerdings in Duisburg eine 0:4-Niederlage und ab diesem Zeitpunkt ging es abwärts. Enttäuschend waren nicht die anschließenden Niederlagen, sondern deren Höhe: RWE-Dortmund 1:5, RWE-Frankfurt 1:8. Wie ist das zu erklären?

Wenn spielerische Qualität und zusätzlich noch die Motivation fehlt, dann kommen solche Ergebnisse zustande. Außerdem war dies auch schon die Zeit, in der die Weichen für die folgende Zweitligasaison gestellt worden sind. Nach unserem frühzeitig feststehenden Abstieg bekam der eine oder andere mitgeteilt, dass es hier im Verein nicht mehr für ihn weitergehen würde.

Aber wenn die Motivation bei diesen Spielern fehlte, warum haben Sie die dann noch eingesetzt? Gab es keine Alternativen?

Nicht immer …, aber ich habe am Saisonende schon versucht, auch den jungen Spielern die Möglichkeit zu geben, Bundesligaluft zu schnuppern. Frank Mill, Wolfgang Patzke und Jürgen Kaminsky haben immer mittrainiert und wurden dementsprechend auch mal eingesetzt. Allerdings muss ich auch sagen, dass besonders Patzke und Kaminsky zu diesem Zeitpunkt noch nicht die nötige Qualität für die Bundesliga hatten. Aus diesem Grund ist dann auch eine vermeidbare Geschichte in Braunschweig, bei unserem letzten Bundesligaspiel, passiert. Ich habe den Jürgen Kaminsky im Laufe des Spiels eingewechselt und habe ihn nur eine Viertelstunde später wieder vom Platz genommen. Das hätte nicht sein müssen, aber ich wollte ihm einfach mal die Gelegenheit geben, in der Bundesliga eingesetzt zu werden. Leider musste ihn dann auf einer für ihn ungewohnten Position einsetzen. Nach kurzer Zeit konnte ich erkennen, dass dies an diesem Tag nicht funktionieren wird und ich ihn, um ihn vor weiterem Schaden zu schützen, wieder vom Platz holen musste. Das war für ihn direkt nach dem Spiel schwer zu verstehen, aber ich habe dann mehrmals mit ihm gesprochen und ich denke mal, er hat es dann irgendwann akzeptieren können …, ist ja später auch ein guter Zweitligaspieler geworden.

RWE beendete die Saison auf dem letzten Platz, mit 22:46 Punkten und 49-103 Toren. Ist Ihnen diese Bilanz peinlich?

Peinlich nicht unbedingt, vielleicht eher unangenehm. Wobei ich aber sagen muss, dass meine Spielphilosophie immer offensiv ausgerichtet war, umsonst haben wir ja nicht knapp 50 Tore erzielt. Leider hat dies in der Saison 76/77 auch bedingt, dass wir dadurch hinten oftmals sehr offen und für Konter anfällig waren.

Neben fehlender Spielerqualität und dem Verkauf von Lippens und Burgsmüller vor der Saison, kann man eventuell auch sagen, dass in dieser Saison auch ein fehlender Zusammenhalt in der Mannschaft für den Abstieg ausschlaggebend war?

Nein, das würde ich nicht sagen. Die Mannschaft hat zusammengehalten und hat auch immer das von mir vorgegebene Trainingsprogramm durchgezogen. Es war wirklich so, dass die Qualität der Mannschaft nicht ausreichte, um den Klassenerhalt zu sichern.

Ich habe ein Zitat von Ihnen aus der NRZ vom 9. April 1977 gefunden, in dem Sie auf die Frage nach dem Abstiegsgrund folgendermaßen antworteten: „Eine Führung ohne Fachwissen und ein Trainer, der sich vor Saisonbeginn nicht intensiv genug um Spielerverpflichtungen gekümmert hat." Aus der Sicht des Lesers hört sich das ein wenig nach „Nachtreten" an …

Ja, kann ich verstehen, aber es war nun mal die Wirklichkeit. Aus meiner Sicht ging es dem Ivica, wenn man das so sagen darf, einfach nur darum, seine Rente durchzukriegen. Und nicht nur mir ist aufgefallen, dass von Seiten der Vereinsführung zu wenig getan wurde, um die Mannschaft zu verstärken, sondern auch den verbliebenen Spielern. Das war Fakt und jeder, der mit offenen Augen durch die Weltgeschichte lief, sah das.

Viele ehemalige Mitspieler haben mir gegenüber Folgendes zu Trainer Hermann Erlhoff gesagt: „Der Hermann Erlhoff war als Trainer zu lieb und deshalb nur bedingt für diesen Job geeignet." Trifft diese Aussage zu?

Sagen wir es so, ich war nie ein Trainer, der mit eisernem Besen kehrte, sondern vielmehr legte ich Wert auf Kooperation mit den Spielern. Bis auf die beiden Jahre bei RWE habe ich zwar nie ganz oben trainiert, aber auf all meinen anderen Trainerstationen bin ich mit meiner Einstellung gut gefahren.

Hätten Sie nach dem Abstieg '77 geglaubt, dass der Verein RWE bis zum Jahre 2011 nie mehr in die Bundesliga zurückkehren würde?

Nicht unbedingt, aber es zeigte sich früher schon und das hat sich bis heute nicht geändert, wenn ich mal von RWE und Steag absehe, dass der Verein keine großen Sponsoren findet. Oft war man im Verein schon mit dem zufrieden, was man hatte, seien es Spieler, wirtschaftliche Möglichkeiten oder das Stadion, und das ist nicht der richtige Weg gewesen wie sich heute zeigt.

Haben Sie etwas aus Ihrer Trainerzeit bei RWE für ihre weiteren Trainerstationen mitnehmen können?

Doch, auf jeden Fall. Trainingsabläufe, Spielabläufe, Beurteilungen der Spieler und das alles auf höchstem Niveau, das war schon wichtig für mich.

Saison 1977/78

1.	Arminia Bielefeld	23	5	10	74-40	51:25
2.	Rot-Weiss Essen	21	8	9	82-49	50:26
3.	Preußen Münster	18	13	7	65-47	49:27
4.	Fortuna Köln	19	10	9	79-62	48:28
5.	Hannover 96	19	5	14	68-57	43:33
6.	Wattenscheid 09	16	9	13	76-65	41:35
7.	Bayer Uerdingen	15	11	12	75-64	41:35
8.	Bayer Leverkusen	16	7	15	58-51	39:37
9.	Union Solingen	13	13	12	60-60	39:37
10.	Tennis Borussia Berlin	12	12	14	58-57	36:40
11.	Wuppertaler SV	12	12	14	56-59	36:40
12.	Westfalia Herne	12	11	15	53-59	35:41
13.	Rot-Weiß Lüdenscheid	12	11	15	59-75	35:41
14.	Alemannia Aachen	10	14	14	51-62	34:42
15.	Arminia Hannover	12	10	16	63-78	34:42
16.	VfL Osnabrück	9	15	14	56-62	33:43
17.	SC Herford	12	9	17	51-58	33:43
18.	1. FC Bocholt	13	6	19	65-70	32:44
19.	OSC Bremerhaven	11	10	17	61-88	32:44
20.	ETB SW Essen	4	11	23	45-92	19:57

6.8.1977 RWE – Pr. Münster　4:4 (1:0)
Blasey, Martens, Huhse, Bönighausen, Wieczorkowski, Neues, Fürhoff, Ehmke (24. Mill), Hrubesch, Sperlich (75. Horvat) – Tore: 1:0 Hrubesch (41.), 1:1 Möhlmann (46.), 1:2 Wolf (55.), 2:2 Sperlich (56.), 3:2 Hrubesch (68.), 3:3 Petkovic (70.), 4:3 Mill (86.), 4:4 Wolf (86.) – SR: Heitmann – ZU: 8.000

13.8.1977 Hannover 96 – RWE　0:1 (0:1)
Blasey, Martens, Wieczorkowski, Huhse, Bönighausen, Neues, Fürhoff, Sperlich, Ehmke, Hrubesch, Mill – Tore: 0:1 Hrubesch (21.) – SR: Teichert – ZU: 9.000

27.8.1977 Westfalia Herne – RWE　2:0 (2:0)
Blasey, Martens, Wieczorkowski, Huhse, Bönighausen, Neues, Horvat, Fürhoff, Sperlich, Ehmke, Mill (39. de Nul) – Tore: 1:0 Bals (22.), 2:0 Abel (25.) – SR: Ohmsen – ZU: 12.000

31.8.1977 RWE – Arminia Bielefeld　2:0 (1:0)
Blasey, Martens, Wieczorkowski, Huhse, Bönighausen, Neues, Horvat, Fürhoff, Sperlich, Hrubesch, Patzke – Tore: 1:0 Wieczorkowski (24.), 2:0 Hrubesch (80.) – SR: Eschweiler – ZU: 12.000

2.9.1977 Wattenscheid 09 – RWE　3:2 (2:1)
Blasey, Martens (53. Mill), Wieczorkowski, Huhse, Bönighausen, Neues, Horvat, Fürhoff, Sperlich, Hrubesch, Patzke – Tore: 1:0 Bachorz (5.),

2:0 Babington (12.), 2:1 Fürhoff (30.), 3:1 Hammes (71.), 3:2 Sperlich (84.) – SR: Roth – ZU: 6.200

7.9.1977 RWE – ETB SW Essen　4:0 (2:0)
Blasey, Martens, Wieczorkowski, Huhse, Bönighausen, Horvat, Fürhoff, Sperlich, Ehmke, Hrubesch, Mill – Tore: 1:0 Sperlich (21.), 2:0, 3:0, 4:0 Hrubesch (44., 82., 88./FE) – SR: Waltert – ZU: 16.000

11.9.1977 RWE – Wuppertaler SV　6:0 (2:0)
Blasey, Martens, Wieczorkowski, Huhse, Bönighausen, Ehmke, de Nul (85. Patzke), Fürhoff (81. Kaminsky), Sperlich, Hrubesch, Mill – Tore: 1:0 de Nul (6.), 2:0 Mill (35.), 3:0, 4:0, 5:0 Hrubesch (52., 57./FE, 78.), 6:0 Sperlich (86.) – SR: Milkert – ZU: 11.000

16.9.1977 Fortuna Köln – RWE　3:1 (2:0)
Blasey, Martens, Wieczorkowski, Huhse, Bönighausen, Ehmke, de Nul, Fürhoff, Sperlich (45. Kaminsky), Hrubesch, Mill (80. Horvat) – Tore: 1:0 Ludwig (41.), 2:0 Mödrath (44.), 3:0 Fritsche (60.), 3:1 Hrubesch (80.) – SR: Redelfs – ZU: 6.000

24.9.1977 RWE – OSC Bremerhaven　6:1 (3:1)
Blasey, Neues, Wieczorkowski, Huhse, Bönighausen, Horvat, de Nul (59. Patzke), Fürhoff, Sperlich, Hrubesch, Mill (66. Martens) – Tore: 1:0

Hrubesch (12.), 2:0 Sperlich (14.), 3:0 Hrubesch (16.), 3:1 Steinlein (34.), 4:1, 5:1, 6:1 Hrubesch (53., 72., 75.) – SR: Halfter – ZU: 6.000

1.10.1977 Bayer Leverkusen – RWE 1:2 (0:1)
Blasey, Neues, Wieczorkowski, Huhse, Bönighausen, Ehmke, Horvat, Fürhoff, Sperlich, Hrubesch, Mill (57. Patzke) – Tore: 0:1, 0:2 Hrubesch (16., 74.), 1:2 Herzog (88.) – SR: Marchefka – ZU: 5.000

9.10.1977 RWE – RW Lüdenscheid 3:1 (1:0)
Blasey, Neues, Wieczorkowski, Huhse, Bönighausen, Ehmke, Horvat, Fürhoff, Sperlich, Hrubesch, Mill (46. Patzke) – Tore: 1:0 Fürhoff (29.), 2:0 Wieczorkowski (60.), 3:0 Hrubesch (69./FE), 3:1 Reiners (73.) – SR: Rieb – ZU: 9.700

22.10.1977 Arminia Hannover – RWE 0:0
Blasey, Neues, Wieczorkowski, Huhse, Bönighausen, Ehmke, Martens, Fürhoff (78. Kaminsky), Sperlich, Hrubesch, de Nul (68. Patzke) – Tore: Fehlanzeige – SR: Reichmann – ZU: 4.200

29.10.1977 SC Herford – RWE 1:1 (0:0)
Blasey, Neues, Huhse, Ehmke (27. Mill), Bönighausen, Wieczorkowski, Martens, Fürhoff, Kaminsky, Sperlich, Patzke (78. de Nul) – Tore: 1:0 Laube (57.), 1:1 Mill (59.) – SR: Kornrumpf – ZU: 7.000

5.11.1977 RWE – 1. FC Bocholt 4:1 (1:1)
Blasey, Neues, Huhse, Ehmke, Bönighausen, Wieczorkowski, Martens, Fürhoff, Sperlich, Hrubesch, Mill – Tore: 0:1 Runge (9.), 1:1 Wieczorkowski (43.), 2:1 Fürhoff (50.), 3:1 Mill (70.), 4:1 Martens (75.) – SR: Horstmann – ZU: 8.000

12.11.1977 Bayer Uerdingen – RWE 1:0 (0:0)
Blasey, Neues, Huhse, Ehmke, Bönighausen, Wieczorkowski, Martens, Fürhoff, Horvat, Sperlich (23. Patzke), Mill – Tore: 1:0 Finnern (57.) – SR: Ebner – ZU: 8.000

26.11.1977 RWE – Alemannia Aachen 3:1 (0:0)
Blasey, Neues, Huhse, Ehmke, Bönighausen, Wieczorkowski, Kaminsky (46. Wörmer), Fürhoff, Horvat, Martens (51. Hrubesch), Mill – Tore: 1:0 Hrubesch (63.), 2:0 Mill (68.), 3:0 Ehmke (79.), 3:1 Schütt (88.) – SR: Glasneck – ZU: 7.500

3.12.1977 VfL Osnabrück – RWE 1:1 (1:1)
Blasey, Neues, Huhse, Wörmer, Bönighausen (79. Martens), Wieczorkowski, Horvat (68. Sperlich), Fürhoff, Ehmke, Hrubesch, Mill – Tore: 1:0 Wieczorkowski (29./ET), 1:1 Mill (35.) – SR: Engelmann – ZU: 4.500

10.12.1977 RWE – Tennis Bor. Berlin 4:3 (2:0)
Blasey, Wörmer, Huhse, Ehmke, Kirschstein, Wieczorkowski, Martens, Fürhoff (81. Horvat), Sperlich (61. Patzke), Hrubesch, Mill – Tore: 1:0 Hrubesch (23.), 2:0 Ehmke (45.), 2:1, 2:2 Stradt (46., 49.), 3:2 Hrubesch (63.), 3:3 Kehr (71.), 4:3 Hrubesch (82.) – SR: Retzmann – ZU: 7.000

17.12.1977 Union Solingen – RWE 1:1 (0:0)
Blasey, Horvat, Huhse, Ehmke, Bönighausen (61. Patzke), Wieczorkowski, Martens, Fürhoff, Kirschstein, Hrubesch, Mill – Tore: 1:0 Lenz (47.), 1:1 Hrubesch (76./FE) – SR: Teichert – ZU: 11.000

8.1.1978 Pr. Münster – RWE 2:0 (1:0)
Blasey, Martens, Huhse, Ehmke, Bönighausen, Wieczorkowski (70. Klinger), Kirschstein, Fürhoff, Sperlich (39. Patzke), Hrubesch, Mill – Tore: 1:0 Möhlmann (30.), 2:0 Mall (86.) – SR: Redelfs – ZU: 30.000

14.1.1978 RWE – Hannover 96 3:1 (2:1)
Blasey, Kirschstein, Huhse, Wiemers (67. Kaminsky), Bönighausen, Wieczorkowski, Klinger, Fürhoff, Ehmke, Hrubesch, Patzke – Tore: 0:1 Milewski (36.), 1:1 Hrubesch (37.), 2:1 Wieczorkowski (41.), 3:1 Hrubesch (69.) – SR: Brückner – ZU: 6.000

22.1.1978 ETB SW Essen – RWE 3:3 (1:2)
Blasey, Kirschstein, Huhse, Klinger, Bönighausen, Wieczorkowski, Fürhoff, Ehmke, Sperlich (77. Kaminsky), Hrubesch, Patzke – Tore: 1:0 Klausmann, 1:1, 1:2 Hrubesch (22., 31./FE), 2:2 Klausmann (35./FE), 2:3 Klinger (69.), 3:3 Nover (72.) – SR: Ohmsen – ZU: 15.000

28.1.1978 RWE – Westfalia Herne 1:2 (1:1)
Blasey, Kirschstein, Huhse, Klinger, Bönighausen, Wieczorkowski, Fürhoff, Ehmke, Martens, Hrubesch, Patzke – Tore: 0:1 Höfer (13.), 1:1 Ehmke (34.), 1:2 Höfer (70.) – SR: Gabriel – ZU: 5.000

4.2.1978 Arminia Bielefeld – RWE 2:2 (1:0)
Blasey, Kirschstein (14. Wiemers), Huhse, Klinger, Bönighausen, Wieczorkowski, Fürhoff, Ehmke, Martens, Hrubesch, Patzke (46. Sperlich) – Tore: 1:0 Rnjic (15.), 2:0 Eilenfeld (49.), 2:1 Bönighausen (65.), 2:2 Hrubesch (83.) – SR: Heitmann – ZU: 13.000

11.2.1978 RWE – Wattenscheid 09 1:1 (1:1)
Blasey, Wiemers, Huhse, Klinger, Bönighausen, Wieczorkowski, Fürhoff, Ehmke, Dörre, Hrubesch, Sperlich – Tore: 1:0 Bönighausen (45.), 1:1 Drews (85.) – SR: Assenmacher – ZU: 4.000

25.2.1978 RWE – Fortuna Köln   2:1 (0:0)
Blasey (47. Spott), Wiemers, Huhse, Klinger, Bönighausen, Wieczorkowski, Fürhoff, Kirschstein, Sperlich (74. Martens), Hrubesch, Mill – Tore: 1:0 Hrubesch (70.), 1:1 Mödrath (80.), 2:1 Hrubesch (83.) – SR: Waltert – ZU: 10.000

4.3.1978 OSC Bremerhaven – RWE   0:1 (0:1)
Spott, Wiemers, Huhse, Klinger, Bönighausen, Wieczorkowski, Fürhoff (63. Dörre), Martens (80. Kirschstein), Sperlich, Hrubesch, Mill – Tore: 0:1 Sperlich (3.) – SR: Horeis – ZU: 5.400

10.3.1978 RWE – Bayer Leverkusen   3:2 (2:0)
Spott, Wiemers, Huhse, Klinger (77. Ehmke), Bönighausen, Wieczorkowski, Fürhoff, Martens, Sperlich (87. Kirschstein), Hrubesch, Dörre – Tore: 1:0 Hrubesch (31.), 2:0 Sperlich (32.), 3:0 Bönighausen (59.), 3:1 Herzog (66.), 3:2 Bruckmann (81.) – SR: Uhlig – ZU: 7.500

2.4.1978 RWE – Arminia Hannover   4:0 (2:0)
Blasey, Wörmer, Huhse, Klinger, Bönighausen, Wieczorkowski, Ehmke, Fürhoff (76. Patzke), Dörre, Sperlich (46. Martens), Hrubesch – Tore: 1:0 Dörre (2.), 2:0 Bönighausen (37.), 3:0 Dörre (81.), 4:0 Hrubesch (89./FE) – SR: Dr. Stäglich – ZU: 7.500

4.4.1978 Wuppertaler SV – RWE   2:0 (0:0)
Blasey, Wörmer, Huhse, Klinger, Bönighausen, Wieczorkowski, Fürhoff (75. Patzke), Ehmke, Dörre (78. Martens), Hrubesch, Sperlich – Tore: 1:0, 2:0 G.Pröpper (63., 78.) – SR: Risse – ZU: 7.000

9.4.1978 RWE – SC Herford   2:0 (1:0)
Blasey, Wiemers, Huhse, Ehmke, Bönighausen, Wieczorkowski, Klinger (62. Fürhoff), Martens, Sperlich, Hrubesch (80. Dörre), Mill – Tore: 1:0 Hrubesch (4.), 2:0 Mill (89.) – SR: Kaiser – ZU: 7.000

18.4.1978 RW Lüdenscheid – RWE   3:2 (2:1)
Blasey, Wiemers, Huhse, Ehmke (83. Klinger), Bönighausen (54. Dörre), Wieczorkowski, Fürhoff, Martens, Sperlich, Hrubesch, Mill – Tore: 0:1 Hrubesch (12./FE), 1:1, 2:1 Jürgens (23., 45.), 2:2 Sperlich (77.), 3:2 Offermanns (80.) – SR: Roth – ZU: 10.000

23.4.1978 1. FC Bocholt – RWE   4:3 (2:1)
Blasey, Wiemers, Huhse, Ehmke, Dörre, Wieczorkowski, Fürhoff, Martens, Sperlich, Hrubesch, Mill (66. Patzke) – Tore: 1:0 Runge (10.), 2:0 Mentelett (35.), 2:1 Wieczorkowski (39.), 3:1 Müller (51.), 3:2, 3:3 Hrubesch (65., 75.), 4:3 Nabrotzki (79.) – SR: Roth – ZU: 15.000

29.4.1978 RWE – Bayer Uerdingen   1:0 (0:0)
Blasey, Wiemers, Huhse, Ehmke, Bönighausen, Wieczorkowski, Fürhoff, Martens, Sperlich (84. Klinger), Hrubesch, Mill – Tore: 1:0 Mill (53.) – SR: Pauly – ZU: 3.000

5.5.1978 Alemannia Aachen – RWE   0:1 (0:1)
Blasey, Wiemers, Huhse, Ehmke, Bönighausen, Martens, Klinger, Fürhoff (88. Kaminsky), Sperlich, Hrubesch, Mill – Tore: 0:1 Hrubesch (25.) – SR: Marchefka – ZU: 4.000

13.5.1978 RWE – VfL Osnabrück   4:1 (3:1)
Blasey, Wiemers, Huhse, Ehmke, Dörre (80. Patzke), Klinger (78. Kirschstein), Fürhoff, Martens, Kaminsky, Hrubesch, Mill – Tore: 1:0 Mill (12.), 2:0 Huhse (13.), 3:0 Hrubesch (18.), 3:1 Greif (26.), 4:1 Hrubesch (60.) – SR: Kespohl – ZU: 5.500

20.5.1978 Tennis Bor. Berlin – RWE   1:2 (1:2)
Blasey, Wiemers, Huhse, Ehmke, Dörre (85. Sperlich), Klinger (70. Kirschstein), Fürhoff, Martens, Kaminsky, Hrubesch, Mill – Tore: 0:1 Mill (23.), 0:2 Hrubesch (33.), 1:2 Schmitz – SR: Barnick – ZU: 2.000

27.5.1978 RWE – Union Solingen   2:0 (1:0)
Blasey, Wiemers, Huhse, Klinger (82. Patzke), Dörre, Kaminsky, Martens (56. Sperlich), Fürhoff, Ehmke, Hrubesch, Mill – Tore: 1:0 Hrubesch (38./FE), 2:0 Mill (81.) – SR: Kopka – ZU: 18.000

Aufstiegsspiele zur Bundesliga

2.6.1978 1. FC Nürnberg – RWE   1:0 (0:0)
Blasey, Martens, Huhse, Ehmke, Wiemers, Kaminsky (87. Patzke), Dörre (77. Klinger), Fürhoff, Sperlich, Hrubesch, Mill – Tore: 1:0 Walitza (79.) – SR: Roth – ZU: 50.000

9.6.1978 RWE – 1. FC Nürnberg   2:2 (0:1)
Blasey, Wiemers, Klinger, Ehmke, Bönighausen, Kaminsky (87. Martens), Dörre (42. Patzke), Fürhoff, Sperlich, Hrubesch, Mill – Tore: 0:1 Petrovic (29.), 1:1 Ehmke (49.), 1:2 Walitza (58.), 2:2 Hrubesch (59./FE) – SR: Linn – ZU: 25.137

DFB-Pokal

1. Runde

29.7.1978 RWE – VfR Bürstadt 3:2 (2:0)
Blasey, Neues (51. Patzke), Martens, Huhse, Bönighausen, Wieczorkowski, Horvat, Fürhoff, Ehmke, Sperlich, Hrubesch (76. Mill) – Tore: 1:0 Ehmke (18.), 2:0 Sperlich (32.), 2:1 Stetter (67.), 2:2
Jordan (82.), 3:2 Ehmke (85.) – SR: Stäglich – ZU:
5.000

2. Runde

20.8. FC Tailfingen – RWE 1:2 (0:1)
Blasey, Neues, Martens, Huhse, Bönighausen,
Wieczorkowski, Patzke, Fürhoff, Ehmke, Sperlich,
Mill – Tore: 0:1 Patzke (23.), 0:2 Raach (55./ET),
1:2 Reif (74.) – SR: Ochsenreiter – ZU: 1.500

Achtelfinale

14.10.1979 Fortuna Düsseldorf – RWE 4:1 (2:0)
Blasey, Neues, Horvat, Huhse, Bönighausen,
Wieczorkowski, Fürhoff, Ehmke, Sperlich (67.
Martens), Hrubesch, Mill (60. de Nul) – Tore: 1.0
D. Szymanek (38.), 2:0 Brei (41./FE), 3:0 Hickers-
berger (53.), 3:1 Ehmke (69.), 4:1 Szymanek (82.)
– SR: Frickel – ZU: 10.000

Meisterschaftseinsätze

Spieler	Spiele	/Tore
Günter Fürhoff	38	3
Hartmut Huhse	38	1
Heinz Blasey	36	0
Horst Hrubesch	35	41
Peter Ehmke	34	3
Hans-Jürgen Sperlich	33	8
Heinz Martens	33	1
Gert Wieczorkowski	34	5
Siegfried Bönighausen	33	4
Frank Mill	29	11
Wolfgang Patzke	23	0
Dietmar Klinger	18	1
Hans-Günter Neues	14	0
Detlef Wiemers	14	0
Joszef Horvarth	14	0
Hans Dörre	11	2
Jürgen Kaminsky	11	0
Eckhard Kirschstein	12	0
Andre de Nul	7	1
Gerd Wörmer	5	0
Roland Spott	3	0
Hans Krostina	1	0

Trainer
Hermann Erlhoff
Klaus Quinkert   ab 26.1.1978

Interview mit Hartmut Huhse

RWE ist im Sommer '77 aus der Bundesliga abgestiegen, Sie sind als 25-Jähriger, etablierter Bundesligaspieler mit in die 2. Liga gegangen. Warum?

Zum einen hatte ich noch einen Vertrag und zum anderen war und bin ich nicht der Typ, der im negativen Fall direkt die Koffer packt und mit allem nichts mehr zu tun haben möchte. Solches Verhalten liegt mir völlig fern.

Wie sahen Sie denn die Perspektiven hinsichtlich eines sofortigen Wiederaufstiegs?

Ich war, wie die meisten Mitspieler auch, davon überzeugt, dass wir sofort wieder den Sprung zurück in die Bundesliga schaffen werden. Erfahrene und gute Leute wie Blasey, Wieczorkowski, Fürhoff und Hrubesch sind dem Verein verbunden geblieben und somit hatte ich auch gar keine Zweifel, dass wir es nicht packen könnten.

In der Abwehr wurde gewechselt, Neues verließ den Verein und Wörmer war lange Zeit verletzt. Dafür kamen mit Peter Ehmke, Heinz Martens und Detlef Wiemers drei neue Leute. Ihr Eindruck von denen?

Den Peter Ehmke kannte ich ja aus Schalke, der hat dort bei den Amateuren gespielt. Er wurde aber erst in Essen von unserem Trainer Erlhoff zum Abwehrspieler umgeschult. Der Peter hatte den Riesenvorteil, dass er unheimlich schnell war. Ich kann mich an keinen Stürmer erinnern, der ihm damals weg gerannt ist …, das ging nicht. Er war als Vorstopper für die 2. Liga ein absoluter Topmann. Der Heinz war groß und schnell und hat in meinen Augen ohne großes Aufhebens die rechte Seite dicht gemacht. Ja, und Detlef Wiemers kam vom ETB. Sein Glück war, dass zu diesem Zeitpunkt der Trainer die Abwehr umgestellt hat. Der Witsche war in seinen Augen wohl als Libero verschenkt bzw. unterfordert und somit hat er ihn ins defensive Mittelfeld gestellt. Dafür spielte ich dann mit dem Peter als Tandem auf der Libero- und Vorstopperposition, der Heinz spielte rechts und der Detlef übernahm dann meine Position auf der linken Seite.

Trainer war Hermann Erlhoff, was war er für ein Typ?

Der Hermann war fachlich eine Rakete, in dieser Hinsicht war er der beste Trainer, den ich während meiner aktiven Zeit erleben durfte, aber leider hatte er einen Fehler: Er konnte nicht energisch genug durchgreifen.

Zu Beginn der Rückrunde standen Sie auf dem zweiten Platz hinter Preußen Münster und mussten nach wenigen Spieltagen am Uhlenkrug gegen den Tabellenletzten ETB antreten. Das Spiel endete 3:3 und Erlhoff wurde daraufhin entlassen. Erinnerungen daran?

An das Spiel nicht, aber daran, dass der Hermann entlassen wurde und Klaus Quinkert als neuer Trainer kam.

Wie hat Quinkert trainieren lassen?

Katastrophal …, das war eine absolute Katastrophe! Er hat gemeint, er müsse das Hauptaugenmerk auf die Kondition legen. Grundsätzlich ist das ja kein Problem, aber unter ihm haben wir tatsächlich noch am Morgen eines Zweitligaspiels Kondition trainiert. Tja, und da haben wir dann sogar zu Hause gegen Westfalia Herne verloren (*schüttelt den Kopf*).

Sie haben nicht nur gegen Herne verloren, sondern auch anderweitig Punkte abgegeben, so dass der Rückstand auf die beiden ersten Plätze zwischenzeitlich immer größer wurde. Wie war zu dieser Zeit die Stimmung innerhalb der Mannschaft?

Die Stimmung in der Mannschaft war unter dem Strich immer positiv und das zeigte sich gerade auch nach Niederlagen. Wir waren in der Mannschaft so gefestigt, dass uns nichts umwerfen konnte. Positiv war da natürlich, dass die Leistungsträger wie Hrubesch, Witsche und ich schon viel Erfahrung hatten und dementsprechend auch mit negativen Erlebnissen umgehen konnten.

Zum Ende der Saison hin mussten Sie die letzten fünf Spiele gewinnen, um noch eine Chance auf den Aufstieg zu haben. Fühlten Sie sich da unter Druck gesetzt?

Nein, das war zumindest für mich kein Thema. Druck hatte ich alleine für mich, wenn ich auf den Platz ging und das Spiel gewinnen wollte …, und das wollte ich jedes Mal. Ob da einer von außen gesagt hat oder hätte, „ihr müsst jetzt aber alle Spiele gewinnen", das spielte für mich keine Rolle. Wir in der Mannschaft konnten alle rechnen und wussten, was los war. Auswärtsspiele in Uerdingen oder Aachen waren keine Kaffeefahrten, das war jedem von uns klar, aber Druck haben wir dadurch nicht gespürt.

Nach Siegen gegen Uerdingen (1:0) und in Aachen (1:0) gab es im drittletzten Spiel, zu Hause gegen den VfL Osnabrück, einen 4:1-Erfolg. In den letzten fünf Spielen der Saison wurden alle Essener Tore durch Mill oder Hrubesch erzielt …, bis auf einen Treffer gegen Osnabrück.

Das habe ich gemacht (*strahlt übers Gesicht*). Der Frank Mill hat von der rechten Seite geflankt und ich habe den Ball in die kurze Ecke geköpft. Das war das 2:0 …, da kann ich mich noch genau dran erinnern.

Eins Ihrer ganz wenigen Tore …

Ich habe drei für Rot-Weiss erzielt. Eins gegen Osnabrück, eins gegen Eintracht Braunschweig und eins gegen Ronny Hellström im Tor von Kaiserslautern.

Im vorletzten Spiel der Saison spielten Sie bei Tennis Borussia Berlin und lagen zur Halbzeit zurück. Angeblich hat Horst Hrubesch eine emotionale Halbzeitansprache gehalten.

Ich kann mich an dieses Spiel nicht konkret erinnern, aber Tatsache ist, dass der Lange öfter mal eine emotionale Ansprache hielt. Die Ansprache erfolgte dann in einem Ton, der bei uns normalerweise nicht üblich war.

Wie kann ich mir das vorstellen?

Der Lange hat zunächst den Quinkert seine Ansprache durchführen lassen und im Anschluss hat er dann noch ein paar Worte an uns gerichtet. Das war auch völlig in Ordnung, denn zum einen war er unser Kapitän und zum anderen war er uns allen ein Vorbild im Hinblick auf seine Motivation und seine kämpferische Einstellung. Heutzutage wäre jeder zweite Spieler bei solch einer Ansprache beleidigt oder eingeschnappt, aber damals gehörten so emotionale Ansprachen, sowohl vom Trainer als auch von den erfahrenen Mitspielern, einfach dazu.

Das Spiel in TeBe haben Sie noch mit 2:1 gewonnen und somit bestand am letzten Spieltag noch die Möglichkeit, direkt in die Bundesliga aufzusteigen. Sie spielten gegen Solingen und Ihre Kontrahenten Fortuna Köln und Arminia Bielefeld spielten in Köln gegeneinander. Haben Sie noch Erinnerungen?

Hm …, ich weiß nur noch, dass wir mit 2:0 gewonnen haben und dadurch schlussendlich den 2. Platz erreichten. Hat Bielefeld nicht auch gewonnen?

Bielefeld hat ebenfalls mit 2:0 gewonnen und dadurch ist die Arminia direkt aufgestiegen.

Ja, so war das.

Das Erreichen des 2. Platzes kann man durchaus als Erfolg verbuchen, warum allerdings war die Mannschaft so schwankend in ihren Leistungen?

Kann ich Ihnen nicht konkret sagen. Ich denke mal, da kommen mehrere Komponenten zusammen. Vielleicht haben wir ab und an die sogenannten Kleinen unterschätzt, vielleicht haben wir ab und an zu sehr auf die Treffsicherheit vom Langen gebaut und vielleicht war an manchen Tagen der Gegner einfach zu gut!? Das gibt's mehrere Gründe, aber im Endeffekt hat sich ja unsere Qualität, mit dem Erreichen des 2. Platzes, auch in der Tabelle widergespiegelt.

War es eigentlich innerhalb der Mannschaft ein Thema, dass Hrubesch in dieser Saison so viele Tore schoss? Haben Sie mal mit ihm im Training darüber gesprochen?

Nein, das war kein Thema und am wenigsten hat dies den Langen interessiert, denn er war sehr zurückhaltend und sehr bescheiden.

In den Aufstiegsspielen zur Bundesliga trafen Sie auf den 1. FC Nürnberg. Wie waren Ihre Erwartungen vor den Spielen?

Wir wollten in Nürnberg nicht verlieren und dann im Rückspiel an der Hafenstraße alles klar machen. Ganz einfach.

Haben Sie noch Erinnerungen an das Spiel in Nürnberg?

Ja klar. Wir sind aufgrund unserer fünf Siege in Folge mit breiter Brust dort hingefahren und haben auch ein klasse Spiel abgeliefert. Leider machten die Nürnberger zehn Minuten vor Schluss noch das 1:0 durch Walitza und leider flog ich kurz vor Schluss mit einer roten Karte vom Platz, was für das Rückspiel auch nicht gerade förderlich war.

Wie kam denn Ihre rote Karte zustande?

Volker Roth, der heutige Schiedsrichterobmann, hat damals das Spiel gepfiffen und ich habe in der ersten Halbzeit bei einem Einwurf versucht zehn Meter Raum zu schinden. Daraufhin hat er mir die gelbe Karte gezeigt. Fünf Minuten vor Schluss habe ich mir dann ein etwas unglückliches Foul geleistet, wurde mit rot vom Platz gestellt und war gleichzeitig auch für das Rückspiel gesperrt. Es war der einzige Platzverweis meiner Karriere und dies hat sich dann auch als Nachteil für uns rausgestellt.

Waren Sie ein harter Spieler?

Ja, kann man so sagen, allerdings habe ich nie bewusst foul gespielt. Da ich technisch kein guter Fußballer war, musste ich andere Tugenden ins Feld werfen und das war bei mir, da ich körperlich gut drauf war, der kämpferische Einsatz.

Das Rückspiel fand dann eine Woche später an der Hafenstraße statt. Von wo haben Sie das Spiel verfolgt?

Von der Bank unten am Spielfeldrand, ich saß dort direkt neben Trainer Quinkert. Ich kann mich noch gut daran erinnern, dass ich bei diesem Spiel emotional total mitgezittert habe …, das war wirklich schlimm.

Nach einer Minute gab es ja dieses brutale Foulspiel an Hrubesch. Denkt man dann als Außenstehender, dass es vielleicht doch schief gehen könnte?

Nein, absolut nicht. Das Stadion war voll, die Stimmung war gigantisch und die Mannschaft war hochmotiviert und auf dem Punkt topfit.

Der Club erzielte dann die 1:0-Führung und lag in der Addition gerechnet schon 2:0 in Führung. Kamen Sie ins Grübeln?

Nein, wir waren auch noch zur Halbzeit absolut überzeugt davon, dass wir es noch schaffen werden.

Im Laufe der 2. Halbzeit stand es dann 2:2 und Ihnen fehlte noch ein Treffer, um ein Entscheidungsspiel auf neutralem Boden zu ereichen. Kurz vor Schluss gab es erneut einen Elfmeter für Rot-Weiss.

Den hat der Lange an den Pfosten geschossen. Ich bin auf der Bank fast zusammengebrochen, so entsetzt war ich. Gleichwohl habe ich noch daran geglaubt, dass wir in den letzten paar Minuten noch ein Tor machen würden. Trotz hochkarätiger Chancen ist es uns aber nicht geglückt. Das war sehr bitter, denn wir alle hatten es uns anders vorgestellt.

Saison 1978/79

1.	Bayer Leverkusen	24	11	3	87-34	59:17
2.	Bayer Uerdingen	22	9	7	83-44	53:23
3.	Preußen Münster	21	9	8	59-25	51:25
4.	Fortuna Köln	18	11	9	84-52	47:29
5.	Westfalia Herne	16	11	11	65-47	43:33
6.	FC St. Pauli	16	11	11	56-49	43:33
7.	Alemannia Aachen	14	12	12	54-47	40:36
8.	Rot-Weiss Essen	14	11	13	68-62	39:37
9.	Union Solingen	14	11	13	47-49	39:37
10.	Wattenscheid 09	10	16	12	49-47	39:37
11.	Tennis Borussia Berlin	12	12	14	58-61	36:40
12.	Arminia Hannover	13	10	15	56-65	36:40
13.	DSC Wanne-Eickel	11	13	14	66-66	35:41
14.	Holstein Kiel	13	9	16	40-62	35:41
15.	Hannover 96	9	16	13	57-68	34:42
16.	Viktoria Köln	10	12	16	53-60	32:44
17.	Wuppertaler SV	9	12	17	46-57	30:46
18.	VfL Osnabrück	10	9	19	49-71	29:47
19.	Rot-Weiß Lüdenscheid	8	6	24	49-106	22:54
20.	Wacker 04 Berlin	8	5	25	33-87	21:55

29.7.1978 Tennis Bor. Berlin – RWE   1:1 (1:0)
Herrndorf, Huhse (58. Patzke), Herget, Ehmke,
Bönighausen, Mannebach, Kaminsky (46. Klaus-
mann), Bartel, Kirschstein, Meininger, Mill –
Tore: 1:0 Hansen (12.), 1:1 Ehmke (69./FE) – SR:
Niemann – ZU: 5.000

9.8.1978 RWE – RW Lüdenscheid   4:2 (1:0)
Schneider, Huhse, Herget, Ehmke, Bönighausen, Mannebach, Klausmann (55. Patzke), Bartel,
Sperlich, Meininger, Mill – Tore: 1:0 Bönighausen (25.), 2:0 Ehmke (59.), 2:1 Clute-Simon (60.),
3:1 Meininger (74.), 4:1 Mill (82.), 4:2 Goscianiak
(83.) – SR: Eschweiler – ZU: 5.000

12.8.1978 Hannover 96 – RWE   1:3 (0:0)
Schneider, Huhse, Herget, Ehmke, Bönighausen,
Mannebach, Klausmann (84. Kirschstein), Bartel,
Sperlich (84. Kaminsky), Meininger, Mill – Tore:
0:1, 0:2 Meininger (57., 69.), 0:3 Klausmann (75.),
1:3 Schatzschneider (86.) – SR: Glasneck – ZU:
8.000

19.8.1978 RWE – Pr. Münster   2:0 (2:0)
Herrndorf, Huhse, Herget, Ehmke, Bönighausen,
Mannebach, Klausmann, Bartel, Sperlich (74. Ka-
minsky), Meininger, Mill – Tore: 1:0 Mill (31.), 2:0
Bartel (39./FE) – SR: Assenmacher – ZU: 13.000

25.8.1978 Alemannia Aachen – RWE   1:0 (0:0)
Herrndorf, Huhse, Herget, Ehmke,
Bönighausen, Mannebach, Klausmann, Bartel,
Sperlich, Meininger, Mill (46. Patzke) – Tore: 1:0
Montanes (75.) – SR: Risse – ZU: 11.000

2.9.1978 RWE – Bayer Uerdingen   3:3 (3:1)
Herrndorf, Huhse, Herget, Ehmke, Bönighausen,
Mannebach, Klausmann, Bartel, Sperlich, Meininger (49. Patzke/78. Kirschstein)), Mill – Tore:
1:0 Klausmann (17.), 1:1 Lüttges (24.), 2:1 Meininger (27.), 3:1 Mill (34.), 3:2, 3:3 Lüttges (57.,
73.) – SR: Redelfs – ZU: 9.000

16.9.1978 RWE – Wattenscheid 09   7:2 (3:0)
Herrndorf, Huhse (9. Kirschstein), Herget, Ehm-
ke, Bönighausen (82. Kaminsky), Mannebach,
Klausmann, Bartel, Wieczorkowski, Meininger,
Mill – Tore: 1:0 Ehmke (5.), 2:0 Bartel (24./FE),
3:0, 4:0 Mill (29., 54.), 4:1, 4:2 Kunkel (73./FE, 75./
FE), 5:2 Meininger (76.), 6:2, 7:2 Mill (80., 82.) –
SR: Kohnen – ZU: 5.500

23.9.1978 Wacker 04 Berlin – RWE   1:0 (0:0)
Herrndorf, Kirschstein, Herget (78. Sperlich),
Ehmke, Bönighausen, Mannebach, Klausmann
(53. Patzke), Bartel, Wieczorkowski, Meininger,
Mill – Tore: 1:0 Knodel (78.) –SR: Wiesel – ZU:
570

30.9.1978 Westfalia Herne – RWE   2:2 (0:1)
Herrndorf, Huhse, Herget, Ehmke, Bönighausen,
Mannebach, Kirschstein (78. Sperlich), Bartel,

Wieczorkowski, Meininger, Mill (75. Klausmann) – Tore: 0:1 Bönighausen (2.), 1:1 Scheer (56.), 2:1 Wolf (70.), 2:2 Ehmke (85.) – SR: Rieb – ZU: 3.200

7.10.1978 RWE – Fortuna Köln   1:1 (1:0)
Herrndorf, Huhse, Herget, Ehmke, Bönighausen, Mannebach, Klausmann (55. Kaminsky), Bartel, Wieczorkowski, Meininger, Mill – Tore: 1:0 Bartel (17./FE), 1:1 Graul (63.) – SR: Gabriel – ZU: 6.000

13.10.1978 Bayer Leverkusen – RWE 4:1 (1:0)
Herrndorf, Huhse, Herget, Ehmke, Bönighausen, Mannebach, Klinger, Bartel, Wieczorkowski (68. Sperlich), Meininger, Mill – Tore: 1:0 Szech (20.), 2:0 Bruckmann (51.), 3:0 Huhse (54./ET), 4:0 Bruckmann (80.) – SR: Waltert – ZU: 15.000

21.10.1978 RWE – Arminia Hannover 2:1 (1:0)
Herrndorf, Huhse (23. Wiemers), Herget, Ehmke, Bönighausen, Mannebach, Klinger, Kirschstein, Sperlich (46. Klausmann), Patzke, Mill – Tore: 1:0 Klinger (1.), 2:0 Mannebach (49.), 2:1 Roloff (65.) – SR: Dr. Stäglich – ZU: 3.500

29.10.1978 Holstein Kiel – RWE   2:2 (0:1)
Herrndorf, Wiemers, Kirschstein, Herget, Bönighausen, Ehmke, Mannebach, Klinger (88. Mill), Kaminsky, Patzke (73. Martens), Sperlich – Tore: 0:1 Bönighausen (22.), 1:1 Witt (68./FE), 1:2 Kaminsky (88.), 2:2 Haltenhof (90.) – SR: Retzmann – ZU: 14.000

4.11.1978 RWE – VfL Osnabrück   3:0 (2:0)
Herrndorf, Wiemers, Kirschstein, Herget, Bönighausen, Ehmke, Mannebach, Klinger, Kaminsky, Patzke, Mill – Tore: 1:0 Patzke (31.), 2:0 Ehmke (36.), 3:0 Mannebach (57.) – SR: Wippker – ZU: 3.500

11.11.1978 Wuppertaler SV – RWE   1:1 (0:1)
Herrndorf, Wiemers, Kirschstein, Herget, Bönighausen, Ehmke, Mannebach, Klinger, Kaminsky, Patzke (83. Meininger), Mill – Tore: 0:1 Klinger (45.), 1:1 Fagot (70.) – SR: Uhlig – ZU: 12.000

18.11.1978 RWE – FC St. Pauli   4:1 (1:1)
Herrndorf, Wiemers, Ehmke, Herget, Bönighausen, Kirschstein, Mannebach, Klinger, Kaminsky, Mill (82. Klausmann), Patzke – Tore: 1:0 Bönighausen (17.), 1:1 Beverungen (27.), 2:1 Bönighausen (51.), 3:1 Kirschstein (55.), 4:1 Mill (68.) – SR: Teichert – ZU: 4.800

25.11.1978 Viktoria Köln – RWE   3:2 (1:1)
Herrndorf, Wiemers, Ehmke, Herget, Bönighausen, Kirschstein, Mannebach, Klinger, Kaminsky, Patzke (56. Meininger), Mill (58. Sperlich) – Tore: 0:1 Mill (9.), 1:1 Pinkall (22.), 2:1 Pinkall (50.), 2:2

Meininger (59.), 3:2 Czizewski (71.) – SR: Kespohl – ZU: 4.000

17.12.1978 Union Solingen – RWE   3:1 (2:1)
Herrndorf, Wiemers, Kirschstein, Ehmke, Bönighausen, , Mannebach, Klinger, Kaminsky (46. Bartel), Meininger, Mill, Patzke (62. Sperlich) – Tore: 1:0 Krüger (5.), 1:1 Ehmke (19.), 2:1 Segler (31.), 3:1 de Vries (84.) – SR: Gabriel – ZU: 3.500

23.12.1978 RWE – DSC Wanne-Eickel 2:1 (1:0)
Herrndorf, Wiemers, Kirschstein, Ehmke, Bönighausen, Bartel, Mannebach, Klinger (71. Kaminsky), Meininger, Mill, Sperlich (78. Klausmann) – Tore: 1:0 Meininger (25.), 1:1 Lücke (75.), 2:1 Bartel (90.) – SR: Gabor – ZU: 2.500

10.2.1979 RWE – Alemannia Aachen 3:0 (1:0)
Herrndorf, Kirschstein (84. Wiemers), Huhse, Ehmke, Bönighausen, Mannebach, Klinger, Bartel, Sperlich, Meininger (84. Klausmann), Mill – Tore: 1:0 Mannebach (6.), 2:0 Meininger (53.), 3:0 Mill (72.) – SR: Marchefska – ZU: 3.200

10.3.1979 RWE – Wacker 04 Berlin   3:2 (3:0)
Herrndorf, Wiemers, Huhse, Ehmke, Bönighausen, Mannebach, Klinger (53. Kirschstein), Bartel, Sperlich, Meininger, Mill (80. Klausmann) – Tore: 1:0 Meininger (3.), 2:0 Mill (13.), 3:0 Bönighausen (27.), 3:1 Lindner (50.), 3:2 Liedtke (74.) – SR: Filipiak – ZU: 3.500

16.3.1979 Wattenscheid 09 – RWE   0:1 (0:0)
Herrndorf, Wiemers, Huhse, Ehmke, Bönighausen, Mannebach, Klinger, Bartel, Sperlich (90. Kirschstein), Meininger, Mill (70. Klausmann) – Tore: 0:1 Mannebach (89.) – SR: Eschweiler – ZU: 2.000

24.3.1979 RWE – Westfalia Herne   1:3 (1:2)
Herrndorf, Wiemers, Huhse, Ehmke (46. Kirschstein), Bönighausen, Mannebach, Klinger, Bartel, Sperlich (46. Klausmann), Meininger, Mill – Tore: 0:1 Beverungen (21.), 1:1 Klinger (25.), 1:2 Laufer (41.), 1:3 Kusczinski (62.) – SR: Dr. Stäglich – ZU: 4.200

31.3.1979 Fortuna Köln – RWE   2:2 (0:0)
Herrndorf, Kirschstein, Huhse, Ehmke, Bönighausen, Herget, Mannebach (83. Kaminsky), Klinger, Bartel, Meininger, Mill (57. Klausmann) – Tore: 1:0 Ludwig (57.), 1:1 Ehmke (65.), 2:1 Ludwig (77.), 2:2 Meininger (93.) – SR: Zittrich – ZU: 1.500

7.4.1979 RWE – Bayer Leverkusen   3:3 (2:2)
Herrndorf, Huhse, Ehmke, Herget, Bönighausen, Mannebach, Klinger (68. Klausmann), Bar-

tel, Kirschstein, Meininger, Mill – Tore: 0:1 Szech (1.), 1:1 Meininger (17.), 1:2 Hermann (17.), 2:2 Bartel (27./FE), 2:3 Brücken (68.), 3:3 Herget (76.) – SR: Neimann – ZU: 8.500

12.4.1979 RWE – Hannover 96   2:2 (0:0)
Herrndorf, Huhse, Ehmke, Herget, Bönighausen, Mannebach, Klinger (56. Klausmann), Bartel (69. Kaminsky), Kirschstein, Meininger, Mill – Tore: 1:0 Bartel (67.), 2:0 Ehmke (69.), 2:1 Volkmer (88.), 2:2 Sagna (89.) – SR: Kasperowski – ZU: 3.400

16.4.1979 Arminia Hannover – RWE   3:0 (2:0)
Herrndorf, Huhse, Ehmke (53. Sperlich), Herget, Bönighausen (17. Klausmann), Mannebach, Klinger, Bartel, Kirschstein, Meininger, Mill – Tore: 1:0 Bebensee (12.), 2:0 Schmotz (24.), 3:0 Mrosko (76./FE) – SR: Kohnen – ZU: 1.800

21.4.1979 RWE – Holstein Kiel   2:0 (0:0)
Herrndorf, Kirschstein, Ehmke, Herget, Kaminsky, Mannebach, Klinger (46. Martens), Bartel, Wiemers, Klausmann, Mill – Tore: 1:0 Mill (59.), 2:0 Bartel (82.) – SR: Schön – ZU: 1401

24.4.1979 RW Lüdenscheid – RWE   2:0 (0:0)
Herrndorf, Kirschstein, Ehmke, Herget, Kaminsky, , Mannebach, Klinger, Bartel, Meininger, Mill, Klausmann (88. Sperlich) – Tore: 1:0 Goscianiak (65.), 2:0 Scheermann (91.) – SR: Prinz – ZU: 500

27.4.1979 Pr. Münster – RWE   1:1 (1:1)
Herrndorf, Kirschstein, Ehmke, Herget, Kaminsky (76.Meininger), Mannebach, Klinger (46. Martens), Bartel, Klausmann, Meininger, Mill – Tore: 0:1 Klinger (16.), 1:1 Kaczor (43.) – SR: Glasneck – ZU: 13.000

1.5.1979 RWE – Tennis Bor. Berlin   0:2 (0:1)
Herrndorf, Wiemers, Kirschstein, Herget, Ehmke, Mannebach, Bartel, Kaminsky, Klausmann (60. Sperlich), Meininger (46. Martens), Mill – Tore: 0:1 Ziegert (12.), 0:2 Vogel (82.) – SR: Horstmann – ZU: 1.666

6.5.1979 VfL Osnabrück – RWE   1:2 (1:1)
Herrndorf (74. Schneider), Kirschstein, Ehmke, Herget, Kaminsky, Mannebach (72. Sperlich), Martens, Wiemers, Bartel, Klausmann, Mill – Tore: 1:0 Wagner (23.), 1:1 Bartel (38.), 1:2 Mill (58.) – SR: Kopka – ZU: 4.000

9.5.1979 RWE – Wuppertaler SV   4:1 (2:0)
Schneider, Kirschstein (68. Klinger), Ehmke (77. Patzke), Herget, Wiemers, Kaminsky, Martens, Bartel, Klausmann, Meininger, Mill – Tore: 1:0 Mill (12.), 2:0 Wiemers (38.), 3:0 Klausmann (46.), 4:0 Mill (59.), 4:1 Zorr (71.) – SR: Assenmacher – ZU: 1.498

12.5.1979 FC St. Pauli – RWE   2:1 (0:1)
Schneider, Martens, Ehmke, Herget, Wiemers, Kirschstein (60. Mannebach), Kaminsky, Klinger, Bartel (70. Sperlich), Klausmann, Mill – Tore: 0:1 Herget (41.), 1:1 Hieronymus (77.), 2:1 Demuth (81.) – SR: Kespohl – ZU: 1.500

19.5.1979 RWE – Viktoria Köln   1:3 (0:1)
Schneider, Wiemers, Martens, Herget, Bönighausen (75. Gundersdorff), Mannebach, Klinger (46. Patzke), Bartel, Kaminsky, Klausmann, Mill – Tore: 0:1 Pinkall (34.), 1:1 Bartel (48.), 1:2, 1:3 Jendrossek (52., 85.) – SR: Milkert – ZU: 825

23.5.1979 Bayer Uerdingen – RWE   1:0 (0:0)
Schneider, Wiemers, Martens, Herget, Bönighausen (60. Patzke), Mannebach, Klinger, Bartel (32. Kaminsky), Klausmann, Meininger, Mill – Tore: 1:0 Brinkmann (14.) – SR: Richter – ZU: 3.000

2.6.1979 DSC Wanne-Eickel – RWE   3:1 (3:0)
Schneider, Wiemers, Herget, Wiemers, Ehmke (77. Büschert), Bönighausen, Mannebach, Kaminsky, Martens, Meininger, Klausmann, Mill – Tore: 1:0 Kosien (3.), 2:0 Lücke (25.), 3:0 Peter (43.), 3:1 Meininger (87.) – SR: Assenmacher – ZU: 3.000

9.6.1979 RWE – Union Solingen   1:1 (0:0)
Schneider, Martens, Herget, Kirschstein, Bönighausen, Mannebach, Bartel, Klinger (84. Sperlich), Mill, Meininger, Patzke (80. Kaminsky) – Tore: 1:0 Patzke (57.), 1:1 Jovanovic (89.) – SR: Fiene – ZU: 560

DFB-Pokal

1. Runde

5.8.1978 SC Freiburg – RWE **3:1 (1:0)**
Herrndorf, Huhse, Herget, Ehmke, Bönighausen, Bartel, Mannebach, Kirschstein (46. Sperlich), W. Patzke (63. Klausmann), Meininger, Mill – Tore: 1:0 Deinert (4.), 1:1 Meininger (51.), 2:1 Zacher (67.), 3:1 Willi (74.) – SR: Joos – ZU: 1.200

Meisterschaftseinsätze

Spieler	Spiele	/Tore
Frank Mill	38	/ 15
Manfred Mannebach	37	/ 4
Peter Ehmke	35	/ 8
Matthias Herget	32	/ 2
Karl-Heinz Meininger	31	/ 12
Dieter Bartel	31	/ 9
Siegfried Bönighausen	31	/ 6
Urban Klausmann	31	/ 3
Eckhard Kirschstein	31	/ 1
Fritz Herrndorf	30	/ 0
Dietmar Klinger	25	/ 4
Jürgen Kaminsky	25	/ 1
Hans-Jürgen Sperlich	23	/ 0
Detlef Wiemers	20	/ 1
Hartmut Huhse	19	/ 0
Wolfgang Patzke	17	/ 2
Heinz Martens	10	/ 0
Detlef Schneider	9	/ 0
Gert Wieczorkowski	5	/ 0
Roger Büschert	1	/ 0
Karl-Heinz Gundersdorff	1	/ 0

Trainer
Diethelm Ferner

Interview mit Siegfried Bönighausen

Am Ende der Saison 77/78 haben mit Hrubesch, Blasey und Fürhoff wichtige Spieler den Verein verlassen. Wie war das Saisonziel des Vereins für die Saison 78/79?

Das Ziel des Vereins war zu dieser Zeit immer der Aufstieg in die Bundesliga. Klar, der Weggang der genannten Spieler war im Grunde nicht zu kompensieren, aber mit Frank Mill im Sturm, mit Peter Ehmke, Dietmar Klinger oder auch Manfred Mannebach hatten wir gute Spieler, die durchaus in der Lage waren, die gesamte Mannschaft nach vorne zu bringen.

Sie haben in der Saison zuvor 33 Spiele auf der linken Verteidigerposition absolviert. Haben Sie sich als Stammspieler gefühlt?

Ja, sicher. Ich hätte normalerweise auch alle Meisterschaftsspiele absolviert, wenn ich nicht im Spiel gegen Aachen eine rote Karte bekommen hätte. Aus diesem Grund kam ich dann „nur" auf 33 Spiele. Das Aufstiegsspiel in Nürnberg habe ich dagegen wegen einer Verletzung verpasst.

Mit 7:1 Punkten hatten Sie einen guten Saisonstart, haben aber am 5. Spieltag mit 0:1 am Aachener Tivoli verloren. War Ihnen da klar, dass es eine schwierige Saison werden würde?

Nein, nicht unbedingt. Die Niederlage in Aachen war ja nichts Ungewöhnliches. Aachen hatte auch damals schon eine gute Mannschaft und da konnte man durchaus verlieren. Die ersten vier Spiele sind ja gut verlaufen, wir standen auch nach dem Aachen-Spiel noch oben in der Tabelle und da ist man natürlich davon überzeugt, dass man weiter oben mitspielen kann. Zu diesem Zeitpunkt der Saison gab es da auch keinen Grund daran zu zweifeln.

Mitte der Hinrunde hatten Sie aber schon ein wenig Abstand zu dem Führungstrio Bayer Leverkusen, Bayer Uerdingen und Preußen Münster. Dabei sahen Sie in den direkten Vergleichen relativ gut aus und konnten bis auf das Spiel in Leverkusen immer mithalten. Die entscheidenden Punktverluste gab es in den Spielen gegen die schwächeren Mannschaften wie Wacker 04 oder Union Solingen. Wie ist dies zu erklären?

Zum einen war es damals auch schon so wie heute. Jeder Bundesligist strengt sich gegen Bayern München besonders an und sieht oftmals gut aus. Das war damals gegen uns genauso. RWE hatte zumindest bei den Zweitligisten einen guten Namen und da hat sich jeder besonders angestrengt. Hinzu kam, dass unsere Mannschaft damals noch nicht so den gefestigten Charakter hatte wie ein Jahr später. Gegen die starken Teams konnten wir uns immer wieder stark motivieren, gegen die schwachen Mannschaften fehlten manchmal ein paar Prozente und dann konnte man auch diese Spiele nicht gewinnen.

Aber wenn man gegen Wacker 04 verliert, dann gegen die Topteams mithalten kann und Unentschieden spielt, dann kann es doch nicht sein, dass man anschließend gegen Union Solingen wieder verliert. Die Mannschaft hätte doch spätestens aus dem Wacker-Spiel ihre Lehren ziehen müssen.

Ja, aber das war damals eine ganz komische Situation. Wir hatten sechs, sieben neue Spieler bei uns und der größte Teil von denen hatte Probleme sich zu akklimatisieren. Sogar ein Matthias Herget kam nicht so gut in Tritt und war beileibe nicht der überragende Spieler, der er in den Folgejahren war. Es war irgendwie alles ein wenig problematisch.

Für Probleme war und ist aber nun mal der Trainer zuständig und Diethelm Ferner war ja ein erfahrener Mann. Warum konnte er da nicht viel bewegen?

Diethelm Ferner war ein sehr sympathischer Trainer, ich hatte nie Probleme mit ihm gehabt, aber in der Rückschau gesehen, hätte er vielleicht doch mal ein wenig härter durchgreifen müssen. Stattdessen hat er immer versucht, auftauchende Probleme auf eine kumpelhafte Art und Weise zu lösen, und das war wohl der falsche Weg.

Wie haben denn die sogenannten Führungsspieler auf diese Situation reagiert?

Gar nicht. In diesem Jahr hatten wir irgendwie gar keinen unumschränkten Führungsspieler. Frank Mill und ich, die ja schon im dritten Jahr bei Rot-Weiss spielten, waren einfach noch zu jung und Peter Ehmke, der bei Schalke schon Bundesliga gespielt und auch das richtige Alter hatte, war einfach zu ruhig. Er hat zwar versucht, die Mannschaft zu führen, aber bei solchen Spielern wie Mannebach oder Bartel, die sich fast gar nichts haben sagen lassen und auch sehr selbstbewusst aufgetreten sind, liefen seine Anregungen und Hinweise einfach ins Leere. Tja, und dann kam eins zum anderen und wir haben mit dieser Mannschaft, die im Grunde sehr stark war, uns bei Spielen gegen Wacker, Solingen und Viktoria Köln den Finger in der Nase gebrochen.

In der Abwehr spielten Herrndorf im Tor, Ehmke, Herget, Huhse und Sie. Wie war Ihr Verhältnis untereinander?

Das war völlig in Ordnung. Persönlich hatten wir keine Probleme und auch fußballerisch haben wir gut harmoniert. Für Zweitligaverhältnisse hatten wir eine relativ gute Abwehr, zweifellos.

Gert Wieczorkowski gehörte ja auch noch zur Mannschaft, ist aber im Laufe der Hinrunde in die USA gewechselt. War das ein Thema in der Mannschaft?

Ja, das war schon ein Thema. Der Wietsche hätte uns zum einen – er war ja lange verletzt – aufgrund seiner fußballerischen Möglichkeiten ganz gut getan, und auf der anderen Seite war er jahrelang eine Führungspersönlichkeit, die dieser Mannschaft auch ganz gutgetan hätte und deren Weggang uns deshalb schon weh tat.

Nun gab es damals Gerüchte, dass das Klima innerhalb der Mannschaft nicht das Beste gewesen sein soll. Demnach sollen insbesondere Mannebach, Meininger, Kirschstein und Bartel eine Clique gebildet haben, welche außerhalb des Platzes oft zusammen war und für schlechte Stimmung innerhalb der Mannschaft gesorgt hat.

Das kann ich so nicht bestätigen. Die genannten vier Spieler hingen zwar tatsächlich öfter miteinander ab, aber auch Frank Mill oder ich waren öfter dabei und wir haben beileibe nicht für schlechte Stimmung gesorgt. Dass diese Spieler mal ein paar Bier getrunken haben, steht außer Frage, aber auch ich habe mir mal einen genehmigt, jedoch war für mich spätestens ab Montag wieder Vorbereitung auf das kommende Spiel angesagt. Wie das bei den anderen war, kann ich natürlich nicht sagen.

Mit welchem Spieler aus der Mannschaft hatten sie guten und engeren Kontakt?

Mit Frank Mill, wir haben heute noch guten Kontakt zueinander. Dann mit Peter Ehmke, den ich schon aus Schalke kannte und der mir in vielen Dingen Hilfestellung gegeben hat. Auch mit Bartel, Kirschstein oder Mannebach hatte ich relativ viel zu tun. Wir saßen ja oft zwischen den einzelnen Trainingseinheiten bei dem Peter Habraschke in der Bude und haben dort mit zehn, zwölf Mann Karten gespielt und gelacht und gemacht. Wir waren wirklich eine homogene Truppe und es ist umso unverständlicher, dass wir dennoch das Ganze auf dem Platz nicht umsetzen konnten.

Im Laufe des Frühjahrs 1979 riss dann der Kontakt zu den vorderen Plätzen endgültig ab. Kann man sich daraufhin für die letzten acht bis zehn Spiele noch motivieren?

Es ist schwierig, muss ich ganz ehrlich sagen. Wobei es zu diesem Zeitpunkt bei mir ein wenig anders aussah. Bayer Leverkusen hatte Interesse an mir und demzufolge wollte und habe ich mich in den letzten Spielen angestrengt, um vielleicht die Möglichkeit zu bekommen, im nächsten Jahr in Leverkusen Bundesliga spielen zu können. Hat aber nicht geklappt. Auch Spieler wie Herget oder Mill haben alles gegeben. Diese Leute wollten natürlich ihren Traum von der Bundesliga verwirklichen und das geht nun mal nur über gute Leistung, auch in Spielen, in denen es um nichts mehr geht.

Der Großteil der Spieler war also nicht mehr so motiviert, die Fans in Essen aber auch nicht mehr …

(Lacht) Nee, die auch nicht mehr. Das Spiel gegen Solingen war die totale Ernüchterung und ein großer Schock für uns Spieler. Das war ja eine Kulisse wie bei einem Kreisligaspiel.

War dies ein Thema in der Mannschaft?

Ja, natürlich, da haben wir innerhalb der Mannschaft auch drüber geredet. Das war keine schöne Sache, besonders weil der Verein dadurch natürlich weitere finanzielle Probleme bekam.

Am Ende wurde man Achter, konnte man damit zufrieden sein?

Nein, überhaupt nicht …, mit der ganzen Saison nicht.

Konkrete Wechselabsichten hatten Sie nicht, aber Sie haben durchaus auf einen Wechsel in die Bundesliga gehofft!?

Ja klar, ich hatte ja nichts gegen RWE, aber ich wollte mich sportlich eben verbessern. Hätte ich Ende der 70er Jahre nicht einen Spielerberater hinzugezogen, dann wäre ich auch zu Fortuna Düsseldorf gewechselt. Die standen zu der Zeit im Europapokalendspiel, hatten eine Top-Mannschaft und der Vertrag war für mich schon ausgearbeitet. Tja, habe ich mir dann selbst versaut.

Herr Bönighausen, Sie haben insgesamt vier Jahre bei Rot-Weiss gespielt, an welche Saison haben Sie die besten Erinnerungen?

Die beste Erinnerung für mich persönlich habe ich an die Bundesligasaison 76/77. Das war für mich das erste Jahr im Profibereich und ich kam auf 25 Spiele. Auch an 79/80 habe ich nur positive Erinnerungen. Nicht, weil es bei mir persönlich so gut lief, ich hatte mich ja ausgerechnet vor den beiden Aufstiegsspielen gegen den KSC verletzt, sondern weil wir insgesamt eine gute Saison gespielt haben und innerhalb der Mannschaft einen tollen Zusammenhalt hatten.

Haben Sie noch Kontakt zum Verein RWE?

Nein, null Kontakt.

Haben Sie noch Kontakt zu ehemaligen RWE-Mitspielern?

Ja, zu Herget, Mill und manchmal treffe ich auch noch den Dieter Bast und den Hartmut Huhse.

Saison 1979/80

1.	Arminia Bielefeld	30	6	2	120-31	66:10
2.	Rot-Weiss Essen	24	6	8	97-54	54:22
3.	Hannover 96	23	6	9	70-38	52:24
4.	Viktoria Köln	16	14	8	77-52	46:30
5.	Wattenscheid 09	17	12	9	72-57	46:30
6.	Fortuna Köln	17	11	10	79-54	45:31
7.	Alemannia Aachen	17	7	14	59-56	41:35
8.	VfL Osnabrück	16	8	14	64-68	40:36
9.	Union Solingen	13	12	13	66-55	38:38
10.	Preußen Münster	13	10	15	53-59	36:40
11.	DSC Wanne-Eickel	15	6	17	63-71	36:40
12.	OSV Hannover	13	10	15	55-79	36:40
13.	Tennis Borussia Berlin	13	9	16	57-65	35:41
14.	Holstein Kiel	13	7	18	61-67	33:43
15.	Rot-Weiß Oberhausen	13	7	18	46-67	33:43
16.	Rot-Weiß Lüdenscheid	11	10	17	56-73	32:44
17.	SC Herford	11	9	18	48-69	31:45
18.	OSC Bremerhaven	10	7	21	52-79	27:49
19.	Arminia Hannover	8	1	29	40-92	17:59
20.	Wuppertaler SV	5	6	27	35-84	16:60

28.7.1979 RWE – Fortuna Köln 0:0
Herrndorf – Kirschstein, Klinger, Herget, Bönighausen, Mannebach, Bartel, Kaminsky, Gundersdorff (80. Drescher), Mill, Klausmann (66. Diemand) – Tore: Fehlanzeige – SR: Roth – ZU: 7.601

11.8.1979 RWE – Wattenscheid 09 5:0 (4:0)
Herrndorf – Kirschstein, Klinger, Herget, Klausmann, Mannebach, Bartel, Kaminsky, Diemand, Meininger (72. Drescher), Mill – Tore: 1:0 Mill (2.), 2:0 Diemand (8.), 3:0, 4:0 Meininger (14., 27.), 5:0 Mill (49.) – SR: Redelfs – ZU: 4.347

17.8.1979 Alemannia Aachen – RWE 7:3 (3:1)
Herrndorf – Kirschstein, Klinger, Herget, Wiemers, Mannebach, Bartel, Kaminsky, Klausmann, Meininger, Mill (79. Diemand) – Tore: 0:1 Meininger (10.), 1:1 Clute-Simon (23.), 2:1, 3:1 Kehr (29., 39.), 4:1, 5:1 Clute-Simon (47., 51.), 6:1 Stradt (58.), 6:2 Klinger (61.), 6:3 Kaminsky (80.), 7:3 Clute-Simon (84.) – SR: Teichert – ZU: 10.000

22.8.1979 RWE – SC Herford 2:0 (2:0)
Herrndorf – Klausmann, Klinger (49. Kirschstein), Herget, Bönighausen, Mannebach (83. Gundersdorff), Bartel, Kaminsky, Diemand, Meininger, Mill – Tore: 1:0 Bartel (33.), 2:0 Kaminsky (47.) – SR: Eschweiler – ZU: 3.731

31.8.1979 VfL Osnabrück – RWE 2:0 (0:0)
Herrndorf – Kirschstein, Klinger, Herget, Bönighausen, Mannebach (68. Drescher), Bartel, Kaminsky (83. Diemand), Klausmann, Meininger, Mill – Tore: 1:0 Klausmann (80./ET), 2:0 Laubinger (89.) –SR: Horeis – ZU: 5.500

8.9.1979 RWE – OSC Bremerhaven 3:2 (2:0)
Herrndorf – Kirschstein, Klinger, Herget, Bönighausen, Diemand (58. Wiemers), Bartel (46. Mannebach), Kaminsky, Klausmann, Meininger, Mill – Tore: 1:0 Kirschstein (14.), 2:0 Herget (36.), 2:1 Zander (60./FE), 3:1 Meininger (75.), 3:2 Marsollek (85.) – SR: Assenmacher – ZU: 2.295

15.9.1979 Tennis Bor. Berlin – RWE 2:4 (0:1)
Herrndorf – Klausmann, Kirschstein, Klinger, Bönighausen, Herget, Kaminsky, Sekula, Diemand (68. Drescher), Meininger, Mill – Tore: 0:1 Kaminsky (35.), 1:1 Grunenberg (57.), 1:2 Herget (68.), 1:3 Sekula (73.), 2:3 Grunenberg (84.), 2:4 Herget (90.) – SR: Zittrich – ZU: 1.800

22.9.1979 RWE – OSV Hannover 4:2 (2:1)
Herrndorf – Klausmann, Kirschstein, Klinger, Bönighausen, Herget, Kaminsky, Sekula (81. Mannebach), Diemand (59. Bartel), Meininger, Mill – Tore: 1:0 Mill (22.), 1:1 Pösger (24.), 2:1, 3:1 Herget (25., 54.), 3:2 Mertins (65.), 4:2 Bartel (66.) – SR: Brückner – ZU: 3.337

6.10.1979 RW Oberhausen – RWE 1:2 (1:2)
Herrndorf – Klausmann, Kirschstein, Klinger, Bö-

nighausen (46. Wiemers), Herget, Kaminsky, Se-kula (77. Gundersdorff), Mannebach, Meininger, Mill – Tore: 1:0 Nabrotzki (25.), 1:1, 1:2 Mill (26., 38.) – SR: Retzmann – ZU: 8.000

13.10.1979 Arminia Bielefeld – RWE   3:1 (0:0)
Herrndorf, Klausmann, Klinger, Kirschstein, Bö-nighausen, Mannebach, Kaminsky (65. Die-mand), Herget, Sekula (57. Lippens), Meininger, Mill – Tore: 1:0 Sackewitz (51.), 2:0 Klinger (61./ ET), 3:0 Köstner (75.), 3:1 Diemand (83.) – SR: Kohnen – ZU: 16.000

20.10.1979 RWE – Wuppertaler SV   5:1 (1:0)
Herrndorf – Klausmann (52. Sekula), Kirschstein, Klinger, Bönighausen, Herget, Kaminsky (80. Diemand), Mannebach, Meininger, Mill, Lippens – Tore: 1:0 Mill (11.), 1:1 Allig (47.), 2:1 Mill (57.), 3:1 Lippens (60.), 4:1 Mill (76.), 5:1 Meininger (85.) – SR: Vordanz – ZU: 9.540

27.10.1979 Pr. Münster – RWE   1:1 (0:0)
Herrndorf – Klausmann, Kirschstein, Klinger, Bö-nighausen, Herget, Bartel, Mannebach, Diemand (46. Sekula), Mill, Lippens – Tore: 1:0 Fraßmann (66.), 1:1 Herget (86.) – SR: Niemann – ZU: 5.100

4.11.1979 RWE – Holstein Kiel   6:0 (5:0)
Schneider – Klausmann, Kirschstein, Klinger, Bö-nighausen, Herget, Kaminsky, Mannebach (84. Bartel), Sekula, Mill, Meininger – Tore: 1:0 Lip-pens (1.), 2:0 Mannebach (29.), 3:0 Lippens (34.), 4:0 Herget (38.), 5:0 Lippens (40.), 6:0 Mei-ninger (60.) – SR: Heitmann – ZU: 5.646

10.11.1979 Hannover 96 – RWE   4:1 (1:0)
Herrndorf – Klausmann, Kirschstein, Klinger, Bö-nighausen, Herget, Mannebach, Kaminsky, Mill, Meininger, Lippens – Tore: 1:0, 2:0 Schatzschnei-der (45., 57.), 3:0 Mrosko (61.), 4:0 Schatzschneider (85.), 4:1 Herget (86./FE) – SR: Wippker – ZU: 14.400

17.11.1979 RWE – Arminia Hannover 4:1 (3:1)
Schneider – Klausmann (75. Kaminsky), Kirsch-stein, Klinger, Bönighausen, Herget, Drescher, Mannebach (81. Gundersdorff), Meininger, Mill, Lippens – Tore: 1:0 Drescher (7.), 2:0 Lippens (21.), 3:0 Herget (25./FE), 3:1 Dierssen (34.), 4:1 Drescher (50.) – SR: Wohlfahrt – ZU: 5.122

24.11.1979 RW Lüdenscheid – RWE   0:1 (0:0)
Schneider – Klausmann (75. Kaminsky), Kirsch-stein, Saric, Bönighausen, Herget, Klinger, Man-nebach (81. Gundersdorff), Meininger, Mill (70. Sekula), Lippens (70. Drescher) – Tore: 0:1 Mei-ninger (85.) – SR: Milkert – ZU: 3.720

1.12.1979 Union Solingen – RWE   1:2 (1:1)

Schneider – Klausmann, Klinger, Saric, Bönig-hausen, Herget, Sekula, Mannebach, Meininger, Mill, Lippens – Tore: 0:1 Meininger (30.), 1:1 Lenz (33.), 1:2 Mill (81.) – SR: Teichert – ZU: 7.500

8.12.1979 RWE – Viktoria Köln   0:0
Schneider – Klausmann, Klinger, Saric, Bönig-hausen, Herget, Kirschstein, Mannebach (79. Drescher), Meininger (59. Sekula), Mill, Lippens – Tore: Fehlanzeige – SR: Schön – ZU: 5.981

15.12.1979 DSC Wanne-Eickel – RWE   3:6 (1:2)
Schneider – Klausmann, Klinger, Saric, Bönig-hausen, Herget, Kaminsky, Mannebach, Sekula (83. Drescher), Mill, Lippens – Tore: 0:1 Mill (22.), 1:1 Peter (44.), 1:2 Mill (45.), 1:3 Lippens (59.), 1:4, 1:5 Mill (70., 75.), 2:5 Rothe (77.), 3:5 Kosien (86.), 3:6 Lippens (89.) – SR: Filipiak – ZU: 4.000

18.1.1980 Foruna Köln – RWE   2:1 (1:1)
Schneider – Klausmann, Klinger, Vennemann, Bönighausen, Herget, Kaminsky, Mannebach, Meininger, Mill, Lippens – Tore: 1:0 Linßen (9.), 1:1 Mill (21.), 2:1 Mödrath (78.) – SR: Möller – ZU: 1.500

26.1.1980 RWE – Arminia Bielefeld   2:2 (1:2)
Schneider – Klausmann, Klinger, Vennemann, Bönighausen, Herget, Kaminsky (46. Sekula, 82. Diemand), Mannebach, Meininger, Mill, Lippens – Tore: 0:1, 0:2 Eilenfeldt, 1:2 Herget (48.), 2:2 Bönighausen (64.) – SR: Prinz – ZU: 10.491

2.2.1980 Wattenscheid 09 – RWE   1:1 (0:1)
Schneider – Klausmann, Klinger, Saric, Kirsch-stein, Herget (67. Drescher), Kaminsky, Manne-bach, Sekula, Meininger, Lippens – Tore: 0:1 Se-kula (26.), 1:1 Kudella (51.) – SR: Gabriel – ZU: 4.000

8.2.1980 RWE – Alemannia Aachen   4:0 (0:0)
Schneider – Klausmann (25. Drescher), Klinger (85. Kirschstein), Saric, Bönighausen, Herget, Kaminsky, Mannebach, Mill, Meininger, Lippens – Tore: 1:0 Drescher (55.), 2:0 Meininger (58.), 3:0 Mill (66./FE), 4:0 Bönighausen (84.) – SR: Milkert – ZU: 7.383

23.2.1980 SC Herford – RWE   2:1 (1:1)
Schneider – Klausmann, Klinger, Saric, Bönig-hausen, Herget, Kaminsky, Mannebach, Seku-la (57. Drescher), Meininger, Lippens – Tore: 0:1 Meininger (32.), 1:1 Bittner (42.), 2:1 Hedding-haus (52.) – SR: Wippker – ZU: 5.000

1.3.1980 RWE – VfL Osnabrück   5:2 (4:0)
Schneider – Klausmann, Drescher, Saric, Bö-nighausen, Herget, Kaminsky, Mannebach, Die-

mand (70. Beyer), Meininger (25. Sekula), Lippens – Tore: 1:0 Klausmann
(5.), 2:0 Drescher (22.), 3:0 Lippens (35.), 4:0 Diemand (35.), 5:0 Klausmann (48.), 5:1, 5:2 Lorenz (74., 87.) – SR: Reichmann – ZU: 3.984

8.3.1980 OSC Bremerhaven – RWE   0:2 (0:1)
Schneider – Klausmann, Drescher (68. Diemand), Saric, Bönighausen, Herget, Kaminsky, Mannebach, Kirschstein, Meininger, Lippens – Tore: 0:1 Lippens (20.), 0:2 Diemand (80.) – SR: Horstmann – ZU: 2.000

15.3.1980 RWE – Tennis Bor. Berlin   2:3 (1:3)
Schneider – Klausmann, Kirschstein (46. Drescher), Saric, Bönighausen, Herget, Kaminsky, Mannebach, Diemand, Meininger, Lippens – Tore: 0:1 Scjilling (12.), 0:2 Stolzenburg (33.), 1:2 Karadzic (39./ET), 1:3 Stolzenburg (44.), 2:3 Kaminsky (75.) – SR: Wahmann – ZU: 4.944

23.3.1980 OSV Hannover – RWE   0:2 (0:0)
Schneider – Klausmann, Klinger, Saric, Bönighausen, Herget, Kaminsky, Mannebach (46. Kirschstein), Drescher (46. Diemand), Meininger, Lippens – Tore: 0:1 Meininger (80.), 0:2 Diemand (89.) – SR: Vordanz – ZU: 2.000

29.3.1980 RWE – RW Oberhausen   3:1 (1:0)
Schneider – Klausmann, Klinger, Saric, Kirschstein (15. Wiemers), Herget, Kaminsky, Mannebach, Diemand (70. Drescher), Meininger, Lippens – Tore: 1:0 Herget (43.), 2:0 Meininger (46.), 2:1 Bushfeld (80.), 3:1 Mannebach (81.) – SR: Kohnen – ZU: 4.143

12.4.1980 Wuppertaler SV – RWE   1:3 (0:1)
Schneider – Klausmann, Klinger, Saric, Wiemers, Drescher (67. Drescher), Kaminsky, Mannebach (87. Gundersdorff), Diemand, Meininger, Lippens – Tore: 0:1 Lippens (13./FE), 0:2 Diemand (52.), 1:2 Redder (54./FE), 1:3 Meininger (80.) – SR: Eggers – ZU: 2.000

18.4.1980 RWE – Pr. Münster   3:0 (2:0)
Schneider – Klausmann, Klinger, Saric, Wiemers, Herget, Kaminsky, Mannebach, Diemand (78. Gundersdorff), Meininger, Lippens – Tore: 1:0, 2:0 Herget (11., 43.), 3:0 Mannebach (72.) – SR: Milz – ZU: 6.047

27.4.1980 Holstein Kiel – RWE   3:3 (2:2)
Schneider – Klausmann, Klinger, Saric (46. Kirschstein), Wiemers, Herget, Kaminsky, Mannebach, Diemand (46. Drescher), Meininger, Lippens – Tore: 1:0, 2:0 Brexendorf (5., 33.), 2:1 Kaminsky (37.), 2:2 Meininger (45.), 2:3 Kaminsky

(61.), 3:3 Brexendorf (66.) – SR: Roth – ZU: 4.500

4.5.1980 RWE – Hannover 96   3:2 (2:1)
Schneider – Klausmann, Klinger, Saric (63. Drescher), Wiemers, Herget, Gundersdorff, Mannebach, Diemand (75. Kirschstein), Meininger, Lippens – Tore: 1:0 Lippens (12.), 2:0 Herget (14.), 2:1, 2:2 Schatzschneider (18., 56.), 3:2 Meininger (85.) – SR: Dr. Stäglich – ZU: 16.931

9.5.1980 Arminia Hannover – RWE   1:2 (1:0)
Schneider – Klausmann, Klinger, Saric (46. Drescher), Wiemers, Herget, Gundersdorff (73. Kirschstein), Mannebach, Diemand, Meininger, Lippens – Tore: 1:0 Deimand (7./ET), 1:1 Lippens (48.), 1:2 Mannebach (90.) – SR: Risse – ZU: 2.550

14.5.1980 RWE – Rot-Weiß Lüdenscheid   4:0 (0:0)
Schneider – Kirschstein, Klinger, Saric, Wiemers, Herget, Drescher, Mannebach, Diemand (60. Gundersdorff), Meininger (72. Mill), Lippens – Tore: 1:0, 2:0 Lippens (28./FE, 30.), 3:0 Herget (37.), 4:0 Mannebach (55.) – SR: Gabriel – ZU: 10.391

18.5.1980 RWE – Union Solingen   2:0 (0:0)
Schneider – Kirschstein, Klinger, Saric, Wiemers, Herget, Drescher, Mannebach, Mill (65.Diemand), Meininger (30. Gundersdorff), Lippens – Tore: 1:0 Herget (69.), 2:0 Mannebach (73.) – SR: Wichmann – ZU: 11.127

24.5.1980 Viktoria Köln – RWE   3:1 (0:1)
Schneider – Kirschstein, Klinger, Saric (60. Fischer), Wiemers, Klausmann, Herget, Gundersdorff, Mannebach, Mill (60. Diemand), Lippens – Tore: 0:1 Mannebach (33.), 1:1 Schmitz (50.), 2:1 Ochmann (60.), 3:1 Schonert (78.) – SR: Milkert – ZU: 6.000

31.5.1980 RWE – DSC Wanne-Eickel 3:1 (2:1)
Schneider – Klausmann, Klinger, Saric (17. Gundersdorff), Wiemers, Kaminsky, Herget, Mannebach, Mill, Meininger (84. Diemand), Lippens – Tore: 0:1 Leske (9.), 1:1 Klausmann (19.), 2:1 Wiemers (28.), 3:1 Mill (50.) – SR: Heitmann – ZU: 12.437

Aufstiegsspiele zur Bundesliga

6.6.1980 Karlsruher SC – RWE   5:1 (3:0)
Schneider, Klausmann (70. Kirschstein), Klinger, Wiemers, Kaminsky, Gundersdorff, Herget, Mannebach, Meininger, Mill, Lippens – Tore: 1:0 Kaminsky (23./ET), 2:0 Groß (32.), 3:0 Struth (34.), 3:1 Mill (58.), 4:1 Krauth (65.), 5:1 Günther (86.) – SR: Redelfs – ZU: 43.000

13.6.1980 RWE – Karlsruher SC   3:1 (1:0)
Schneider, Klausmann (65. Drescher), Herget, Wiemers, Kirschstein, Kaminsky (46. Diemand), Gundersdorff, Mannebach, Meininger, Mill, Lippens – Tore: 1:0 Meininger (1.), 2:0, 3:0 Mill (58., 72.), 3:1 Dittus (83.) – SR: Luca – ZU: 22.753

DFB-Pokal

1. Runde

25.8.1979 RWE – 1. FC Köln II.   2:1 (1:1)
Herrndorf, Klausmann, Kirschstein, Herget, Bönighausen, Mannebach, Bartel, Gundersdorf, Diemand (74. Drescher), Meininger (46. Kaminsky), Mill – Tore: 1:0 Diemand (4.), 1:1 Schmitz (43.), 2:1 Bartel (64.) – SR: Wahmann – ZU: 1.200

2. Runde

28.9.1979 Borussia Mönchengladbach – RWE 4:0 (1:0)
Herrndorf, Klausmann, Kirschstein, Klinger, Bönighausen, Herget, Sekula, Kaminsky, Diemand, Meininger, Mill – Tore: 1:0 H. Nickel (37.), 2:0 Kirschstein (71./ET), 3:0 Lienen (81.), 4:0 Lausen (90.) – SR: Wilhelmi – ZU: 5.900

Meisterschaftseinsätze

Spieler	Spiele	/Tore
Matthias Herget	37	/ 16
Manfred Mannebach	37	/ 8
Urban Klausmann	36	/ 3
Karl-Heinz Meininger	35	/ 14
Dietmar Klinger	35	/ 1
Willi Lippens	29	/ 14
Jürgen Kaminsky	29	/ 6
Eckhard Kirschstein	29	/ 1
Karl-Heinz Diemand	26	/ 6
Frank Mill	25	/ 16
Siegfried Bönighausen	25	/ 2
Detlef Schneider	25	/ 0
Detlef Drescher	23	/ 4
Vlado Saric	23	/ 0
Jürgen Sekula	15	/ 2
Detlef Wiemers	13	/ 1
Fritz Herrndorf	13	/ 0
Karl-Heinz Gundersdorff	12	/ 0
Dieter Bartel	9	/ 2
Frank Beyer	1	/ 0

Trainer
Rolf Schafstall

Interview mit Matthias Herget

Herr Herget, wenn Sie an diese Saison zurückdenken, an welches Ereignis denken Sie da zuerst?

Natürlich an die Aufstiegsspiele gegen den KSC.

Ihre erste Saison bei RWE, 78/79, verlief für den Verein sehr unbefriedigend. Warum sind Sie, als ambitionierter Spieler, trotzdem beim Verein geblieben?

Also, nach meinem sportlichen Rückschritt, ich bin ja im Sommer '78 vom Bundesligisten VfL Bochum nach RWE gegangen, tat ich mich zunächst erstmal sehr schwer mit der Umstellung auf die 2. Liga. Allerdings wurde es bei mir schon zum Ende der Saison 78/79 wesentlich besser und deshalb gab es überhaupt keinen Grund für mich, meinen Vertrag zu kündigen.

Im Sommer '79 kam Rolf Schafstall für Diethelm Ferner als neuer Trainer. War das eher eine Verschlechterung oder eher eine Verbesserung?

Ach, das kann man so nicht sagen, jeder Trainer hat eben seine eigene Art. Ich selbst kam allerdings nie mit Rolf Schafstall aus, das lag daran, dass ich nicht mit seiner Art einverstanden war wie er mit den Spielern umging. Später in Uerdingen war er noch einmal mein Trainer und dort sind wir dann ob seiner Menschenführung öfter aneinander geraten.

Am 10. Spieltag befand sich RWE in der Spitzengruppe, konnte man zu diesem Zeitpunkt schon merken, dass die Saison erfolgreich verlaufen würde?

Ich glaube schon, denn die zusammen mit mir zur Saison 78/79 gekommenen Spieler fanden sich genauso wie ich immer besser zurecht, die Kameradschaft war sehr ausgeprägt und Qualität hatten wir auch in der Mannschaft.

Im Herbst '79 kehrte Willi Lippens aus den USA zurück zu RWE. Wie wurde seine Rückkehr in der Mannschaft aufgenommen?

Die meisten kannten ihn ja nur aus dem Fernsehen und deshalb haben wir alle erstmal abgewartet. Es stellte sich dann aber schnell heraus, dass der Willi ein sehr belebendes und wichtiges Element in unserer Mannschaft wurde. Ich persönlich kam mit ihm sehr gut aus und ich treffe ihn ja heute ab und an bei diversen Veranstaltungen wieder und dann quatschen wir natürlich auch gerade über diese erfolgreiche Saison.

Zum Ende der Vorrunde befanden Sie sich auf Platz 2, allerdings schon sechs Punkte hinter dem Tabellenführer Arminia Bielefeld.

Ja, das stimmt, die waren schon relativ weit entfernt. Bei denen spielten damals so herausragende Akteure wie der Christian Sackewitz, der Norbert Eilenfeld und der Uli Stein. Hinzu kam, dass die Bielefelder eine eingespielte Mannschaft waren und somit in der Saison unheimlich schwer zu bezwingen waren. Ich meine, wir haben an der Hafenstraße 2:2 gegen die gespielt und das war durchaus als Erfolg zu werten.

Am Ende der Hinrunde gab es ein Highlight, einen 6:3-Auswärtssieg in Wanne-Eickel ...

Ich persönlich kann mich nicht daran erinnern, aber kurioserweise saß ich letzten Freitag mit Frank Mill und Dieter Müller zusammen und da haben wir durchgesprochen, wer die meisten Tore in einem Spiel erzielte. Dort hat dann irgendwann der Frank erzählt, dass er dreimal vier Tore in einem Spiel erzielt hat, u.a. auch in Wanne-Eickel ..., von daher weiß ich das *(lacht)*.

Zum Ende der Hinrunde hatten Sie ein Torverhältnis von 50:30, was auf ein gutes Offensiv-, aber auch auf ein schlechtes Defensivspiel hindeutet. Woran lag das?

Puh, das ist schon ganz schön lange her, aber ich meine mich zu erinnern, dass wir, bis auf den Vlado Saric, eine relativ junge Abwehr hatten und unser Spiel im Allgemeinen relativ offensiv ausgerichtet war ..., da muss man dann auch in Kauf nehmen, dass man ein paar Gegentore kassiert.

Bis zum 22. Spieltag lief es ganz gut, doch im Anschluss gab es eine Schwächeperiode.

Ja, zu diesem Zeitpunkt verletzte sich der Frank Mill bei einem normalen Zweikampf im Training und fiel ca. acht Wochen aus. Ich meine, der hatte einen Schienbeinbruch. Na ja und dadurch mussten wir in der Mannschaft umstellen. Gleichwertig ersetzen konnte den Frank eh niemand. War eine etwas heikle Phase, die wir dann doch gut überstanden haben.

Lag es dann folgerichtig an der fehlenden Stabilität, dass man u.a. in Herford mit 1:2 verlor?

Ja, kann man so sagen. Wir waren zwar besser als ein Jahr zuvor, aber bei Weitem noch nicht so stabil. Das hat man dann ja auch an diesen unterschiedlichen Resultaten gesehen.

Sie lagen zwischenzeitlich sechs Punkte hinter Hannover 96, die dann am 33. Spieltag zur Hafenstraße kamen. Erinnerungen daran?

Da habe ich ein Tor gemacht ... *(lacht)*. Für uns war das ein sehr wichtiges Spiel, das wir unbedingt gewinnen mussten und demzufolge haben wir in diesem Spiel alles aus uns herausgeholt. Wir haben ja dann auch mit 3:2 gewonnen und das war der Grundstein dafür, dass wir am Ende der Saison den Relegationsplatz belegt haben.

Ist es richtig, dass Sie während der Saison oft auf dem E-Jugend-Ascheplatz trainiert haben?

Ja, das stimmt *(lacht)*. Auf diesem kleinen Platz haben wir uns Kämpfe geliefert ..., das war schon grandios. Wir haben uns dort sehr wohl gefühlt und ich muss sagen, dass bei diesen Spielen so viel Feuer und Begeisterung drin war, dass wir fast gar kein anderes Training machen mussten. Für uns war diese Form des Trainings, zu dieser Zeit, genau die richtige. Ganz am Ende der Saison haben wir dann sogar um einen kleinen Pokal gespielt. Das war grandios. Das lag an Willi Lippens, der war auch so ein Verrückter. Der hatte zu dem Rolf Schafstall ein besonderes Verhältnis und hatte den ganz gut im Griff gehabt. Wenn der Schafstall mal was anderes trainieren lassen wollte, dann ist der Willi ab und an zu ihm hin und hat ihm gesagt, dass man doch auf den kleinen Ascheplatz gehen sollte, denn dort würde die Post abgehen. Der Schafstall hat oft nachgegeben und dann ist bei den Spielen aber auch tatsächlich die Post abgegangen *(lacht)*.

Wie würden Sie die damalige Mannschaft charakterisieren?

Wir waren eine verspielte Truppe, die sehr viel Wert auf das spielerische Element legte, der Zusammenhalt untereinander war sehr groß, leider waren wir uns unserer Stärke gar nicht richtig bewusst, ansonsten wäre das Saisonende positiver ausgefallen.

Sie waren schon immer ein guter Elfmeter- und Freistoßschütze, haben Sie die Freistöße trainiert?

Das lag mir irgendwie im Blut, das habe ich im Grunde auch nicht trainiert.

Vor den Aufstiegsspielen gegen den KSC stand in der Zeitung, dass Kapitän Herget 5.000 DM Aufstiegsprämie pro Mann fordert. Sprachen Sie für die Mannschaft? Fanden Sie die Prämie angemessen?

Also, als Kapitän habe ich logischerweise für die Mannschaft gesprochen und wir alle haben diese Prämie als angemessen und nicht übertrieben betrachtet.

Wie wurden Sie damals auf den Gegner KSC vorbereitet?

Der Schafstall hat selbst ein, zweimal den KSC beobachtet und hat ansonsten seine Erkundigungen über Trainerkollegen herangezogen. Spielmaterial auf VHS-Kassette gab es ja fast noch gar nicht.

Wissen Sie noch, wie Sie persönlich Ihre Chancen gegen den KSC eingeschätzt haben?

Wir sind so unbedarft in das erste Spiel gegangen und haben uns gar nicht großartig Gedanken gemacht, was jetzt passieren könnte.

Mit dem Hintergrundwissen, dass Saric und Bönighausen verletzungsbedingt fehlten und dass Frank Mill noch nicht seine volle Leistungsstärke erreicht hatte, mit welchem Ziel gingen Sie in das Auswärtsspiel in Karlsruhe? Unentschieden? Knappe Niederlage?

Nein, man ist nie in ein Spiel gegangen, um sich mit einer Niederlage abzufinden. Wir haben uns schon ausgerechnet, dass wir dort eine gute Rolle spielen und ein Unentschieden ergattern könnten, um mit diesem Ergebnis im Rücken eine gute Ausgangsposition für das Rückspiel zu haben.

Zu Beginn des Spiels lief es ganz gut, aber dann kommt in der 23. Minute das Eigentor von Jürgen Kaminsky und ab diesem Moment spielt sich der KSC in einen Rausch.

Ja das stimmt, aber ich denke mal, da spiegelte sich auch die Saison wider, in der wir auswärts oft ganz leicht aus der Fassung zu bringen waren. Wir waren einfach nicht so gefestigt und gereift. Gut, und im Wildpark war schon eine außergewöhnliche Situation, da waren über 40.000 Leute im Stadion und das war für den einen oder anderen von uns nicht so einfach.

War es für Sie als junger Spieler eine Drucksituation, vor so vielen Leuten zu spielen?

Ja, das war schon was Besonderes, denn zur damaligen Zeit spielte man auch in der Bundesliga nicht oft vor so einer großen Zuschauermenge.

Zur Halbzeit stand es 3:0 für den KSC, kurz nach Wiederbeginn erzielt Frank Mill das Anschlusstor zum 1:3. Das war jetzt eigentlich der Zeitpunkt, wo man sich hätte sagen müssen „Okay, wir sind heute nicht gut und deshalb lass' uns mal lieber diese relativ knappe Niederlage über die Zeit retten". Warum ist das nicht geschehen?

Das ist deshalb nicht geschehen, weil unsere Philosophie und Mannschaftsausrichtung immer offensiv war. Im Nachhinein betrachtet war das natürlich völlig falsch.

Und Trainer Schafstall?

Der hat von außen mit Sicherheit versucht Ruhe bei uns hineinzubringen, aber bei einem solchen Spiel ist es unheimlich schwer, rational sein Spiel zu führen. Da kommen so viele Emotionen ins Spiel, da bist du auch als Trainer machtlos.

Sie haben dann noch zwei Tore kassiert ...

Ja, leider.

1:5 ist natürlich eine hohe Niederlage, ging es nach dem Spiel sofort zurück nach Essen?

Hmm, ich meine wir sind noch dort unten geblieben und auf ein Weinfest gegangen.

Und auf diesem Weinfest wurde ordentlich getrunken und die Mannschaft hat sich auf das Rückspiel eingeschworen?

Das ist das Kuriose dabei, denn unmittelbar nach dem Spiel, unter der Dusche, war es doch ziemlich ruhig und nur wenige Stunden später, nach ein paar alkoholischen Getränken auf dem Weinfest, da haben wir wieder vom Aufstieg gesprochen.

Willi Lippens war ja ein Tag später im Sportstudio und hat dort einen auf sehr optimistisch gemacht. War das mit ein Grund dafür, dass die Mannschaft durchaus frohen Mutes in das Rückspiel ging?

Ja natürlich, der Willi hat mit seinem dortigen positiven Auftritt seinen Teil dazu beigetragen. Wir in der Mannschaft haben uns anschließend auch Mut zugesprochen, haben uns gegenseitig angefeuert und uns immer wieder gefragt: „Hast du gesehen, wie der

Wimmer und der Trainer Krafft beeindruckt von Willis Reden waren? Die haben bestimmt großen Respekt, wenn die am Freitag zu uns müssen." Und das ist ja beim Rückspiel auch eingetreten.

In diesem Rückspiel wurden Sie, als etatmäßiger Mittelfeldspieler, als Libero für den gesperrten Dietmar Klinger eingesetzt. Das ist schon überraschend, denn Sie waren mit 16 Toren zusammen mit Frank Mill der torgefährlichste Spieler in der Mannschaft. Warum wurden Sie nun ausgerechnet in einem Spiel, wo jedes Tor gebraucht wurde, als Libero eingesetzt?

Nun ja, ich war ja immer schon offensiv eingestellt und hier hat sich der Schafstall wohl gedacht, dass man den Angriffsdruck direkt aus der eigenen Abwehr nach vorne bringen kann und dafür war ich wohl in seinen Augen der richtige Mann.

Wenn Sie jetzt an das Rückspiel denken, was ist da bei Ihnen hängen geblieben?

Zuerst einmal die unheimliche Atmosphäre im Stadion. Das war für damalige Verhältnisse schon außergewöhnlich, dass das Publikum 90 Minuten ununterbrochen Stimmung gemacht hat. Und dann denke ich natürlich an den grandiosen Start in das Spiel zurück …, 1:0 schon nach 40 Sekunden, besser konnte es für uns gar nicht beginnen.

Genau, der „Charly" Meininger hat dieses Tor auf Vorarbeit von Willi Lippens erzielt.

Stimmt und ab diesem Moment lief das Spiel, das war grandios. Dieses Spiel hat eine Eigendynamik entwickelt, das war schon verrückt *(lacht)*. Ich kann mich jetzt nicht mehr an viele einzelne Szenen erinnern, aber an die Stimmung kann ich mich erinnern, da brodelte das ganze Stadion. Diese Stimmung wurde natürlich durch dieses sehr frühe 1:0 geschürt.

Wenn man sich heutzutage das Spiel ansieht, dann kann man feststellen, dass Sie zur Halbzeit durchaus mit 6:0 hätten führen können.

Nicht übertreiben, aber ein 3:0 oder 4:0 hätte es schon sein können, keine Frage.

Waren die Karlsruher an diesem Abend so schwach oder waren Sie so stark?

Ich glaube durch das frühe 1:0 passierte genau das, womit die Karlsruher selbst nicht gerechnet hatten. Der KSC reagierte anschließend genau so wie wir zuvor in Karlsruhe, die sind von ihrer Linie abgewichen.

Es steht dann irgendwann 3:0 für RWE und es fehlte noch ein Tor zum Wunder. Doch dann kommt dieser KSC-Angriff über die rechte Seite …

Da kann ich mich dran erinnern. Ich werde bei dieser Flanke angeschossen, fälsche dadurch den Ball ab und der Detlef Schneider kommt nicht mehr rechtzeitig an den Ball. Das war dann die Entscheidung, denn wir hatten zuvor einen riesen Aufwand betrieben und nun waren eh nur noch wenige Minuten zu spielen. Außerdem war es an diesem Abend unheimlich schwül und jeder hatte nun auch nicht mehr die Kraft, das Steuer noch mal herumzureißen.

Es blieb beim 3:1 und damit war der KSC aufgestiegen. In den nächsten zwei Jahren gab es kaum nennenswerte Spielerabgänge bei RWE. Warum ist es dennoch nicht gelungen, dass die Mannschaft den entscheidenden Schritt nach ganz oben, in die Bundesliga, machen konnte?

Das habe ich mich im Laufe der Zeit auch immer wieder gefragt. Ich habe keine Erklärung dafür und auch wenn ich mich mit dem Dietmar oder dem Kammi unterhalte, dann kommen wir auch nicht zu einer befriedigenden Antwort.

Welche Spieler waren eigentlich die Meinungsführer in der Mannschaft?

Das waren der Willi Lippens und Frank Mill.

Zu welchem ehemaligen RWE-Mitspieler haben Sie noch Kontakt?

Regelmäßig zu Frank Mill, weil ich dort in den Fußballschulen mithelfe. Dort treffe ich auch öfter Dietmar Klinger, der auch mitmacht, den Kammi habe ich letztes Jahr mal getroffen, Willi Lippens ab und zu mal.

Haben Sie noch Kontakt zum Verein RWE?

Nee, null Kontakt.

Da Sie ja in Essen wohnen, bekommen Sie die Entwicklung des Vereins zumindest über die Medien mit. Was sagen Sie zu der Entwicklung?

Es hat sich leider nicht viel entwickelt, das ist das Problem. Irgendwas läuft in dem Verein verkehrt, was man schlecht erklären kann, aber es ist so. Es ist eigentlich schade, so viel Potential ungenutzt …, schon verrückt.

Letzte Frage: Aus einem Spiel in der Saison 80/81 halten Sie einen Rekord im Profibereich. Wissen Sie, worauf ich hinaus will?

Nein.

Sie haben mit RWE ein Spiel gegen Holstein Kiel mit 6:0 gewonnen …

Ach ja, da haben wir uns, der Fränkie und ich, am Freitag noch drüber unterhalten. Da hat er drei und ich drei Tore gemacht. Aber ob sie es glauben oder nicht, bis vor drei Jahren konnte ich mich selbst nicht daran erinnern, dass ich in diesem Spiel einen Elfmeterhattrick in der zweiten Halbzeit erzielt habe. Verrückt!

RWE-Jubelarie von und mit Wolfgang Rausch und Hermann Erlhoff

Spieler

Dieter Bast

Geboren:	28.08.1951 in Oberhausen
Schulabschluss:	Volksschule
Erlernter Beruf:	Werkzeugmacher
Hobbys:	Familie, Fußball, Garten
Pflichtspieleinsätze RWE:	346 / 66 Tore

Karriere
Jugend:

1957-67	Arminia Klosterhardt
1967-70	Sterkrade 06/07

Senioren:

1970-77	Rot-Weiss Essen
1977-83	VfL Bochum
1983-86	Bayer 04 Leverkusen
1986-89	Rot-Weiss Essen

Sportl. Leiter:

1991-95	Rot-Weiss Essen

Dass Dieter Bast ein Kind des Ruhrgebiets ist, zeigte sich spätestens bei seinem Weggang von Rot-Weiss im Sommer 1977. Er wechselte nicht, wie alle vermuteten, zu den ihn umwerbenden Münchener Bayern, sondern unterschrieb stattdessen beim Nachbarstadtverein, beim VfL Bochum. „Ich habe immer gesagt, dass ich die Türme sehen muss ..., die Schlote im Ruhrgebiet", bemerkt Bast auch noch 34 Jahre später, und das nimmt man ihm ab. Nach erfolgreichen Jugendjahren in Oberhausen überredete ihn Paul Nikelski im Sommer 1970 zum Wechsel zu Rot-Weiss. Bast willigte ein, obgleich er zu diesem Zeitpunkt ein Angebot vom deutschen Meister aus Mönchengladbach vorliegen hatte. Diesen Verzicht sollte er aber nicht bereuen, denn schon in seiner ersten Bundesligasaison bei Rot-Weiss kam er auf 22 Einsätze, zwar nicht alle von Spielbeginn an, aber immerhin. Im Jahr darauf waren es insgesamt 37 Einsätze und er erzielte acht Tore. Ab der Saison 1972/73 gehörte Bast schon zu den Führungsfiguren der Mannschaft. Wendig, schnell, dynamisch und immer „unterwegs" waren die herausragenden Attribute des gerade mal 1,72 m großen Offensivallrounders. Zunächst im Angriff operierend, wurde er im Laufe der Jahre mehr und mehr im Mittelfeld eingesetzt, wo er ständig für die Mannschaft rackerte. Überhaupt stand die Mannschaft für ihn immer an erster Stelle. Er kümmerte sich um die Integration der jeweiligen Neuzugänge und nahm sich auch der Reservisten an. Durch sein Verhalten auf, aber auch abseits des Platzes, war sein Standing bei den Mitspielern so hoch, dass ein Willi Lippens bei der Wahl zum Mannschaftskapitän das Nachsehen hatte. Als Bast nach dem Bundesligaabstieg 1977 den Verein verließ, hinterließ er eine große Lücke. Von Seiten der Fans aber nahm ihm niemand diesen Wechsel übel. Zu groß war seine fußballerische Klasse, zu groß seine Verdienste um den Verein. Heute organisiert Bast die Traditionsmannschaft von RWE und zeigt damit deutlich, dass sein Herz weiterhin an diesem Verein hängt.

Heinz Blasey

Geboren:	01.01.1948 in Flüren
Schulabschluss:	Mittlere Reife
Erlernter Beruf:	Industriekaufmann
Hobbys:	Golfen
Pflichtspieleinsätze RWE:	215

Karriere

Jugend:

1958-66	TSG Karnap 07

Senioren:

1966-68	TSG Karnap 07
1968-78	Rot-Weiss Essen
1978/79	Hannover 96
1979-83	DSC Wanne-Eickel

Am 13. April 1979 war die Lage klar. Heinz Blasey, mittlerweile bei Hannover 96, erschien zum ersten Mal als gegnerischer Spieler im Georg-Melches-Stadion. Seine Bedenken, dass er eventuell ausgepfiffen würde, waren schon beim Warmmachen ad acta gelegt. „Blasey, Blasey", schallte es aus der Westkurve. Die RWE-Fans hatten ihn nicht vergessen. Als einige von ihnen kurz vor Spielbeginn den Zaun überkletterten und ihrem „Bolle" einen dicken Blumenstrauß und eine Abschiedskarte überreichten, da wusste auch der Umschmeichelte, dass seine zehn Jahre bei RWE ihre Spuren hinterlassen hatten. Zu Recht. Der 'Essener Jung', der erst mit 17 Jahren durch Zufall Torhüter geworden ist, verdiente sich seine ersten Sporen im Seniorenbereich bei seinem Heimatverein Karnap 07. Dort trumpfte er in einem Pokalspiel gegen RWE dermaßen auf, dass die Verantwortlichen von Rot-Weiss auf ihn zukamen und er schließlich an die Hafenstraße wechselte. Er spielte zunächst, bedingt durch seine Bundeswehrzeit, ein Jahr in der zweiten Mannschaft und war anschließend zwei Jahre der Platzhalter für Fred Bockholt in der Profimannschaft. In dieser Zeit absolvierte er an einem kalten Winterabend im Februar 1971 sein erstes Bundesligaspiel für RWE. Ausgerechnet gegen Schalke. Als Bockholt den Verein im Sommer 1971 in Richtung Offenbach verließ, stand unausgesprochen fest, dass Heinz Blasey dessen Nachfolger im RWE-Tor werden würde. Und Blasey sollte in den folgenden sieben Jahren bis auf Ausnahmen Stammtorwart bleiben. Denn obgleich er zu keiner Zeit das absolute Vertrauen des jeweiligen Vorstandes genoss – ihm wurden mit Fritz Stefens, Udo Böhs oder Jürgen Rynio immer neue und angeblich bessere Konkurrenten vor die Nase und zwischen die Pfosten gestellt –, setzte sich Blasey schlussendlich immer durch. Herausragend seine Reaktionsschnelligkeit auf der Linie und seine Nervenstärke. Bei den Kollegen war er als „lieber und zurückhaltender Junge" hoch angesehen.

Fred-Werner Bockholt

Geboren: 24.06.1943 in Bottrop
Schulabschluss: Volksschule
Erlernter Beruf: Schlosser im Bergbau, Werkzeugmacher
Hobbys: Fußball
Pflichtspieleinsätze RWE: 155

Karriere

Jugend:
1956-62   VfB Bottrop

Senioren:
1962-66   VfB Bottrop
1966-71   Rot-Weiss Essen
1971-75   Kickers Offenbach
1975-81   Bayer 04 Leverkusen

Trainer:
1981-83   Bay. Leverkusen Am. u. TW-Trainer Profis
1983-88   ETB SW Essen
1988-89   Preußen Krefeld
1989-91/12   ETB SW Essen
1992/01-92   Preußen Krefeld
1992-95/11   RW Oberhausen
1996-01   MSV Duisburg Am. u. TW-Trainer Profis
2001-02   FC Remscheid
2002-04   1. FC Kleve

2005-07   Spielbeobachter ETB SW Essen
2007-11   Spielbeobachter RW Oberhausen

Noch in der Jugend ging er als Mittelstürmer auf Torejagd und wurde erst nach einem Armbruch des etatmäßigen Torhüters von seinem Trainer in die „Kiste" versetzt. Nach guten Leistungen bei seinem Heimatverein VfB Bottrop wechselte er im Sommer 1966 zu Rot-Weiss und verdrängte schon ein halbes Jahr später Hermann Roß als dortige Nummer eins. Bockholt war ein sehr guter Torhüter, nach Angaben einiger seiner Mitspieler gehörte er zu den besten Torhütern Deutschlands, sehr trainingsfleißig und glühend vor Ehrgeiz. Auf dem Platz konnte er deshalb leicht zu einem Heißsporn werden. Er zählte zu der Spezies Torhütern, die ohne Rücksicht auf eigene Verluste aus dem Tor hinausstürzen, sich dem Gegner entgegenwerfen und bei dem kleinsten Abwehrfehler des eigenen Mitspielers die Contenance verlieren. Er selbst sagt über sich, dass seine damalige Ehefrau ihn wohl nie geheiratet hätte, wenn sie ihn auf dem Fußballplatz kennen gelernt hätte. An seine Zeit bei Rot-Weiss erinnert er sich sehr gerne, nur die Affäre um seine angebliche Manipulation im entscheidenden Spiel gegen Kickers Offenbach, welche er entschieden von sich weist, nagt noch heute an ihm.

Siegfried Bönighausen

Geboren:	20.03.1955 in Gladbeck
Schulabschluss:	Hauptschule
Erlernter Beruf:	Starkstromelektriker
Hobbys:	Fußball, Ski fahren, Musik
Pflichtspieleinsätze RWE:	136 / 14 Tore

Karriere

Jugend:

1967-74	Schalke 04

Senioren:

1974-76	Bonner SC
1976-80	Rot-Weiss Essen
1980-83	Borussia Dortmund
1983-86	VfL Bochum
1988/89	Westfalia Herne
1990/91	FC Gütersloh

Trainer:

1985/01-1986/07	SuS Bertrich

Siegfried „Siggi" Bönighausen begann seine fußballerische Laufbahn als Stürmer und wurde später zum linken Verteidiger umgeschult. Aufgrund seines weiterhin vorhandenen Stürmerblutes interpretierte er seine Verteidigerposition sehr offensiv. Das war Mitte/Ende der 70er Jahre nicht selbstverständlich und rief bei einigen Trainern „alten Schlages" eine gewisse Art von Skepsis hervor. RWE-Trainer Hermann Erlhoff hielt dagegen sehr viel von seiner Spielweise. Zum einen war der Ur-Schalker gut im Abwehrverhalten und technisch beschlagen, zum anderen war er ungemein schnell und hat sich bei jedem Essener Angriff mit in die Offensive eingeschaltet. Da er mit der Zeit an Zweikampfstärke zulegte, war er praktisch nicht mehr aus der Mannschaft wegzudenken. Seine Schwachpunkte waren die nicht vorhandene Kopfballstärke und seine fehlende Körpermasse. Bönighausen gehörte in den drei RWE-Zweitligajahren Ende der 70er zusammen mit Frank Mill, Dietmar Klinger und Jürgen Kaminsky zum unangefochtenen Stammpersonal. Seine beständig guten Leistungen weckten das Interesse vieler Vereine, von denen im Sommer 1980 Borussia Dortmund das Rennen machte. Dort erkämpfte er sich jedoch erst in seinem dritten Jahr einen Stammplatz und wechselte am Saisonende zum VfL Bochum, wo er eine tolle erste Saison ablieferte. In den weiteren beiden Jahren kam er aufgrund von Knieproblemen nur noch zu 16 Spielen und beendete schließlich 1986 seine Profikarriere. Da Bönighausen in drei Vereinen für jeweils nur wenige Jahre tätig war, gehört er bei den meisten Fans der jeweiligen Vereine zu den unbekannteren Spielern.

Peter Czernotzky

Geboren: 18.02.1947 in St. Ingbert
Schulabschluss: Volksschule
Erlernter Beruf: Industriekaufmann
Hobbys: Wandern, Golfen, Fahrrad fahren
Pflichtspieleinsätze RWE: 103 / 2 Tore

Karriere

Jugend:
1957-65   SV St. Ingbert

Senioren:
1965-66   SV St. Ingbert
1966-68   Borussia Neunkirchen
1968/69   1. FC Nürnberg
1969-72   Rot-Weiss Essen
1972-74   Borussia Dortmund
1974-76   Fortuna Düsseldorf
1976-78   FC Homburg

Schnell war er, äußerst schnell. So schnell, dass er von seinem Trainer Herbert Burdenski nur „Pfeil" genannt wurde. Nicht immer in seiner Karriere traf „Pfeil" in die Zehn. Mit Neunkirchen ging es im Anschluss an den Bundesligaaufstieg direkt wieder runter, in Nürnberg gehörte er nicht zur Stammelf, durfte sich am Ende der Saison trotzdem „Absteiger" nennen und Rot-Weiss verließ er nach dem verpassten Bundesligaaufstieg 1972 ein Jahr zu früh. Er erhoffte sich mit seinem neuen Arbeitgeber Borussia Dortmund schneller in die Bundesliga zurückkehren zu können. Ein Trugschuss, wie sich später herausstellte. Darauf angesprochen, redet Czernotzky auch gar nicht lange um den heißen Brei und sieht seinen voreiligen Wechsel von Essen nach Dortmund als verfrüht an: „Da hätte ich noch ein Jahr Geduld haben müssen." Auf seine Essener Zeit angesprochen, gerät er schnell ins Schwärmen. Zusammen mit Erich Beer fuhr er zu Vertragsgesprächen von Nürnberg nach Essen und erreichte erst abends die Ruhrgebietsmetropole. Somit konnten die beiden „Helden" aus Nürnberg direkt die schaurige Atmosphäre einer Industriestadt Ende der 60er Jahre erleben. „Schrecklich war das", erinnert sich Czernotzky, als er die qualmenden Hochöfen, die dampfenden Industrieschlote und die in gelbes Schummerlicht getauchte Stadt vor sich liegen sah. Den Vertrag bei Rot-Weiss haben beide aber noch am gleichen Abend unterzeichnet. Czernotzky selbst bezeichnet sich als beidfüßigen Spieler. Allerdings hatte er unverkennbar technische Defizite. Seine ehemaligen Mitspieler bestätigen seine Selbsteinschätzung, geben aber unisono zu verstehen, dass Czernotzky mit seinem enormen Kampfgeist, seiner gnadenlosen Härte und seiner unheimlichen Schnelligkeit das technische Manko mehr als ausglich. Seine Nachfolger auf der rechten Verteidigerposition bei RWE waren nicht schlecht, erreichten aber nicht den Status der Unantastbarkeit, den sich der „Pfeil" von Anfang an erarbeitet hatte.

Hans Dörre

Geboren:	14.11.1946 in Kronprinzenkoog
Schulabschluss:	Volksschule
Erlernter Beruf:	Buchdrucker
Hobbys:	Joggen, Walken, Angeln, Enkelkinder
Pflichtspieleinsätze RWE:	269 / 13 Tore

Karriere

Jugend:

1955-65	Rot-Weiss Essen

Senioren:

1965-78	Rot-Weiss Essen
1978/79	FV Bad Honnef

Trainer:

1979-82	II. Mannschaft u. A-Jugend FV Bad Honnef
1982-86	SV Rheinbreitbach
1986-88	SV Remagen

Hans Dörre ist einer der ganz wenigen Profifußballspieler, der seine komplette Jugend- und Profizeit bei einem einzigen Verein verbrachte. Ganz bestimmt war „Hansi", wie ihn fast alle nannten, aus diesem Grund einer der Publikumslieblinge an der Hafenstraße. Ein weiterer Grund mag sein unbändiger Kampfgeist gewesen sein, mit dem er jedem Gegenspieler bis aufs Äußerste zusetzte und sich gleichzeitig für die eigene Mannschaft zerriss. Dörre, das sagen auch seine einstigen Gegenspieler, war immer „dran am Mann", war bissig und sogar an schlechten Tagen unangenehm zu spielen. An guten Tagen gab er den gegnerischen Spielmachern wie Overath oder Krauthausen nicht einen Meter Platz und nahm sie völlig aus dem Spiel. Ein weiterer Pluspunkt war seine Gabe, neunzig Minuten zu marschieren und überall da zu sein, wo der eigenen Mannschaft Gefahr drohte. Kurz: Auf ihn war auf dem Platz immer Verlass. Eine seiner wenigen Schwächen war seine technische Limitiertheit im Umgang mit dem Ball und, wenn man dies überhaupt als Schwäche auslegen kann, seine harte, aber immer faire, Gangart im Training, mit der er sich nicht nur Freunde bei den eigenen Kollegen machte. Außerhalb des Platzes, so stimmen alle ehemaligen Mitspieler überein, war er ein lieber Kerl, ein richtiger Rot-Weisser, der zu Willi Lippens und Heinz Blasey den besten Kontakt hatte. Dem Autor gegenüber gab er sich als lebendiger Anekdotenerzähler, der lebhaft und schmunzelnd mehrere Stunden über die goldenen 70er zu berichten weiß. Dörres Charakter lässt sich ganz gut aus seinem Kommentar zur Aufstiegsrunde 1966 herauslesen: „Für uns alle ging es in dieser Aufstiegsrunde nie ums Geld, für uns ging es um das höchste. Für uns ging es darum, den Verein RWE wieder dorthin zu führen, wo er nach unserem Verständnis hingehörte: In die erste Bundesliga. Dass uns das dann schlussendlich gelungen ist …, na, da waren wir alle stolz drauf!"

Hermann Erlhoff

Geboren: 22.12.1944 in Gelsenkirchen-Erle
Schulabschluss: Volksschule
Erlernter Beruf: Schlosser auf der Zeche
Hobbys: Tennis, Fußball, Traditionsmannschaft S04
Pflichtspieleinsätze RWE: 168 / 26 Tore

Karriere

Jugend:
1954-64 SuS Bertrich

Senioren:
1964-66 SpVgg Herten
1966/67 TSV Marl-Hüls
1967-70 Schalke 04
1970-76 Rot-Weiss Essen

Trainer:
1976/09-78/01 Rot-Weiss Essen
1978-81 SV Holzwickede (Spielertrainer)
1981-93 VfB Hüls (81-84 Spielertrainer)
1993-95 SpVgg Erkenschwick
1996-98 RW Oberhausen
98-2000 Westfalia Gemen
2000-01 FFC Flaesheim (Damen BL)
2001-03 SG Langenbochum
2004-05 SG Marl

Hermann Erlhoff ist mit seiner Profikarriere, den insgesamt sechs Bundesligajahren in Schalke und bei Rot-Weiss, zufrieden. Auf die Frage des Autors, ob er gerne mal bei einem anderen Bundesligisten gespielt hätte, folgt nur ein schwaches Kopfschütteln und der Zusatz, dass die Liebe der Familie und der gewohnte Freundeskreis ihm immer lieber waren, als irgendwo in Deutschland ein paar Mark mehr zu verdienen.

Damit ist alles gesagt über den Mann, der zur damaligen Zeit mit seinen 1,83 m wie ein Riese auf dem Spielfeld wirkte. Seine ehemaligen Mitspieler charakterisieren ihn als einen ruhigen und zurückhaltenden Menschen, der immer ehrlich und gerecht war. Auf dem Platz war er für sie eine absolute Autorität, der zwar nicht der allerschnellste war, aber mit seinem guten Auge, seinem guten Stellungsspiel und seiner herausragenden Technik die meisten gefährlichen Situationen souverän lösen konnte. Ein weiterer Trumpf war sein überragendes Kopfballspiel, welches oft im gegnerischen Strafraum zum Einsatz kam und durch das er so den einen oder anderen Treffer erzielen konnte. Mit insgesamt 26 Toren in seiner RWE-Zeit ist Erlhoff der torgefährlichste Defensivspieler bei Rot-Weiss in den 70er Jahren. Er wurde die meiste Zeit als Vorstopper eingesetzt, konnte bei Personalmangel aber durchaus im defensiven Mittelfeld aushelfen. So positiv seine Bilanz als Spieler bei RWE war, so negativ war seine kurze Trainerzeit an der Hafenstraße. Abstieg '77 und Entlassung im Januar '78 sind wahrlich keine Ruhmesblätter, hatten jedoch zum Teil auch andere Gründe.

Diethelm Ferner

Geboren: 13.07.1941 in Kragau (Ostpreußen)
Schulabschluss: Volksschule
Erlernter Beruf: Industriekaufmann
Hobbys: Tennis, Lesen, Garten
Pflichtspieleinsätze RWE:131 / 12 Tore

Karriere

Jugend:
1953-59	Rhenania Bottrop

Senioren:
1959-63	VfB Bottrop
1963-69	Werder Bremen
1969-73/10	Rot-Weiss Essen

Trainer:
1973/10-75	Rot-Weiss Essen
1975/76	Wuppertaler SV
1976-78	FC St. Pauli
1978/79	Rot-Weiss Essen
1979-12/83	Hannover 96
1983-86	Schalke 04
1986-1/87	Alemannia Aachen
1987/88	Iraklis Saloniki
1988/09-89/04	Schalke 04
1990-95	Apollon Limassol
1995/96	AEL Limassol
1996/97	Zamalek Kairo
1997-98/01	Al Jahra (Kuwait)
1998/02-98/08	Nationaltrainer Libanon
1998/10-00	Apollon Limassol
2000-03	Etahad Alexandria (Ägypten)
2003-1/04	Al Merikh (Sudan)
205/10-06	Olympiakos Nikosia
2008/03-08/07	Al Akli Tripolis

Der „kleine Didi", wie Diethelm Ferner von seinen ehemaligen Mannschaftskamera-den noch heute genannt wird, war körperlich tatsächlich nicht der Größte. Sportlich hin-gegen war er einer der erfolgreichsten Spieler und Trainer. Schon Mitte der 60er Jahre wurde er mit Werder Bremen Deutscher Meister, durfte sich sogar zweimal das National-trikot überziehen. In späteren Jahren konnte er als Trainer mit dem zypriotischen Spitzen-verein Apollon Limassol zwei Landermeistertitel und einen Pokalsieg erringen. Mit Zama-lek Kairo wurde er sogar Afrikameister und übernahm im Libanon für sieben Monate den Posten des Nationaltrainers. Bei den Rot-Weiss-Fans war und ist Diethelm Ferner ein eher unbeschriebenes Blatt. Das ist umso verwunderlicher, da Ferner als Trainer knapp drei Jahre an der Hafenstraße tätig war und er somit nach dem II. Weltkrieg derjenige Trainer ist, der nach Karl Hohmann (7/1949-6/1954) am längsten dem Verein gedient hat.

Günter Fürhoff

Geboren:	06.10.1947 in Essen
Schulabschluss:	Volksschule
Erlernter Beruf:	Bergmann
Hobbys:	Tennis
Pflichtspieleinsätze RWE:	310 / 87 Tore

Karriere

Jugend:
1959-64   Union Frintrop

Senioren:
1964-68   Union Frintrop
1968-78   Rot-Weiss Essen
1978-80   FV Würzburg 04

Trainer:
1980-82   FV Würzburg 04
1982/83   SV Heidingsfeld
1983-86   1. FV Uffenheim 1926 (Spielertrainer)

In Katernberg geboren, in Frintrop seine Jugend verlebt und in Bergeborbeck den Großteil seiner Profizeit verbracht. Niemand anders als der von allen nur liebevoll „Nobby" genannte Günter Fürhoff repräsentierte so sehr den Essener Norden und seine Bewohner. Wer ihn zu Beginn seiner Profizeit bei RWE sah, konditionsschwach und ohne das notwendige Durchsetzungsvermögen, der hätte es niemals für möglich gehalten, dass dieser „Straßenfußballer" nur wenige Jahre später DIE herausragende Spielerpersönlichkeit im rot-weissen Mittelfeld werden würde. Wie er selbst eingesteht, war er weder konditionsstark, noch sonderlich schnell, dafür aber mit einer überragenden Technik, einer guten Spielübersicht und einem „linken Hammer" ausgestattet. Von seinen besonderen Merkmalen schwärmen die von ihm profitierenden Stürmer, Willi Lippens und Horst Hrubesch, noch heute in höchsten Tönen. Da „Nobby" außerhalb des Platzes ein ruhiger Zeitgenosse war, der weder „Stunk" machte noch ein böses Wort sagte, war er auch bei allen Mitspielern sehr beliebt. Einer größeren Karriere standen lediglich seine Heimatverbundenheit und damit das fehlende Interesse an einen Vereinswechsel sowie sein, für einen Fußballer, an manchen Tagen ausschweifender Lebensstil im Weg. Fürhoff ist, wie er selbst sagt, immer dann in seine Eckkneipe gegangen, wenn er Lust darauf hatte und nicht, wenn es der Spielplan zuließ. Und ein Zigarettchen war sogar kurz vor Spielbeginn im Heizungskeller unterhalb der Tribüne drin. Trotz oder gerade deshalb ist es nicht hoch genug anzuerkennen, dass er es im Laufe seiner Karriere in die Top Ten der RWE-Rekordtorschützen und Rekordspieler geschafft hat.

Horst Gecks

Geboren:	18.09.1942 in Duisburg
Schulabschluss:	mittlere Reife
Erlernter Beruf:	Kaufmann
Hobbys:	Fußball
Pflichtspieleinsätze RWE:	60 / 20 Tore

Karriere

Jugend:

1957-61	Meidericher SV

Senioren:

1961-69	Meidericher SV (MSV Duisburg)
1969-72	Kickers Offenbach
1972-74	Rot-Weiss Essen
1974/75	ETB SW Essen
1978-80	KSV Kevelaer

Trainer:

1975-78	SC BW Wulfen (Spielertrainer)
1980-94	KSV Kevelaer (Spielertrainer)
1994-98	SC Kleve
1998-03	KSV Kevelaer
2007-10	KSV Kevelaer (Aushilfstrainer)

Horst. Wer? Horst Gecks. Kenn ich nicht, ich kenn nur „Pille" Gecks. So lauten die meisten Antworten, wenn es sich um Horst „Pille" Gecks dreht. Sein Vorname ist gänzlich unbekannt, jeder nennt und kennt ihn nur als „Pille". Einzig seine Frau macht da eine Ausnahme und ruft ihn bei seinem richtigen Vornamen. Seinen Spitznamen bekam Gecks zu seiner Zeit beim MSV vom damaligen Trainer Willi „Fischken" Multhaupt. Diesem gefiel der Laufstil des jungen Horst nicht sonderlich und er ermahnte ihn, nicht wie ein Pillekamp herumzulaufen. Ein Mitspieler nahm diese Trainervorlage auf, strich das -kamp am Wortende und schon war „Pille" geboren. Mit diesem Spitznamen ließ es sich dennoch gut leben und Gecks absolvierte in seiner Karriere knapp 200 Bundesligaspiele. Er war ein technisch hochbegabter Fußballer, der sowohl im Sturm als auch im Mittelfeld eingesetzt werden konnte. Im fortgeschrittenen Alter glänzte er auf dem Platz als guter Motivator und als derjenige, der aufgrund seiner Erfahrung und seines guten Auges Spielsituationen frühzeitig erkannte und in der Lage war, diese für seine Mannschaft erfolgreich zu nutzen. 1972/73 war er mit seinen 15 Pflichtspieltoren entscheidend am Wiederaufstieg in die Bundesliga beteiligt. Aufgrund anhaltender Achillessehnenprobleme zählte er jedoch nicht mehr zur Stammformation und wechselte schließlich zu ETB SW Essen.

Matthias Herget

Geboren:	14.11.1955 in Annaberg-Buchholz
Schulabschluss:	Fachabitur
Erlernter Beruf:	Studium Maschinenbau
	(abgebrochen wegen Profikarriere)
Hobbys:	Fußball, Golfen, Joggen, Lesen
Pflichtspieleinsätze RWE:	153 / 40 Tore

Karriere

Jugend:

1964-72	RW Wacker Bismarck
1972-74	SC Gelsenkirchen 07

Senioren:

1974-76	SC Gelsenkirchen 07
1976-78	VfL Bochum
1978-82	Rot-Weiss Essen
1982-89	Bayer 05 Uerdingen
1989/90	Schalke 04

Trainer:

1990-94	Bayer 05 Uerdingen Amateure
1995-97	Sportfreunde Eisbachtal
1997/98	1. FC Bocholt

Der 39-fache Nationalspieler Matthias Herget hatte es in seinem ersten Essener Jahr nicht einfach. Als Verstärkung vom Bundesligisten VfL Bochum an die Hafenstraße geholt, konnte er sich zwar einen Stammplatz unter den ersten Elf sichern, aber nicht mit Leistung glänzen. Es lief einfach nicht rund innerhalb der Mannschaft und besonders die hochgepriesenen Neuzugänge, wozu auch Herget zählte, konnten die in sie gesetzten Erwartungen nicht erfüllen. Bei den RWE-Fans hatte er zu Beginn keinen leichten Stand. Schuld daran waren sein etwas eigentümlicher Laufstil und seine ungewohnte Art der Ballbehandlung. Denn alles sah bei ihm so leicht aus, dass es manchmal den Anschein von Überheblichkeit hatte. So zumindest kam es bei den RWE-Fans rüber, die naturgemäß eher den kämpferischen Fußballern zugetan sind. In den Folgejahren änderte sich jedoch die Haltung des Publikums, denn Herget schwang sich neben Frank Mill und Willi Lippens zu einem der Leistungsträger auf. Nun glänzte der sich selbst als laufschwach bezeichnende Herget mit seiner überragenden Technik, seinem guten Auge und seiner exzellenten Schusstechnik. Besonders die von ihm geschossenen Freistöße wurden zu einer gefährlichen Waffe im RWE-Spiel. Sein Markenzeichen wurde nun das über der Hose getragene Trikot, wodurch er auf dem Platz schnell zu identifizieren war. Bei seinen Mannschaftskameraden war er als ruhiger Typ, der immer nett und freundlich war, sehr beliebt. In seiner Freizeit befand er sich des Öfteren mit Urban Klausmann auf dem Tennisplatz. Sein Wechsel nach Uerdingen im Sommer 1982 war für RWE sehr bitter, während für Herget die erfolgreichste Zeit in seiner Fußballkarriere begann.

Horst Hrubesch

Geboren: 17.04.1951 in Hamm
Schulabschluss: Hauptschule
Erlernter Beruf: Dachdecker
Hobbys: Pferde, Angeln
Pflichtspieleinsätze RWE:93 / 84 Tore

Karriere

Jugend:
1958-69   FC Pelkum

Senioren:

1969-70	FC Pelkum
1970-71	Germania Hamm
1971-72	Hammer SpVgg
1972-75	SC Westtünnen
1975-78	Rot-Weiss Essen
1978-83	Hamburger SV
1983-85	Standard Lüttich
1985-86	Borussia Dortmund

Trainer:

1986-87/09	Rot-Weiss Essen
1993/01-93/06	Hansa Rostock
1994/11-95/02	Dynamo Dresden
1995-96	Austria Wien
1999-00	Nationalmannschaft, Assistenztrainer
ab 2000	A2 und diverse U-Nationalmannschaften

Als sich die Profis von RWE vor dem ersten Spiel der Saison 75/76 auf dem Rasen des Georg-Melches-Stadion warm machten, traute das Essener Publikum seinen Augen nicht. Da lief doch tatsächlich einer im rot-weissen Trikot über den Rasen, der weder einen Ball stoppen noch diesen präzise zum Mitspieler weiterleiten konnte. Man war ja schon vieles an der Hafenstraße gewohnt, aber dass nun sogar Spieler verpflichtet wurden, die noch nicht mal das Fußball-Einmaleins beherrschten, sorgte auf den Rängen für Kopfschütteln. Knappe zwei Stunden später war aus dem Kopfschütteln ein heftiges Kopfnicken geworden. Horst Hrubesch hatte soeben in seinem ersten Bundesligaspiel zwei Tore zum 2:1-Erfolg von RWE gegen Bayer Uerdingen erzielt und war – ganz nebenbei – zum Liebling der Massen geworden. Ein Liebling, der in den folgenden Spielen allerdings nicht mehr eingesetzt wurde, weil er in endlos langen Sonderschichten mit Trainer Ivica Horvat das Fußballspielen lernen musste. Als er dieses so halbwegs beherrschte, rappelte es unentwegt im Kasten der Gegner. Zunächst mal nur per Kopf, was ihm den ungeliebten Spitznamen „Kopfball-Ungeheuer" einbrachte, später auch oft mit dem linken oder rechten Fuß, mit dem Oberschenkel oder mit der Schulter. 18, 20, 42, das sind die Zahlen seiner Meisterschaftstore in den drei Essener Jahren. Daneben, in Zahlen nicht messbar, ackerte er ständig für zwei, rackerte bis zur Selbstaufgabe und riss mit seiner kämpferischen Einstellung die gesamte Mannschaft mit. All seine damaligen Mitspieler sind noch dreißig Jahre später voll des Lobes über ihren „Langen". Als er im Sommer 1978 zum HSV wechselte, war jedem in Essen klar, dass einer der Größten überhaupt den Verein verlassen hatte.

Hartmut Huhse

Geboren:	22.08.1952 in Greifswald
Schulabschluss:	mittlere Reife
Erlernter Beruf:	Kaufmann
Hobbys:	Fußball, Tennis
Pflichtspieleinsätze RWE:	129 / 5 Tore

Karriere

Jugend:

1961-1969	SC Arminia Ickern
1969-12/70	SV Brackwede
1/71-6/71	Schalke 04

Senioren:

1971-75	Schalke 04
1975-79	Rot-Weiss Essen
1979/80	Rochester Lancers (USA)
1982-84	FC Fribourg (Schweiz)

Trainer:

1984-86	FC Murten (Spielertrainer)
1990-93	BSV Menden
1999-03	SpVgg Bönen II.

1971 war Hartmut Huhse Kapitän der deutschen U19-Nationalmannschaft und begrüßte in einem Länderspiel gegen Frankreich deren Kapitän Alain Giresse. Im Anschluss gingen die Karrieren beider Spieler auseinander. Giresse wurde 1984 Europameister, Huhse spielte zur gleichen Zeit beim FC Fribourg in der Schweiz. Huhse war ein guter Verteidiger, der auf allen Defensivpositionen eingesetzt werden konnte. Er bestach durch sein starkes Zweikampfverhalten und zeichnete sich als nie aufgebender Kämpfer aus. Als Stabilisator in der Abwehr war er sowohl für Schalke als auch für Rot-Weiss sehr wichtig. Schwächen hatte Huhse im technischen Bereich und im Offensivspiel. Kaum einmal ging er an der Außenlinie entlang und schlug eine Flanke in den gegnerischen Strafraum, zumeist spielte er den Ball, nachdem er ihn im Zweikampf gewonnen hatte, direkt zum nächststehenden Mitspieler und verharrte weiter in der Abwehr. Als die ersten Trainer am Ende der 70er Jahre auf offensivere Außenverteidiger setzten, nahte das Ende von Huhses Karriere. Diese ließ er nach einem Abstecher in die USA ganz entspannt in der Schweiz beim FC Fribourg ausklingen. Huhse, der aus Sicht seiner Mitspieler ein introvertierter Typ war, baute im Gegensatz zu etlichen anderen Spielern keinen großen Bekanntenkreis innerhalb der Mannschaft auf. Ausnahmen waren Heinz Blasey und Günter Fürhoff.

Jürgen Kaminsky

Geboren:	07.12.1957 in Essen
Schulabschluss:	mittlere Reife
Erlernter Beruf:	Großhandelskaufmann
Hobbys:	Arbeiten, Fitness-Studio
Pflichtspieleinsätze RWE:	180 / 22 Tore

Karriere

Jugend:

1964-72	Eintracht 16
1972-76	Rot-Weiss Essen

Senioren:

1976-83	Rot-Weiss Essen
1983-88	ETB SW Essen

Trainer:

1988-90	VfB Essen-Nord
1991/11-92	Rot-Weiss Essen II.
1993/94	ETB SW Essen Alte Herren

Jürgen Kaminsky hat das geschafft, was noch nicht mal Hans Dörre gelungen ist. Er ist nicht nur in Essen geboren, sondern er hat während seiner ganzen Fußballerzeit nirgendwo anders als in Essen gespielt. Und das gar nicht mal schlecht. Annähernd 170 Zweitligaspiele zeugen durchaus von einer gewissen Qualität. Hinzu kommt ein Bundesligaspiel, bei dem Kaminsky sogleich die harten und deprimierenden Seiten des Profifußballs zu spüren bekam. In der 62. Minute wurde er im Saisonabschlussspiel 1976/77 in Braunschweig eingewechselt, in der 78. Minute wieder ausgewechselt, nachdem sein Gegenspieler Wolfgang Grzyb zwei Vorlagen zu zwei weiteren Eintracht-Toren gegeben hatte. Zu dieser Chose passte es, dass er in Stollenschuhen von Frank Mill spielte, die er kurz vor seiner Einwechslung auf Befehl von Trainer Erlhoff anziehen musste, da er selbst nur Noppenschuhe dabei hatte. So spielte Kaminsky sein erstes Bundesligaspiel nicht nur in fremden Schuhen, sondern er spielte in Schuhen, die ihm auch nicht passten, da Frank Mill nun mal etwas größere Füße hat! Der wendige, technisch starke Kaminsky, der von seinen Mitspielern zumeist nur „Kammi" genannt wurde, hatte trotz dieser unrühmlichen Episode durchaus das Zeug zum Bundesligaspieler, wäre er nicht so kleingewachsen. Die fehlenden Zentimeter beeinflussten zwar nicht seine Technik am Ball, aber sie sorgten oftmals dafür, dass er sich körperlich selten gegen seine Gegenspieler durchsetzen konnte. Das alles ist heute kein Problem mehr für ihn, stattdessen erzählt er lieber von positiven Erlebnissen während seiner Zeit bei Rot-Weiss. So erinnert er sich noch sehr gerne an die deutsche Jugendmeisterschaft im Jahre 1976, als die RWE-A-Jugend sensationell ins Endspiel einzog und er einer der Führungsspieler war.

Werner Kik

Geboren: 30.01.1939 in Heessen
Schulabschluss: Fachhochschulreife
Erlernter Beruf: Dipl. Vermessungsingenieur
Hobbys: Fußball, Garten
Pflichtspieleinsätze RWE:295 / 21 Tore

Karriere

Jugend:
1948-58   TuS Heessen

Senioren:
1958-60   TuS Heessen
1960-70   Rot-Weiss Essen

Trainer:
1971-74   Rheinland 06
                     SV Kupferdreh
                     Karnap 07
1977/78   ESG 99/06

weitere sportl. Tätigkeiten:
Verwaltungsratsvorsitzender, Jugendkoordinator bei RWE

    Der Mann fiel sofort auf. Mit seinen strohblonden Haaren war er sogar von den hintersten Reihen der Stehtribünen gut zu erkennen. Wer ein weniger näher am Spielfeld stand, hörte seine lautstarken Anweisungen an die Mitspieler. Werner Kik war Ende der 60er Jahre die Führungsfigur an der Hafenstraße. Ehrgeizig bis dort hinaus, immer für einen guten Zweikampf auf dem Platz zu haben, konditionell einer der Stärksten, dabei immer menschlich und selbst alles für die Mannschaft und den Verein in die Waagschale werfend. Die Aufstiege und die Bundesligajahre ab Mitte der 60er Jahre sind unzweifelhaft mit dem Namen Kik verbunden. Dabei waren die Anfangsjahre bei Rot-Weiss für ihn keine Herrenjahre. Kik kam zwar noch in den Genuss, mit den deutschen Meistern Herkenrath, Wewers und Islacker zusammen zu spielen, aber deren Sterne waren Anfang der 60er bereits verblasst. Kik dagegen, der genauso wie die anderen jungen Spieler (Steinig oder Fetting) viel zu unerfahren war und noch nicht konstant auf hohem Niveau agierte, erlebte direkt in seinem ersten Jahr den Abstieg von der Regionalliga West in die 2. Liga West. Durch diesen Abstieg und die folgenden Zweitligajahre war es RWE natürlich unmöglich, im Gründungsjahr der Bundesliga zu den 16 Vereinen zu gehören, die nun um die deutsche Meisterschaft spielten. Kik blieb dennoch beim Verein, wurde mit der Zeit ein hervorragender Vorstopper und zählte bald zu den Führungskräften in der Mannschaft, die in der zweiten Hälfte der 60er Jahre mit drei Teilnahmen an der Bundesligaaufstiegsrunde den Mythos der Fahrstuhlmannschaft RWE manifestierte. Mit Torwart Fred Bockholt und dem aus Köln hinzukommenden Wolfgang Rausch sorgte er für ein Abwehrbollwerk, welches zu den besten in ganz Deutschland zählte. Noch heute ist Kik ein Rot-Weisser durch und durch!

Eckhard Kirschstein

Geboren:	05.08.1953 in Dortmund
Schulabschluss:	Volksschule
Erlernter Beruf:	kaufmännischer Angestellter
Hobbys:	Fußball, Skifahren, Fahrradfahren
Pflichtspieleinsätze RWE:	77 / 2 Tore

Karriere

Jugend:

1958-65	TuS 04 Bövinghausen
1965-72	Borussia Dortmund

Senioren:

1972-74	Borussia Dortmund
1974-12/77	ETB SW Essen
12/77-80	Rot-Weiss Essen
1980-86	Hellweg Lütgendortmund

Trainer:

1986-91	BV Witten-Arday ´32 (Spielertrainer)

Eckhard Kirschstein ist den RWE-Fans als „Rotschopf" in Erinnerung geblieben. Zweifelsfrei gehört der Abwehrspieler, welcher im Laufe der Saison 1977/78 in einer aufsehenerregenden Aktion zusammen mit Dietmar Klinger und Detlef Wiemers von SW Essen an die Hafenstraße wechselte, nicht zu den bekanntesten und erst recht nicht zu den besten RWE-Spielern. Trotzdem muss man anerkennen, dass er mit 77 Pflichtspieleinsätzen in knapp 2,5 Jahren seinen Teil dazu beigetragen hat, dass zumindest die Aufstiegsspiele gegen Nürnberg und den KSC erreicht wurden. „Ecki", so sein Spitzname bei seinen Mitspielern, war DER Spaßvogel in der Mannschaft. Durch seine gute Laune, seine Bereitschaft für jeden Spaß und seine flotten Sprüche war er innerhalb der Mannschaft sehr beliebt. Auf dem Platz glänzte der Dortmunder Junge mit seiner für einen damaligen Abwehrspieler überraschend guten Technik. Leider fehlte ihm in manchen Phasen die notwendige Aggressivität und es schlichen sich immer wieder leichte Fehler in sein Spiel ein. Dies kostete ihm so manches Mal den Stammplatz innerhalb der Mannschaft. Durch seine „Bruder Leichtfuß"-Aktionen war er auch bei den RWE-Fans nicht sonderlich beliebt und so blieb er bei ihnen nur als Mitläufer in Erinnerung, der einzig und allein durch seine roten Haare glänzen konnte. Heute ist Kirschstein kaufmännischer Angestellter in einem Pressegroßhandel in seiner Heimatstadt und denkt sehr gerne an seine Zeit bei Rot-Weiss zurück.

Urban Klausmann

Geboren:	29.06.1952 in Furtwangen
Schulabschluss:	Hauptschule
Erlernter Beruf:	Industriekaufmann
Hobbys:	Fußball, Joggen
Pflichtspieleinsätze für RWE: 115 / 8 Tore	

Karriere

Jugend:

1960-70	FC 07 Furtwangen

Senioren:

1970-72	FC 07 Furtwangen
1972-74	Villingen 08
1974/75	Werder Bremen
1975/76	Waldhof Mannheim
1976/77	Göttingen 05
1977/78	ETB SW Essen
1978-81	Rot-Weiss Essen
1981-83	Freiburger FC

Trainer:

1983-90	FC 07 Furtwangen (Spielertrainer)
1990-95	FC 07 Furtwangen (Jugendtrainer)
1995-00	Villingen 08
2000-10	FC 07 Furtwangen

Urban Klausmann, der „Bub" aus dem Schwarzwald, kam im Sommer 1978 zur Hafenstraße. Eigentlich sollte er schon im Winter '77 zusammen mit Klinger, Kirschstein und Wiemers vom ETB zu Rot-Weiss wechseln. Dies wurde ihm allerdings von den DFB-Statuten verwehrt, die nur einen Wechsel im Laufe der Saison erlaubten. Diesen einen Wechsel hatte Klausmann schon aufgebraucht, als er erst nach dem Stichtag 1.August von Göttingen zum ETB gewechselt war. Da die RWE-Verantwortlichen in ihm jedoch einen guten Spieler erkannten, unterschrieb Klausmann im Winter '77 einen Vorvertrag bei RWE, der ab dem folgenden Sommer gültig wurde. Klausmann war ein quirliger, schneller Rechtsaußen, beidfüßig und hatte einen harten Schuss. Besonders gerne erinnern sich seine ehemaligen Mitspieler an seine tollen Flanken aus vollem Lauf und an seine generell positive Lebenseinstellung. Obwohl er ein Typ ist, der viel lacht, war ihm im ersten RWE-Jahr so gar nicht nach Lachen zu Mute. Zum einen erhielt er auf seiner angestammten Rechtsaußenposition nicht allzu viele Spielmöglichkeiten und zum anderen kam er auch nicht so gut bei den RWE-Fans an. Dies änderte sich erst mit dem Trainerwechsel von Ferner zu Schafstall, als dieser ihn zum Verteidiger umschulte und Klausmann sein kämpferisches Talent in die Waagschale warf. Die Saison 79/80 war aus seiner Sicht sein bestes Essener Jahr. Sein bestes Spiel absolvierte er aber ein Jahr später gegen seinen Ex-Verein Werder Bremen, als er seinen Gegenspieler Uwe Reinders zur Bedeutungslosigkeit verurteilte und selbst das Siegtor zum 1:0 erzielte.

Dietmar Klinger

Geboren:	08.01.1958 in Essen
Schulabschluss:	Hauptschule
Erlernter Beruf:	Bauschlosser
Hobbys:	Fußball, Garten, Reisen
Pflichtspieleinsätze RWE:	193 / 22 Tore

Karriere

Jugend:

1964-70	Union Stoppenberg
1970-73	Polizei SV
1973-76	ETB SW Essen

Senioren:

1976-1977/12	ETB SW Essen
1977/12-83	Rot-Weiss Essen
1983-91	Bayer 05 Uerdingen
1991/92	Wuppertaler SV
1992/93	ETB SW Essen
1993/94	Kray 04
1996/97	TuS Helene

Trainer:

1991-00	Polizei SV (Jugendtrainer)
2004-06	Sportfreunde Niederwenigern
2008-10	Sportfreunde Niederwenigern

Dietmar Klinger war ein vielseitig einsetzbarer Spieler, der seine Aufgabe sowohl in der Abwehr als auch im Mittelfeld erfüllte. Aufgrund seiner Beidfüßigkeit, seiner Kopfball- und Zweikampfstärke wurde er von jedem seiner Trainer sehr geschätzt. Weiterhin zeichneten ihn sein gutes Stellungsspiel, seine Torgefährlichkeit und seine Stärke am Ball aus. Einer der wenigen Schwachpunkte war seine Eigenart, ständig in ein und demselben Tempo auf dem Platz unterwegs zu sein. Dies machte bei den Zuschauern den Eindruck, dass Klinger ziemlich langsam sei. Aus seiner Zeit bei RWE nahm er nach eigenen Angaben fast ausschließlich Positives mit. Besonders gute Erinnerungen hat er an das Training auf dem E-Jugend-Ascheplatz während der Saison 79/80, als diese Trainingsspielchen teilweise härter umkämpft waren, als die eigentlichen Meisterschaftsspiele in der zweiten Liga, und seine bis zum heutigen Tage anhaltende Freundschaft zum damaligen Torhüter Detlef Schneider. Sein einschneidendes Erlebnis hatte er jedoch in seinem ersten RWE-Jahr, als er mit ansehen musste, wie nach dem verpassten Aufstieg gegen Nürnberg sein Mannschaftskapitän Horst Hrubesch in der Kabine saß und hemmungslos heulte. Diese Szene hat er bis heute nicht vergessen. Nach seiner Zeit bei RWE wechselte Klinger nach Uerdingen und erlebte dort, zusammen mit Matthias Herget, seine sportlich erfolgreichste Zeit.

Willi Lippens

Geboren:	10.11.1945 in Bedburg-Hau
Schulabschluss:	Volksschule
Erlernter Beruf:	Kaufmann
Hobbys:	Fußball
Pflichtspieleinsätze RWE:	449 / 247 Tore

Karriere

Jugend:

1955-64	VfB Kleve

Senioren:

1964/65	VfB Kleve
1965-76	Rot-Weiss Essen
1976-78/12	Borussia Dortmund
1979/01-79/08	Dallas Tornado
1979/09-81	Rot-Weiss Essen

Trainer:

1998/04-98/06	Rot-Weiss Essen

Spitzname: Ente. Beruf: Fußballer. Zwei Begriffe, die in Deutschland ausreichen und jeder Fußballfan weiß, wer gemeint ist: Willi Lippens. RWE-Rekordspieler und RWE-Rekordtorschütze. Ein Idol bei den Fans. Auf dem Platz war er der „King". Technisch Weltklasse, unglaublich torgefährlich, grandioser Vorbereiter. Nervenstark. Die härtesten Verteidiger der Bundesliga sahen kein Land gegen ihn – außer Hermann Gerland. Unzählige Anekdoten gibt es über ihn und mit ihm. Zusammen mit Helmut Rahn ist er der einzige RWE-Spieler, der ein Buch über sein Leben herausgebracht hat. Seine ehemaligen Mitspieler in der 79/80er Mannschaft vergleichen seine Verpflichtung mit einem Sechser im Lotto. Aus seinen ersten elf Jahren bei RWE sind dagegen weit weniger positive Stimmen zu hören. Klar, von diesen Mitspielern werden seine unglaublichen Fähigkeiten auf dem Platz anerkannt. Und klar, auch sie wissen, wie wertvoll die unzähligen Lippens-Tore für die Mannschaft waren. Doch sie sehen gleichermaßen die weniger guten Eigenschaften. So echauffiert sich heute noch der eine oder andere Mitspieler über Lippens, der damals konsequent Defensivarbeit verweigerte. Besonders oft wird ihm vorgehalten, dass er bei seinen Vertragsverhandlungen mit dem Vorstand immer die ganze Mannschaft teilnehmen ließ und dadurch für unnötige Unruhe gesorgt hat. Dass sich Lippens und Fred Bockholt mehrmals an die sprichwörtliche Wäsche gegangen sind, ist da nur eine Randnotiz. Und dass Lippens nie gewählter Mannschaftskapitän war, zeigt schließlich, dass sein Standing intern nie so hoch war, wie es der Außenstehende hätte vermuten können. Trotzdem, so richtig böse ist ihm niemand, er war halt „der Willi", der eben mit seinen unzähligen Toren auch für einen gutgefüllten Geldbeutel bei seinen Mitspielern sorgte.

Frank Mill

Geboren:	23.07.1958 in Essen
Schulabschluss:	mittlere Reife
Erlernter Beruf:	Florist
Hobbys:	Fußball, Tennis
Pflichtspieleinsätze RWE:	166 / 90 Tore

Karriere

Jugend:

1964-73	BV Eintracht 16
1973-76	Rot-Weiss Essen

Senioren:

1976-81	Rot-Weiss Essen
1981-86	Borussia Mönchengladbach
1986-94	Borussia Dortmund
1994-96	Fortuna Düsseldorf

weitere sportl. Tätigkeiten:

1996/97	Fortuna Düsseldorf (Manager)

Sonja Breitbach, die Frau des damaligen Platzwarts, bekommt heute noch leuchtende Augen, wenn sie über Frank Mill spricht: „Der Junge hat Anstand. Als er schon in Mönchengladbach spielte, hat er sich dennoch ab und zu Spiele von RWE angeguckt. Er ist dann vorher bei mir und meinem Mann vorbeigekommen und hat dann oft eine Torte mitgebracht. Ich habe Kaffee gekocht und wir haben uns im Wohnzimmer unterhalten." So einen auf gemütlich gemacht hat Mill allerdings nur außerhalb des Platzes, auf dem Platz war er ein Irrwisch, ein Draufgänger, einer, der voller Tatendrang war. Tore waren seine Leidenschaft. Schon beim Vorspielen in der RWE-Jugend erzielte er fünf Tore in einer Halbzeit. Seinen Rekord erreichte er mit achtzehn Treffern in einem einzigen Spiel. Die Endrunde zur deutschen Jugendmeisterschaft war ein erstes Highlight in seiner Karriere, an die er sich gerne zurückerinnert. Sein erstes Bundesligaspiel absolvierte er am 28.08.1976 auf Schalke, sein erstes Bundesligator gelang ihm bei der 1:3-Niederlage in Frankfurt im selben Jahr. In der folgenden Zweitligasaison erzielte er zusammen mit Horst Hrubesch mehr als die Hälfte aller RWE-Tore. In den Folgejahren avancierte er immer mehr zum Fixpunkt in der RWE-Mannschaft. Das Vertrauen, das ihm seine Mitspieler schenkten, zahlte er in „Mill- Währung", d.h. mit Toren, zurück. Seine unheimliche Schnelligkeit, seine Beweglichkeit und sein unbändiger Siegeswille weckten naturgemäß das Interesse der Bundesligavereine. Doch Mill verweigerte sich zunächst und wäre im Sommer '80 mit RWE fast in die Bundesliga aufgestiegen. Erst als er in der Saison 80/81 vierzig Mal (!) ins gegnerische Tor eingenetzt hatte, war ein Wechsel unumgänglich. Borussia Mönchengladbach zog das große Los und „Millinger" bzw. „Frankie" zog hinaus in die große, weite Bundesligawelt.

Hans-Günter Neues

Geboren: 14.11.1950 in Büttgen
Schulabschluss: mittlere Reife
Erlernter Beruf: Großhandelskaufmann
Hobbys: Fußball, Radfahren, Golfen
Pflichtspieleinsätze RWE: 79 / 1 Tor

Karriere

Jugend:
1961-69 VfR Büttgen

Senioren:
1969-71 VfR Neuss
1971-75 Fortuna Köln
1975-77/12 Rot-Weiss Essen
1977/12-83 1. FC Kaiserslautern
1983/84 National Toronto
1984/85 Athletic Hongkong

Trainer:
1987-89/01 SV Edenkoben
1989/01-89/06 Rot-Weiss Essen
1989/12-90/04 Kickers Offenbach
1991/92 Stahl Eisenhüttenstadt
1995/09-1995/12 Waldhof Mannheim

Hans Günter Neues wechselte im Sommer '75 für die Rekordablösesumme von 420.000 DM vom Zweitligisten Fortuna Köln an die Hafenstraße. Damit war er der teuerste Abwehrspieler der Bundesliga. Bedingt durch diese hohe Ablösesumme stand er natürlich direkt im Fokus der Essener Presse, die in jedem Spiel mit Argusaugen auf ihn blickte. Aus diesem Grund bezeichnet Neues sein erstes halbes Jahr in Essen als seine schwerste Zeit. Bei seinen Mannschaftskameraden war die Ablösesumme allerdings kein großes Thema. Seine Mitspieler sahen vielmehr die positiven Eigenschaften des Rheinländers, die da waren: mannschaftsdienliche Spielweise, körperliche Fitness, resolutes Zweikampfverhalten. Hinzu kam seine lockere Art, mit der er zur damaligen Zeit gut nach Essen passte. Neues selbst beschreibt sich als unheimlich ehrgeizigen Typen, dessen Anspruch es immer war, in der Bundesliga zu spielen. Als ihm der Essener Vorstand im Sommer '76 einen Wechsel zum FC Bayern verbaute und er in der Rückserie 76/77 von Trainer Erlhoff nicht mehr regelmäßig eingesetzt wurde, hatte er zunächst mit dem Gedanken an eine Reamateurisierung gespielt. Dazwischen kam dann allerdings im Spätherbst '77 ein Angebot des 1. FC Kaiserslautern, wohin er für 150.000 DM wechselte. In Kaiserslautern erlebte er seine sportlich erfolgreichste Zeit. Aus seiner Phase bei RWE nimmt Neues nach eigenen Angaben dennoch fast nur positive Eindrücke mit. Besonders die damalige Kameradschaft unter den Spielern ist ihm unvergesslich geblieben.

Wolfgang Rausch

Geboren	30.04.1947 in Aachen
Schulabschluss:	Handelsschule
Erlernter Beruf:	Kaufm. Angestellter
Hobbys:	Fußball, Golfen
Pflichtspieleinsätze RWE:	211 / 20 Tore

Karriere

Jugend:

1955-59	Westwacht Aachen
1959-65	1. FC Köln

Senioren:

1965-68	1. FC Köln
1968-74	Rot-Weiss Essen
1974-77	Kickers Offenbach
1977-79	Bayern München
1979-82	Dallas Tornados

Trainer:

1982-85	Dallas Americans (Spielertrainer)

Die langen Haare fliegen durcheinander, der durchtrainierte Körper schnellt in die Höhe, ohne Rücksicht auf Verluste wirft sich der Essener Kapitän den gegnerischen Stürmern in den Weg und klärt die Situation. Wer Anfang der 70er Jahre ins Georg-Melches-Stadion geht, der kennt diese Szenen und der liebt sie. Wolfgang Rausch war der geborene Kapitän. Immer mit einer 120-prozentigen Einstellung im Spiel, immer da, wo was los war. Mitspieler, die nicht bei der Sache waren, wurden von ihm auf dem Platz rücksichtslos zusammengefaltet. Rausch konnte sich das erlauben. Er war einer der wenigen Typen, die eine Mannschaft mitreißen konnten, der mit einer professionellen Einstellung voran ging, der aber auch nach dem Spiel vergessen konnte. Der mit den Kollegen am Wochenende nach dem Spiel losgezogen ist und bei „Kleinsimmlinghaus" oder im „Mississippi" gefeiert und getrunken hat. Von den Kollegen oft als „kölsche Lebemann" bezeichnet, sieht Rausch seine Kneipenbesuche am Wochenende als Ausgleich für sein hartes Profileben: „Ich habe die ganze Woche hart malocht und gelebt wie ein Asket, da musste ich am Wochenende nach dem Spiel rausgehen und ein paar Bier trinken. Das war meine persönliche Belohnung für die harte Arbeitswoche." Montags war er wieder der Kämpfertyp, der vor Ehrgeiz sprühte, der mit seiner herausragenden Technik immer auch für Bewunderung bei seinen Mitspielern sorgte. Die Libero-Vorstopperkombinationen Rausch/Kik bzw. Rausch/Erlhoff gehörten jahrelang zu dem Besten, was der Fußballwesten zu bieten hatte. Dass die besten Spieler irgendwann einmal die Hafenstraße verlassen, ist nicht vermeidbar. Und so wechselte auch Rausch im Sommer '74 nach Offenbach, drei Jahre später sogar zu Bayern München. Ihm fehlte ein wenig die Grundschnelligkeit, sonst hätte er es zum Nationalspieler gebracht.

Jürgen Rynio

Geboren: 01.04.1948 in Gelsenkirchen
Schulabschluss: Volksschule
Erlernter Beruf: Starkstromelektriker
Hobbys: Motorradfahren
Pflichtspieleinsätze RWE:30

Karriere

Jugend:
1958-66 VfL Resse 08

Senioren:
1966/67 Eintracht Gelsenkirchen
1967/68 Karlsruher SC
1968/69 1. FC Nürnberg
1969-74 Borussia Dortmund
1974-76 Rot-Weiss Essen
1976-79 FC St. Pauli
1979-86 Hannover 96
1987/01-87/06 TSV Isernhagen (als Feldspieler)

Trainer:
1987-92 TuS Celle
1994/95 VfV Hildesheim
1995-98 TuS Celle
1998/99 Rothenburger SV

Jürgen Rynio ist ein Rekordspieler, doch auf seinen Rekord ist er alles andere als stolz. Fünfmal ist er mit seinem Verein aus der Bundesliga abgestiegen. Das schaffte niemand anderes. Einzig seine Stationen bei Eintracht Gelsenkirchen und bei Rot-Weiss endeten ohne einen Abstieg. Wer nun denkt, seine beiden Jahre bei RWE seien ihm positiv in Erinnerung geblieben, der irrt. Aufgrund einer Bandscheibenoperation litt Rynio jahrelang an Rückenproblemen, konnte oft nur unter der Einnahme von Cortison spielen, auch in seiner Zeit bei RWE. Als Neuling wäre es schon schwer genug geworden, den Publikumsliebling und bisherigen Stammtorwart Heinz Blasey zu verdrängen, unter diesen Umständen war es nahezu aussichtslos. Trotzdem kam Rynio in zwei Jahren auf 26 Meisterschaftsspiele. Dies zeigt, dass er ein guter Torhüter war. Seine Mitspieler äußern unisono, dass sie sich immer auf den „Max", so Rynios Spitzname, verlassen konnten. Auch Heinz Blasey verliert kein schlechtes Wort über seinen damaligen Kontrahenten und Stubenkameraden. Ganz im Gegenteil: „Jürgen und ich haben uns immer gut verstanden und seine Anwesenheit hat mich immer angespornt." Als Rynio nach zwei Jahren einsehen musste, dass er aufgrund seiner anhaltenden Rückenprobleme nicht an Blasey vorbeikommen sollte, wechselte er in die 2. Liga zum FC St. Pauli. Heute leitet Rynio ein Heim für geistig behinderte Menschen.

Detlef Schneider

Geboren: 31.10.1958 in Essen
Schulabschluss: Fachabitur
Erlernter Beruf: Vermessungstechniker
Hobbys: Fußball, Hund, eigenes Haus
Pflichtspieleinsätze RWE: 68

Karriere

Jugend:
1967-73	Teutonia Überruhr
1973-77	Rot-Weiss Essen

Senioren:
1977-81	Rot-Weiss Essen
1981/82	STV Horst-Emscher
1982-87	SW Beisen
1987-93	SV Heidhausen
1993-96	Teutonia Überruhr

Trainer:
1996-98	Teutonia Überruhr (Co-Trainer)
1998/99	BV Altenessen
2000/01	FSV Kettwig
2002/01-03	Türkyemspor Essen
2003-07	SV Borbeck
2007-09/09	Sportfreunde Niederweniger
2009/09-2011	Teutonia Überruhr

Die 83. Minute ist im ersten Augenblick das alles beherrschende Thema, wenn man sich mit Detlef Schneider über seine Zeit bei RWE unterhält. In dieser Minute erzielte der KSC im Aufstiegsspiel zur Bundesliga den Anschlusstreffer zum 1:3 und RWE musste weiter in der 2. Liga spielen. Schneider selbst gab bei diesem Gegentreffer eine unglückliche Figur ab. Und obschon ihm keiner seiner Mitspieler einen Vorwurf machte, ist diese Szene an ihm hängen geblieben. Faktisch war nach diesem Spiel, obwohl er in der Saison 80/81 noch bei RWE in der 2. Liga spielte, seine Profikarriere beendet. Zwar gelang es ihm relativ schnell, sich ins normale Arbeitsleben einzufügen, aber dieses Gegentor blieb in den nächsten Jahrzehnten sein ständiger Begleiter. Bei den RWE-Fans ist Schneider ein unbeschriebenes Blatt, erst wenn man ihn ein wenig auf die Sprünge hilft, kommt es wie aus der Pistole geschossen: „Ach, das war doch der, der beim Spiel gegen den KSC den Aufstieg auf dem Gewissen hatte." Keine erfreulichen Worte über jemanden, der in seiner Jugendzeit bei RWE ein riesengroßes Talent war. Reaktionsschnell, mit einem ordentlichen Durchsetzungsvermögen und einem unglaublichen Trainingsfleiß ausgestattet. Bei seinen Mitspielern war er als „Pfundskerl" überaus beliebt. Ihm ist es fast ganz alleine zu verdanken, dass die RWE-A-Jugend das Halbfinalrückspiel beim hohen Favoriten VfB Stuttgart ohne Gegentreffer überstand und ins Endspiel einziehen konnte. An diese Zeit, sagt Schneider, denkt er ganz besonders gerne zurück. Von ihm geblieben ist jedoch nur die 83. Minute …

Heinz Stauvermann

Geboren:	16.06.1943 in Nordhorn
Schulabschluss:	Volksschule
Erlernter Beruf:	Schlosser
	(spätere Ausbildung als Bankkaufmann)
Hobbys:	Fahrradfahren, Gartenarbeit, Handball
Pflichtspieleinsätze RWE:	234 / 11 Tore

Karriere

Jugend:

1949-60	Eintracht Nordhorn

Senioren:

1960-64	Eintracht Nordhorn
1964-67	Arminia Hannover
1967-73	Rot-Weiss Essen
1973-75	SV Meppen

Trainer:

1975-83	Eintracht Nordhorn (Spielertrainer)

Von 262 Pflichtspielen in sechs Jahren nur ganze acht Spiele nicht mitgespielt, das zeugt von Zuverlässigkeit und Klasse. Beides kann man, ohne mit der Wimper zu zucken, Heinz Stauvermann attestieren. Der schnelle Linksverteidiger war in all seinen Jahren bei RWE unangefochtener Stammspieler. Er galt sogar als so unangefochten und so zuverlässig, dass RWE einfach das Geld für einen Kontrahenten auf seiner Position sparte. Es wäre unnötige Geldverschwendung gewesen. Neben seiner Schnelligkeit bestach Stauvermann durch seine kompromisslose Zweikampfstärke und seine Beidfüßigkeit. In der Defensive hatte er seine Stärken. Offensiv war noch ein wenig Luft nach oben, aber das wurde zu seiner Zeit noch nicht unbedingt von einem Außenverteidiger erwartet. Stauvermann selbst charakterisiert sich als ein trainingsfleißiger, besessener Spieler, der gerne gelaufen ist. Er hatte das seltene Glück, dass er während seiner ganzen Karriere nie schwer verletzt wurde. Er hatte diese Fähigkeit, dass er sich auf seinen jeweiligen Gegenspieler immer schnell einstellen konnte und er dadurch seinen Gegner von der ersten Minute an unter Kontrolle hatte. Die einzige Ausnahme war der Frankfurter Jürgen Grabowski. Wenn man Stauvermann eine Schwäche vorwerfen kann, dann die, dass er aufgrund seiner guten Technik ab und an zum Leichtsinn neigte und damit Gefahr vor dem eigenen Tor heraufbeschwor. Diese riskante, nicht immer von Erfolg gekrönte Spielweise legte er auch bei regelmäßigen Pokerabenden im Trainingslager an den Tag. Von seinen Mitspielern wird er als ruhiger Typ beschrieben, der sich gerne im Kreis seiner Familie aufgehalten hat.

Eberhard Strauch

Geboren: 07.01.1948 in Bunde (Kreis Leer)
Schulabschluss: mittlere Reife
Erlernter Beruf: Finanzbeamter
Hobbys: auf die Jagd gehen, Tauchen
Pflichtspieleinsätze RWE:129 / 3 Tore

Karriere

Jugend:
1960-67   Germania Leer

Senioren:
1967-72   SV Meppen
1972-77   Rot-Weiss Essen

Trainer:
1978-82   VfL Herzlake
1982-87   TuS Lingen
1988-91/01   VfL Herzlake

Eberhard Strauch, als Nachfolger für Peter Czernotzky auf der rechten Verteidigerposition vorgesehen, wechselte zusammen mit Harry de Vlugt, Torwart Fritz Steffens und dem neuen RWE-Trainer Horst Witzler vom SV Meppen an die Hafenstraße. Sein erstes halbes Jahr verlief jedoch nicht sehr angenehm. Zum einen wurde er wegen seiner Herkunft, Ostfriese, von seinen Mitspielern mit Witzen überhäuft, zum anderen spielte ausgerechnet sein bester Freund Harry de Vlugt zu Beginn der Saison auf der für Strauch vorgesehenen Position des rechten Verteidigers. Schließlich fiel ihm auch die Umstellung auf das harte Konditionstraining sehr schwer. Folglich wurde Strauch in seiner ersten RWE-Saison in nur 20 Meisterschaftsspielen eingesetzt. Aufgrund seines starken Willens, seines enormen Trainingseifers und seiner unglaublichen Spielhärte konnte sich Strauch zu Beginn der folgenden Bundesligasaison einen Stammplatz erkämpfen und hatte 73/74 und 74/75 seine besten Saisons bei RWE. Als im Sommer '75 Hans Günter Neues für eine Wahnsinnssumme aus Köln verpflichtet wurde und dieser ausgerechnet in der Offensive, wo Strauch unbestreitbar große Schwächen zeigte, seine Stärken hatte, da schwante ihm, dass seine Zeit bei RWE so langsam dem Ende zuging. Zwar konnte sich Strauch mit seiner Aggressivität und seiner Flexibilität – man konnte ihn auf der Vorstopperposition oder im defensiven Mittelfeld einsetzen – noch die eine oder andere Einsatzzeit erkämpfen. Als er sich jedoch zu Beginn der Saison 76/77 eine schwere Knieverletzung zuzog und sich erst nach monatelanger Pause wieder an die Mannschaft herangekämpft hatte, verdrehte er sich im Training erneut das Knie und wurde schließlich Sportinvalide.

Egbert-Jan Ter Mors

Geboren: 17.01.1941 in Enschede
Schulabschluss: Volksschule
Erlernter Beruf: Mechaniker
Hobbys: FC Twente, Pferde, Bridge
Pflichtspieleinsätze RWE: 125 / 15 Tore

Karriere

Jugend:
1951-59   Enschede Boys

Senioren:
1959-63   Enschede Boys
1963-65   Go Ahead Deventer
1965-67   FC Twente
1967-12/70   Rot-Weiss Essen
1971/01-71/06   VBV De Graafschap
1971/72   Go Ahead Deventer

Rot-Weiss hatte viele starke Mittelfeldspieler, aber einer der stärksten war ohne Zweifel ein kleiner, sympathischer Mann aus Holland. Egbert-Jan Ter Mors. Schon der Name hört sich filigran an. Im Sommer '67 vom FC Twente an die Hafenstraße gewechselt, wurde der trickreiche, technisch überragende und läuferisch sehr starke Ter Mors direkt zur spielbestimmenden Figur im RWE-Spiel. Er war derjenige, der den Takt vorgab. War er in Form, dann trumpfte die ganze Mannschaft auf. Hatte er einen schlechten Tag erwischt, dann stotterte auch das RWE-Spiel. Er gehörte noch zum alten Typus der Spielmacher. Einer derjenigen, die den Gegenspielern den Ball noch „durch die Nase ziehen" konnten, die aber auch kaum Defensivarbeit verrichteten. Nun gab und gibt es ja den Typ Spieler, der in der Offensive seine Stärken hat, sich aber weigert, in der Defensive auszuhelfen und somit einen schweren Stand in der Mannschaft hat. Bei Ter Mors war das anders. Jedem seiner Mitspieler war die Defensivschwäche des „Käskopps", so wurde er scherzhaft von seinen Mitspielern genannt, bewusst. Aufgrund seiner enormen offensiven Fähigkeiten, seiner sympathischen Art und seines kollegialen Verhaltens außerhalb des Platzes arbeitete aber jeder für ihn gerne in der Defensive mit. Nach dreieinhalb Jahren wechselte Ter Mors in der Winterpause der Saison 70/71 zurück nach Holland. Grund hierfür war die Einschulung seiner Tochter. Der Verein RWE zeigte sich sehr dankbar über seine in Essen geleistete „Arbeit" und ließ ihn ohne Ablösesumme aus dem laufenden Vertrag aussteigen. Leider wurde diese menschliche Geste des Vereins vom Fußballgott nicht belohnt und der Verein stieg ohne seinen genialen Spielmacher am Ende der Saison in die Regionalliga ab. Ter Mors verbrachte noch knapp zwei gute Jahre im holländischen Fußball, bevor er seine Karriere beendete. Bei seinen ehemaligen RWE-Mitspielern ist Ter Mors bis heute unvergessen.

Harry de Vlugt

Geboren:	26.05.1947 in Bandoug (Indonesien)
Schulabschluss:	Volksschule
Erlernter Beruf:	Autoschlosser
Hobbys:	Enkelkinder, Fußball, Angeln
Pflichtspieleinsätze RWE:	55 / 24 Tore

Karriere

Jugend:

1960-61	Phoenix Enschede
1961-65	SC Enschede

Senioren:

1965-67	FC Twente
1967-69	GVV Eilermark
1969-71	German Canadier
1971/72	SV Meppen
1972-75	Rot-Weiss Essen

Trainer:
diverse Stationen als Trainer in unterklassigen Vereinen

Gaukler, Charmeur, Strahlemann, Partytyp ..., es gibt tausend Bezeichnungen für Harry de Vlugt. Ein Indonesier mit holländischem Pass. Die wenigen Frauen im Stadion an der Hafenstraße waren begeistert! Ganz so begeistert war „Harry auf der Flucht", wie er im Mannschaftskreis genannt wurde, zunächst aber nicht. Er musste in den ersten Monaten bei RWE die ungeliebte Position des rechten Verteidigers bekleiden. Erst im Lauf der Hinrunde der Saison 72/73 durfte er seine angestammte Position im Sturm einnehmen. Mit seiner Schnelligkeit und seiner Unberechenbarkeit war er unglaublich torgefährlich. Hinzu kam ein gutes Timing beim Kopfball, welches ihm etliche Tore mit dem Kopf einbrachte. Da er überall hingegangen ist, wo er meinte, hingehen zu müssen, war er für den Gegner unglaublich schwer zu kontrollieren und einzuordnen – das galt allerdings auch für seine Mitspieler. Günter Fürhoff, der de Vlugt oftmals mit haargenauen Pässen in den Lauf einsetzte, wusste oft nicht, wo er den Ball hinspielen musste ... Gegenspieler Berti Vogts kam mit ihm überhaupt nicht zurecht und musste untätig mit ansehen, wie de Vlugt in seinem ersten Bundesligajahr drei Tore gegen Mönchengladbach erzielte. Doch so torgefährlich de Vlugt auch war – in 55 Pflichtspielen erzielte er 24 Tore –, so unbeherrscht und unkontrolliert reagierte er mitunter auf Nichtigkeiten. Manchmal war er nicht mehr Herr seiner Sinne, ließ sich zu rüden Revanchefouls hinreißen und stand oftmals kurz vor einer roten Karte. Als Partytyp ging de Vlugt am Wochenende gerne unter Leute. Im Spätherbst '74 rissen ihm bei einem unglücklichen Zusammenprall während eines Freundschaftsspiels in Mülheim alle Kniebänder. Trotz langwieriger Reha-Maßnahmen wurde de Vlugt schlussendlich Sportinvalide und verabschiedete sich wieder in die Niederlande. RWE verlor einen Paradiesvogel, der den meisten Fans in guter Erinnerung geblieben ist.

Herbert Weinberg

Geboren:	27.01.1939 in Essen
Schulabschluss:	Volksschule
Erlernter Beruf:	Feinmechaniker
Hobbys:	Fußball
Pflichtspieleinsätze RWE:	306 / 51 Tore

Karriere

Jugend:

1947-51	Altenessen 12
1951-57	BV Altenessen

Senioren:

1957-59	BV Altenessen
1959-61	Hannover 96
1961-73	Rot-Weiss Essen

Trainer:
bei verschiedenen Vereinen Jugendtrainer

Herbert Weinberg war ein unheimlich schneller und trickreicher Flügelstürmer, der „auf Teufel komm raus" für die Mannschaft gerannt und marschiert ist. Da sein Herz an RWE hing und er sich immer um die jungen Spieler gekümmert hat, war seine Wahl zum Mannschaftskapitän vorhersehbar. Weinberg agierte zumeist auf der Rechtsaußenposition, rückte in seinen späteren Jahren mehr und mehr ins Mittelfeld. Er war nicht der geborene Goalgetter, sondern vielmehr ein Vorbereiter, der im entscheidenden Moment den Rückpass auf den besser postierten Mitspieler spielte. Weinberg war ein fairer Spieler, obgleich er selbst oft gefoult wurde. Eine dieser richtig rüden Attacken, ausgerechnet von einem Mitspieler, bedeutete sein Karriereende. Es war im Winter 1972, als er in einem Trainingsspiel in der Halle von Torhüter Fritz Steffens gefoult wurde und im Anschluss mit seinem Kopf fast völlig ungebremst gegen die Betonwand prallte. Die Folge: mehrere Verstauchungen an Armen und Schulter und ein Schädelbasisbruch. Er lag vier Wochen im Krankenhaus, davon eine Woche auf der Intensivstation. Eine noch herbere Enttäuschung als das Karriereende war die bittere Erkenntnis, dass ihn niemand vom Verein im Krankenhaus besuchen kam. Nach zehn Jahren RWE wäre dies das Mindeste gewesen. Bei Weinberg vermischten sich Wut und Bitternis. Von dieser Zeit an hat er, dessen Herz immer nur für Rot-Weiss geschlagen hatte, nie mehr was mit dem Verein zu tun haben wollen. Obwohl er ein waschechter Essener Jung ist, fiebert er mittlerweile mit Hannover 96, für die er zu Beginn seiner Karriere ein Jahr gespielt hat.

Willibald Weiss

Geboren:	18.07.1948 in Ingolstadt
Schulabschluss:	Abitur
Erlernter Beruf:	Gymnasiallehrer (Mathematik/Sport)
Hobbys:	Ski, Joggen
Pflichtspieleinsätze RWE:	46 / 4 Tore

Karriere

Jugend:

1958-66	ESV Ingolstadt

Senioren:

1966-72	ESV Ingolstadt
1972-74	Rot-Weiss Essen
1974-82	Darmstadt 98

Trainer:
diverse Stationen als Trainer in unterklassigen Darmstädter Vereinen

In Ingolstadt geboren, aufgewachsen und die ersten fuß-ballerischen Schritte gemacht. In Darmstadt, bei 98, acht Jahre als Profi aktiv, Studium beendet und heute dort wohnhaft. Dazwischen, zwischen den großen Blöcken seines Lebens, liegen die beiden Essener Jahre. Weiss' Profizeit bei RWE. Auf die Frage, was er aus seiner Essener Zeit mitgenommen habe, kommt eine schnelle Antwort: „Fußballerische Weiterentwicklung und auf eigenen Füßen stehen." Wird noch ein wenig nachgebohrt, dann gibt Weiss zu, dass seine Profizeit bei RWE nicht mit seinem Studium zu vereinbaren gewesen sei und dass er tatsächlich sein bestes Spiel beim 6:3-Erfolg gegen Eintracht Frankfurt absolviert habe. Seine Mitspieler charakterisieren ihn als einen starken Zweikämpfer, der eine gute Technik hatte und sowohl auf dem Platz als auch außerhalb ein ruhiger Typ war. Mit seinen fußballerischen Fähigkeiten und seinem Kampfeswillen passte er gut an die Seite von Günter Fürhoff. Aufgrund einer Knochenablagerung am Fersenbein wurde Weiss am Ende seiner RWE-Zeit nicht mehr eingesetzt. Im Sommer '74 wechselte er zum Zweitligisten Darmstadt 98 und erlebte in den folgenden acht Jahren seine erfolgreichste Zeit. Zusammen mit Manfred Drexler, Gerd Kleppinger und Peter Cestonaro gehörte er zur Darmstädter Mannschaft, die im Sommer '78 zum ersten Mal in die Bundesliga aufstieg. Weiss arbeitet heute als Lehrer. Besonders gerne erinnert er sich an seine Mannschaftskameraden Hermann Erlhoff und Horst Gecks, mit denen er eine Fahrgemeinschaft bildete, sowie an Werner Brosda.

Gert Wieczorkowski

Geboren:	24.07.1948 in Hamburg
Schulabschluss:	Volksschule
Erlernter Beruf:	Elektromechaniker / Polizeibeamter / Bürokaufmann
Hobbys:	Politik
Pflichtspieleinsätze RWE:	156 / 13 Tore

Karriere

Jugend:

1956-66	SC Vorwärts Billstedt

Senioren:

1968-71	Stern Pfeil
1971-74	FC St. Pauli
74-12/78	Rot-Weiss Essen
12/78-84	San Diego Sockers
1984/85	Las Vegas Americans

Es gibt nicht viele ehemalige RWE-Spieler, über die man ein Buch schreiben könnte. Über Gert „Wietsche" Wieczorkowski hingegen könnte man sogar glatt zwei schreiben. Der Hamburger Jung, der zu Beginn seiner Fußballkarriere noch als Polizist gearbeitet hat, kam über den FC St. Pauli zu Rot-Weiss. An der Hafenstraße sollte er die Nachfolge von Wolfgang Rausch auf der Liberoposition antreten. Doch die Umstellung von der Regionalliga auf die Bundesliga fiel ihm nicht leicht. Besonders das wesentlich höhere Trainingspensum machte ihm im ersten Vierteljahr schwer zu schaffen. Als sich sein Körper nach und nach auf die Belastung umgestellt hatte, war er aus der Mannschaft nicht mehr wegzudenken. Technisch herausragend und immer mit einer Top-Einstellung im Spiel, dirigierte „Wietsche" die RWE-Abwehr. Sein eleganter Bewegungsablauf und seine Torgefährlichkeit in der Offensive machten ihn zu einem beinahe perfekten Spieler. Zu höheren Weihen fehlte ihm allerdings ein wenig die Schnelligkeit. Außerhalb des Platzes war Wieczorkowski ein positiv denkender Mensch, der für jeden Spaß zu haben war. Mit seiner lustigen Art kam er bei fast jedem Mitspieler gut an. Wer mit ihm am Wochenende mal ein Bier trinken ging, der konnte sich zumeist auf einen unterhaltsamen Abend einstellen. Mittlerweile sind diese Zeiten aber längst vorbei und Wieczorkowski, der dem Autor wunderschöne Geschichten über seine aktive Zeit erzählen konnte, blockt Fragen über sein Privatleben mit folgender Begründung ab: „Man muss die alten Zeiten auch mal ruhen lassen, denn mein zweiter Nachname war immer Schuld. Wenn was am Wochenende passiert ist, dann hieß es am Montag immer, dass der Gert dabei gewesen ist. Und das stimmt nun mal nicht, denn auch ein Gert Wieczorkowski konnte nicht an drei Orten gleichzeitig sein. Aus diesem Grund möchte ich auch nichts aus meinem privaten Bereich erzählen." Dieses beharrliche Schweigen über seine privaten Geschichten ändert aber nichts daran, dass „Wietsche" ein toller Geschichtenerzähler und ein angenehmer Zeitgenosse ist. Noch heute spürt man, dass er seine Zeit bei RWE mit Leib und Seele genossen hat.

Gerd Wörmer

Geboren: 28.08.1944 in Stadtlohn
Schulabschluss: Volksschule
Erlernter Beruf: Installateur
Hobbys: Walken, Garten
Pflichtspieleinsätze RWE: 140 / 6 Tore

Karriere

Jugend:
1963-66	SuS Stadtlohn
1967-71	Tennis Borussia Berlin
1971-73	RW Oberhausen
1973-78	Rot-Weiss Essen

Trainer:
1978-80	ASV Werden
1980-84	Rot-Weiss Essen A-Jugend
1985/86	SW Beisen
1986/87	VfB Bottrop
1987-89	SV Heidhausen
1989-95	Tgd. Essen-West
1995/96	Rot-Weiss Essen II.

Denkt man an die RWE-Abwehr in den 70er Jahren, dann fällt immer auch der Name Gerd Wörmer. In Zeiten der langen Koteletten und wehenden Haarmähnen setzte er mit seiner eigenwilligen Frisur noch einen oben drauf. Harry de Vlugt, der sich über Gerd Wörmer ausschließlich positiv äußert, kriegt sich selbst vierzig Jahre später vor Lachen kaum ein, wenn er an „die komische Haare" denkt. Noch lange nach Trainingsende, wenn die Mitspieler schon längst zu Hause waren, stand Wörmer vor dem Spiegel und föhnte seine Haare. Sonja Breitbach erkannte darin eine gewisse Form von Kunst. Wörmer selbst bestätigt vierzig Jahre später, dass „er immer als Letzter aus der Kabine ging, da seine Haare besondere Pflege benötigten und am Ende immer hochtoupiert werden mussten". Seine toupierten Haare hinderten ihn jedoch nicht daran, die meisten Kopfballduelle für sich zu entscheiden. Neben seiner Kopfballstärke, die er sich in seiner Jugend durch stundenlanges Training an einer Häuserwand selbst antrainiert hatte, konnte Wörmer mit einer aggressiven Spielweise und einer ungeheueren Zweikampfstärke glänzen. Da er zusätzlich enorm ehrgeizig war und über eine gute Kondition verfügte, hatten es all seine Gegenspieler äußerst schwer bei ihm. Einzig und allein mit Klaus Fischer kam er nicht zurecht. Auf der Position des Vorstoppers war Wörmer in all seinen Essener Jahren unangefochten. Seine ehemaligen Mitspieler loben noch heute seine positive Ausstrahlung und seine Bescheidenheit.

Weitere bedeutende Spieler der 70er

Name	Pflichtspieleinsätze für RWE / Tore
Erich Beer *09.12.1946	76 / 10
Manfred Burgsmüller *22.12.1949	83 / 37
Peter Ehmke *22.07.1953	75 / 15
Uwe Finnern *02.04.1952	51 / 1
Georg Jung *04.08.1946	87 / 6
Hermann Lindner *16.01.1953	46 / 7
Helmut Littek *15.04.1944	200 / 63
Werner Lorant *21.11.1948	129 / 18
Wolfgang Patzke *24.02.1959	52 / 3
Roland Peitsch *01.09.1949	138 / 5
Klaus Senger *19.10.1945	59 / 0
Detlef Wiemers *15.07.1953	51 / 2

Schlusswort

Gert Wieczorkowski

NRW, das bevölkerungsreichste Bundesland Deutschlands, hält das am besten gehütete Geheimnis der Welt. Die „Champs-Elysees" des Weltfußballs. Die B1. Von keiner Straße der Welt kann man in einem so kleinen Umkreis so viele bekannte und renommierte Profivereine erreichen. Hier ist der Ausgang des Begriffes „Straßenfußballer", eine heute ausgestorbene Spezies. Die Kohle ging, der Strukturwandel kam und mit ihm das Aussterben der besagten Spezies. Protagonisten wie Beckenbauer und Netzer standen für deutschen Führungsfußball. Die Evolution im Fußball hat nun eine neue Spezies eruiert: Den „Systemfußballer", nebensächlich, aber notwendig. Trainer der Mittelklasse mit Rückendeckung des Managements können im System eintauchen, Fußballprotagonisten tauchen als Mitläufer unter. Einzige Farbtupfer im deutschen Bundesligafußball sind hungrige ausländische Straßenfußballer. Dem gegenüber standen in den letzten 20 Jahren Effenberg und Basler mit Unterhaltungswert. Der Fußball wurde zum Wirtschaftunternehmen mit großem Wasserkopf. Nicht besser, nur pompöser. Motto: Samstag 15:30 Uhr, Shampoostadion, BVB gegen S04 ausverkauft und die Frisur sitzt. Vereine werden in Aktiengesellschaften umgewandelt, ein Vorgang, der straf- sowie wirtschaftsrechtlich sehr bedenklich ist. Eine Entwicklung kann nur aufgehalten werden, wenn etwas fehlt und es fehlt etwas an der Hauptstraße des Weltfußballs. Eine große Lücke, die geschlossen werden muss. Essen, das Herz und in den 70er Jahren fünftgrößte Stadt in Deutschland, und Rot-Weiss dümpeln in einem „Tante Emma Stadion" mit großer Vergangenheit im Dämmerschlaf vor sich hin. Die große Mannschaft der 50er Jahre wurde mit neuem Stadion Deutscher Meister, die 70er-Jahre-Mannschaft scheiterte bei der Qualifikation für den UEFA-Cup nicht etwa an anderen Mannschaften, sondern an dem Strukturumbruch mit einem veraltetem Stadion ohne genügend Fassungsvermögen und den dadurch entstandenen finanziellen Nachteilen, die zu Spielerverkäufen Essener Urgesteine wie Willi „Ente" Lippens und Manfred „der Blaue" Burgsmüller führten. Symbolisch: Ein Mannschaftsfoto vor der Kruppschen Villa Hügel leitete den Untergang ein. Sarkastisch: Die kastrierte Krupp-Stiftung ist nicht mehr Essen und Essen ist nicht mehr Rot-Weiss! Dieses Buch hat hoffentlich verständlich gemacht, wie die „Titanic" Rot-Weiss Essen mit erstklassigen Straßenfußballern auf den Eisberg Strukturwandel lief. Wer dabei war, wird es nicht vergessen. Ich war dabei und habe es nicht vergessen! 34 Jahre nach dem Untergang bedarf es der Bergung, erst dann ist die Hauptstraße des Weltfußballs präsentabel, die Bundesligafußballwelt in NRW wieder in Ordnung. Essen hätte einen würdigen Werbeträger und der Ruhrpott ist ohne Kohle wenigstens fußballerisch wieder komplett!

Danksagung

Mein Dank geht in erster Linie an meine Familie, insbesondere Tatjana, die in den letzten zwei Jahren viel Geduld mit mir haben musste. Umso mehr weiß ich es zu schätzen, dass Du Tatjana, mich fortwährend bei diesem Buchprojekt unterstützt, Korrektur gelesen und dadurch Dein eigenes Studium vernachlässigt hast.

Ganz besonders bedanke ich mich bei Matthias Dreisigacker und Thilo Schneider fürs Korrekturlesen.

Lieber Thilo, ich hoffe Du hast nun wieder etwas mehr Zeit, Dich auf die wirklich wichtigen Dinge des Lebens zu konzentrieren!? ☺

Dank gilt auch …
- Frau Sonja Breitbach für ihre herrlichen Anekdoten
- dem leider schon verstorbenen Paul Nikelski für seine Hintergrundinformationen
- „Manni" Klöpper für die Nutzung von Teilen seiner grandiosen RWE-Sammlung
- Frank Möschter, für die Bereitstellung der meisten Sammelbilder. Wer Interesse an den „alten Zeiten" und an RWE generell hat, sollte mal einen Blick auf seine Homepage: www.rwe-autogramme-fm.de werfen
- Günter Justen für die Erlaubnis, seine genialen Texte „Willi aus der Westkurve" und „Günner" im Buch zu veröffentlichen
- Rot-Weiss Essen für die Nutzung der alten Dokumente aus dem Stadtarchiv und für die Nutzung des Vereinslogos
- den RWE-Fans Klaus Schroer, Bernd Struwe und Hans-Joachim Goertz für die Bereitschaft, mir stundenlang Geschichten über die „alten Zeiten" bei RWE zu erzählen. Aufgrund von Platzmangel können eure Interviews leider nicht im Buch erscheinen, aber habt Geduld, da kommt noch was …
- der WAZ Medien Gruppe für die Genehmigung zur Veröffentlichung der Zeitungsartikel
- den Mitarbeitern des Stadtarchivs Essen, die alles möglich gemacht haben, was möglich zu machen war
- dem Fotografen Horst Müller für seine genialen Bilder
- ALLEN Ex-Spielern, die sich für mein Anliegen Zeit genommen und mir in vielen Fällen noch private Fotos zur Verfügung gestellt haben. Ohne Sie wäre dieses Buch nie möglich gewesen!

Ein dickes Danke gilt meinem Sohn Yannick für die Ideen zur Covergestaltung!

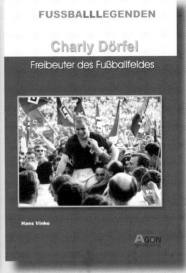

...ns Fuge
...er Rest von Leipzig
...BSG Chemie Leipzig
...BN 978-3-89784-357-8
...ardcover, 136 Seiten, ca. 150 Fotos
...2,0 x 32,0 cm
...uro 19,90 / CHF 33,50

Folke Havekost / Volker Stahl
Helmut Schön
– Der Mann mit der Mütze
ISBN 978-3-89784-283-0
Hardcover; 104 Seiten, ca. 150 Fotos
22,0 x 32,0 cm
Euro 19,90 / CHF 33,50

Hans Vinke
Charly Dörfel
– Freibeuter des Fußballfeldes
ISBN 978-3-89784-284-7
Hardcover, 104 Seiten, ca. 100 Fotos
22,0 x 32,0 cm
Euro 19,90 / CHF 33,50

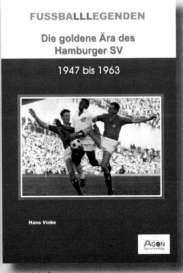

...aniel Meuren
...2 – Ein Rekord für die Ewigkeit
...e Karriere des Karl-Heinz Körbel
...BN 978-3-89784-348-6
...ardcover, 112 Seiten, ca. 150 Fotos
...,0 x 32,0 cm
...ro 19,90 / CHF 33,50

Hans Vinke
Die goldene Äre des Hamburger SV
ISBN 978-3-89784-338-7
Hardcover, 104 Seiten, ca. 100 Fotos
22,0 x 32,0 cm
Euro 19,90 / CHF 33,50

Folke Havekost / Volker Stahl
Gerd Müller - Schrecken des Straufraums
ISBN 978-3-89784-291-5
Hardcover, 104 Seiten, ca. 100 Fotos
22,0 x 32,0 cm
Euro 19,90 / CHF 33,50

...ww.fussba**lll**egenden.eu – www.agon-sportverlag.de